国家社科基金一般项目
课题名称：奥运备战视角下训练科学与训练实践深度融合的机制与路径研究
课题编号：24BTY097

运动训练的科学与艺术

黎涌明 等◎著

人民体育出版社

图书在版编目（CIP）数据

运动训练的科学与艺术 / 黎涌明等著. -- 北京：人民体育出版社，2025（2025.5重印）. -- ISBN 978-7-5009-6500-8

Ⅰ. G808.1

中国国家版本馆CIP数据核字第2024B5A200号

运动训练的科学与艺术

黎涌明 等 著
出版发行：人民体育出版社
印　　装：北京建宏印刷有限公司

开　本：787×1092　16开本　　印　张：21.5　　字　数：481千字
版　次：2025年2月第1版　　印　次：2025年5月第2次印刷
书　号：ISBN 978-7-5009-6500-8
定　价：112.00元

版权所有·侵权必究
购买本社图书，如遇有缺损页可与发行与市场营销部联系
联系电话：（010）67151482
社　　址：北京市东城区体育馆路8号（100061）
网　　址：www.psphpress.com

·作者团队·

黎涌明	上海体育大学
保罗·劳尔森	高强度间歇训练科学
马丁·布赫海特	高强度间歇训练科学
易　清	大连大学
李啸天	中南大学
杨　威	衢州学院
李　博	福建师范大学
卞　超	（比利时）布鲁塞尔自由大学
顾正秋	上海体育大学
高　崇	上海体育大学

前言 FOREWORD

运动训练是以一个人为主体或对象、以运动为手段，经由有计划和有目的的训练，提升运动表现的过程。由于人同时具有自然和社会两种属性，以人为主体或对象的运动训练需要同时遵循人体运动的自然规律和社会规律。尽管取得了长足的进步，但是我们对人体运动的自然规律和社会规律的已知远远少于未知。这一认知水平限制了我们对运动训练结果的预测和控制能力，同时也让运动训练的过程充满挑战。运动训练已知规律之外的空白为运动训练的试误提供了无限可能，这种可能就是一种艺术。一种未知的艺术，一种探索未知的艺术，一种创造多种可能的艺术。

运动训练的科学化不仅仅是对已知训练科学的掌握，更是运用科学思维和方法对未知训练事物的探索。长期以来，我国运动训练在科学化历程上砥砺前行，为我国竞技体育的快速发展提供了强有力的支撑。伴随运动员竞技水平的不断提升，国家之间，甚至省、市、自治区之间的竞技体育竞争日趋激烈。这种竞争的激烈程度使得仅靠对已知训练科学的掌握已无法支撑运动员登上领奖台，运动员毫秒、毫米级优势的建立还需要运用科学思维和方法对未知训练事物进行探索，运动员培养过程中所处的各种社会环境和政策体系同样发挥着不可替代的作用。运动训练科学化的巨轮航行在社会观念、社会环境和政策体系共同组成的大海之中。

基于对运动训练科学性、长期性和复杂性的认识，我们将书名定为《运动训练的科学与艺术》。一方面，我们想呼吁运动训练的研究人员更多地聚焦"人的运动"和"运动中的人"，更多地采用自然科学和社会科学的研究范式，探索运动训练真正的科学问题，大力推进我国运动训练学的科学化进程；另一方面，我们也希望运动训练的研究人员认识到科学的局限性和现有科学认知的局限性，认识到科学的应用与科学同等重要。有了这种认识，我们对待运动训练才能多一分敬畏，更多一分谦逊。

全书共分为四篇，合27章。第一篇为训练理念与体系，包括我国运动训练学亟待科学化，英国竞技体育复兴的体系特征，运动员跨项选材的国际经验和科学探索，训练科学与训练实践的深度融合，运动表现分析的过去、现在与未来，对体能训练认识的理性回归等6章；第二篇为运动中的人和人的运动，包括人体运动的动作与能量代谢、动作与能量代谢视角下的体能、竞技体育项目的专项供能比例、不同运动方式能量代谢的共性与区别、人体运动的最大乳酸稳态、人体运动的摄氧量动力学、人体运动的灵敏、优秀运动员的睡眠与运动表现、脑力疲劳对运动员竞技能力的影响等9章；第三篇为训练负荷与方法，包括周期性耐力项目的训练量与强度、奥运会运动员竞技表现提升的非训练类策略、赛前准备活动、高强度间歇训练、课次主观疲劳度、说话测试、拉夫堡足球传球测试等7章；第四篇为运动项目案例，包括动作和能量代谢视角下的静水皮划艇项目特征、世界赛艇科学的德国流、游泳运动中能量消耗的性别差异、足球运动员的变向能力、跑步经济性等5章。为了阐述我们对运动训练科学与艺术的理解，本书在第一篇之前增加了绪论。

全书内容都是上海体育大学HP研究团队近10年来的研究成果，其中绝大部分都已在国内学术期刊发表。编著本书的主要目的有二，一是与读者分享我们对运动训练的现有认知和关于未来的思考，二是为读者了解运动训练和开展运动训练相关研究提供参考。一代人有一代人的使命，一代人也有一代人的担当。我们对运动训练的现有认知是站在前人肩膀上的收获，如果本书能够成为读者未来进一步认识运动训练的基石，那么本书也就"不辱使命"。当然，运动训练的科学化是一项永远在路上的事业，运动训练的艺术是一种见仁见智的认识。运动训练的科学与艺术远不是本书现有章节能够覆盖全面和诠释透彻的领域，本书甘当同行们批判的靶子和未来发展的起点。

本书可作为运动与训练科学相关专业研究生的教学参考书，同时训练科学与训练实践领域的从业人员也将从本书中受益。本书各章节在前期的撰写和审稿过程中得到了多位作者的支持，以及多位评审专家和编辑部老师的悉心指导，在此一并表示感谢。我们也衷心感谢人民体育出版社在本书的选题、编辑、校稿、出版过程中的专业与细心。最后，由于能力和时间有限，本书在编写过程中难免存在一些不足之处，恳请读者予以批评指正！

黎涌明

2023年11月15日

目录 CONTENTS

绪　论 ··· 001

第一篇　训练理念与体系

第一章　我国运动训练学亟待科学化 ·· 008
第一节　运动训练学相关概念 ·· 008
第二节　国外运动训练学的学科现状 ·· 010
第三节　我国运动训练学的学科现状 ·· 017
第四节　我国运动训练学的未来发展建议 ·· 020
小　结 ·· 022

第二章　英国竞技体育复兴的体系特征 ··· 023
第一节　英国竞技体育历史回顾 ·· 023
第二节　英国竞技体育体系 ·· 024
第三节　英国运动员选材和培养体系 ·· 026
第四节　英国教练员培养体系 ··· 029
第五节　英国竞技体育体系对我国奥运战略的启示 ·· 030
小　结 ·· 033

第三章　运动员跨项选材的国际经验和科学探索 ··· 034
第一节　运动员选材与培养的现状与问题 ·· 034
第二节　运动员跨项选材的实践与研究 ··· 038

第三节　我国运动员跨项选材需要解决的问题 ································ 046
小　结 ·· 049

第四章　训练科学与训练实践的深度融合 ································ 050
第一节　训练科学的研究范式 ·· 051
第二节　训练实践的现实状况 ·· 052
第三节　训练科学与训练实践深度融合的障碍 ·· 054
第四节　训练科学与训练实践深度融合的国际动态 ·· 056
第五节　我国训练科学与训练实践深度融合的建议 ·· 058
小　结 ·· 060

第五章　运动表现分析的过去、现在与未来 ································ 062
第一节　运动表现分析的过去 ·· 062
第二节　运动表现分析的现在 ·· 064
第三节　运动表现分析面临的挑战 ··· 072
第四节　运动表现分析的未来 ·· 074
小　结 ·· 076

第六章　对体能训练认识的理论回归 ·· 078
第一节　国内体能训练的现状 ·· 078
第二节　世界体能训练的发展轨迹 ··· 079
第三节　对体能训练认识的理性回归 ·· 081
小　结 ·· 084

第二篇　运动中的人和人的运动

第七章　人体运动的动作与能量代谢 ·· 086
第一节　我国现有运动训练学对人体运动的认识 ·· 086
第二节　世界竞技体育的现状和趋势 ·· 087
第三节　人体运动的运动生物学本质——动作和能量代谢 ······························ 089
第四节　对人体运动的生物学本质认识的意义 ·· 094
小　结 ·· 095

第八章　动作与能量代谢视角下的体能 ···············097
- 第一节　体能概念的现有认识 ···············097
- 第二节　人体运动的动作与能量代谢 ···············098
- 第三节　动作与能量代谢视角下体能的定义 ···············102
- 第四节　动作与能量代谢视角下体能的训练 ···············103
- 第五节　动作与能量代谢视角下体能的测试 ···············106
- 小　结 ···············107

第九章　竞技体育项目的专项供能比例 ···············108
- 第一节　现有教材中有关供能比例的描述 ···············108
- 第二节　对供能比例的实证研究 ···············110
- 第三节　供能比例计算方法 ···············111
- 第四节　不同体育运动项目的供能比例 ···············113
- 小　结 ···············114

第十章　不同运动方式能量代谢的共性与区别 ···············115
- 第一节　有氧供能百分比 ···············115
- 第二节　最大乳酸稳态 ···············117
- 第三节　能量消耗 ···············119
- 小　结 ···············121

第十一章　人体运动的最大乳酸稳态 ···············122
- 第一节　MLSS 的起源与发展 ···············122
- 第二节　MLSS 的影响因素 ···············124
- 第三节　MLSS 的生理学机制 ···············129
- 第四节　MLSS 的局限 ···············130
- 第五节　MLSS 的应用建议 ···············131
- 小　结 ···············131

第十二章　人体运动的摄氧量动力学 ···············133
- 第一节　摄氧量动力学的历史回顾 ···············134
- 第二节　摄氧量动力学的生理学特征 ···············135

第三节 摄氧量动力学的测试和计算方法 ·· 139
第四节 摄氧量动力学对运动训练和大众健身的启示 ································ 141
第五节 摄氧量动力学的未来研究展望 ·· 143
小　结 ··· 143

第十三章　人体运动的灵敏 ·· 144
第一节 灵敏的定义 ··· 144
第二节 灵敏的测试 ··· 148
第三节 灵敏未来的研究和应用方向 ·· 154
小　结 ··· 154

第十四章　优秀运动员的睡眠与运动表现 ·· 155
第一节 睡眠的潜在机制、功能及其相关定义 ··· 155
第二节 优秀运动员的睡眠问题 ·· 157
第三节 睡眠的监测 ··· 158
第四节 运动员睡眠的影响因素 ·· 159
第五节 睡眠问题对运动表现的影响 ·· 160
第六节 改善运动员睡眠的措施和建议 ·· 166
小　结 ··· 168

第十五章　脑力疲劳对运动员竞技能力的影响 ·· 169
第一节 疲劳的定义与分类 ·· 169
第二节 脑力疲劳的诱导与测量 ·· 171
第三节 脑力疲劳对运动员竞技表现的影响 ·· 181
第四节 脑力疲劳影响运动员竞技表现的可能机制 ·································· 189
第五节 现有研究的不足与未来展望 ·· 191
小　结 ··· 192

第三篇　训练负荷与方法

第十六章　周期性耐力项目的训练量与强度 ·· 194
第一节 训练量与强度的生物学基础 ·· 194

第二节	有氧训练 vs. 无氧训练	196
第三节	低强度持续训练 vs. 高强度间歇训练	198
第四节	低强度训练为主	198
小　结		200

第十七章　奥运会运动员竞技表现提升的非训练类策略 201

第一节	膳食营养优化策略	202
第二节	物理性恢复策略	204
第三节	安慰剂效应策略	207
第四节	热习服策略	210
第五节	睡眠改善策略	212
小　结		213

第十八章　赛前准备活动 215

第一节	准备活动的方法与机制	216
第二节	准备活动的构成因素及其影响	218
第三节	准备活动的 RAMP 模式	223
第四节	特殊手段在准备活动中的应用	224
第五节	现有研究的不足与未来展望	226
小　结		227

第十九章　高强度间歇训练 228

第一节	定　义	228
第二节	HIIT 的形式	229
第三节	HIIT 的目标类型	232
第四节	HIIT 应用的整体框架	232
第五节	HIIT 的应用情境	233
第六节	HIIT 的同期化	234
第七节	不同人群运用 HIIT 的建议	234
小　结		236

第二十章　课次主观疲劳度 237
第一节　方法的提出与发展 238
第二节　方法的使用 239
第三节　sRPE 的信效度 241
第四节　影响因素 242
第五节　应用建议 246
小　　结 247

第二十一章　说话测试 248
第一节　起源发展 248
第二节　说话测试的操作方法 249
第三节　说话测试的信效度 251
第四节　说话测试在运动干预中的应用 255
第五节　说话测试能有效反映运动强度的生理机制 257
小　　结 258

第二十二章　拉夫堡足球传球测试 259
第一节　LSPT 方法介绍 259
第二节　LSPT 内容解读 262
第三节　LSPT 应用展望 265
小　　结 267

第四篇　运动项目案例

第二十三章　动作和能量代谢视角下的静水皮划艇项目特征 270
第一节　静水皮划艇的动作特征 271
第二节　静水皮划艇的能量代谢特征 273
第三节　动作和能量代谢视角下的静水皮划艇训练 277
小　　结 279

第二十四章　世界赛艇科学的德国流 280
第一节　生理学 281

第二节　生物力学 ……………………………………………………………… 285
第三节　训练学 ………………………………………………………………… 287
第四节　德国流遭遇英国流 …………………………………………………… 289
第五节　赛艇科学德国流对我国赛艇的启示 ………………………………… 290
小　结 …………………………………………………………………………… 291

第二十五章　游泳运动中能量消耗的性别差异 ………………………………… 292

第一节　400 米个人混合泳决赛结果 ………………………………………… 292
第二节　男女项目游泳世界纪录的差异 ……………………………………… 293
第三节　能量消耗在游泳运动中的性别差异 ………………………………… 294
第四节　叶诗文为什么能在最后 50 米快于罗切特 ………………………… 296
小　结 …………………………………………………………………………… 296

第二十六章　足球运动员的变向能力 ……………………………………………… 297

第一节　测试方法 ……………………………………………………………… 297
第二节　影响因素 ……………………………………………………………… 304
第三节　训练策略 ……………………………………………………………… 310
第四节　现有研究的不足与未来展望 ………………………………………… 312
小　结 …………………………………………………………………………… 313

第二十七章　跑步经济性 …………………………………………………………… 314

第一节　定　义 ………………………………………………………………… 314
第二节　测试方法 ……………………………………………………………… 315
第三节　与运动表现的关系 …………………………………………………… 319
第四节　影响因素 ……………………………………………………………… 320
第五节　训练方法 ……………………………………………………………… 323
小　结 …………………………………………………………………………… 325

主要参考文献 …………………………………………………………………………… 326

绪 论

运动训练是以一个人为主体或对象、以运动为手段，经由有计划和有目的的训练，提升运动表现的过程。这一过程在纵向上受运动员先天遗传和后天训练的影响，在横向上与运动员内在动机和所获得的外部支持有关；在宏观上受国家政策和体育文化的影响，在微观上与支撑人员的业务水平和场地器材条件有关。运动训练过程的复杂性给开展运动训练的个人和组织带来挑战的同时，也给运动训练本身增添了无穷的魅力。这种魅力既体现为科学原理滞后下的反复试误，也体现为成功经验向科学原理的提炼升华，更体现为科学原理在训练实践中的落地应用。这些富有创造性的尝试、总结和应用就是一种艺术，一种训练的艺术。运动训练的科学化进程就是一个科学与艺术交融并存和互促共进的过程。

图 0-1 是运动训练科学化相关概念的关系图。其中，①长方形代表整个运动训练实践领域，其在范围上最大；②运动训练实践领域内包括运动训练过程中的未知、经验和科学三部分，科学又进一步分为社会科学和自然科学；③经验是从未知到科学的过渡阶段，也是科学的重要源头；④对未知的探索和科学的应用充满艺术，我们称为"运动训练的艺术"。

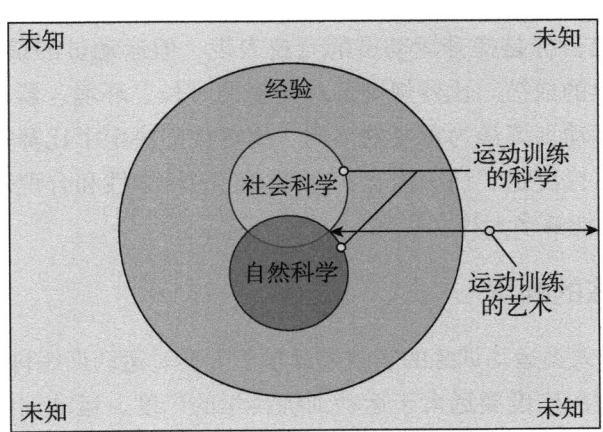

图 0-1 运动训练的科学与艺术示意图

一、运动训练的实践

对运动员来说，自获得运动员身份的那一刻起，追求更快、更高、更强，登上更高的领奖台就成了其接受运动训练的主要目标。但是，从开始接受训练到登上世界最高领奖台的道路是非常艰辛的。运动员需要用几年、十几年，甚至更长时间来完成几千至上万小时的专项积累。假如将运动员完成专项积累的纵向过程比喻成从塔底出发攀向金字塔的塔尖，那么大量的运动员在到达塔尖之前的某个阶段，就可能因为天赋、运动损伤、倦怠等各种原因被淘汰或离开。即便那些能够顺利完成专项积累到达塔尖的运动员，比赛头天晚上失眠，比赛当天肠胃不适、开向赛场的大巴晚点，比赛过程中器材损坏、裁判误判、心理紧张等情况都有可能阻挡他们最终站上最高领奖台。

相比专项积累的量，更为重要的是专项积累的质，或者说是运动训练过程中的负荷安排。训练负荷安排涉及形成训练理念、制订训练计划、实施训练计划、疲劳恢复、训练适应等多个环节。第一，教练员基于自身运动员经历、所受教育、执教经验、同行交流等形成自己的训练理念；第二，教练员基于自有的训练理念、对项目特征和规律的认识、针对短期和长期的训练目标、对运动员个体特征的了解，以及可使用的场地器材资源，制订训练计划；第三，教练员组织运动员进行训练，并在训练前讲解训练计划，训练中和训练后为运动员提供指导和反馈；第四，运动员的身体或心理在运动刺激后产生疲劳，通过睡眠、营养补充、物理手段等方式得以恢复；第五，运动员在避免损伤的前提下产生符合项目比赛需求的适应。

对于地区级和部分省市级运动队来说，由于资源配置的不足，教练员难以获得其他人员的支撑，以上所有训练工作需要由教练员独立完成；对于国家级和大部分省市级运动队来说，其获得的资源更为充裕，教练员可以获得科研人员的支撑；对于顶级的运动队来说，运动员甚至可以获得1∶1至1∶3的教练员和科研人员资源，科研人员对教练员的支撑也是以多学科团队的形式进行的。

运动训练的直接目标是提升运动员的竞技表现，但运动员的最终目标是参加比赛，并在比赛中取得优异的成绩。比赛规则会对比赛的时长、环境、器材、装备、人数等进行限定，其是开展运动训练最为重要的参照。比赛规则决定了比赛需求，比赛需求决定了训练目标，训练目标决定了训练内容，训练内容的科学性和合理性最终决定了训练目标是否能实现，或者能够多大程度实现。

二、运动训练的科学

在时间维度上，人类运动训练的实践要远早于人类对运动训练科学的探索；在空间维度上，运动训练实践的广度要远大于运动训练科学的广度。运动训练实践中被反复验证的经验上升为训练科学，并用以指导后续运动训练实践。运动训练实践中还未被验证的经验尽管暂时还不能够称之为科学，但这并不意味着其未来就一定不会成为科学。大量事实证明，现有的训练科学在成为科学之前，早就存在于教练员的训练实践当中（如高强度间歇训练）。当然，历史上也有一些训练实践被后续科学证明为"谬论"（如运动员不宜进行力量训练）。基于此，在历史悠久和内容丰富的训练实践面前，训练科学既需要表现出该有的谦卑，也需要保持其特有的批判性思维。

训练科学的使命在于揭示客观运动训练的现象与规律，提升训练实践的科学性。训练科学自诞生以来，探究的自然科学问题可以归结为六类：①比赛需求是什么（如800米跑的能量供应需求是什么）？②不同水平运动员在能力上有何差异（如国际级和国家级游泳运动员的下肢爆发力有什么区别）？③竞技表现提升的制约因素是什么（如足球运动员灵敏性提升的制约因素是什么）？④有哪些训练方法可以改善竞技表现的制约因素（如哪些训练方法能够提高自由体操运动员在疲劳情况下的落地稳定性）？⑤开展以上四类研究过程中的测试方法和仪器设备是否准确（如腕带式可穿戴设备测量心率的信效度怎样）？⑥训练反应和适应是怎样发生的或发生的机制是什么（如运动疲劳的机制是什么）？其中，教练员对前四类问题更为关注，而研究人员还会对后两类问题予以关注。

除自然科学范畴的这六类问题外，进入21世纪以来，训练科学还在探究四类（或更多）社会科学范畴的问题：①训练实践中相关事件的发生率（如奥运会比赛期间不同项目的运动损伤发生率）；②训练实践中的"人"的人口学和职业特征（如不同项目运动员是在什么年龄达到个人巅峰状态的）；③训练实践中的"人"的认知、观点和行为特征（如足球比赛中教练员如何安排中场休息期间的再热身）；④以上三类现象背后的规律（如为什么青少年期间的成功难以预测成年高水平阶段的成功）。相比于训练科学领域的自然科学研究，训练科学领域的社会科学研究相对滞后，其主体还处于对训练实践中客观现象的研究，对训练实践中客观规律的研究还亟待加强。

三、运动训练的艺术

大量未知的存在和人的社会属性给运动训练增添了不少艺术的色彩。这些艺术涉及教练员如何塑造积极向上的团队文化，如何运用执教的语言和行为来提高执教的效果，如何利用科学提升自身执教能力；涉及科研人员如何取得教练员信任并支撑和影响教练员，如何破除教练员对科学的迷信、偏见或误解；更涉及组织层面如何构建最佳的团队合作模式，如何激发教练员和科研人员的动机和潜能。

事实上，运动训练的艺术在实践领域早已受到关注。运动训练实践是以运动员为中心开展的，教练员通过制订和实施训练计划在整个过程中发挥着主导作用。教练员在训练实践中为发挥主导作用展现出来的理念和使用的技巧可以被称为执教的艺术（the art of coaching）。运动训练同样属于一个教育和教学的过程，教练员在训练实践中扮演着教育者的角色，其需要掌握与教学相关的一些技能与方法——教学的艺术（the art of teaching）。科研人员在训练实践中是运动队背后的支撑团队（the team behind the team），其除了需要掌握扎实的运动与训练科学知识与技能外，还需要具备将科学应用于实践的

"软实力"——将科学应用于实践的艺术（the art of applying science to practice）。以上这些与运动训练相关的艺术可能与社会学、教育学、心理学、管理学、组织行为学等学科领域相关，甚至已成为这些学科领域的科学。但由于对此类科学了解不足，运动训练的实践人员仍在试误中积累着经验。

四、运动训练科学化的三个阶段

作为一门学科或学科分支，运动训练学（或运动训练科学）是推动运动训练实践不断由经验迈向科学的重要力量和重要体现。运动训练科学化可以参照运动训练学由经验迈向科学的过程分为三个阶段（图0-2）。运动训练学诞生于运动训练实践，也服务于运动训练实践。不管处于运动训练科学化的哪个阶段，实践性都是运动训练学的基本属性和生命特征。"从实践中来，到实践中去"是运动训练学赖以生存和发展的根基。

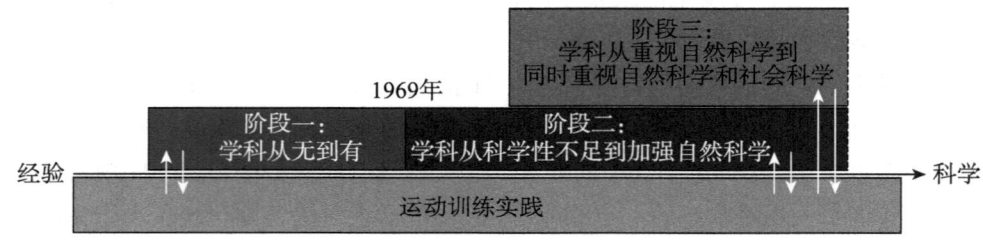

图 0-2　运动训练科学化的三个阶段

（一）第一阶段：从无到有

运动训练学诞生于20世纪五六十年代备战奥运会的训练实践，民主德国和苏联的学者通过总结运动员备战奥运会的训练经验和训练方法，并借鉴教育学的基本原理编制了用于教练员培训的相关讲义。其中，民主德国莱比锡体育学院的迪特里希·哈雷（Dietrich Harre）博士于1969年编写的 *Trainingslehre* 被认作运动训练学诞生的标志。这一阶段对应为运动训练科学化的第一阶段，其实现了运动训练学学科的从无到有。这一时期有关人体运动的自然科学研究尚处于初级阶段，但教育学和方法学色彩浓厚的运动训练学对教练员的训练实践具有重要指导意义。

（二）第二阶段：从科学性不足到加强自然科学

自1969年以来，有关人体运动的自然科学研究出现井喷式发展，这些研究的成果被逐步应用于运动训练实践，并大幅度提升了人类运动的极限。这个阶段对应为运动训练科学化的第二阶段，其实现了运动训练学从教育学和方法学色彩浓厚向自然科学色彩不断增加的进步。第二阶段在全球范围内沿着两条路径前进：一是在民主德国和苏联地区，运动训练学越来越多地汲取以"运动中的人"和"人的运动"为对象的自然科学研究成果，并在此过程中不断增加自身的科学色彩（训练学也更名为训练科学）；二是在其他欧美国家，关注运动促进健康和人体运动机制的运动科学（exercise science）越来越多地关注运动员这一特殊群体。这两条路径都在依托自然科学推动运动训练的科学化。在第二阶段，运动科学甚至充当了运动训练学"母学科"的角色。

（三）第三阶段：从重视自然科学到同时重视自然科学和社会科学

人体运动的复杂性使运动训练科学化的第二阶段十分漫长。在运动训练科学化的第二阶段不断推进的过程中，"运动中的人"的自然属性被认可和强化，同时"运动中的人"的社会属性逐渐显现，甚至成为提升运动员竞技表现的关键环节或制约因素。进入21世纪以来，越来越多的运动训练学研究开始关注运动训练的社会现象和社会规律，并在运动训练科学化的第二阶段尚未结束时就开启了第三阶段，即运动训练学从重视自然科学进入同时重视自然科学和社会科学的阶段，社会科学得到越来越多的关注。在这一阶段，科学的转化、传播与应用被提升到与科学同等重要的位置，且作为科学的受益方和应用方的教练员也得到越来越多的重视。

（四）我国运动训练的科学化

尽管运动训练学在我国诞生时间相对较晚，但其发展过程同样可以分为与上述相同的三个阶段。第一阶段和第二阶段的划分时间为20世纪80年代，其对应的是中国体育科学学会运动训练学分会的设立、运动训练学讲义的首次编写和运动训练本科专业的首次设立。第二阶段自20世纪80年代持续至今，其对应的是运动训练学的中国化和训练理论运动生物学基础的重塑。第三阶段目前尚处于萌芽状态，其对应的是训练科学与训练实践的深度融合，运动队、高校、体科所、企业的相向奔赴，运动员、教练员、运动队科技服务人员、大学研究人员、运动科技企业人员的协作共进，以及训练科学与训练艺术的互促共存。

小　结

运动训练是以提升运动员竞技表现为目标的复杂过程，运动训练的科学化旨在提高这一复杂过程的成功率。然而，大量未知的存在和人的社会属性给运动训练增添了不少艺术的色彩，这要求我们在推动运动训练科学化过程中关注科学与艺术。训练科学未及之处需要训练艺术来探索开拓，训练科学落地应用之时也需要训练艺术来转换对接。

作者：黎涌明

绪论参考文献

01

第一篇
训练理念与体系

运动训练是一个长期和复杂的过程。训练理念是运动训练的指南针，指引着运动训练前进的方向；训练体系是运动训练复杂架构中的四梁八柱，确保运动训练推进的整体性。本篇包括六章，分别为我国运动训练学亟待科学化，英国竞技体育复兴的体系特征，运动员跨项选材的国际经验和科学探索，训练科学与训练实践的深度融合，运动表现分析的过去、现在与未来和对体能训练认识的理性回归。这些理念与体系既有科学的一面，也有艺术的一面。

第一章 我国运动训练学亟待科学化

1969年，民主德国莱比锡体育学院的哈雷博士在1957年版和1964年版函授教材的基础上，编写了 *Trainingslehre* 一书。该书的问世被国内体育学者认为是运动训练学作为一门学科诞生的标志。五十多年后的今天，以奥运会为代表的竞技体育已成为世界各国展示综合体育实力和文化自信的舞台，体育强国建设也成为我国竞技体育发展的新目标。与此同时，运动训练学在我国陷入学科存在价值下降、学科从业人员减少、学科发展方向不明等困境。我国运动训练学目前的发展状况似乎很难满足培养竞技体育所需的运动员、教练员和科研人员的需求，也鲜有能够支撑和引领奥运备战的研究成果和科研团队。我国的运动训练学在学科诞生半个多世纪后亟待审视自身和放眼全球，并通过更大程度地国际化和科学化，果断开启学科发展的新时代。

第一节 运动训练学相关概念

明确运动训练学的相关概念是本章展开的一个重要前提。我国运动训练学是在编译民主德国和苏联讲义和教材的基础上创立的。尽管取得了长足的进步，但我国运动训练学要真正达到发挥学科价值、支撑我国竞技体育事业的目标，还需要不断借鉴和学习欧美体育强国的运动训练学。然而，借鉴和学习的前提是明确欧美语种下的"运动训练学"是什么。

国内学者将1969年哈雷博士所著 *Trainingslehre* 一书翻译成"训练学"，并在此基础上增加"运动"二字形成了"运动训练学"这一概念。然而，"运动训练学"中的"运动"对应的英文更接近sport，而非运动人体科学中"运动"所对应的英文movement或exercise。但是，英文中的sport根据应用场景不同，对应的中文意思有"体育"和"竞技体育"两种。一些国家和机构为了区别，用sports来表示竞技体育。*Trainingslehre* 一书2012年的英文译本 *Principles of Sports Training*（直译为《竞技体育训练原理》）也是用了sports来表示竞技体育。因此，我国的运动训练学中"运动"所对应的英文应为sports，其对应中文意思为"竞技体育"。此外，需要注意的是，德文的sport对应的中文意思更

第一章　我国运动训练学亟待科学化

接近"体育"（如 Sportwissenschaft，体育科学），而不是"竞技体育"。德文中的"训练学"没有增加"sport"。

运动训练学的"训练"在德文（Training）和英文（training）语种下都存在，但是英文中的体育学科门类下却很难找到与 training 对应的学科或专业，这使得国内学者曾一度认为欧美体育强国没有运动训练学。

运动训练学的"学"来自对德文 Trainingslehre 中 Lehre 的翻译，但德文 Lehre 的中文意思更接近"学说、理论、原理、准则"。在德国，*Trainingslehre* 出版的第二年（1970年），"Trainingswissenschaft（训练科学）"的概念就被提出。1992 年德国体育科学学会设立了训练科学分会，*Trainingslehre* 的后续版本自 1994 年起也更名为 *Trainingswissenschaft* 或 *Trainingslehre–Trainingswissenschaft*。此外，德国国家体育科学研究所对应的名称为 Institut für Angewandte Trainingswissenschaft，其直译意思为"应用训练科学研究所"。很多英语类欧美国家有一个名为 sport science 的学科或研究领域，其专注于竞技体育领域运动员竞技表现的提升，其对应的德文是 Trainingswissenschaft，对应的中文是运动训练学。但是，由于英文的 Sport Science 有时还有"体育科学"的意思（如 European College of Sport Science，欧洲体育科学学会），这曾一度干扰了国内学者对国外 sport science 的认识，以为其只是体育科学。国内体育学术相关组织和机构也常把"体育"翻译成 sport（如国家体育总局的英文译名为 General Administration of Sport of China），把"体育科学"翻译成 Sport Science（如中国体育科学学会的英文译名为 China Sport Science Society）。相比之下，英国和澳大利亚的做法值得借鉴，这两个国家都将 exercise 和 sport 进行了区分，将国家级学会分别命名为 Exercise and Sports Science Australia（澳大利亚运动与竞技体育科学学会，或澳大利亚运动与训练科学学会）和 British Association of Sport and Exercise Science（英国竞技体育和运动科学学会，或英国训练与运动科学学会）。

与运动训练学相关的另一个概念是 sport/sports coaching（体育教练学或训练教练学），其是以教练员（coach）和教练员的执教（coaching）为对象，运用教育学和心理学的方法探究教练员的培养和发展，以及教练员整合运用教育学、心理学和运动训练学原理和方法有效执教的科学和研究领域。鉴于体育教练学是否属于科学还存在争议，一些期刊并未将 coaching 与 science 两个词进行合并使用（如 *International Journal of Sports Science & Coaching*，*International Sport Coaching Journal*）。

综上所述，不同语种下的"运动训练学"对应的概念存在差异，众多欧美竞技体育强国都存在运动训练学这一相关学科和研究领域，德文的运动训练学对应为 Trainingswissenschaft，英文的运动训练学对应为 sports science 或 sport science。但是，当使用"sport science"时需要谨慎，因为其也可能表示体育科学。鉴于教练员的培养和发展对于运动训练学的应用至关重要，建议运动训练学主动吸纳体育教练学相关的研究内容。

图 1-1 是对运动训练学相关概念的一个汇总。其中运动员、教练员和科研人员是竞技体育（运动队）的三大主体；运动训练学的主要任务是为竞技体育培养科研人员和提供

科研成果，并经由教练员的执教来提升运动员的竞技表现；体育教练员的主要任务是为竞技体育培养和发展教练员，并促进教练员有效执教。运动科学（exercise science）也涉及具体的体育项目，但其主要任务在于以具体的体育项目为载体促进健康，或者通过具体的体育项目研究人体生物学。虽然运动科学和运动训练学探究的目的不同（前者以促进人的健康水平为目的，后者以提升竞技表现为目的），但是运动科学与运动训练学都是研究"运动中的人"的科学，二者都涉及人体运动的生物学，因此在人才培养的本科阶段可以考虑将二者融为一个专业，这个专业在一些国家叫"exercise and sports science"，我们可以把其翻译为"运动与训练科学"。运动与训练科学和其他体育类学科一起构成了体育科学（sport science）。

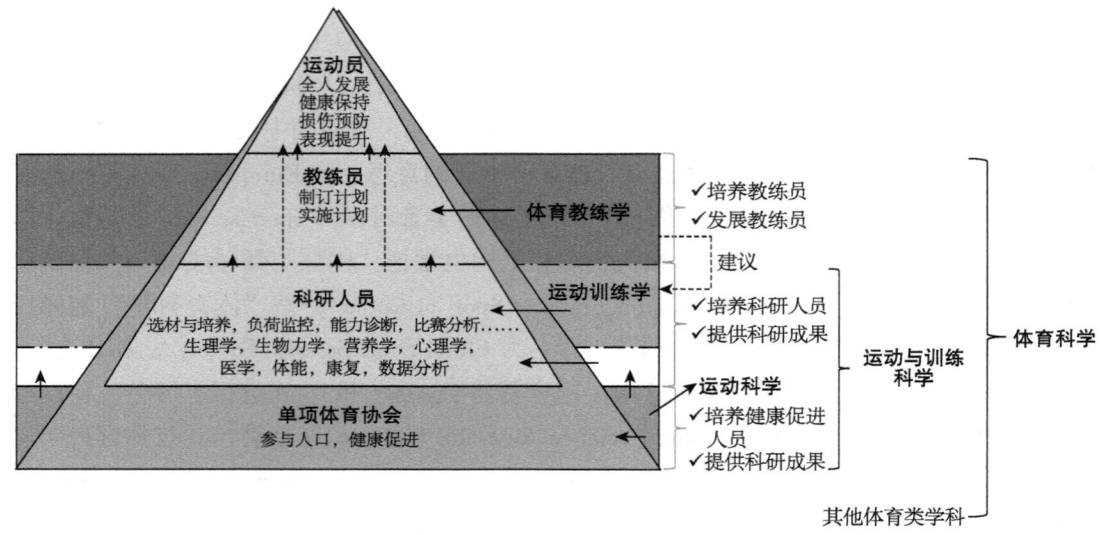

图1-1 运动训练学相关概念关系图

第二节 国外运动训练学的学科现状

国外体育强国运动训练学自诞生后发展迅猛，这种发展体现在人才培养、科学研究、社会服务等多方面，这些发展有效支撑了人类运动潜能的挖掘，综合展现了各国的科技实力和文化自信。下文将从学科内涵、研究和应用模式、研究问题和面临挑战四个方面重点介绍国外运动训练学的开展现状。

一、学科内涵

如前文所述，我国运动训练学对应的德文和英文概念分别为Trainingswissenschaft和sports science。根据德国体育科学学会（Deutsche Vereinigung für Sportwissenschaft，DVS）的描述，Trainingswissenschaft是体育科学的下属学科，其在体育应用领域从整体性和应用性视角探究训练和比赛的科学基础。该学科运用行为科学和自然科学的方法探究科学问题，主要的方法有方法学/生理学/生物力学/认知类测试法、比赛观察法、问卷和访谈法、训练记录和分析法。根据英国训练与运动科学学会（British Association of Sport and Exercise Science，BASES）的描述，sport science 涉及在竞技体育中应用体育科学的相关原理，且这个科学应用的目的在于实现一名运动员或一支运动队竞技表现的最大化。澳大利亚运动与训练科学学会（Exercise & Sports Science Australia）对 sports science 也有类似的描述。综合以上国家级学术组织对 sports science 的描述，可知 sports science 是一门以提升运动员或运动队竞技表现为目的的多学科多专业综合的应用性学科，这些多学科多专业包括生理学、生物力学、心理学、营养学等学科，以及表现分析、运动技能学习、体能（strength and conditioning）和运动医学等专业。

二、研究和应用模式

运动训练学的最终目标是提升运动员的竞技表现，但这一目标的实现受多个环节的影响，包括发现训练实践中的科学问题、采取科学的方法研究问题、经过分析讨论得到研究结论、将科学结论转化成从业人员可理解的语言、将研究结论以教练员可理解和喜好的方式传播给教练员、教练员对科学研究的态度和理解能力、教练员应用科研成果等。运动训练学学科价值的体现也很大程度上取决于以上各环节的实现程度。

澳大利亚运动与训练科学学会前主席大卫·毕晓普（David Bishop）教授提出了运动训练学应用研究的八阶段模型（applied research model for the Sport Sciences，ARMSS）（图 1-2）。第一阶段为明确问题（defining the problem），在此阶段研究人员需要确保他们对需研究问题相关的基础科学有全面且极佳的理解，并通过与教练员、运动员和运动项目管理人员交流进一步了解运动项目。只有研究问题得以明确，且在研究人员深入地查阅了相关文献后，研究人员才可以进入第二阶段——描述性研究（descriptive research）。高质量的描述性研究是后期其他类型研究的重要基础，其包括剖面研究（如项目生物学特征、比赛技战术特征、运动员的训练特征、运动员营养习惯）、横断面研究（如不同类型运动员的差异）和方法类研究（如方法或设备的信效度研究）。第三阶段是寻找竞技表现的预测指标（predictors of performance）或回归研究（regression studies）。这一阶段旨在通过探究相关指标与竞技表现的关系来确定影响竞技表现的可能因素（如最大摄氧量与马拉松跑速的关系，深蹲最大力量与 100 米跑的关系），二者相关性越强表明二者属于因果关系的可能性越大。第四阶段是预测指标的实验检验（experimental testing of predictors），这一阶段通常采用随机双盲设计探究某一项预测指标的改变是否带来了竞技表现的提高（如服用某种运动饮料对自行车计时赛成绩的影响），或通过匹配某一指标、不匹配另一指标来确定与竞技表现相关的指标（如匹配了最大摄氧量的受试者的乳酸阈与马拉松跑速相关）。第五阶段是运动表现关键预测指标的决定因素（determinants of key performance predictors），这一阶段建立在前两个阶段的发现并通过实验确认了可能影响竞技表现的预测指标的基础上。这一阶段的很多研究试图确定改变竞技表现预测指标的最佳干预方法（如已确定最大摄氧量是预测马拉松跑速的一个指标，那么是低强度持续训练还是高强度间歇训练能更有效地提高最大摄氧量？）。第六阶段是干预研究（intervention studies）或效力研究（efficacy studies），这一阶段涉及针对狭窄定义、同质性高和参与动机强的人群采用统一和严格的标准化干预，且需要随机选取受试者和分配干预条件，尽可能使用安慰剂对照（双盲对照最为理想）或交叉实验设计。第七阶段是障碍清除（removal of barriers），上一阶段的干预研究是在理想状态下进行的，而在训练实践中，教练员安排训练不得不考虑伤病、动机、多种内容的同期化训练、恢复、竞赛、时间不足、设备缺乏、专门测试人员等多种因素。因此，这一阶段需要对这些可能存在的因素进行分析，了解教练员的喜好，并考虑如何将新的干预"销售"给教练员、运动员和运动队的科研人员。这类研究往往需要使用定性研究的方法。第八阶段为在训练实践中的实施（implementation in sport setting）或效果研究（effectiveness trials），这一阶段能够检验前面几个阶段的研究结论在"真实"的训练实践中是否可行和有效，且是否比现有操作更有效。在这一过程中，研究人员与实践工作经验丰富者的协商与合作对于这一阶段的有效性实验至关重要。需要注意的是，解读这个阶段的研究结果时需要考虑实施过程中可能存在的不当操作。

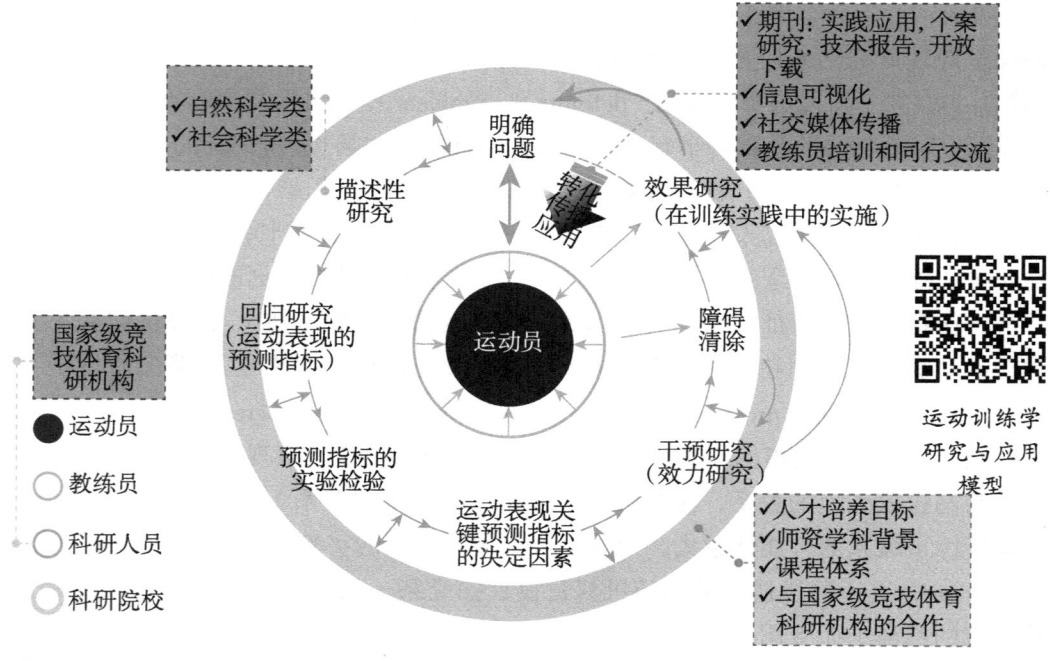

（在毕晓普和布赫海特观点上整合补充）

图1-2 运动训练学研究与应用模型

这个模型详细阐明了运动训练学的研究类型和研究流程，并在第一阶段（明确问

第一章 我国运动训练学亟待科学化

题)、第七阶段(障碍清除)和第八阶段(在训练实践中的实施或效果研究)中强调科研人员与教练员的交流与合作,这种交流与合作是确保科研人员探究的问题属于训练实践中真实存在和亟待解决的问题,以及保证从实验室得到的结论在训练实践中具有同样的效果。尽管这三个环节最大限度地确保了运动训练学研究的严谨性(达到成果发表的标准),但运动训练学研究的最终目的是实践应用(提升运动员的竞技表现),而从严谨的科学结论到最终应用于训练实践还存在转化和传播两个环节。如何填补这两个环节的缺失所造成的空白也是当今国际运动训练学领域探究的一个重要问题。

国际运动训练学领域的另一名知名科学家马丁·布赫海特(Martin Buchheit)形象地把运动训练学研究与运动员比喻成卫星运行的轨道与地球,把运动训练学研究与运动员训练实践间的脱节比喻成卫星运行轨道与地球的距离。以运动员为中心的训练好比地球,科研人员及其科研成果在距离地面的远轨道上运行着,两者相距甚远,且研究成果与运动员实际竞技表现多半没有联系,同时鲜有教练员会阅读这些研究成果。

众多运动训练学领域的科学家和学者从期刊发文、科研成果传播、教练员知识获取方式、训练科研合作机构的建立等方面提出了完善建议。期刊发文方面,一些期刊要求投稿论文结构中增加一段"实践应用(practical application)",尽可能将科研结论转化成教练员能理解的信息;增设案例研究(case study)和技术报告(technical report)两类栏目,方便来自训练实践的成果发表;强调压缩论文篇幅、缩短论文审稿和发表周期;鼓励提供论文的开放下载。科研成果传播方面,法国体育学者雅恩·勒穆尔(Yann Le Meur)创办了科研成果可视化平台 www.YLMSportScience.com,越来越多的学术期刊和学者利用社交媒体(如 Facebook、LinkedIn、ResearchGate、微信公众号等)传播科研成果。教练员知识获取方式方面,一些具有教练员培训职责的组织创造了更多同行交流的机会,并以各种有效的形式帮助教练员获取训练相关信息。训练科研合作机构的建立方面,一些国家成立了专门的竞技体育研究和应用机构,如澳大利亚体育学院(Australian Institute of Sport)、英格兰竞技体育科学研究所(English Institute of Sport,以下简称英格兰体科所)、挪威奥林匹克训练中心(Olympiatoppen)、法国国家竞技体育、专业技能与运动表现研究所(National Institute of Sports, Expertise, and Performance),这些机构都具有四个基本特征,即专门从事竞技体育(不涉及健康促进)、全国统筹并按地域设分支机构、企业化运作(实施聘任制)、与科研院校在科学研究和人才培养上紧密合作。

图 1-2 为国外高水平运动训练学研究与应用模型的汇总。在研究层面,其强调研究的层次性和严谨性;在应用层面,其强调研究成果的转化、传播和应用;在合作层面,其强调科研人员与教练员的合作、强调国家级竞技体育科研机构与科研院校的合作。这一模型也表明了运动训练学学科价值的真正发挥取决于多个方面的通力合作和多个环节的紧密相扣。

三、研究问题

　　哲学始于惊奇，科学源自追问，科学就是不断地追问和解答。作为一门科学的运动训练学同样需要围绕运动员竞技表现提升不断提出问题和解决问题。大卫·毕晓普从研究范式上提出了运动训练学研究的八个阶段，这八个阶段为我们提出问题和解决问题提供了清晰的思路。美国运动医学学会前主席卡尔·福斯特（Carl Foster）教授认为，运动训练学需要回答四个问题：①为什么一些运动员能够更成功？②训练反应是怎样真正发生的？③如何评估运动员的表现？④如何监控运动员的训练和表现？这四个问题高度凝练了运动员竞技表现提升过程中的科学问题。第一个问题涉及运动员成功的归因分析，对这个问题的回答能够指导运动员的早期选材和后期训练；第二个问题涉及训练刺激（干预）的急性反应和慢性适应，对这个问题的回答能够帮助理解运动能力提升的适应机制并提高训练干预的有效性；第三个问题涉及测试和评价所使用的方法、指标和仪器，对这个问题的回答能够催生出具备良好信效度的方法、指标和仪器；第四个问题涉及运动员训练过程的负荷监控，对这个问题的回答能够揭示训练负荷与健康、损伤和竞技表现的关系。

　　表1-1列举了当代部分国外运动训练学知名学者及其主要研究方向，这些学者大都就职于大学，但与国家级竞技体育科研机构或运动队有着密切的合作，个别学者就职于国家级竞技体育科研机构或职业体育俱乐部，如马丁·布赫海特。这些学者既有专注于某一具体训练学问题（如配速策略）和方法学问题（如体育统计）的，也有专注于某一具体训练方法（如重复冲刺训练）或训练类型（如力量训练）的，还有专注于某一具体运动项目（如越野滑雪）或专业领域（如营养策略）的。

表1-1　当代部分国外运动训练学知名学者及其主要研究领域

作者	国家	机构	主要研究领域
史蒂芬·赛勒	挪威	阿哥德大学	训练负荷分布（training load distribution）
佛朗哥·因佩利泽里	澳大利亚	悉尼科技大学	训练负荷与损伤（training load and injury）
卡尔·福斯特	美国	威斯康星大学拉克罗斯分校	训练负荷（training load）
伊尼戈·穆吉卡	西班牙	巴斯克大学	耐力训练（endurance training）
阿恩·格罗里希	德国	凯泽斯劳滕工业大学	运动员选材与培养（talent identification and development）
大卫·毕晓普	澳大利亚	维多利亚大学	重复冲刺训练（repeated sprint training）
威廉姆·克雷默	美国	俄亥俄州立大学	抗阻训练（resistance training）

续表

作者	国家	机构	主要研究领域
比利·斯珀里希	德国	维尔茨堡大学	可穿戴设备（wearable technology）
弗洛伦蒂娜·海廷加	英国/荷兰	诺森比亚大学	配速策略（pacing strategy）
杰里米·伦内克	美国	密西西比大学	血流限制训练（blood flow restriction training）
路易斯·玛丽·伯克	澳大利亚	澳大利亚凯斯林大学	竞技表现提升的营养策略（nutrition strategy for performance enhancement）
威尔·霍普金斯	澳大利亚/新西兰	维多利亚大学	体育统计（sport statistics）
欧伊文德·桑德巴克	挪威	挪威科技大学	越野滑雪（cross-country skiing）
彼得·奥多诺霍	英国	卡迪夫城市大学	竞技表现数据分析（competitive performance analytics）
乔斯·德·康宁	荷兰	阿姆斯特丹自由大学	速度滑冰（speed skating）
大卫·派恩	澳大利亚	堪培拉大学	游泳（swimming）
马丁·布赫海特	法国	里尔足球俱乐部	足球（soccer）

当然，国外运动训练学知名学者和主要研究方向远不止表1-1所列举的内容。持续关注运动训练学主要学术期刊的刊文动态和主要学者的发文动态是一种相对全面了解国外运动训练学主要研究问题的方法。表1-2是部分与运动训练学相关的学术期刊示例，其中既有专门刊发运动训练学研究成果的期刊，也有包含运动训练学研究成果的期刊，读者可以通过订阅邮件推送来定期接收期刊的最新刊文。由于国外学术期刊大都是专家办刊，通过查阅期刊的编委会便可了解领域内的知名学者。通过在各大搜索引擎及学术论文检索网站（如 PubMed、Google Scholar、Web of Science 等）查阅学者发表的文章来了解其最新的研究成果。通过关注知名学者在社交媒体（如 ResearchGate、LinkedIn、Facebook 等）的个人账户、页面来了解其研究计划、研究成果和学术观点。除此之外，还可以通过参加学术会议聆听知名学者在运动训练学领域所做的专题报告，并有机会与知名学者进行面对面的交流。一些会议组织方也会把部分大会报告的视频上传到视频类社交媒体（如 YouTube）。总之，实时关注国际运动训练学相关专家最近的研究动态，并持续和及时地保持与国内外运动训练学同行的交流（以文字、视频、对话等多种形式）是把握运动训练学前沿研究问题的关键。

表 1-2　部分国外运动训练学相关学术期刊

期刊名称	中文译名	主办方	主办国	刊文重点	备注
International Journal of Sports Physiology and Performance	《国际运动生理学与竞技表现杂志》	人体运动出版社	美国	生理学和竞技表现提升	专门期刊
Journal of Strength and Conditioning Research	《体能训练研究》	美国体能协会	美国	体能和竞技表现提升	专门期刊
International Journal of Sports Science & Coaching	《国际训练科学与教练学杂志》	世哲出版公司	美国	教练（科）学与竞技表现提升	专门期刊
International Journal of Performance Analysis in Sport	《国际运动表现分析杂志》	卡迪夫城市大学	英国	技战术分析与竞技表现提升	专门期刊
International Sport Coaching Journal	《国际体育教练学杂志》	国际精英教练员理事会	英国	教练（科）学	专门期刊
Leistungssport	《竞技体育》	德国奥林匹克体育联合会	德国	运动训练学	专门期刊
Journal of Sports Sciences	《体育科学杂志》	英国体育科学学会	英国	体育科学	非专门期刊
European Journal of Sport Science	《欧洲体育科学杂志》	欧洲体育科学学会	英国	体育科学	非专门期刊
Medicine and Science in Sport and Exercise	《运动医学与体育科学》	美国运动医学学会	美国	医学与运动科学	非专门期刊
German Journal of Exercise and Sport Research	《德国体育研究》	德国科学协会	德国	运动与训练科学	非专门期刊
Journal of Science and Medicine in Sport	《体育科学与运动医学杂志》	澳大利亚运动医学学会	澳大利亚	医学与运动科学	非专门期刊
Journal of Sports Science and Medicine	《体育科学与运动医学杂志》	布尔萨乌鲁达大学	土耳其	医学与运动科学	非专门期刊
Sports Medicine	《运动医学》	施普林格出版社	新西兰	医学与运动科学	非专门期刊
European Journal of Applied Physiology	《欧洲应用生理学杂志》	施普林格出版社	德国	医学与应用生理学	非专门期刊

四、面临挑战

伴随当今竞技体育对运动训练学要求的提高，运动训练学在各国的发展也面临着诸多挑战。尽管关注研究运动训练学的众多机构和人士都在积极应对挑战，但诸如研究与实践的脱节、成果转化的滞后、科研人员与教练员沟通的不畅、科研经费不足、运动队科研工作的艰辛、科研人员整体研究能力不足等问题仍不同程度地存在。2004年，美国奥委会运动生理、运动生物力学和体育工程负责人共同撰文，揭示运动训练学（sports science）在美国已经丧失了自己的身份，并很大程度上被运动科学（exercise science）替代，而运动科学很少关注运动员竞技表现的提升。该文作者认为，年轻人在运动训练学领域寻求职业发展十分困难，能够提供少量岗位的高校又用课题和论文来评估研究人员，运动训练学的研究人员迫于压力将研究领域转向了经费更为充足、研究对象更易获取的运动科学。

尽管澳大利亚是世界运动训练学研究和应用的典范国家之一，但针对175名（大学或竞技体育研究所的）竞技体育科研人员的在线调查表明，从业人员面临着工作时间长、很难兼顾家庭、职位不稳定和收入不均衡等问题，这导致这个群体以男性（超过75%）和年轻人（未满35岁）为主，且人员流动性较大。不仅如此，竞技体育科研工作对科研人员的职业素养还有着极高的要求。英格兰体科所前生理学主管史蒂夫·英格姆（Steve Ingham）将其20多年的竞技体育科研工作经历写成了一本书（*How to Support a Champion: the Art of Applying Science to the Elite Athlete*《怎样支撑一名冠军：竞技体育科学应用的艺术》），该书介绍了竞技体育科研工作的高要求：获得信任、团队合作、好奇心和批判性思维、适应能力、责任、影响他人、宠辱不惊、奉献。值得注意的是，这八点要求或能力是运动训练学和运动科学的学历教育都很少传授的职业能力。

竞技体育的科研人员和教练员分别是运动员竞技表现提升所需知识的供应方和应用方，二者的沟通与合作决定着运动训练学的学科价值最终能否实现，但二者对对方所持态度又妨碍着彼此的有效沟通与合作质量。当前许多教练员来自退役运动员，他们未接受过专业的学术科研训练，其执教相关的训练知识来自自身运动员的经历、所接受的教练员培训、自身的执教经历，以及其他教练员的师徒传授，他们在执教过程中或不知道或不愿意，或没有时间查阅发表在学术期刊上的"长篇大论"，而更倾向于通过教练员之间的非正式交流和参加教练员会议来获取更多的信息。许多科研人员关心的是如何获得课题经费和在高水平期刊上发表论文，且其工作考核并没有成果转化和实践应用相关指标的要求，其掌握的所谓科研成果可能存在"过时"（即知识陈旧）或"不切实际"（即未在实践中得以检验）的情况。这使科研人员和教练员之间形成了"教练员保守、不爱学习、不尊重科学"和"科研人员过于理论化、只会采数据"的成见。此外，由于竞技体育比赛成绩受遗传、训练、心理、对手、环境、社会支持等多项因素的影响，很难求证运动训练学的研究成果与竞技体育成绩间的直接关系，这加大了用竞技体育成绩检验运动训练学科学研究成果的难度。

第三节　我国运动训练学的学科现状

作为一门学科，运动训练学在我国的创立是建立在早期学者对民主德国和苏联讲义或著作编译基础上的。从1980年中国体育科学学会下设运动训练学分会，1982年《运动训练学》成为一些体育院校一门正式的专业基础理论课，到1983年中国体育科学学会运动训练学分会组织的《运动训练学》内部教材的编著完成，1986年第一本《运动训练学》教材正式出版，再到1988年运动训练专业首次列入我国普通高等院校本科专业目录，1997年运动训练学与体育教学理论与方法结合成教育部二级学科门类（体育教育训练学），我国运动训练学在理论和实践层面都进行了积极的探索，并产生了一批具有中国特色的理论成果，为我国体育行业培养了大量从业人员。运动训练学也成为众多体育院校或综合性大学体育系招生规模最大的体育学二级学科门类。然而，当今国际竞技体育的较量已由经验主导和单兵作战转为研究支撑和团队助力，我国竞技体育实践对运动训练学有了新的和更高的要求。作为运动训练学人才培养的重要载体，运动训练专业几乎不再需要训练现役运动员，其安置退役运动员的功能逐渐弱化，培养竞技体育教练员的功能也似乎很难实现。我国竞技体育实践亟须运动训练学提供运动员竞技表现提升的科学原理和方法，以及培养能开展科学研究并能将科研成果转化至实践应用、同时能应用训练科学原理和方法的竞技体育科研人员。下文分别从学科队伍、人才培养、科学研究、实践应用和国际交流五个方面介绍我国运动训练学的现状。

一、学科队伍

竞技体育运动队是运动训练学的主要应用场所，高等院校和竞技体育科研机构是运动训练学科研人员的主要承载地，高等院校是运动训练学学科人才的主要培养地。我国运动训练学的学科队伍主要分布在高等院校的运动训练、体育教育、运动人体科学三个相关专业和体育科研机构的相关部门。但是，高校运动训练专业与体育教育专业中大多数教师为公共体育教学的教师，体育科研机构中相当比例的科研人员从事着健康促进的研究和应用工作，看似庞大的运动训练学学科队伍中的相当一部分是由大量公共体育教师和从事健康促进的科研人员构成的，而从事竞技体育科学研究和科技支撑的专职科研人员数量非常有限。与此同时，竞技体育运动队科研工作的艰辛，以及2008年北京奥运会后"全民健康"和"竞技体育"二者关系的调整也使得一批竞技体育的科研人员进入了健康促进领域，导致我国运动训练学学科队伍在原有稀释局面下的进一步萎缩。

二、人才培养

自20世纪80年代以来，运动训练专业人才培养的主要目标为专项教练员，但事实证明经由高校运动训练专业培养出来的专项教练员越来越少，运动训练专业的本科和硕士毕业生大都担任中小学体育教师和社会培训机构教练，运动训练学所对应的体育教育训练学博士毕业生尽管大部分进入高校工作，但相当一部分从事的工作主要为体育术科教学，真正对口需求的竞技体育运动队和科研机构难以招聘到合格的科研人员。导致这一现状的原因在于生源的先天不足和培养的后天偏差，即通过体育单招入学的运动训练

第一章 我国运动训练学亟待科学化

专业的本科生在科学理论知识方面基础薄弱，以提高运动水平和运动技能教学教法能力为主要培养目标的运动训练专业在人体自然科学知识和技能传授方面相对欠缺。此外，运动训练专业师资水平的局限、教材的陈旧、教学方法和教学手段的单一也影响了运动训练学人才培养的质量。

三、科学研究

科学是追求真相的过程，提出和检验假设、可证伪性、自我纠正是科学接近真相的三种独特方式。相比之下，理论只不过是得到较好支撑的假设而已。我国运动训练学自学科成立以来开展了大量研究，其涉及的热点包括运动训练学向竞技体育学的拓展、项群训练理论、专项训练理论、优秀运动员的个体训练、竞技能力时空特征和状态监测、运动训练控制的过程、竞技参赛理论、竞技体育发展的机制、训练过程的人文教育、运动训练周期理论争鸣、超量恢复学说的理论争鸣、高原训练实践、体能训练的理论争鸣和实践等。然而，我国运动训练学研究对运动员选材和培养、损伤预防、负荷监控、项目生物学特征、竞技能力诊断、竞技表现提升与疲劳恢复策略等相关问题的关注仍然不够，对运动训练学的自然科学或生物学特征的研究亟待加强。导致这一局面出现的原因可能包括学科门类归属于教育学、学科队伍的专业背景欠佳、对国外研究现状了解不足、学历教育中科研方法类课程的欠缺、逻辑实证主义的不足等。

四、实践应用

科学研究与实践应用的脱节是世界各国运动训练学面临的共性问题，这一问题在我国有时被形象地描述为训练和科研的"两张皮"。尽管竞技体育管理部门和众多运动队尝试构建训科医复合型团队，但科研人员自身业务能力（如研究能力或应用能力等）不够、教练员对科研的认识和接纳程度偏低、训练和科研结合运行的机制不畅等多方面的原因，导致运动训练学在竞技体育实践中的作用大打折扣。在高校从事运动训练学科学研究的教师更关注的是如何将研究成果发表在高水平的学术期刊上，而对这些刊登在学术期刊的成果是否具有应用价值，这些成果是否能被教练员获取、理解和应用到日常训练中却关注较少。同时，从事运动训练实践的教练员关注的是如何获得一个万能的"训练秘方"，而较少关注训练方法背后的科学原理，以及如何根据项目、训练对象、训练目标和训练阶段的不同灵活运用训练方法。此外，我国现有的教练员培训在形式、内容、系统性方面的不足也影响了教练员对运动训练学科研成果的理解和接受程度。

五、国际交流

我国运动训练学是国际交流的产物，民主德国和苏联创建和发展的运动训练学经由早期学者的编译进入我国，为我国运动训练学搭建了学科框架。我国运动训练学的一些核心概念、原则和方法在此过程中逐渐形成。然而，近三十年来，民主德国和苏联所在国家和地区自身运动训练学发展缓慢，一些欧美体育强国的运动训练学充分吸收了体育相关学科的科研成果，并在整合和应用过程中实现了自身的迅猛发展。相比之下，我国运动训练学的发展长期滞后，这种脱节具体体现在对国外运动训练学研究和应用动态了解不全面，赴国外从事运动训练学研究且回国的学者、参加运动训练学相关学术会议和交流的学者少，在国际运动训练学相关学术期刊发表成果少，举办运动训练学相关的国际高水平学术会议少。当然，不可否认的是，近十几年来我国运动训练实践领域通过引进专项和体能外籍教练，一定程度上推动了我国运动训练学在理念和方法手段上的更新。

第四节　我国运动训练学的未来发展建议

我国运动训练学在引进、借鉴、实践和思考中实现了快速发展，有力地支撑了我国竞技体育的崛起。然而，体育大国向体育强国迈进的新时代使命要求我国运动训练学发挥更加积极主动的，甚至是引领性的作用。"科学化"是我国运动训练学未来发展的必经之路，这一必经之路需要在拓展学科国际视野、调整学科人才培养、完善学科研究范式、提高学科成果转化和加强学科价值应用五个方面进行努力。

一、拓展学科国际视野

竞技体育的较量是全球性的，运动训练学的发展同样是全球性的。尽管进行了不少原创性探索，但我国运动训练学的发展水平在整体上仍滞后于欧美体育强国。对标国际是缩小差距的主要途径。这种对标首先需要克服语言上的障碍，与欧美体育强国的运动训练学对接，然后进行学习、筛选和借鉴。同时，我国运动训练学需要拓展学科国际视野，从学科门类归属、研究范式、研究问题、人才培养、机构设置等多方面了解、学习和借鉴国外先进理念和举措，积极主动融入国际运动训练学理论研究与实践应用的大家庭，利用国外现有研究成果和成功经验快速提高我国运动训练学的整体水平。国际视野是我国运动训练学科学化的重要前提。

二、调整学科人才培养

人才培养是一项百年树人的工程，支撑运动训练学的主体是这门学科的人才队伍，人才队伍的从业水平最终决定了学科的兴衰与存亡。高校的学历教育是人才培养的主阵地，其在人才培养过程中的学科归属、培养目标、课程体系、实习环节、师资水平、招生来源是人才培养质量的重要保证。我国运动训练学在学科归属上需要由社会科学调整到自然科学，加强学科的自然科学成分，按理学门类进行人才培养；培养目标上需要由教练员和体育教师调整为竞技体育的科研人员，提高与其他体育相关专业的区分度；课程体系上需要大幅减少术科训练和术科技能学习的比例，提高人体生物学和科研方法类相关理论和实践实验课程的比例；实习环节上需要增强实习场景的应用性和多样性，实行对实习带教师资的管理，着实提高学生实习的质量和效果；师资水平上需要大幅增加具有人体运动生物学背景的师资，整合竞技体育实践领域的科研人员参与教学，密切与竞技体育实践领域的合作；招生来源上需要由体育单招生调整为有运动基础的高考理科生，以提高人才培养生源的文化水平和运动水平。鉴于运动训练学的整合性（即多科学）和应用性（提升竞技表现）、就业市场相对狭小，以及与运动科学在研究对象上的相似性（即运动中的人），建议我国将以"运动中的人"为研究对象，以健康促进和竞技表现提升为目标的本科专业合并为运动与训练科学（exercise and sports science），并按理科门类的培养要求将高考理科生源培养成健康、健身和竞技领域的从业人员。人才培养是我国运动训练学科学化的坚实基础。

三、完善学科研究范式

运动训练学诞生之初具有浓厚的教育学和方法学色彩，但出现这一特征的背景是国家组织下的竞技体育训练和人体运动的自然科学研究刚刚起步。对教育学理论与方法的借鉴和对运动训练实践的观察实现了运动训练学学科的从无到有。但若就此将运动训练学定性为一门社会科学，这会很大程度上限制运动训练学的发展及其在竞技体育中价值的体现。运动训练是一个提升运动员竞技表现的过程，这一过程同时受社会科学和自然科学领域诸多因素的影响，对这一过程的研究需要综合运用社会科学和自然科学的研究范式。我国运动训练学需要最大限度地运用自然科学的研究范式，更多地围绕制约运动员竞技表现提升的具体问题展开研究。与此同时，我国运动训练学各阶段的学历教育可参照美国，在数量和质量上强化体育科研方法类课程，完善学位论文的科研伦理和科研规范。完善学科研究范式是我国运动训练学科学化的有效保障。

四、提高学科成果转化

一门学科的研究成果只有在被使用时才具有价值，而从研究成果到实践应用还需要转化和传播。提高学科研究成果转化需要产出科研成果的科研人员和刊载科研成果的学术期刊共同努力。科研人员首先需要在全面和系统了解国内外研究现状的基础上，深入运动训练实践寻找真正的科学问题，确保研究成果的科学性；其次需要主动地将科研成果的学术性描述转化成教练员能理解的描述（如信息可视化），并以教练员喜好的方式（如非正式的面对面交流）传播给教练员；最后需要积极利用社交媒体（如微信公众号、微博、抖音等）对科研成果进行传播。学术期刊需要鼓励发表介绍国外运动训练学理论与实践的综述类文章和围绕运动员竞技表现提升的自然科学类实验性文章，投稿论文结构中增设"实践应用"章节，增加案例研究、技术报告等偏重运动训练学实践的刊文类型，精简刊文篇幅，加快审稿和刊文速度，并最终引领运动训练学科学研究的开展。此外，学科成果转化过程中也需要提高运动训练学相关知识产权申请和转化的意识。提高学科成果转化是运动训练学科学化的具体体现。

五、加强学科价值应用

运动训练学从诞生之初便以服务国家竞技体育为目标，其学科价值的体现就是竞技体育的科学化和效益化。尽管我国竞技体育在整体规模上存在优势，部分体育项目也在国际重大比赛中取得成功，但一些对科学化训练要求高的运动项目处于相对落后的状态，其原因之一是我国竞技体育未能从运动训练学中获得足够支撑。我国运动训练学需要专门构建国家竞技体育科研支撑体系，建设国家竞技体育研究与应用中心，统筹全国各层面竞技体育运动队的科研工作，并在人才培养和科学研究方面与高等院校开展多学科合作；需要积极与单项体育协会和高等院校合作，开展教练员的岗前培训和职业发展教育，提高教练员执教的科学意识和运用科学的能力，协助单项体育协会培养教练员队伍；需要积极与单项体育协会和高等院校合作，开展竞技体育科研人员的培养和认证工作，制定竞技体育科研工作的行业规范和标准，大力培养竞技体育科研人员。加强学科价值应用是运动训练学科学化的最终目的。

小　结

世界运动训练学已诞生五十多年，我国运动训练学亟待审视自身和放眼全球，通过"国际化"开启"科学化"历程。国际化涉及学科名称的对接、研究范式的重建、研究问题的调整、人才培养的修正、应用体系的构建等多方面内容。我国运动训练学可与德文的Trainingswissenschaft和英文的sports science对接，借鉴自然科学的研究范式，注重研究成果的转化、传播和应用，紧扣运动员竞技表现提升的研究和应用目标，参照理学门类要求重新定位人才培养，构建全国统筹、与高校紧密合作的竞技体育科研应用体系，向着运动训练学科学化的方向不断前进。

作者：黎涌明

第一章
参考文献

第二章 英国竞技体育复兴的体系特征

在 2016 年里约奥运会上，英国继北京奥运会和伦敦奥运会之后再次以金牌榜第 2 的成绩向世界展示了其竞技体育复兴的成果。从 1996 年兵败亚特兰大奥运会的 1 枚金牌到 2016 年里约奥运会的 27 枚金牌，英国竞技体育的成功复兴引起了人们对现代竞技体育发展模式的深度思考。对于将奥运会作为竞技体育主要目标的国家来说，英国历经 20 年实现奥运会复兴的成功经验无疑可以提供富有价值的参考和借鉴。我国在北京奥运会后提出由体育大国向体育强国迈进的目标，在奥运会等重大国际赛事取得优异成绩无疑是体育强国的重要标志。本章通过回顾和分析英国竞技体育 20 年的复兴历程，并重点介绍英国竞技体育在结构、功能和举措等方面的改革，为我国奥运战略的完善提供参考和借鉴。

第一节 英国竞技体育历史回顾

英国是老牌竞技体育强国，是全球参加过历届现代奥运会的五个国家之一，并且先后三次（1908 年、1948 年和 2012 年）承办过夏季奥运会。英国夏季奥运会的金牌榜排名在前七届均为前 6 名，之后基本维持在第 8～13 名（1952 年和 1996 年例外，分别为第 18 和第 36）。1996 年，英国在亚特兰大奥运会的成绩跌入谷底，仅获得 1 枚金牌，共计 15 枚奖牌。此后，英国政府采取了一系列措施，在四年后的悉尼奥运会重回金牌榜第 10，在 12 年后重回金牌榜前 3，在 2016 年里约奥运会上以 27 金、23 银和 17 铜的成绩位列金牌榜第 2，其奖牌总数超过其作为东道主的伦敦奥运会（图 2-1）。该成绩不仅创造了英国近 50 年奥运会参赛的最佳成绩（也是历史第二好成绩），也让英国成为奥运历史上首个连续六届奥运奖牌数持续增加的国家，同时还打破了奥运会东道主优势可以延续三届奥运会但逐届下降的"规律"。

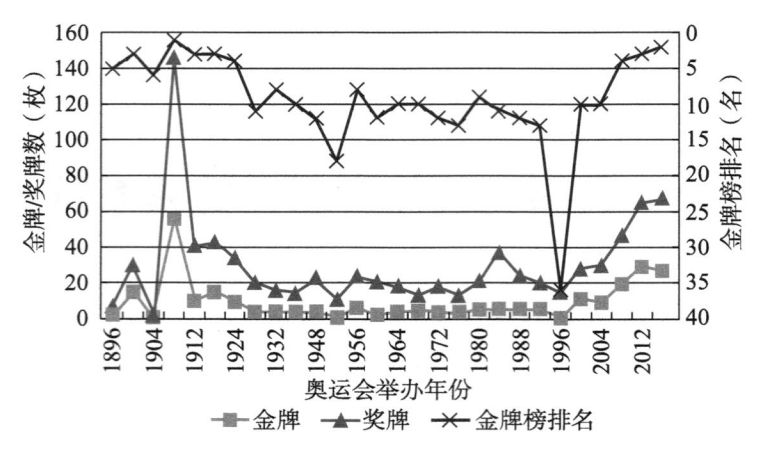

图 2-1　英国 1896—2016 年夏季奥运会金牌、奖牌数和金牌榜排名

1996年亚特兰大奥运会的惨败引发了英国政府和社会对本国竞技体育的改革。首先，在管理体制上，英国政府于1997年将此前的国家遗产部更名为文化媒体体育部（Department for Culture, Media and Sport, DCMS），并将此前的体育理事会（Sport Council）划分出英国体育局（UK Sport）以及下属的英格兰体育理事会、苏格兰体育理事会、威尔士体育理事会和北爱尔兰体育理事会。在职责上明确了英国体育局专门负责以奥运和残奥为首要任务的竞技训练和参赛，而英国体育理事会则主要负责大众体育；其次，在经费投入上，设立国家彩票加大对英国竞技体育和大众体育的资助力度。

更为重要的是，英国政府清晰地认识到英国体育系统中存在较为严重的官僚主义、单项体育协会的服务性不够、相关机构责任界限不清和过多的繁文缛节等弊病，有针对性地调整了英国体育的相关政策，分析了英国体育的现状，设定了英国体育的发展目标及达到目标的具体措施。在竞技体育领域，英国认真分析了澳大利亚1976—2000年在竞技体育上的成功经验，在结合本国竞技体育现状的基础上，以奥运会比赛为目标，对竞技体育的发展进行了顶层设计。其核心指导思想是集中力量优先发展部分运动项目，构建一个以运动员为中心和以单项体育协会为载体的高效竞技体育体系。在该思想的指导下，他们在政策、经费、组织、运动员选材和培养模式、教练员培养、科研体系构建等多方面，对选定的项目进行了倾向性优先保障。

第二节　英国竞技体育体系

由图2-2可见，属于非政府部门公共机构的英国体育局是英国竞技体育的核心机构。该局对英国文化媒体体育部负责，在接受国家财政拨款和国家彩票资助下，以培养代表英国参加国际比赛的运动员为己任。但是，英国体育局并不为竞技体育提供直接服务，而只是代表国家文化媒体体育部进行经费的投入，例如，通过世界级计划为单项体育协会和运动员提供经费。英国体育局在伦敦奥运周期对世界级计划的总投入为7.22亿英镑，其中直接用于单项体育协会和运动员（运动员成绩奖励）的经费分别为4.68亿英镑（64.7%）和1.2亿英镑（16.6%），用于管理性支出和其他服务性支出的经费为1.34亿英镑（18.6%）。英国体育局由董事会进行监管，该董事会由英国国务大臣委任，成员为1名主席、4名联合王国各构成国的体育理事会代表，以及其他5名具备相关技能和经验（如审计领域和单项体育协会）的独立成员。

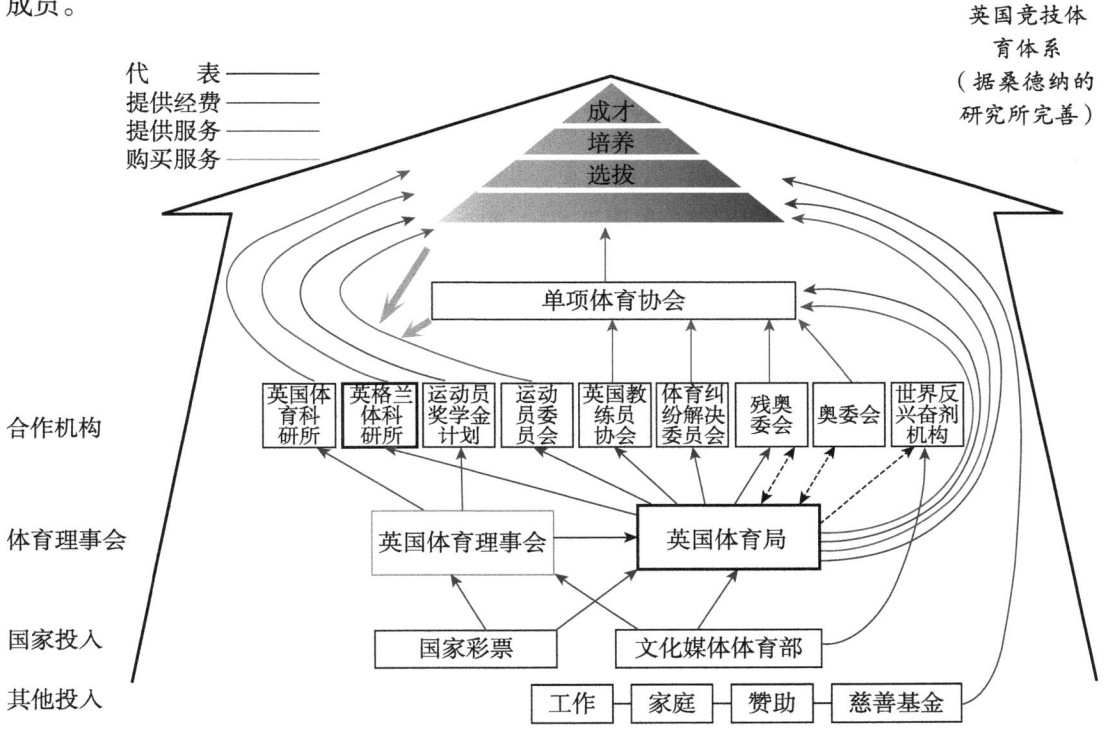

英国竞技体育体系（据桑德纳的研究所完善）

图 2-2 英国竞技体育体系（据桑德纳的研究所完善）

注：英国包括英格兰、苏格兰、威尔士和北爱尔兰四个联合王国。

英国竞技体育的具体实施主体是各单项体育协会。英国单项体育协会属于非营利性组织，其职能为制定项目规则、组织国内比赛、培养教练、吸引民众参与、选拔和培养运动员、培训志愿者、推广项目、开发市场、申办比赛，以及选拔运动员参加国际比赛，选拔和推荐运动员申报英国体育局、英国体育理事会和社会机构的资助，选拔运动员入选英国体育局的世界级精英计划。据英国文化媒体体育部2002年报道，英国共有300多个单项体育组织，共涉及112个体育项目。对22个奥运项目和17个残奥项目的单项体育协会来说，其经费来源除了英国体育理事会用于发展项目参与人口和提高会员运动水平的拨款、企业赞助和社会捐赠以外，还包括英国体育局用于培养高水平运动员的拨款，这些拨款用于单项体育协会为运动员安排教练，协调训练中心，提供训练设备、科研支撑和生活指导等。

英国竞技体育科研的实施主体是体育科学研究所（包括联合王国四个构成国的体科所），尤其是英格兰体科所。英格兰体科所成立于2002年，2006年由英格兰体育理事会划归至英国体育局（四个构成国的体科所中唯一一个），并由其提供每四年6000万英镑的经费。此外，英格兰每四年还会从单项体育协会获得2760万英镑的购买服务费。根据2016年的统计数据，总部位于曼彻斯特的英格兰体科所拥有350名员工，十个高水平运动表现中心和七个合作点。每个中心分布在英格兰的不同地区，并且在运动项目上各不相同，如英国赛艇和静水皮划艇在比萨姆庄园国家体育中心训练。英格兰体科所科研人员通过与国家队主教练和国家队运动表现主管合作，为运动员提供科学、医学、科技和工程方面的服务，帮助其提升运动能力，具体涉及运动医学、物理治疗、体能、生理学、营养学、运动生理学、生物力学、运动表现分析、生活方式、软组织治疗和运动员选材。在里约奥运周期，英格兰体科所为英国队93%的运动员提供了科技服务，涉及31个体育项目、67枚奥运奖牌和147枚残奥奖牌。在科技服务团队的组织和管理方面，英格兰体科所构建了由横向的专业领域主管和纵向的体育项目主管组成的网络，这种组织结构具有高效和实用的特点。首先，该结构保证了国家队科技服务团队的质量。参加国家队科技服务工作的所有科研人员统一由体科所招募、分配及管理，最大限度确保了科研人员的业务能力、专业对口和绩效考核。其次，有利于科技人员之间的交流和研究设施的资源共享。在横向上，服务于不同项目的同一专业的科研人员可以在方法和手段上交流、学习和借鉴，在设备仪器上共享。在纵向上，服务于同一项目的不同专业科研人员可以在训练计划的制订、能力测试、运动表现评价等方面更加紧密地合作，提高多学科复合式科研团队的工作效率。最后，有利于节省科研资源和最大限度发挥科研人员的作用。一些具有共性的科技服务工作，例如体能测试、损伤恢复、营养保障和心理咨询等，可以由一个专家或团队兼顾几个类似项目的科技服务工作。此外，英格兰体科所的科研人员还起到大学科研人员与运动队的桥梁作用，并在奥运周期的不同阶段为运动队提供不同类型的科学支撑，如前两年更加注重基础性研究，后两年更加注重具体问题的解决。

综上所述，英国竞技体育体系的显著特征是政府（文化媒体体育部和国家彩票）投资，以高水平运动员为中心，以英国各单项体育协会和英格兰体科所为训练和科研服务提供方，由多方机构（英国体育理事会、英国奥委会、英国残奥委会、英国教练员协会、英国运动员委员会、英国体育纠纷解决委员会等非政府组织）共同协作。

第三节　英国运动员选材和培养体系

竞技体育的主体是运动员，竞技体育的成功离不开高水平运动员的选拔和培养。高水平运动员的培养是一个长期的系统过程，涉及生理学（遗传）、训练学（教练、投入和硬件设施）、社会学（环境和机遇）、心理学（动机和意志）等多方面因素。如何尽早发现有运动天赋的运动员，并针对性地对其进行培养，以增加其在未来取得优异成绩的可能，是各国竞技体育探究的问题。早在 20 世纪五六十年代，民主德国就启动了以青少年体育学校为平台的运动员选材和培养计划。此后，类似的运动员选材和培养计划分别在澳大利亚、卡塔尔等人口较少国家建立。作为一个总人口只有 6451 万人，15～24 岁人口只占总人口的 12.4%（约 800 万人）的国家，英国在成功申办 2012 年伦敦奥运会后，对世界上已经实施的选材计划进行了充分了解和科学论证，并立即启动了运动员选材和培养计划。相比其他国家，英国的选材和培养计划更注重科学和创新。

一、英国运动员选材和培养的现状

在 2006 年以前，英国体育局和英国体育理事会之间有着明确的分工，前者只负责具有奖牌实力的高水平运动员，而后者则负责其他层面的一般运动员和大众体育。这种看似边界分明的分工却导致英国竞技体育与大众体育之间缺少衔接，割裂了竞技运动员从基础到高水平训练的系统性，运动员培养过程中多方合作不够，运动员培养的科学过程也缺乏统一设计和架构，很多有天赋的运动员并没有被发现。同时，这些不足还造成了运动员的早期专项化训练不足或出成绩过早等诸多问题。

针对上述问题，据可查阅的文献，英国体育局在 2008 年和 2010 年先后两次召开英国运动员选材和培养计划的科学论证会，邀请全世界该领域的杰出专家们把脉和献策，这些成果先后于 2009 年和 2016 年发表在《体育科学杂志》和《运动医学》两本期刊。这两次科学论证会为英国竞技体育在伦敦奥运会和里约奥运会取得的优异成绩奠定了扎实的基础。

传统选材是基于运动员参与选材时已有的运动能力或成绩进行的一次性选材，强调在运动员尽可能低龄时进行选拔，并尽可能早地从事专项训练，这种方法试图通过增加人、财、物的投入更早地培养出高水平运动员。但是，这一做法只是基于更早开始训练和更早出成绩的假设，这一假设似乎符合来自国际象棋和音乐领域的"10000 小时法则"。该法则认为，一个人需要通过 10000 小时（需要 10 年或更长的时间）的刻意练习才能达到专家级水平，这种刻意练习越多，其专业水平越高。然而，尽管体育领域的确有运动员的训练长于 10 年才达到世界水平或世界优秀水平，但也有相当的数据显示，一些运动员从开始训练到达到世界水平或世界优秀水平只需大约 7.5 年或更短的时间，甚至一些球类项目运动员达到世界水平或世界优秀水平只需要练习 4000～4500 小时。对德国的 4686 名和澳大利亚的 256 名国家级或世界级运动员的长期跟踪研究发现，这些运动员青少年时期的运动成绩与其成年阶段的运动成绩并无显著关系；每年各个级别的运动队都在频繁进行运动员的流动（即淘汰和补充），那些越早被选入培养计划的运动员越早离开这个培养计划，而最终运动水平越高的运动员入选培养计划越晚。还有数据表明，最终达到世界级水平的运动员与最终只达到国家级水平的运动员，其各个年龄阶段的专项训练（项目本身的训练，如游泳项目的游泳）课次并无差别；但是非专项训练（项目以外的训练，如游泳项目的骑车）课次有显著差别，表现为世界级多于国家级。此外，对参加雅典奥运会的4455名运动员的调查发现，不同项目运动员开始从事比赛项目训练的年龄差异很大，相当一部分运动员在传统选材年龄段（8~12岁）后才开始从事比赛项目的训练。

鉴于传统选材和培养模式的低成功率和现有实践与研究的最新发现，研究人员建议进行晚选材（即青春期后选材）、晚定项（个别项目除外）、动态选材和跨项选材。英国体育局正是基于这些研究成果确定了其竞技体育的选材和培养模式，这一模式的具体形式是开展名为"世界级计划"的运动员选材和培养工作。

二、英国运动员选材和培养的具体措施

自2006年起，国家彩票资助的世界级计划拓展了其资助范围，并分为世界级领奖台、世界级培养和世界级选材三级，对应的运动员分别为4年内、4~6年和5~10年在奥运会或残奥会比赛中有可能拿奖牌的运动员，目前世界级领奖台和世界级培养两个级别的运动员数量分别为465名和629名（图2-3）。英国体育局和英国体育理事会，以及相应的社会机构分别设立专门项目对运动员进行资助，确保运动员能够兼顾学习和训练，获得高水平教练员指导和高水平的科研支持，享受高水平训练设施和训练及比赛交通补助。与此同时，基于现有选材理论和他国成功经验，英国体育局联合英格兰体科所和单项体育协会，自2007年起启动了运动员选材计划，并采纳了学术界晚选材和跨项选材的建议，补充现有高水平运动员队伍。这一计划的主要举措是基于不同项目特征推出的一系列选材计划。鉴于前期项目的成功，英国体育局后续又启动了新一轮的选材计划——探索你的金牌，这一轮计划涉及20个体育项目，也是英国历史上规模最大的选材计划。

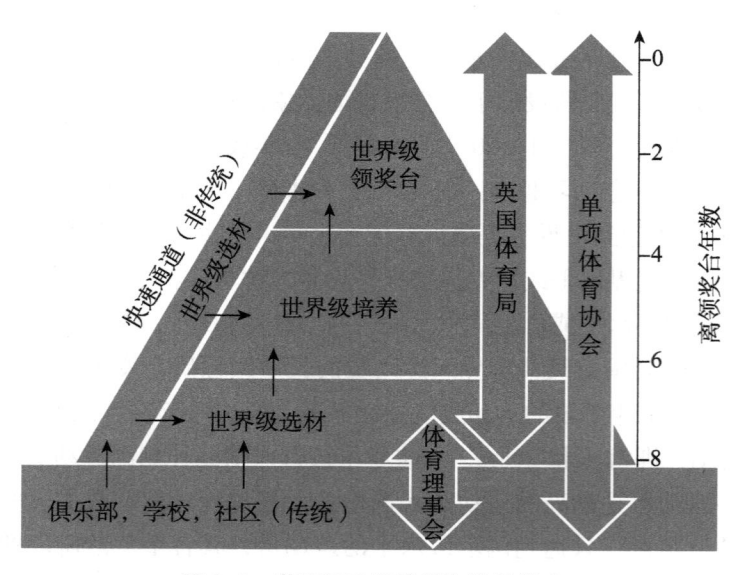

图2-3　英国运动员选材和培养模式

以英国2007年启动的体育巨人计划为例，该计划目的在于补充2012年及之后奥运会的赛艇、手球和排球国家队。历经招募、测试和试训三个阶段后，体育巨人计划选拔的正式运动员中的56%在12个月内达到或者超过了传统选材的同龄运动员。这些运动员中最为著名的是女子赛艇运动员海伦·格洛韦尔（Helen Glover），于1986年出生，入选前为地区级水平的运动员，参加过田径、游泳和曲棍球的专业训练。2008年，她开始赛艇训练，一年后获得了亨利女子赛艇比赛的单人艇冠军；两年后获得了世界锦标赛女子双人单桨的银牌；三年后获得了两站赛艇世界杯冠军；四年后获得了伦敦奥运会的金牌；之后，海伦·格洛韦尔包揽了历年世锦赛和里约奥运会该项目的所有金牌。

在2007—2011年，英国体育局与20个奥运和残奥项目的100多名世界高水平教练员一起合作，实施了20个国家级的选材和培养计划，共测试了7000多名运动员。这些计划共发现170多名潜在的世界奖牌运动员，培养出160人次参加国际比赛，获得54枚国际比赛的奖牌、8枚世锦赛奖牌、9枚世界杯奖牌、3枚欧洲锦标赛奖牌和14枚欧洲杯奖牌，并打破了1项世界纪录。

当然，英国体育局选材和培养计划的成功离不开四个前提。第一，英国体育局整合世界体育科学在选材和培养领域的研究成果，大胆采取晚选材和跨项选材；第二，英格兰体科所科研人员制订科学的选材测试方案，确保选出来的运动员确实符合项目所需，并在后期的培养过程中给予全面的科研支撑；第三，高水平教练员直接指导入选的运动员，确保有天赋的运动员得到高质量的训练，缩短运动员成才的周期；第四，英国体育局、英国体育理事会和其他社会机构通力合作，给运动员提供生活、学习和训练方面的资助，提供高水平训练所需的教练、科研支撑、场地设备和比赛机会，解决运动员训练之外的担心和顾虑。

第四节　英国教练员培养体系

英国竞技体育将教练员视为运动员达到世界级水平的六大支柱之一（其余五个支柱分别为生活和学习管理、选材、研究和创新、体育科学和医学、经费支持）。教练员能够带领由多学科人才组成的团队，整合运动员多方面的运动能力，确保运动员在正确的时机发挥出最佳竞技状态。鉴于对教练员重要性的认识，英国体育局与单项体育协会和英国教练员协会合作，在推出针对运动员的"世界级计划"的同时，也推出了教练员的"世界级计划"。该计划分为精英计划、精英学徒计划和运动员转教练员计划三部分。其中精英计划于2004年启动，每年选拔来自多个体育项目的不多于10名的教练员进行为期三年的资助和培养，并为其提供体育和非体育领域的国内外专家资源，旨在将英国现有达到世界水平的教练员进一步提升为真正的世界级顶尖教练员。精英学徒计划每年选拔10多名已经进入竞技体育领域执教，但执教经验有限的教练员，为其配备高水平教练员导师，让其以学徒身份与导师进行两年的共事，促进其在知识、技能和经验方面全面提升。运动员转教练员计划每年选拔从世界级计划中退役的高水平运动员，在一年的时间内通过向其传授基础的执教知识和技术，促使其由世界级运动员向世界级教练员转变。

此外，英国竞技体育在实施教练员"世界级计划"的同时，加大了教练员队伍国际化和复合式团队建设的力度。一方面，在重点项目上引进国外教练，即便是英国传统的优势项目也敢于突破常规组建国际化教练队伍，例如男子赛艇队主教练尤尔根·格罗布勒（Juergen Grobler）为德国籍教练，女子赛艇轻量级项目主教练保罗·汤普森（Paul Thompson）为澳大利亚籍教练；另一方面，通过构建训（练）科（研）团队弥补教练员业务水平的欠缺，例如英国自行车队组建了有史以来最全面和水平最高的复合型国际化团队（图2-4），包含了澳大利亚、德国以及英国的科研和相关技术人员，他们不仅为教练员提供多学科的支撑，而且实际参与训练计划的制订和实施。同时，不拘一格选拔教练，打造科研与训练的通道也是英国备战奥运会的一个训练亮点，例如英格兰体科所的生理学主管史蒂夫·英格姆博士，在北京奥运会备战期间受邀担任七项全能运动员、雅典奥运会铜牌得主、英国运动员凯莉·索瑟顿（Kelly Sotherton）的200米和800米教练。

图2-4 英国自行车国家队复合型国际化团队

第五节　英国竞技体育体系对我国奥运战略的启示

英国竞技体育的成功复兴再一次证明，勇于开拓创新的思想、科学缜密的顶层设计和系统严谨的组织管理是当代竞技体育快速和高效发展的引擎和动力。这些经验不仅成就了英国竞技体育的强势复兴，而且对世界竞技体育的发展同样具有重要影响，值得我们借鉴和学习。

一、强化组织管理体系，制订顶层发展计划

英国的经验表明，竞技体育的快速发展必须采取强有力的非常规措施。敢于打破传统管理体系，制订具有战略高度的整体发展计划，对竞技体育未来发展进行科学的顶层设计是其取得奥运佳绩的思想、体制和组织保障。

有研究认为，竞技体育国际竞争力主要受资金、政策、体育人口、选材和培养体系、运动员训练和退役支持、训练设施、教练员培养、国际比赛和科学研究等若干因素的影响，这些被称作九大支柱的因素不仅在总体上对一个国家竞技体育的发展具有重要作用，而且在竞技体育发展的不同阶段起到不同的作用。因此，一个国家竞技体育的发展，尤其是以奥运会等重大国际赛事为具体目标的竞技体育发展，首先需要构建一个国家层面并具有战略高度的顶层设计。该设计要敢于突破传统体制的束缚，大胆引入职业化、市场化和社会化机制，聚集全社会的力量，协调各大支柱间的关系。同时，该计划还必须兼顾长远和当下的发展，既要有长期的可持续发展规划，又要解决当下奥运备战的问题。

二、加强科学研究，为竞技体育训练提供支撑

科技是第一生产力，创新是人类发展的不竭动力。大量奥运成功的事例都证明了科学研究是训练水平和运动成绩快速提升的强大引擎。以近年来令世界瞩目的英国竞技体育发展为例，科技始终是其快速提高运动水平的关键和核心因素。从2006年开始，英格兰体科所作为英国体育局的一部分，在英国竞技体育中扮演了重要角色。首先，英格兰体科所领导了几乎所有英国国家队的科技服务，英国代表队在里约奥运会中93%的奖牌的获取都得到英格兰体科所的支持。英格兰体科所与多所大学和科研单位建立了合作关系，并依靠其特殊的专业能力和工作方式与英国国家奥委会及其各个单项运动协会进行紧密合作，全方位支持奥运会的备战训练和比赛。其次，在开展一般性科技服务的基础上，整合多学科和高科技资源，开展高端重大课题的攻关研究。最为典型的案例为对自行车项目的研究，自2000年悉尼奥运会起，英格兰体科所就开始将自行车作为重点突破项目，先后投入3000万英镑对赛车和服装进行科学研究，其研究成果取得重大突破，成为2008年北京奥运会英国自行车队实现爆发式崛起，并在伦敦和里约奥运会持续保持优势的最重要原因。更为重要的是，在连续三届奥运会中，英国自行车队共获得22枚金牌和38枚奖牌（22金10银6铜），分别占金牌总数的29.33%和奖牌总数的21.22%，不仅当之无愧地成为英国奥运的龙头项目，而且充分显示了科学研究对奥运成绩的重大助力作用。

相比之下，尽管我国多年来也形成了稳定的竞技体育科技服务和科学研究模式，但在选题上缺乏科技含量高的重大课题研究，在管理上基本沿用小作坊式的分散管理模式，在操作和运行上缺乏资源共享和不间断监督。这种状况极大影响了科技服务的效率和科

学研究的质量,由此导致我国的竞技运动训练长期处于高投入和低产出的粗犷式发展模式。在科学研究上,我国应充分利用"举国体制"的优势,将全国科技力量引入竞技体育的科学研究,在充分论证的基础上,选择部分具有引领性的高端研究课题进行优先投入和保障,提高我国竞技体育科学研究的水平。在科技服务上,应建立统一的管理机制,打破各个项目之间的壁垒,建立资源共享和经验交流平台,提高科技服务的质量和工作效率。同时,还要根据我国竞技运动项目的国际竞争力采取不同的科技服务策略。对于跳水、乒乓球等优势项目,应该着重在疲劳恢复、体能康复和营养保障等方面补短板,以期达到提高训练功效并减少因运动损伤导致非战斗减员的目的。在游泳、水上等潜优势项目上,则应加大改革创新的力度,建立多学科、国际化的复合型训练团队,在训练监控、训练负荷安排和训练方法和手段等方面加强科学研究,打破长期固有的传统训练模式,促进潜优势项目运动水平的快速发展。

三、注重后备人才培养,提高选材的科学性

天赋是运动员获得优异成绩不可或缺的条件,所以运动员选材,尤其是有组织和有计划的科学选材也成为世界竞技体育快速发展的重要因素。英国竞技体育成功复兴的一个原因就是高度重视运动员的选拔工作,并在该领域进行了大胆创新。

跨项选材是英国在运动员选材上的一个重要创新,尽管该方法在民主德国和澳大利亚都做过尝试性使用,但如此有计划和大规模的运用还应首推目前的英国。英国的选材突破了传统意义上的选材概念和范围,并不是从原始材料筛选,而是对已经具有较好训练基础的运动员进行"二次择项"。该选材的意义重大,是一次竞技体育人才资源的重新分配和利用,颠覆了传统的"早期选材"和"终身一项"的理念,在原有的重视基础和多项、兼项等训练原则的基础上,又提出了对已经具有相当专项能力基础运动员的二次择项问题,并且进行了有组织和大规模的实施。该举措的最大优点是突破了项目和地域的限制,以部分奥运夺金项目为重点,不仅对那些在对应项目上已经展露水平的青少年运动员再次进行选拔,将其及时补充到国家队和优秀俱乐部,使他们得到优秀教练员的培养,更重要的是从其他类似项目已经具有一定水平的运动员中进行跨项选拔,将这些运动员划归到奥运重点项目当中。

我国长期实行的运动员三级输送体系在当前竞技体育职业化和商业化的猛烈冲击下,已经不能或不能完全发挥以前的功能,加之基层教练员水平有限、选材理论落后,以及项目参与人口不足,导致我国竞技体育后备人才形势不容乐观。因此,我们应该学习英国竞技体育的运动员选材和培养经验,借鉴他们以国家竞技体育的发展为出发点,以运动员的发展为中心,在英国体育局、英格兰体科所和各单项体育协会的通力协作下,在注重世界选材理论和实践经验的前提下,科学提出并实施的青春期后选材、跨项选材、晚定项和动态选材。

四、构建教练员培养体系，拓展教练员来源渠道

竞技体育的长期发展已经证明，教练员是运动训练的主导。在世界范围内，教练员的执教水平被视为竞技体育软实力的核心和关键，它关乎一个运动员、一个项目乃至一个国家竞技运动水平的优劣。因此，尽快提升教练员的理论水平和执教水平，不仅是竞技体育未来发展的一项重要战略任务，也是备战奥运会的杠杆和驱动力。

英国竞技体育一方面通过教练员的世界级计划对三个档次的本土教练员进行资助和培养，另一方面，他们并没有墨守成规地只关注本土教练员，而是以世界的眼光高度重视外籍教练员、国外科研人员的引进和使用，确保最优秀的运动员可以得到最先进的科学训练。因此，我国竞技体育和奥运备战的训练也必须高度重视教练员的培养和知识更新工作，采取多种形式加强教练员队伍建设，在训练理念、基础和方法等各个方面提高我国教练员水平。同时，引进国外优质教练资源也是加快我国竞技体育发展和补充我国奥运备战训练，尤其是潜优势和落后项目不足的重要举措。在该问题上，应该在"以我为主"的原则上，将遴选、使用和绩效评价三个方面作为引进国际教练人才的重要工作。在遴选上，要组织该项目或领域的教练员、管理和科研人员进行充分论证，确保引进教练员的质量；在使用上，要加强引进教练员的保障和管理，帮助他们尽快认识和了解我国运动训练和运动员的特点，既要给予他们充分的执教空间，又要把他们纳入我们的管理范围；在绩效评价上，要有明确的国际通用并适合我国国情的评价标准，将待遇与责任有机紧密结合，充分调动和发挥外籍教练员的工作积极性。

小 结

英国竞技体育的复兴得益于其构建的科学的竞技体育发展体系，以及确保该体系高效运行的一系列规则和措施。该体系及其相应规则和措施对世界竞技体育的发展具有重要意义，对我国深化竞技体育体制改革，完善奥运战略同样具有诸多启示。在创新和国际化业已成为我国未来发展风向标之际，我国竞技体育界必须站在世界的高度，及时把握竞技体育发展的潮流，在深刻认识我国存在问题并紧密结合我国实际情况的基础上，探寻适合我国竞技体育的发展道路。

作者：黎涌明

第二章
参考文献

第三章 运动员跨项选材的国际经验和科学探索

"选材"是支撑竞技体育国际竞争力的九大支柱之一，也是决定一个国家竞技运动水平优劣不可或缺的重要因素。为此，世界各国都高度重视运动员的选拔工作，不仅在科学层面进行大量理论研究和实践探索，而且在行政层面推出各种管理机制和激励措施。然而，已经实施多年的传统选材理念和方法一直被广泛质疑，鉴于人体发育成长的非均衡性和个体差异、各种能力发展空间和时间的非一致性，以及选材方法的局限性等问题，长期以来人们还不能准确预测少年儿童未来的专项潜能，传统的"早选材、早定项、早成才"思想一直是训练科学界一个饱受争议的命题。

长期以来，我国竞技体育，尤其是冬季项目的发展存在数量匮乏、交流不畅和训练落后三个主要问题。根据2017年的统计数据，越野滑雪项目世界强国挪威的注册人数是我国的330倍，我国现行的运动员注册制在相当程度上阻碍了人才流动，形成了领域（教育与体育）、地域（省市之间）和项目（各单项之间）的壁垒，运动后备人才严重不足已成为制约我国竞技体育可持续发展的瓶颈问题。

本章在系统回顾国际运动员选材与培养理论的基础上，梳理多个国家在运动员选材与培养领域的理论成果和实践经验，并重点介绍跨项选材这一运动员选材与培养的新模式，为我国开展以奥运会备战为主要目标的跨项选材工作提供理论依据和国际经验。

第一节 运动员选材与培养的现状与问题

运动员选材与培养包括选材和培养两个环节，选材是指筛选在某个运动项目上具有潜能的运动员的过程，而培养是指为已筛选出的运动员提供实现自身潜能的最合适环境。人类有关运动员选材与培养的最早记录可以追溯到古希腊时期，为了准备节日性或宗教性特殊比赛，古希腊城邦为有天赋的青年人提供机会以发展他们的运动技能。近代以来，开展大规模的运动员选材与培养的国家主要有民主德国、苏联和中国。近三十年来，迫于在奥运会上成绩下滑所带来的舆论压力和主办奥运会主场出彩的愿景，澳大利亚和英国先后开展了大规模的运动员选材与培养。

一、运动员选材与培养的主要理论

目前,运动员选材与培养可分为两个模式:第一个模式是基于心理学家安德斯·埃里克森(Anders Ericsson)等于1993年提出的刻意练习理论(deliberate practice theory),认为应该早选材、早定项,以期尽早完成专项训练量的累积(10000小时),并早出成绩。该模式在运动员选材和培养领域长期占据主导地位,尤其是一些球类项目大多采用这一模式;第二个模式是基于科特(Cote)等于2007年提出的体育参与发展模型(developmental model of sport participation,DMSP),认为运动员取得优异成绩可经由两条途径,一条是传统的刻意练习途径(早定项早成才),另一条是早期(6~12岁)多项、晚期(13~15岁)定项途径。基于DMSP模型的运动员选材和培养途径一定程度上弥补了基于刻意练习理论途径的不足。苏联于1976年的研究就已经发现,在成年阶段取得优异成绩的运动员中,只有13%的运动员开始从事某一运动项目体育训练的年龄与实际规定的年龄(即青少年体校训练大纲规定的年龄)相符,大部分运动项目中的成年高水平运动员开始从事专项体育训练的年龄比训练大纲要求的年龄平均大3~5岁。

二、运动员选材与培养存在的主要问题

传统的运动员选材与培养理论主要基于以下三个假设:第一,国际优秀运动员的成长轨迹是在一个运动项目内的线性发展;第二,运动员专项训练时间的增加会促进其成功;第三,运动员更早地进入选材和培养体系,是其成年阶段取得成功的基础和保障。然而,传统运动员选材与培养理论自20世纪70年代开始便受到来自训练实践的质疑,对多个运动项目高水平运动员的调查发现,传统运动员选材与培养参照的刻意练习理论和DMSP模型并不成立。尽管基于DMSP模型的运动员选材与培养途径将传统选材(或定项)的年龄从8~12岁推迟到13~15岁,但这一推荐年龄仍早于众多对高水平运动员的回顾性研究所得到的年龄。一些区别于传统运动员选材与培养路径的成功案例不断涌现,传统运动员选材与培养的成功率被越来越多的研究发现并不高。在过去30年间,传统的运动员选材与培养理论主要受到以下质疑和挑战。

(一)运动员成才并不需要10000小时的刻意练习

刻意练习理论主要是基于乐器和围棋的练习,而非体育,尽管后期有研究支持这一理论,但越来越多的证据表明运动员达到国际优秀水平并不需要10000小时的刻意练习。贝克(Baker)等对澳大利亚篮网球(netball)、篮球和曲棍球国家队共28名运动员的调查发现,尽管运动员入选国家队时专项训练年限平均大于10年,但是专项训练小时数远小于10000小时,只有600~6026小时。霍尼格(Hornig)等针对德国足球运动员的研究也有类似的发现,运动员进入德甲前的专项训练年限和小时数分别约为16年和

4264 小时，进入国家队前的专项训练年限和小时数分别约为 17 年和 4532 小时。顾里希（Guellich）等发现德国曲棍球奥运冠军取得首枚成年国际奖牌前的专项训练年限和小时数分别约为 18 年和 4393 小时。加涅（Gagne）等发现，34 个运动项目的 256 名运动员从开始专项训练到进入成年国家队的平均专项训练年限为 7.5 年，其中，28% 的运动员的训练年限不超过 4 年，这些运动员的定项年龄为（17.1±4.5）岁，30% 的运动员的训练年限超过 10 年，这些运动员的定项年龄为（7.9±2.5）岁。布洛克（Bullock）等报道了澳大利亚备战 2006 年都灵冬奥会俯式冰橇的情况，26 名被选拔的运动员经过 14 个月的训练，其中 4 名参加了奥运会。这些研究表明，尽管一些集体球类项目可能需要超过 10 年的刻意练习，但是其他项目或更多运动项目并不需要 10 年，这些运动项目专项训练的刻意练习时间远少于 10000 小时，个别国际竞争相对不激烈的运动项目达到成年国际水平的专项训练年限和小时数甚至更短。

（二）早期的成功并不能预测成年的成功

早定项和早进行专项训练是传统选材和培养理论的一个重要思想，它认为更早的定项和专项训练能够帮助运动员更早地出成绩。然而，大量研究表明，这种早期的成功并不能大概率预测成年阶段的成功。科尼等对英国 134313 项田径运动成绩进行了分析，发现排名前 20 的成年运动员只有 9% 的男性运动员和 13% 的女性运动员在 U13 时期同样位列前 20 名，而 U13 排名前 20 的运动员在 U20 能维持在排名前 20 的只剩下不到 13%。巴雷罗斯（Barreiros）等对 395 名包含足球、排球、游泳和柔道项目的运动员进行分析，发现青少年阶段（14～16 岁）的国际水平运动员只有 1/3 在成年阶段（17 岁以上）达到国际水平。舒马赫（Schumacher）等对 1980—2004 年来自 108 个国家的 8004 名自行车运动员进行了分析，发现参加青年世锦赛的运动员只有 34% 在未来参加了成年世锦赛，成年世锦赛运动员只有 29.4% 参加过之前的青年世锦赛。顾里希发现，雅典奥运选手中只有 44% 在青少年阶段参加过国际比赛，其针对德国足球的研究也发现，U11～15 足球学院或国家队的运动员只有 3%～14% 进入 U19+ 的足球学院或国家队，而 U22+ 足球学院或国家队的运动员只有 6%～20% 来自 U15 的运动员。这些来自多个运动项目的研究一致表明，运动员早期的成功并不能准确或大概率预测成年阶段的成功，青少年阶段的成功并不是成年阶段达到高水平的必要条件。

（三）成年优秀运动员普遍存在晚定项、晚进入选材与培养计划的现象

与传统运动员选材与培养理论主张的"三早"相对立的是，大多数成年优秀运动员并不是来自早期的选材与培养计划，他们早期进行了更多运动项目的训练，在相对较晚的年龄才开始进行专项训练。顾里希等对德国竞技体育体系中的 4686 名运动员进行了长达 7 年的跟踪研究，同时对 244 名德国高水平运动员进行了问卷回顾性研究，发现越早被选入国家培养体系的运动员越早离开这个体系；最终竞技层次越高的运动员当初越晚

进入国家培养体系。此外，顾里希对来自32个运动项目的166名国际水平的德国运动员（其中83名为世界比赛奖牌选手）进行了分析，发现奖牌选手专项训练的开始时间更晚，在其他项目上的训练更多。顾里希等还发现，曲棍球奥运冠军在专项训练量上与其他国家级运动员类似，但进行了更多的有组织的其他项目的训练，更晚定项。顾里希等的这一系列发现，同样得到了针对其他国家和更多运动项目研究的支持。莫施（Moesch）等对丹麦243名计量类国家队运动员进行分析，同样发现国际比赛奖牌选手定项越晚，在青少年阶段专项训练越少。顾里希对4455名奥运选手进行了调查，发现不同项目运动员定项的年龄存在较为明显的项目差异，且相当一部分项目的定项年龄晚于传统的选材年龄段（即8~12岁）。美国奥委会对1984—1998年的夏季和冬季奥运选手进行了问卷调查，发现有816名运动员在未满14岁时进行过2.6~3.5个项目的训练。综上所述，针对多国、多个运动项目的研究一致表明，成年优秀运动员拥有早期多项的背景，其定项更晚，并且更晚地进入某一运动项目的国家培养体系。

（四）运动员长期培养过程中的动态流动率较高

传统运动员选材与培养理论认为，运动员早期被选拔进入某一运动项目后，其主要在这一运动项目内进行线性流动，但大量的研究并不支撑这一假设。顾里希等将运动员年度流动率（turnover rate）定义为某一运动项目某一竞技层次中，在一个年度内因新增或淘汰的运动员数目而导致的运动员流动程度，即年度流动率＝[（年度新增运动员数＋年度淘汰运动员数）/2]/总运动员数，并运用该公式对德国体育俱乐部、体育精英学校、足球青少年学院和青年国家队，以及七个运动项目的青年国家队进行了研究。研究发现，运动员的年度流动率为19%~44%，且所有区域性运动队的运动员在5年后的存留率均低于40%，国家级运动员在5年后的存留率低于10%。顾里希等的这一发现也得到顾尔滨（Gulbin）等的支持。顾尔滨等对来自27个项目的256名澳大利亚国家队运动员进行了问卷调查，83.6%的运动员在运动项目内部的发展为非线性。上文也提到，早期被选拔的运动员只有少量进入了成年优秀行列，而成年优秀运动员同样只有少量来自早期选材，这也反映一个运动项目从青少年运动员培养阶段到成年运动员培养阶段发生了高比例的运动员动态选拔与淘汰，而且这种选拔与淘汰不仅仅发生在同一个运动项目的内部，而是相当数量发生在不同的运动项目之间。

（五）早期专项化增加诸多风险

传统运动员选材与培养尽管可以让运动员更早地出成绩，但早期的成功并不能确保运动员在成年阶段也达到高水平，甚至早期专项化带来的弊端反而导致这些运动员在达到成年高水平之前就被淘汰。尽管对于一些在青春期发育完成前出现巅峰运动表现的运动项目（如跳水、体操、花样滑冰、游泳）来说，早期专项化可能是有必要的，但对于大部分运动项目来说，有关早期专项化的文献综述和专家声明都表明，目前还没有证据支持青春期前的专项化训练是成年阶段成功的必要条件。与之相反，早期专项化会对运动员产生很多负面影响，如对项目的喜爱程度下降、损伤率的提高、心理压力的增加、对训练的倦怠、过早的辍学训练、学业发展受限等。另外，还有研究表明，运动员早期专项化的原因并非来自训练本身，而往往是由成年人的动机催生的，如职业项目运动员希望获得天价合同、家长希望子女获得奖学金、青少年教练员希望保住工作职位等。

（六）竞技体育人才培养效益有限

传统运动员选材与培养将有天赋的运动员尽早地选拔出来，并提供大量的人力、物力和财力支持，以确保更多的运动员能够更早取得成功，但这种投入模式的效益如何是运动员选材与培养领域学者关注的另一个问题。两德统一后，德国学者对此问题进行了较多的思考。联邦德国拥有约3万个分散的体育俱乐部，大部分俱乐部兼顾大众体育服务和竞技体育训练，但是政府并没有大规模投入进行运动员选材与培养，运动员选材与培养更多的是个人和俱乐部层面的行为，以及单项协会、体校和奥林匹克训练中心的附属计划。相比之下，民主德国在20世纪80年代拥有全职教练员约6000人，而联邦德国同期只有约120人，民主德国每年要对约20万名小学生进行测试，从中选出约1.3万名进入体育俱乐部和儿童青少年体校。两德统一后，民主德国的众多竞技体育机构得以保留，但是对这些体育俱乐部、体育精英学校和奥林匹克训练中心的调查显示，民主德国投入更多，但并未产生更好的运动成绩。

综合以上六个方面的分析可见，刻意练习理论的"三早"训练主要存在以下问题：大多数运动员达到成年阶段的高水平并不需要10000个小时的专项训练；尽管早选材、早定项能让运动员取得青少年阶段的成功，但由于早期专项化带来的身体和心理的风险，他们中大部分并不能达到成年阶段的高水平；早期运动员选材主要针对运动员当时的形态学特征和运动成绩，但这种特征和成绩受运动员先前从事专项训练经历、身体发育程度、相对年龄效应等因素影响，这种运动员培养模式的成功率并不高；与此同时，每个运动项目的各个阶段都发生了较大比例的运动员流动，一些早期被选拔的运动员被淘汰，一些早期没有被选拔的运动员进入培养体系，成年阶段达到高水平的运动员大部分并不是来自早期的选拔；传统的运动员选材与培养在低龄儿童和青少年身上投入了大量人力、物力和财力，但相比之下这种投入并不必然带来更高的产出，且这种培养模式可能并不利于运动员的长远发展。

第二节 运动员跨项选材的实践与研究

传统运动员选材与培养尽管可能存在高成本低效益的不足，但是对于竞技体育投入大的人口大国来说，庞大的投入基数和人口基数仍然可以较好地支撑这些国家在竞技体育上取得参赛规模和奖牌榜的优势。然而，对于那些竞技体育投入有限的人口较少的国家或者某一运动项目的参与人口基数小的国家来说，传统运动员选材与培养体系显然存在诸多局限。此外，获得国际大型体育比赛（如奥运会）主办权的国家为了取得与东道主地位相符的优异成绩，需要在8年或更短的时间内培养出一批奥运奖牌选手，这一时间显然又短于传统运动员选材与培养对应的超过10年或10000小时的训练时长。因此，一些国家通过总结传统运动员选材与培养的不足和大量运动员短期成才的案例，在运动员选材与培养方面进行了广泛和深入的理论研究和实践探索，逐步形成了一种不同于传统选材和培养体系的被称为"跨项选材"的新型选材和培养模式。目前，全球较大规模开展跨项选材的国家有澳大利亚、英国、加拿大、德国、新西兰和日本。我国作为一个人口基数大和对竞技体育高度重视的国家，本应拥有一支数量多、质量好和衔接通畅的竞技体育后备人才队伍，但由于多年实行"独生子女"和"应试教育"政策，以及竞技体育内部发展存在的若干问题，我国的竞技体育，尤其是冬季项目的后备人才极度匮乏。为解决我国竞技体育长期可持续发展的问题并应对当下备战奥运会的紧迫和艰巨任务，我国近年来陆续启动了多个跨项选材计划。然而，由于传统运动员选材与培养理论影响的根深蒂固，且对近30年来运动员选材与培养实践的总结不够，特别是对运动员选材与培养的国际发展动态了解不足，我国竞技体育管理人员、教练员、运动员、科研人员，以及社会媒体和运动员家长对跨项选材仍存在若干认识偏差和误区。因此，更大规模跨项选材的科学实施需要对跨项选材的诞生背景、起源、发展、成功案例和存在的问题进行系统梳理。

一、跨项选材的定义

跨项选材是英文talent transfer或talent recycling的中文意译，其直译为天赋运动员的转移或重复利用。尽管运动员跨项的成功案例可追溯到20世纪20年代，但在可查阅文献中这一术语最早出现在2006年，澳大利亚体育学院的哈尔森（Halson）等报道了一例有着5年高山滑雪国际比赛经验的女运动员跨项进行场地自行车的训练。此后，尽管多篇文献涉及跨项选材，但是国际跨项选材理论和实践界还未就跨项选材的定义达成统一认识（表3-1）。我们对表3-1所列的概念作进一步的异同归纳，其共性之处为：①跨项选材是一个过程；②跨项选材涉及运动员从一个运动项目跨入另一个的运动项目；③运动员跨项的目的是在新的运动项目中获得更多的成功机会。其尚未统一之处为：①跨项之前运动员的运动水平如何，是否达到省队或以上水平？②跨项之前运动员的年龄和发育程度如何？③什么样的运动项目之间适合跨项，是相似运动项目、相似项目需求，还是不相似运动项目？④运动员跨项后是否在一个更短的时间周期内成才？⑤跨项选材是一个正式的有组织的行为，还是一个教练员或运动员的自发行为，或者两者都涵盖？⑥跨项选材是否涉及后续培养和保障问题？

表 3-1　文献对跨项选材的定义及描述

文献	定义描述
雷亚等 2015	运动员终止或减少其在先前投入了大量时间的运动项目上的参与，并将其精力集中于一个对自身来说是新的，但涉及相似的动作技能或生理学、心理学需求的运动项目的过程
柯林斯等 2014	通过筛选那些已经在一个运动项目上取得成功的运动员，并将其转移到另外一个运动项目，以选拔和培养有天赋的运动员的正式化的过程
麦克纳马拉等 2015	运动员从一个运动项目到另外一个有机会获得成功的运动项目的有组织的转移和快速成才的过程
澳大利亚体育委员会 2009	选拔拥有广泛和可适应的训练背景，以及可转移的技能的运动员，并协助他们转移到一个具有相似生理学或技能要求的运动项目的过程
迪金森等 2017	以在一个缩短的周期内培养出能取得高水平成绩的运动员为目标，面向目前或已退役的、取得过竞技比赛成功的、有经验的、发育成熟的，且拥有对于跨后运动项目来说是重要的和可转移的多维度的技能、特质和经验的运动员的招募、项外选拔及确认、项内选拔和最佳化培养的系统化战略
卫恩斯等 2009	运动员从一个运动项目改为另外一个运动项目，并在未来能够将跨前项目的运动经验、生理学能力、技能转移到跨后项目，并在新的项目快速取得成功的过程
布洛克 2009	现有高水平运动员从一个运动项目改为另外一个运动项目，并通过最小化青少年发育的问题、缩减运动员培养的周期、从那些在培养过程中已经给予投入的大龄运动员那里最大化获取回报，来提高跨项运动员在跨后项目上达到成年高水平的可能性
顾尔滨 2008	跨项选材的三种类型：相似项目（如排球转沙排）、相似项目需求（如体操转跳水）、不相似项目需求（如拳击转帆船）
雷亚等 2015	跨项之前，运动员往往在跨前项目上取得了一定程度的成功；跨项之后，其在新的运动项目上经常会快速取得成功

基于目前对跨项选材的定义及描述、各国在运动员培养过程中出现的成功案例，以及一些国家在跨项选材过程中的实际举措，可以将世界各国实施的跨项分为两个维度和四种类型（图 3-1）。两个维度是组织（有组织 vs. 无组织）和运动水平（跨前高水平 vs. 跨前非高水平）。四种类型是在两个维度的基础上进一步分为：（Ⅰ）跨前高水平运动员的有组织跨项，（Ⅱ）跨前高水平运动员的无组织跨项，（Ⅲ）跨前非高水平运动员的有组织的跨项，（Ⅳ）跨前非高水平运动员的无组织跨项。由于"选材"应该是一种有组织的行为，因此本章认为有组织的跨项才属于跨项选材，而无组织的跨项则只属于运动员培养和成长过程中存在的一种现象。鉴于此，本章尝试将跨项选材进行广义和狭义两个层面的定义，二者的区别在于运动员跨项前是否达到省队或以上水平。综上所述，本章将跨项选材定义为：以培养运动员快速达到世界水平（参赛或夺牌）为目的，从其他运动项目中选拔已经达到一定训练水平（达到省队或以上水平为狭义定义，未达到省队水平为广义定义）的，且具有新项目所需的先天能力或后天经验（如技能和心理能力）的

运动员进入一个新的运动项目，并为这些运动员提供政策、训练、科研、教育、生活等全方位保障的一个有组织的选拔和培养过程。

二、无组织运动员跨项案例

在有组织的跨项选材实施之前和实施期间，无组织的运动员跨项一直在各国运动员培养过程中时有发生。由于传统选材和培养的不足，一些早期被选拔出来从事某一运动项目的运动员逐渐发现自己并不适合从事当前的运动项目，其运动成绩长时间提高缓慢甚至停滞不前，可预见在未来无法达到一个更高的竞技水平。这些运动员往往属于运动员长期培养过程中各个阶段被淘汰的对象，他们中除了彻底退出所在项目的运动员培养体系的那一大部分外，还有一部分进入了另一个运动项目的培养体系，如俄罗斯撑竿跳高名将叶莲娜·伊辛巴耶娃（Yelena Isinbayeva）之前为艺术体操运动员，我国著名跆拳道运动员陈中之前为篮球运动员。此外，还有一些运动员早期由于各种原因从事了某个运动项目的训练，但是其可能具有一些其他运动项目的先天能力，后来由于伤病选择了更换运动项目，并在新的运动项目中达到了成年高水平，如挪威甲级联赛足球运动员克努特·安德斯·福斯特沃尔德（Knut Anders Fostervold）由于膝伤在30岁时换项到公路自行车项目，并在4年后代表挪威参加世锦赛。还有一些运动员在一个运动项目上已经取得了优异的成绩（如奥运会奖牌），为了挑战自身极限，在退役前后从事另外一个运动项目的训练，同样取得了优异的成绩，如加拿大运动员克拉拉·休斯（Clara Hughes）在1996年奥运会上获得了公路自行车比赛的2枚铜牌，之后跨项开始速度滑冰的训练，并在2002年和2006年冬季奥运会上获得了1金1银1铜的优异成绩，表3-2列举了优秀运动员跨项成功的更多案例。但是不可忽视的是，这些案例是因为运动员在跨项前后都取得了优异成绩才为人们所知，而在各国运动员长期培养实践过程中还存在相当比例的运动员无组织跨项，他们取得的不同程度的成功并不为人所知。科林斯（Collins）等对美国和加拿大参加了2010年冬季奥运会和2012年奥运会的运动员进行了问卷调查，结果发现夏季和冬季项目中分别有5%～6%和8.9%～10.9%的运动员有跨

图3-1 跨项的四种类型

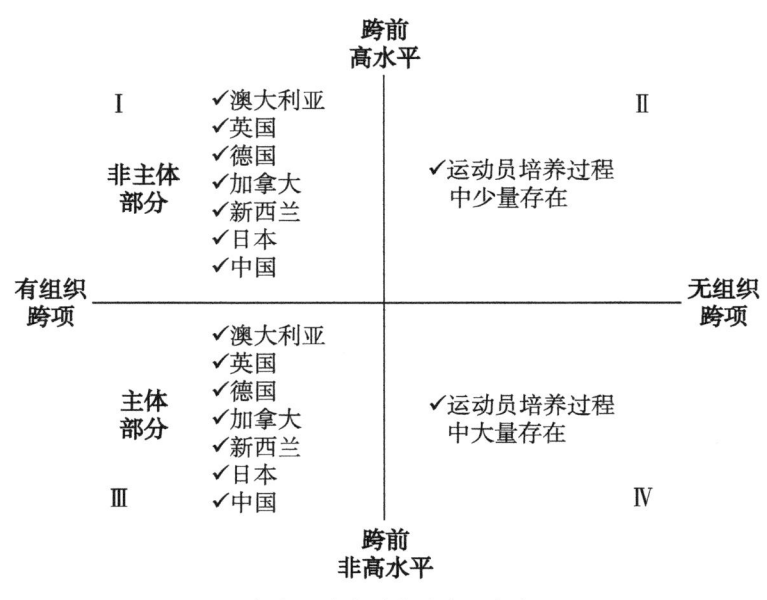

注：高水平为达到省队或以上水平。

项成功的经历，即跨前、跨后都达到了省队及以上的运动水平（表3-3）。20世纪末，我国就有关于竞技体育无组织跨项选材的报道，一些运动员在跨项后还实现了成才。进入21世纪，有关跨项成才的报道可见于散打、手球等项目。

表3-2　无组织的运动员跨项成功案例（据顾尔滨补充）

运动员	国家	跨前项目	跨前水平	跨后项目	跨后水平
埃迪·伊根	美国	轻量级拳击	1920年奥运会1金	四人雪车	1932年奥运会1金
雅各布·图林泰晤士	挪威	跳台滑雪	1924年奥运会1金	帆船	1936年奥运会1银
威利·达文波特	美国	110 m跨栏	1964年奥运会1金，1976年奥运会1铜	四人雪车	1980年奥运会第12
克丽斯塔·鲁丁·罗森伯格	民主德国	速度滑冰	1984年和1988年奥运会2金1银	自行车10 km	1988年奥运会1银
克拉拉·休斯	加拿大	公路自行车	1996年奥运会2铜	速度滑冰	2002年和2006年冬季奥运会1金1银1铜
克里斯·威蒂	美国	速度滑冰	1998年冬季奥运会1银1铜	场地自行车500 m	2000年奥运会第5
海莉·威肯海斯	加拿大	冰球	1998年冬季奥运会1银，2002—2014年冬季奥运会4金	垒球	2000年奥运会第8
丽贝卡·罗梅罗	英国	赛艇	2004年奥运会1银	场地自行车	2008年奥运会2金
柯蒂斯·麦格拉斯	澳大利亚	2012年阿富汗士兵→2013年美国海军运动会游泳1金→2014年支架皮划艇世界杯1金→2016年年里约残奥会静水皮划艇1金→2017年赛艇全国锦标赛1金			

表3-3　各国2012年和2010年奥运会跨项成功人数

类型	国家	2012年奥运会 参赛人数	跨项人数	跨项比例	2010年奥运会 参赛人数	跨项人数	跨项比例
有组织跨项	英国	541	38	7.0%	52	12	23.1%
	澳大利亚	410	21	5.1%	49	13	26.5%
无组织跨项	美国	530	32	6.0%	224	20	8.9%
	加拿大	281	14	5.0%	220	24	10.9%

注：跨项的标准为在跨项前和跨项后的运动项目上都达到了省队或以上水平。

综上所述，无组织运动员跨项往往是由运动员自身能力发展受限、损伤或挑战自身极限所促使发生的。一些从事运动员选材和培养的学者试图从这些无组织跨项成才的案例中探索规律，寻求运动员选材与培养的另一条途径。这些探索为后期一些国家开展的有组织跨项选材积累了大量理论基础和实践经验。

三、有组织运动员跨项案例

尽管目前开展全国性有组织跨项选材的国家有澳大利亚、英国、德国、新西兰、日本等，但规模较大的国家主要是澳大利亚和英国，有关这两个国家跨项选材的文献资料也相对较多。我国近年来尽管陆续启动了多个项目的跨项选材，但相比于澳大利亚和英国，我国竞技体育的跨项选材在多个方面仍亟待加强。这些开展大规模跨项选材的国家大都有一个共同的特点，即奥运会成绩下滑（如德国和中国）或跌入历史低谷（如澳大利亚在1976年没获得金牌、英国在1996年获得1枚金牌），以及申办奥运会（如澳大利亚申办2000年奥运会、英国申办2012年奥运会、日本申办2020年奥运会、中国申办2022年冬奥会）。来自竞技体育复兴或主场出彩的压力迫使这些国家思考如何提高竞技体育运动员培养的成功率，甚至考虑如何在有限的时间（4～8年）内快速培养出具有参赛和夺牌实力的运动员。下面将着重介绍澳大利亚和英国的有组织跨项选材。

（一）澳大利亚的跨项选材

"二战"结束后，澳大利亚在之后的几届奥运会上的金牌榜排名为3～9（金牌数为5～16枚），然而在1976年加拿大蒙特利尔奥运会上澳大利亚只获得1银4铜，金牌榜跌入第32位。1993年澳大利亚获得了2000年奥运会的主办权，在澳大利亚采取的一系列措施中就包括运动员选材与培养。顾尔滨于2012年对澳大利亚1987—2010年运动员选材与培养撰文进行了专门介绍（表3-4）。澳大利亚在1987—2005年围绕运动员选材与培养进行了近20年的探索，除了投入的经费逐渐增加和增设了运动员选材与培养的专职人员外，还有一个重要变化就是选材对象的年龄逐渐扩展到18岁以上，选材的范围逐渐扩展到社区，选材途径兼顾项外选材和项内选材。2006年，澳大利亚政府专门拨款用于全国运动员选材和培养计划（National Talent Identification and Development Program，NTID），旨在为2012年及之后的奥运会培养运动员。该计划设立了专门机构，组建了由14名有着不同学科、技能和经验背景的全职人员组成的工作团队，并在全国设立了5个分支机构，与全国29所大学和地方体育学院开展合作成立选材测试中心。该计划主要开展了项内选材（talent selection）、项外选材（talent detection，图3-1中的Ⅲ型）、跨项选材（talent transfer，图3-1中的Ⅰ型）、跨项推荐（talent amnesty，图3-1中的Ⅱ型）、补进选材（talent reintegration）5类选材，并开创性地设立在线选材平台（eTID，参与者自行进行简单测试并在线填报数据）。实施4年以来，选材对象中16～18岁和18岁以上的运动员分别占36%和28%，且项外占33%。遗憾的是，该计划实施四年后，澳大利亚终止了对该计划的继续支持，其背后的原因尚不清楚，但澳大利亚在2008年、2012年两届奥运会和2014年、2018年两届冬奥会的惨淡表现也许与此有关。

表 3-4　澳大利亚运动员选材与培养的演变过程

时期	年数	国家投入/万澳元	专职人员/人	关注运动员年龄段/% <16岁	16~18岁	>18岁	选材途径/% 项外选材	项内选材	选材领域
概念期（1987—1993年）	7	<5	0	100	0	0	100	0	少数区域性中学
发展期（1994—2000年）	7	30~35	1	90	10	0	100	0	早期关注全国所有中学，后缩减至以城市中心为主
成熟期（2001—2005年）	5	35~69	4	75	15	10	90	10	减少中学，大幅增加社区性选材工程和大龄运动员
投入期（2006—2010年）	5	580~600	14	36	36	28	33	67	极少量中学，一些社区选材工程，大量国家单项体育协会的招募，利用因特网的自我选材

（二）英国的跨项选材

澳大利亚的跨项选材尽管黯然收场，但是其为英国跨项选材积累了一定的经验。英国于 2005 年获得 2012 年奥运会主办权，英国政府投入 2.64 亿英镑用于运动员选材与培养，并于 2007 年陆续启动了一系列选材工程。相关数据显示，在 2007—2011 年，英国体育局与 20 个奥运和残奥项目的 100 多名世界高水平教练员合作，实施了 20 个国家级的选材与培养计划，测试了 7000 多名运动员，发现 170 多名潜在的世界奖牌运动员，培养出 160 人次参加国际比赛，获得 54 枚国际比赛的奖牌、8 枚世锦赛奖牌、9 枚世界杯奖牌、3 枚欧洲锦标赛奖牌、14 枚欧洲杯奖牌，并打破了 1 项世界纪录。表 3-5 为英国近 10 年来实施的运动员选材与培养计划，尽管官方文件未明确这些计划属于跨项选材计划，但有限的资料表明，这些运动员选材与培养计划大都属于跨项选材，其具有明显的跨项特征，被选运动员相对大龄，成功案例大都快速达到了世界水平，甚至登上国际比赛的领奖台。相比于澳大利亚跨项选材，英国跨项选材有着更多的资费投入和更多样的跨项选材计划，跨前、跨后运动项目更加明确，跨项选材的测试标准更为科学，其在 2012 年和 2016 年两届奥运会上取得的成绩也更为突出。

表 3-5 英国运动员选材与培养计划

计划类型		体育项目及要求	启动时间/年	测试人数/人	成才人数/人	实施效果* 成功案例	实施奥运周期/年
女子金牌计划	Girls4Gold	女子项目，包括皮划艇、现代五项、赛艇和帆船帆板、俯式冰橇，17~25岁	2008	852	21	安吉拉·汉娜，2012年奥运会皮划艇第5	2012/2016/2020
爆发力到领奖台计划	Power2Podium	田径、皮划艇短距离、举重、俯式冰橇、橄榄球，15~26岁	2008			利兹·亚诺德，2014年奥运会俯式冰橇金牌	2016/2018/2022
格斗改变计划	Fight Change	武术类项目运动员转跆拳道	2008	223	6	鲁塔罗·穆罕默德，2012年奥运会跆拳道铜牌	2012/2016
残奥潜能计划	Paralympic Potential	残奥项目	2008	197	23		2012/2016
大个子计划	Tall & Talented	赛艇、篮球，15~22岁，男 >190 cm，女 >180 cm	2009	743	49	维多利亚·索恩利，2009年赛艇U23世锦赛金牌	2016
球场到领奖台计划	Pitch2Podium	足球和橄榄球运动员转项，18~22岁	2008	265	3		2016
体育巨人计划	Sporting Giants	手球、赛艇、排球	2007	1219	69	海伦·格洛弗，2012年奥运会赛艇金牌	2012/2016
瞄准东京计划	Target Tokyo	射击类项目	2014				2020
残奥潜能计划	Discover Your Para Potential	15岁以上					2020
自由式计划	Discover Your Freestyle	艺术类项目自由式滑雪和滑板					2020
巨人计划	Discover Your Giant	赛艇和篮网球，男 >188 cm，女 >178 cm					2020
爆发力计划	Discover Your Power	速度和爆发力项目运动员转场地自行车、俯式冰橇和静水皮划艇					2020
格斗计划	Discover Your Fight	跆拳道、柔道和女子拳击					2020

注：*实施效果为2007/2008—2011年的数据；成才人数为进入世界级培养阶段的运动员人数。

四、运动员跨项成功的可能机制

尽管跨项选材是基于对传统运动员选材与培养不足的实证，以及各国运动员培养过程中大量运动员无组织跨项成才的案例提出来的，但从文献中第一次出现跨项选材的概念至今的十几年内，跨项选材的效果还未得到足够的实证说明，如何最有效地实施跨项选材尚不清楚，有关运动员跨项成功的机制也只能从理论角度或以间接的方式进行推导。首先，既然传统运动员选材与培养理论提倡的早选材、早定项由于运动员发育早晚、相对年龄效应、早期专项化带来的风险、选材指标和方法的局限等因素的干扰成功率较低，那么推崇晚选材（或青春期后选材）、晚定项的跨项选材似乎可以提高运动员培养的成功率。与此同时，晚选材又离不开"早期多项"的前提，即运动员需要在定项之前从事两个或以上运动项目的训练，甚至是参加比赛，积累多种运动技能，发展一般身体能力，延续对运动训练的喜爱，寻找最适合自己的运动项目。其次，一些国际竞争相对不激烈的运动项目（如俯式冰橇），以及一些受先天能力影响大、运动技能相对简单的运动项目（如赛艇），一些低起点或零起点但有较好的相似项目人才储备的运动项目（如跆拳道），似乎更易实现跨项成才。如表3-3所示，2010年冬奥会跨项成才的比例为8.9%~26.5%，远高于2012年奥运会的跨项成才比例（5.0%~7.0%），且冬季项目基础相对薄弱的英国和澳大利亚在2010年冬奥会跨项成才的比例（23.1%和26.5%）远高于冬季项目基础较好的美国和加拿大（分别为8.9%和10.9%）。最后，一些极具天赋的运动员在多个运动项目上都有获得优异成绩的可能，但由于各种原因，运动员可能只从事了某一项运动的训练，这些运动员在结束（或即将结束）当前运动项目时，可能也是其他具有相似项目需求的运动项目的选材机会，当然前提是这些运动员没有较为严重的损伤和对运动训练的极度厌倦。综合来看，对运动员跨项成才的机制和科学有效地实施跨项选材还有待更多的理论支持和实证研究。

第三节 我国运动员跨项选材需要解决的问题

跨项选材是我国在竞技体育体制机制改革和奥运备战形势严峻的大背景下，实现运动员培养效率提升和短期内补齐我国冬奥项目竞技实力短板的重要举措。自2017年3月9日国家体育总局官方网站发布《冬季项目备战2022年冬奥会跨项跨界选材工作总体方案》至2018年7月31日，国家体育总局官方网站上共有167则有关运动员跨项选材的新闻报道，其中，冬奥项目和夏奥项目有关的新闻分别有130则和37则。然而，在我国冬季项目运动员队伍经由跨项选材不断得到加强的同时，我国运动员跨项选材仍存在诸多亟待解决的问题。

第一，我国需要进一步完善现有的运动员选材与培养体系。从澳大利亚和英国的经验来看，跨项选材是一个国家运动员选材与培养体系的重要组成部分，跨项选材工作也是在运动员选材与培养整体推进的过程中实施的。针对某一时间节点来培养成年优秀运

第三章 运动员跨项选材的国际经验和科学探索

动员的跨项选材举措需要首先置于完善一个国家的运动员选材和培养体系的系统工程中。图 3-2 是基于我国现有运动员选材与培养体系和当今国际运动员选材与培养的前沿理论与实践推导出的一个选材与培养整体模式。二维码中黄色背景对应的金字塔为我国传统运动员选材和培养体系，即从体校或中学向省队或大学队、国家队、国际领奖台层层选拔的线性单向封闭模式，这一模式存在的主要问题是注重了纵向输送，而忽视甚至限制了横向流动，形成了具有强烈本位色彩的领域（教育与体育）、地域（省市之间）和项目（各个项目之间）的壁垒，而来自澳大利亚和德国的研究也已证明这种模式不利于运动员培养过程中大量存在的流动（包括项内流动和项间流动），降低了运动人才资源的利用率。鉴于此，①本模式增加了项间流动，即运动员在其他运动项目（二维码中蓝色区域）和最终走向领奖台的运动项目（二维码中黄色区域）之间的流动，这种流动发生在省队或大学队和国家队，甚至是国际领奖台层面；②增加了省队或大学队和国家队与运动员培养体系外的有天赋的潜在运动员群体间的体系内外流动，即为一些"散落民间"但极具某种或某几种运动能力的人群提供进入运动员培养体系，尤其是进入省队或大学队，甚至是国家队层面的通道，澳大利亚和英国的选材计划也都专门有面向社会或社区的选材计划；③强调运动员在体校或中学以及小学（图 3-2 中未予以标识）层面的多项训练；④对项内流动进行了标识；⑤提出了统筹体育系统和教育系统共同培养竞技体育人才的设想，该统筹对我国竞技体育人才的挖掘和培养具有极其重要的积极推动作用。对于短期内（4 年以下）有跨项夺牌需求的运动项目，在其他条件得到满足的前提下（如遴选国际竞争不激烈的运动项目），建议采取由其他运动项目（二维码中蓝色区域）的国家队和国际领奖台层面的跨项选材；对于夺牌需求相对不迫切（培养 4 年或以上），或者跨项成才指标相对较低（如以参赛为目的）的运动项目，可以将跨项的层面降低到其他运动项目（二维码中蓝色区域）的省队或大学队；对于我国竞技体育全面发展（夏季和冬季项目间的平衡，优势和潜优势、落后项目间的平衡，奥运项目与非奥运项目间的平衡，体育项目与类体育项目

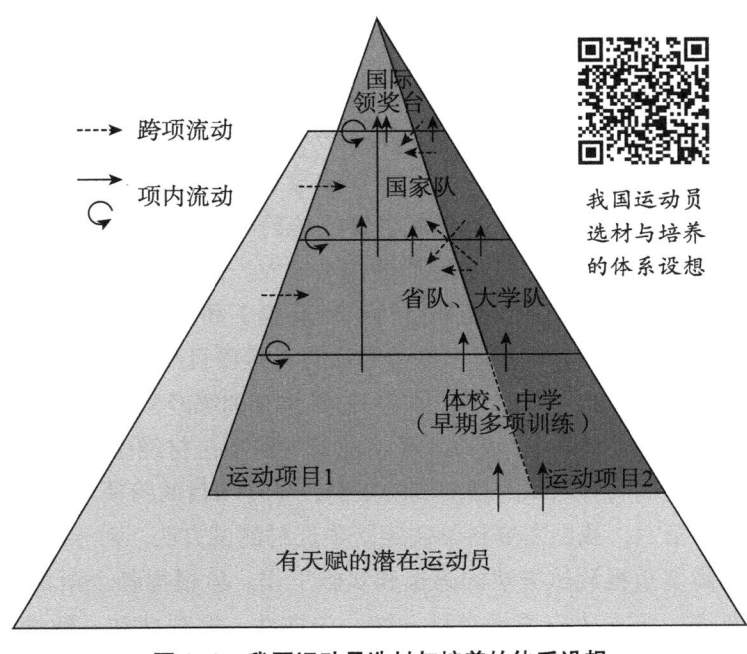

图 3-2 我国运动员选材与培养的体系设想

间的平衡），需要引导、鼓励甚至是强制实行早期多项训练。当然，图3-2只是进行了相关设想，这一设想的实现还需要更大范围的政策保障和体制机制改革，需要考虑设立专门机构、聘请专职人员和投入专门经费给予保障。

第二，我国需要建立适合运动员跨项流动的相关政策和组织实施机制。运动员的跨项流动和系统内外（包括体育与非体育，以及体育与教育）流动都需要国家出台相关政策给予引导，我国在实施跨项选材的过程中面临的众多问题大多与现有的政策有关，且这些政策的制定涉及体育、教育、医疗、人力资源和社会保障等多部门，需要加强这些部门的沟通、协调和联动，构建以运动员为中心和以国家竞技体育发展为目标的选材和培养体系。

第三，我国需要理性认识跨项选材与传统选材的关系。跨项选材是对传统运动员选材与培养的一种丰富和补充，但来自澳大利亚和英国的实践和来自多国研究的发现表明，经由传统选材和培养成长起来的运动员仍是各国国家队运动员和奥运奖牌选手的主体，经由有组织和无组织跨项成才的运动员只占有限的部分。因此，在推动跨项选材的同时，需要考虑如何完善传统运动员选材与培养体系，包括引导、鼓励和强制运动员早期进行多项训练；推迟各项目的选材年龄，提倡青春期后选材；增设动态选材，防止一选定终身情况等。

第四，我国需要总结及吸收运动员选材与培养实践经验。现有的对传统运动员选材与培养不足的认识，大多来自国外学者对其本国运动员培养过程的研究。因此，我国需要建立运动员终身训练（和比赛）电子档案，加强对现有运动员选材与培养实践的研究，采用定性和定量的研究方法对我国过去几十年的运动员培养过程进行总结和反思，更多地从实证出发为我国运动员选材与培养体系的优化提供科学依据。

第五，我国需要科学遴选跨项前后的运动项目。跨前和跨后运动项目的遴选是影响跨项成才的一个重要因素。现有跨项选材的国际经验表明，奥运会新设项目、国际竞争相对较小的项目、受先天因素影响较大且技术要求相对简单的项目，以及拥有大量高水平人才的相似项目，通常是各国实施跨项选材的重点领域。其他运动项目尽管也可以实施跨项选材，但其成功的难度相对较大。同时，对跨项的理解不应仅局限于竞技能力构成相似项目间的跨项（如自行车转赛艇）和夏季项目向冬季项目的跨项（如短跑转俯式冰橇），还可以扩展到非奥运项目向奥运项目的跨项（如武术转拳击），类体育项目向体育项目的跨项（如舞蹈转体操），零体育训练经验的人群向体育项目的跨项（如"民间高手"转竞技体育）。可以预见，随着对跨项选材经验的不断总结和科学探索，未来将出现更大比例的有组织跨项的成功案例，冬季项目的跨项成才比例将进一步加大。

第六，我国需要科学制定跨项选材测试方法。对于已明确实施跨项选材的运动项目，要高度重视测试方法的筛选和实施工作。应根据各个项目的特点制定科学的检测方法和要求，该方法应该具有科学性、先进性、客观性和一致性，要对测试指标、测试环境、测试设备和测试人员进行筛选、规范、统一和培训。

第七，我国需要构建跨项运动员长期保障体系。跨项选材是一个涉及多方面的运动员长期培养过程，选材测试只是这个过程的开始。在有效遴选出真正具有跨项成才潜能的运动员后，如何为其提供科学的训练指导，如何为其提供多学科的科技支撑，如何为其职业生涯的发展提供指导，如何为其提供必要的心理辅导，都是运动员跨项成才的重要影响因素，这些因素需要在运动员跨项选材体系中得以体现。

小　结

运动员选材与培养是国际竞技体育成功的重要构成因素，各国为此投入了大量的人力、物力和财力。然而，针对多个国家和多个运动项目的回顾性和跟踪性研究显示，基于刻意练习理论的传统运动员选材与培养所提倡的"早选材、早定项、早成才"并不能确保运动员在成年阶段取得成功。与此同时，竞技体育领域越来越多的成功案例显示成年高水平运动员具有早期多项和晚定项的特点，一些运动员甚至通过跨项在新的运动项目上实现了运动水平的快速提升。为此，一些为了遏制奥运成绩下滑或实现奥运会主场出彩的国家在总结运动员无组织跨项成才经验的基础上，尝试实施了有组织的跨项选材。我国在竞技体育体制机制改革和奥运备战形势紧迫的大背景下，一方面可以通过实施跨项选材为奥运会快速培养高水平运动员，另一方面借由跨项选材的实施也可对我国现有运动员选材与培养体系进行进一步完善。

作者：黎涌明

第三章
参考文献

第四章 训练科学与训练实践的深度融合

竞技体育是一个追求更快、更高、更强的过程。教练员在科研人员的支撑下为运动员制订和实施训练计划，以最大限度地降低运动员的损伤风险和提升运动员的竞技表现。这一过程的结果受运动员的天赋、教练员和科研人员的业务水平，以及各类人员的协调配合等因素影响。科研人员和教练员分别在训练科学和训练实践中的主导角色使二者的协调配合成为科学化训练的关键，科研人员与教练员，以及运动队科研人员（主要为体科所科研人员）和非运动队科研人员（主要为高校科研人员）之间的协调配合也成为训练科学与训练实践深度融合的重要环节（图4-1）。

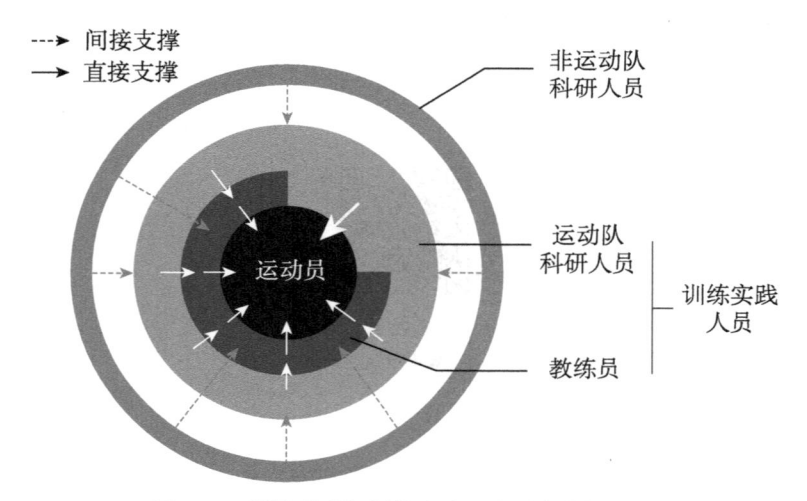

图4-1 训练科学与训练实践深度融合的相关方

自20世纪90年代以来，各国竞技体育在实践过程中对训练科学和训练实践的深度融合进行了积极探索。我国竞技体育在奥运备战过程中积极打造"训科医"复合型团队，有力地支撑了我国运动训练科学化水平的提升。然而，国际竞技体育竞争日趋激烈的外部压力和我国向"体育强国"迈进过程中对竞技体育高质量发展的内在需求，都迫切需要我国训练科学与训练实践实现更大限度和更好效果的融合。

为此，本章首先介绍训练科学的研究范式和训练实践的现实状况，其次指出训练科学与训练实践深度融合的障碍，最后在介绍训练科学与训练实践深度融合的国际动态后，为我国训练科学与训练实践的深度融合提出建议。

第一节　训练科学的研究范式

运动员竞技表现的提升在时间上可长达数年或数十年，在空间上又受生物学、心理学、社会学等因素的影响，这使训练科学的研究和应用面临着诸多挑战。训练科学的研究人员往往被批评探究的问题与训练实践相关性小，得到的研究结论在训练实践中可操作性差。为了改善以上不足，训练科学的研究需要改变重研究结果而轻结果应用的传统，在研究开始时就考虑研究结果最终会在怎样的实践情境下由哪些实践人员应用于哪些人群。

法国巴黎圣日耳曼足球俱乐部的前运动表现主管马丁·布赫海特描述了其早年与球队物理治疗师在客场比赛后的一场对话。在得知球员赛后冷水浸泡的温度为 9 ℃，时长为 2 分钟时，布赫海特告知物理治疗师文献建议的冷水浸泡的温度为 11～15 ℃，时长为 10～15 分钟。然而，物理治疗师的回答却是"我需要在 35 分钟内用 2 个浸泡桶应付 10 个运动员……"

另一个例子是有关游泳比赛准备活动策略的研究。研究表明，游泳赛前准备活动效果的维持时长小于 20 分钟，准备活动中激活后增强所使用的训练器械有离心训练器和杠铃等。然而，在真实的游泳比赛中，高水平运动员从水中准备活动结束到比赛发令的过渡时长为 35～40 分钟，并且赛场更衣室和等候区也很难获得杠铃等训练器械。

这两个例子都证明了立足训练实践来开展训练科学研究的重要性，布赫海特甚至强调立足实践是训练科学产生影响的唯一途径。澳大利亚运动与训练科学学会前主席大卫·毕晓普在借鉴医学和公共卫生领域模型的基础上提出了训练科学应用研究的八阶段模型。相比于传统的训练科学研究，该模型重点对提出问题和结果应用两个阶段进行了完善。该模型强调研究问题的提出要建立在科研人员与教练员深入交流的基础上，确保所研究问题是教练员在训练中亟待解决的问题或制约运动员竞技表现提升的问题，强调研究设计要充分考虑研究问题的具体应用情境，强调研究成果应用前的障碍清除，强调科研人员与教练员的有效沟通。

大卫·毕晓普的八阶段模型是开展训练科学研究和应用的理想模型。然而，在实际研究和应用过程中，研究人员都不同程度地受各种条件和资源的限制，其只能基于现有条件和资源来开展训练科学的研究。布赫海特根据研究人员所拥有的条件和资源，对训练科学的研究进行了分类（图 4-2）。研究人员开展研究的类型受多个因素影响，包括是否能够获得数据、是否能接触到（优秀）运动员、是否能采集每日数据、是否能干预训练内容、是否有新颖的工具、是否与训练实践人员关系良好、是否有充足的时间等。运动队的科研人员由于能够采集到每日训练数据，可更方便地开展训练负荷与损伤、运动表现的相关研究，如果能够获得教练员更多的支持，甚至可以对训练内容进行干预，开展对照干预研究。高校的科研人员由于较难接触到运动员，其只能招募普通人群和低运动水平的人群来开展实验室研究。当然，如果与训练实践人员有着良好的关系，研究人员还可以通过问卷或访谈等方法开展研究。如果既不能获得数据，又与训练实践人员无良好关系，那么研究人员只能围绕训练科学的相关问题撰写综述类和评论类文章。

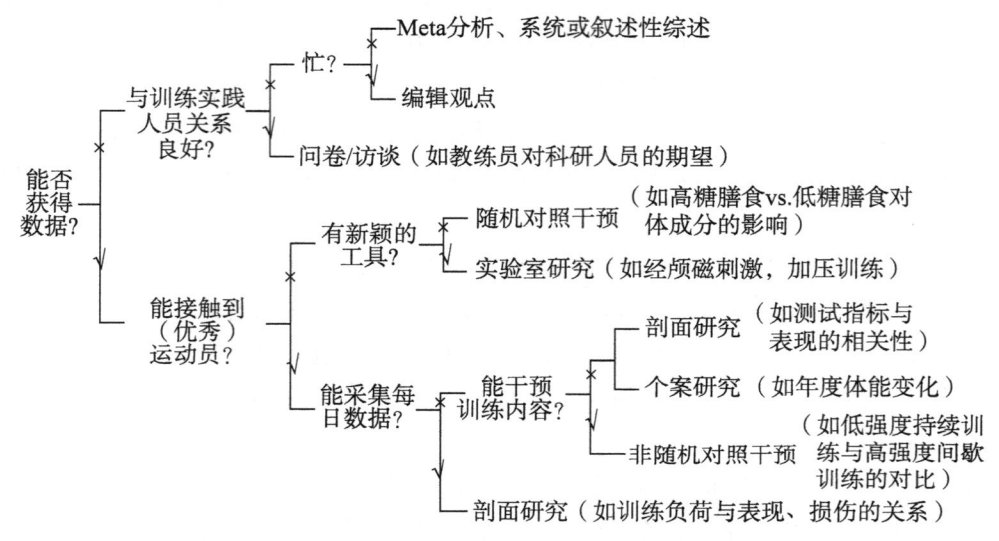

能否获得数据？
- 与训练实践人员关系良好？
  - 忙？
    - Meta分析、系统或叙述性综述
    - 编辑观点
  - 问卷/访谈（如教练员对科研人员的期望）
- 能接触到（优秀）运动员？
  - 有新颖的工具？
    - 随机对照干预（如高糖膳食vs.低糖膳食对体成分的影响）
    - 实验室研究（如经颅磁刺激，加压训练）
  - 能采集每日数据？
    - 能干预训练内容？
      - 剖面研究（如测试指标与表现的相关性）
      - 个案研究（如年度体能变化）
      - 非随机对照干预（如低强度持续训练与高强度间歇训练的对比）
    - 剖面研究（如训练负荷与表现、损伤的关系）

图 4-2 基于不同条件和资源的训练科学的研究类型

由于训练科学的研究对象是运动员，而能够接触到运动员的又只有教练员和运动队的科研人员，运动队的科研人员理应成为训练科学研究的主力军。当今世界训练科学领域不乏这样的代表，如马丁·布赫海特（法国）、厄伊温·桑德巴克（挪威）、伊尼戈·穆吉卡（西班牙）、路易斯·伯克（澳大利亚）、大卫·派恩（澳大利亚）、肖纳·哈尔森（澳大利亚）、保罗·劳尔森（新西兰）、拉尔夫·曼（美国）等，这些世界级的科研人员都就职或曾经就职于国家级竞技体育科研机构或运动队。然而，担任运动队的科研人员和接触运动员并不是开展训练科学研究和应用的充分条件。一些运动队的科研人员由于自身科研动机和业务能力、运动队的科研文化和条件等因素的限制，未能成功开展高水平的训练科学研究和应用，其对运动员竞技表现提升和教练员科学执教的支撑有限。

第二节 训练实践的现实状况

尽管训练科学始于训练实践，也应用和服务于训练实践，但训练科学从问题的提出到研究的设计和开展，再到研究成果的应用，都是由科研人员主导的，这与训练实践不同。训练实践以运动员为中心，以教练员为主导，科研人员只是运动队背后的支撑团队（图4-1）。尽管都以提升运动员的竞技表现为目标，但相比于科研人员，教练员承受的压力更大，拥有的机会窗口更小，检验其工作成效的方式也更为直接和残酷。

如前所述，运动员竞技表现提升的过程在纵向上跨越了数年到数十年，在横向上受众多因素的影响。这一复杂的过程如果完全依赖训练科学的指导，那么教练员将寸步难行，因为大量有关运动员竞技表现提升的问题尚未得到训练科学的严格证明。因此，试误成为教练员训练运动员的一种重要方法。事实上，目前训练科学领域的诸多发现都是教练员试误的成果，如适宜的负荷量和负荷强度、选材时特定的形态学特征、训练的个体化调控等。在科研条件缺失的情况下，依赖直觉和经验确实是教练员一个不错的选择。然而，经验与科学的最大区别在于结果的可重复性，依赖经验得到结果的可重复性要差于依赖科学。并且，一些错误的经验或与结果无关的经验可能被教练员视为产生积极效果的经验，并在之后的训练实践中予以重复。当然，也有一些正确的经验被教练员总结和反复检验，甚至上升为科学。

教练员每日的训练其实都是一场实验，实验的自变量是不同的训练刺激（如负荷强度），实验的因变量是运动员训练中和训练后的反应（如技能的完善或最大力量的变化），只不过这场实验的其他变量未进行严格的控制，自变量和因变量未进行严格的量化。尽管这类实验在训练科学的研究人员看来并不严谨，但研究人员又很难在实验室开展类似的实验。教练员具备的科学素养是提高这类实验严谨性的关键，同样也是提高训练质量的关键。具备一定科学素养的教练员会对训练过程进行详细记录，采用相对固定的方法进行系统记录，选用相对可靠的方法和指标进行自变量和因变量的量化，对量化的自变量和因变量数据进行简单分析，对多年记录的数据进行妥善保存，向周围可触及的科研人员寻求支持和帮助。这些举措综合起来会大大提高教练员试误的成功率，并最终体现在运动员竞技表现提升的成功率上。

除教练员外，运动队的科研人员也是运动训练的实践者，其在工作中需要与运动员和教练员直接打交道，同时也更为直接地受到运动员和教练员的"拷问"，如你能帮助我划得更快吗？这些蛋白粉能让我多进球吗？如前所述，运动队的科研人员既受过系统的文化教育和严格的科研训练，又身处训练一线，熟知训练实践的应用场景，熟知运动员进一步提升的瓶颈和教练员的喜好，其被期望在训练科学的已知领域为教练员寻找答案、将训练科学的研究成果转换和告知教练员、科学监控和评估运动员的竞技状态，并为教练员训练计划的完善提供参考、按教练员喜好的方式与教练员沟通、与高校科研人员合作研究训练实践中存在的科学问题。良好的性格、沟通能力和适应能力，以及过硬的科研能力是运动队科研人员发挥积极作用的重要保证。

第三节　训练科学与训练实践深度融合的障碍

科学与实践间的沟壑存在于众多领域，其中包括运动训练领域。对训练科学与训练实践间沟壑的思考最早可追溯到 1980 年，伯克在一篇评论中总结到，科研人员与教练员和运动员需要更好地沟通，以使科研人员的工作真正拥有价值。近年来，训练科学领域的科研人员越来越重视在社交媒体（如 Podcast、LinkedIn、微信公众号）上展示自己的研究成果，同行评阅类期刊也在刊文中增设了主要观点、研究重点、视频摘要、实践应用等内容，甚至推出了案例研究和技术报告等类型的论文。然而，训练科学与训练实践间仍然不同程度地存在沟壑，二者深度融合的实现仍面临诸多障碍。

一、障碍 1：研究与训练实践的相关性不够

训练科学探究的问题为：①为什么一些运动员能够更成功？②训练反应是怎样发生的？③如何评估运动员的表现？④如何监控运动员的训练和表现？然而，训练实践人员关心的问题是：①比赛的需求是什么？②成功运动员有哪些特征？③竞技表现的制约因素是什么？④提升竞技表现的训练方法是什么？尽管各方关注的问题都与运动员有关，但是训练科学更多关注为什么（why）和怎么样（how），而训练实践更多关注是什么（what），训练科学更多关注解释，而训练实践更多关注答案。事实上，科学的一个重要使命是解释现象，正是因为训练科学对训练现象的解释才使训练实践中的问题越来越少，答案越来越多。

然而，训练科学领域的一些研究要么探究的不是以上为什么、怎么样和是什么的问题，要么探究的只是科研人员觉得有趣的问题，而非训练实践人员觉得有用的问题，这使得这些研究的价值大打折扣，因为教练员可能很难从这些研究中获得对训练有用的信息。一些研究尽管探究的确实是训练实践中有用的问题，但是研究发现仍很难应用于实践，其原因在于这些研究在设计时未充分考虑这些问题在训练实践中的应用情境，如器材或专业操作人员的可获取性、时间和人数的压力或限制、运动员的喜好，以及教练员对研究发现的理解程度、科研人员与教练员沟通的顺畅性等。

此外，实验类研究的结论往往是基于多样本量的平均值得出的。尽管研究结论中往往采用"可能""似乎"等措辞以示严谨，但一个不可否认的事实是，不同个体在研究中可能呈现完全相反的特征。一些个体的数据往往被平均值掩盖，没有受到研究人员的关注，甚至可能被认为是异常数据。然而，在训练实践中，每个运动员都是一个独特的个体，对同一训练刺激的反应各有其独特性，或者赢得同一比赛所对应的训练刺激也各有其独特性。教练员更多考虑的是运动员对同一训练刺激的不同反应，一些运动员出现的非预期反应恰恰为教练员调整训练计划提供了重要反馈（图 4-3）。

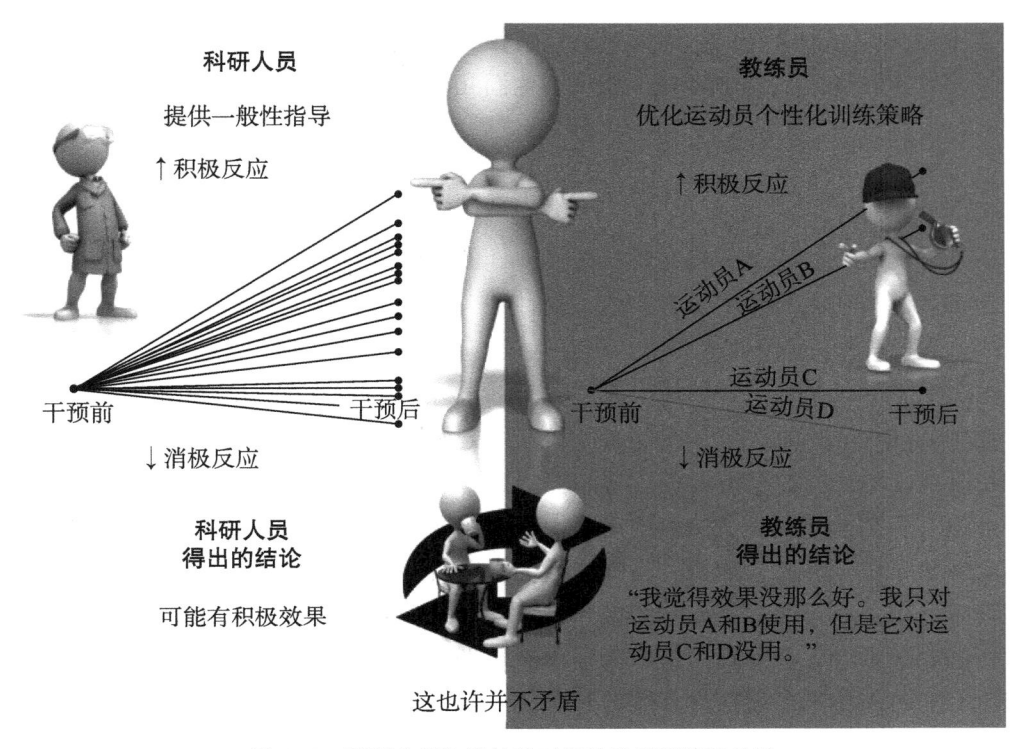

图 4-3　科研人员和教练员对训练结果解读的差异

二、障碍 2：研究成果缺少转化和传播

不可否认，训练实践是积累训练经验，甚至进一步上升为训练科学的一个重要途径。然而，教练员更为关心的是运动员竞技能力的提升，科学研究被认为只是科研人员，尤其是高校科研人员的工作内容。事实上，科研人员受过系统的科研训练，更易获得科研经费的支持，在科研时间和精力的投入上更有保障，其更有可能成为科学研究的主角。然而，传统的科研过程往往止于论文发表，且考核科研人员成果的标准也主要是论文发表的数量。尽管论文的质量也是评价科研人员成果的一个标准，但这个质量更多涉及的是论文刊载期刊的影响因素和论文被引用的次数，而不是研究成果是否对实践领域产生积极影响。因此，止步于期刊发表的研究成果对于教练员来说几乎没有任何价值，因为教练员不会去查阅，也没有时间，更不会付费去查阅这些躺在纸质期刊或电子数据库上的论文。如果不对这些专业色彩浓厚、枯燥和冗长的论文进行转化和传播，教练员根本没有机会接触到这些学术成果，更不会根据论文的结论来调整训练。

尽管现有模式下也存在研究成果的转化和传播，如教练员培训过程中的专家授课，但教练员培训工作的不系统和培训专家水平的参差不齐大大降低了研究成果转化和传播的效果。事实上，教练员的成长过程使他们做出判断时会更多地依赖自身的感觉和经验，他们获取知识的途径更为单一，也许并不知道中国知网、核心期刊和 SCI，也几乎不会去阅读学术论文和学术著作。尽管有时会被安排参加一些学术类会议和教练员培训，但他们并不喜欢这种正式的学习方式。相反，他们几乎都使用手机，几乎都会使用微信进行交流，更喜欢与同行在茶余饭后的交流和课堂外的非正式学习。

三、障碍3：运动队科研人员的培养不到位

运动队的科研工作是一种非常具有挑战性的工作。除了拥有扎实的专业知识和技能外，运动队的科研人员还需要具有良好的性格，以获得教练员和运动员的信任，学会与科研团队成员合作，学会影响他人，学会沟通，具有好奇心、批判性思维，以及较强的适应能力和责任心。然而，这些"软"能力在高校人才培养过程中并未受到足够的重视。

运动队的科研人员大都来自体育院校或综合性大学体育系的运动人体科学和体育教育训练专业。然而，这些专业的主要培养目标并不是运动队的科研人员，或者大部分学生毕业后并不是从事运动队的科研工作。这使这些专业的培养方案和培养过程未充分考虑运动队科研工作的真实需要，其在招生上未同时考核学生的运动能力和文化知识，在课程设置上未安排足够的科研技能类和沟通合作类课程，在教学内容上未安排运动队科研工作的相关内容，在师资力量上未引入高水平的训练实践人员参与教学，在实习环节上未进行实习单位的严格遴选和实习过程的质量把控。这些"不到位"使目前运动人体科学和体育教育训练专业培养的学生毕业后很难胜任运动队的科研工作，也影响了教练员对科研人员的满意度和认可度。

四、障碍4：教练员科学素养欠缺

运动训练是教练员主导下的实践活动，教练员依托个人在运动项目上的经验和直觉对运动员的训练进行个体化指导。然而，竞技体育竞争的日趋激烈对教练员提出了更高的要求，教练员需要不断更新训练理念，细化训练安排，增强训练的针对性和个体性。这些更高的要求都需要教练员具备一定的科学素养。

然而，教练员几乎全部由退役运动员担任，其接受的文化教育并不系统，其在任职之前和任职期间接受的职业教育也缺少质量保证。这导致教练员对科研工作的理解和认可不够，分析和解决训练问题的能力不足，也不善于向外界寻求科研支撑。具体表现为训练中的单兵作战模式、运动员训练水平的长时间停滞、运动员成绩提升的偶然性强、同一错误的反复出现等。

第四节　训练科学与训练实践深度融合的国际动态

从以上分析可知，训练科学与训练实践深度融合涉及运动队科研人员、非运动队科研人员、教练员、竞技体育的政策制定者等人员，也涉及科研院校、单项体育协会、运动队、体科所、训练基地等利益相关方，还涉及高校的人才培养、运动员的文化教育、教

练员的岗前教育和在岗继续教育、运动队的组织架构、训练和科研机构的合并整合等事宜。进入 21 世纪以来，各国围绕训练科学与训练实践的深度融合进行了积极探索。下面重点介绍专门机构、专职人员、专业期刊和新型培养方式四种动态，对这四种动态出现的历史背景、发展过程和特征效果都有待更为深入地研究，此部分只做简单介绍。

一、竞技科研专门机构的出现

竞技科研专门机构是指专门从事竞技体育科学研究的国家级机构，具有代表性的两家为澳大利亚体育学院和英格兰体科所。这两家机构都是所在国家奥运会失利后改革的产物，1976 年蒙特利尔奥运会失利后（0 枚金牌），澳大利亚于 1981 年成立了澳大利亚体育学院；1996 年亚特兰大奥运会失利后（1 枚金牌），英国于 2002 年成立了英格兰体科所。与国内目前的体科所不同，这两家机构均具有以下特点：①只涉及奥运备战，而不涉及健康促进，因此，称为竞技体育科研所更为准确；②对全国范围内的竞技体育科研工作统筹安排，由总部和分布在全国多个地方的分支机构组成；③科研设备、科研人员与训练场馆在功能上实现无缝衔接；④与国家单项体育协会和科研院校合作密切，立足训练实践的同时也注重研究的质量；⑤采用企业式管理，实行全员聘任制，以提高各岗位竞争性来保持科研人员的高质量。这两家机构为澳大利亚和英国后来的竞技体育复兴作出了重要贡献，同时也使这两个国家成为全世界训练科学的主要阵地。

二、竞技表现专职人员的出现

竞技表现专职人员是指职位名称中包含"竞技表现"或"表现"的专职人员，具有代表性的两类人员为竞技表现总监或竞技表现经理（high performance director/manager）和表现主管（head of performance）。竞技表现总监或竞技表现经理为单项体育协会或职业体育俱乐部聘请的，集训练、科研、管理工作于一体的专职人员；表现主管为运动队聘请的，负责管理运动队所有科研人员（包括体能教练、医生、外部专家等）的专职人员。其中，竞技表现总监或竞技表现经理大都有过教练员执教经历，并具有运动科学专业背景；表现主管大都由体能教练升任。这两类专职人员的共同特点是集训练科学与训练实践于一身，他们的出现能够在协会、俱乐部和运动队层面促使训练科学和训练实践更好地实现融合。

三、竞技表现专业期刊的出现

竞技表现专业期刊是指期刊名称中包含"表现（performance）"的体育类专门学术期刊，具有代表性的期刊为《国际运动生理学与竞技表现杂志》（*International Journal of Sports Physiology and Performance*）。该期刊由世界训练科学领域的知名科学家大卫·派恩和伊尼戈·穆吉卡等于 2006 年创立，旨在促进职业体育和奥林匹克体育领域研究人员与实践人员的交流。作为世界训练科学的前沿阵地，该期刊的编委会聚集了全世界顶尖的研究人员，他们共同推动着世界范围内训练科学与训练实践的深度融合。

四、科研人员新型培养方式的出现

科研人员新型培养方式对应为嵌入式研究（embedded research）和嵌入式科研人员（embedded scientist）。运动队科研工作的艰辛使众多运动队的科研人员在步入中年后选择退离科研一线，在高校工作的科研人员也很难长期工作于科研一线，但是这些科研人员仍然可以通过与训练实践人员合作为运动队提供科研支撑。在与训练实践人员共同确定研究问题后，这些科研人员将其指导的研究生（即嵌入式科研人员）派驻至运动队，参与运动队日常的科研工作，而他们主要负责远程指导、分析和评估。有一个成功案例，挪威阿哥德大学的史蒂芬·赛勒与挪威奥林匹克体育中心的科研合作，该合作支撑了挪威耐力项目的成功，同时赛勒指导的博士研究生埃斯泰因塞尔塔撰写的"耐力训练负荷分布"相关的博士论文也被训练科学领域的著名科学家卡尔·福斯特高度评价为"世界耐力训练领域近 20 年来最为杰出的成果"。

第五节　我国训练科学与训练实践深度融合的建议

在不同国家和地区，以及不同运动项目中，影响训练科学与训练实践深度融合的障碍是不一样的。国际范围内的科研成果、创新举措和实践经验都可以为我国训练科学与训练实践的深度融合提供很好的参考和借鉴。我国在奥运备战过程中积累的有关训练科学与训练实践深度融合的成功经验，同样值得系统梳理和推广应用。下面分别从科学人才培养、教练员培养、竞技体育应用科学研究所的成立三方面提出促进我国训练科学与训练实践深度融合的建议。

一、建议 1：完善高校训练科学人才培养

训练科学与训练实践深度融合的关键角色是科研人员和教练员，二者业务水平的提升是实现训练科学与训练实践深度融合的前提，否则融合也只是低水平的融合。鉴于高校是培养训练科学领域科研人员的主要场所，我国高校可考虑将现有运动人体科学和体育教育训练学本科专业合并，设立运动与训练科学专业，招收热爱体育且具有一定运动能力的高考理科生，注重学生对运动科学相关理论和技能的系统学习，吸纳高水平的运动队科研人员参与授课，创造学生在运动队科研岗位实习的机会。同时，我国高校可考虑设立训练科学的研究生专业，重点围绕体能训练、技能学习、表现分析、康复、营养等应用方向，与体科所合作培养运动队的科研人员，聘请高水平的运动队科研人员担任研究生导师，注重学生理论知识、实践能力、合作精神、沟通技巧的传授和培养，注重学生在训练实践中开展相关知识和技能的学习。

由于体能教练既拥有运动和训练科学的学历教育背景，也拥有体能训练相关的行业认证，其在运动队的角色还决定了其能够更大程度参与运动员的训练实践，因此体能教

练员可以作为推进训练科学与训练实践深度融合的关键角色，高校可将体能教练作为运动科学和训练科学硕士研究生培养的一个主要目标。事实上，我国多所高校已在训练科学人才培养方面采取了积极措施，如调整本科专业、修订人才培养方案、加强与科研所和单项体育协会的合作，也取得了一定成效，但离满足我国竞技体育高质量发展的需求仍有较大差距。

二、建议 2：构建教练员培养体系

教练员的科学素养是提升训练的科学化水平、促进训练科学与训练实践深度融合的重要保证。影响教练员科学素养的因素包括教练员当运动员期间所受的文化教育、教练员的岗前教育和在岗继续教育、教练员在训练实践中与科研人员的互动学习等。我国可参照其他国家和有关单项体育协会的成功经验，构建各单项体育协会的教练员培训体系，并通过教练员学院在国家级层面打通各运动项目。鉴于高校有师资方面的优势，教练员学院可与高校合作开展国家级教练员的培训，通过培训考核的教练员可授予硕士学位（图 4-4）。此外，我国可成立教练员协会，搭建教练员群体互助交流平台，开展多种形式的教练员交流活动，并大力推进青少年运动员培养的体教融合，确保运动员在役期间的正常文化学习，为其退役后从事教练员工作奠定文化基础。

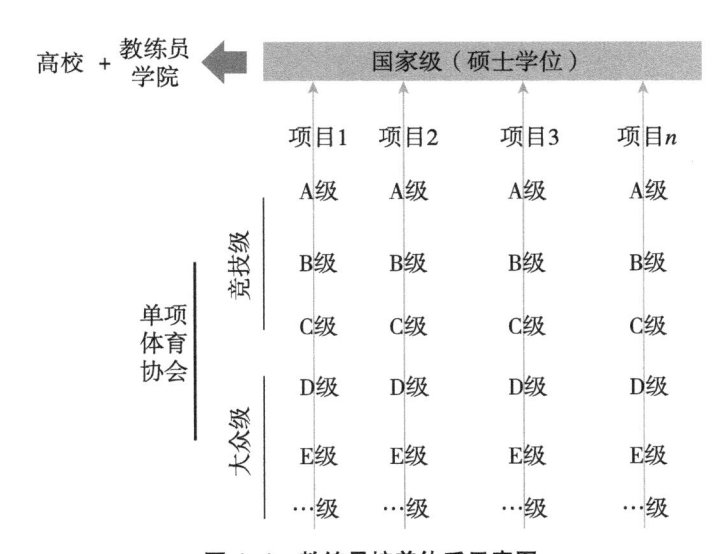

图 4-4　教练员培养体系示意图

三、建议 3：成立竞技体育应用科学研究所

科学化训练的一个重要特征是将科学化的理念和方法融入运动员训练纵向的各个环节和横向的各个方面，这要求运动员训练的各环节和各方面有一个统一的科学支撑。我国可参考澳大利亚体育学院和英格兰体科所，整合现有各层级的多家竞技体育科研机构，

成立国家竞技体育应用科学研究所，只开展竞技体育相关的科学研究和应用服务，统筹各支运动队的所有科研工作，致力于成为中国奥委会和各单项体育协会竞技体育科技服务的优质供应方。该研究所可根据运动队训练基地的分布情况在全国范围内设立分支机构，在经费和人员上实行统一调配，最大限度实现各奥运备战队伍及相关后备队伍科研工作的"一盘棋"和"一条龙"。

此外，竞技体育应用科学研究所可以在纵向运动项目和横向专业领域上构建科研人员的网状结构（图4-5），注重同一运动队内和同一专业领域内科研人员的交流合作；可以与各训练基地深度合作，对现有训练场馆进行结构和功能的改造，使运动员的专项训练、体能训练、测试评估、康复治疗等活动能够在"同一个屋檐下"进行；可以与高校全面开展人才培养、科学研究和人员兼职等方面的合作，并设立专门部门收集、转化和传播全球范围内最新的科研成果。

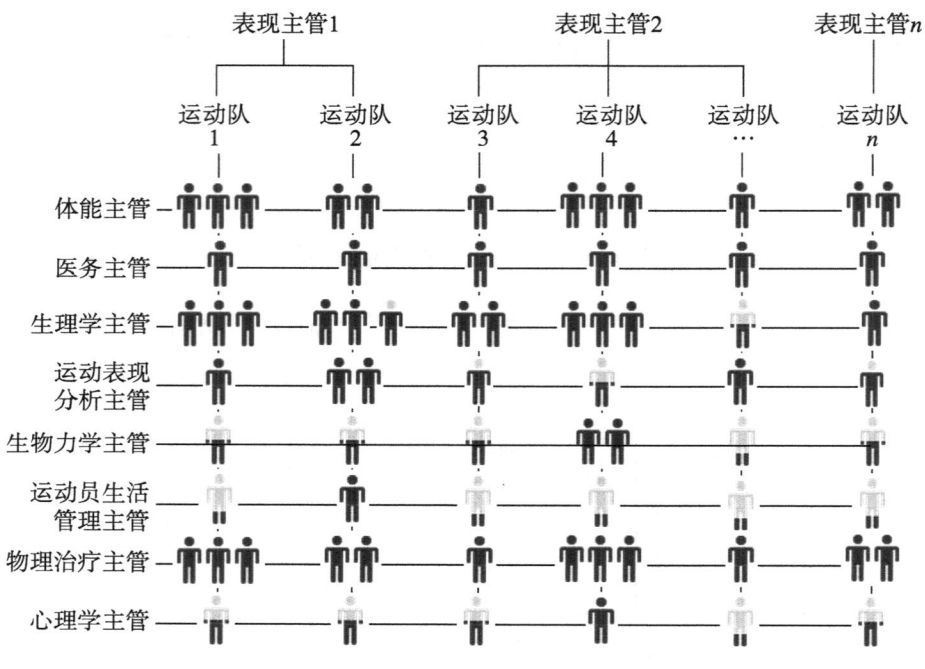

图 4-5 竞技体育应用科学研究所科研人员结构示意图

小　结

训练科学与训练实践的深度融合是科学化训练的重要标志，也是训练科学有效支撑训练实践的前提。训练科学与训练实践有着各自的研究范式和现实特点，科研人员与教练员也有着不同的成长路径和工作方式，这些差异导致训练科学与训练实践的深度融合面临诸多障碍。立足训练实践，确定研究问题来自实践、研究设计考虑实践、研究应用服务实践，是训练科学真正发挥价值、支撑训练实践的关键。在训练科学和训练实践两个领域同时拥有扎实功底和丰富经验的科研人员将在科学化训练中发挥更为积极的作用。建议我国完善科研人员和教练员培养方式，大幅提升科研人员和教练员的质量，成立竞技体育应用科学研究所。当然，这些建议的采纳和实施可能牵涉我国竞技体育体系的其他方面，因此需要在我国竞技体育改革的大背景下予以统筹和设计。

作者：黎涌明

第四章
参考文献

第五章 运动表现分析的过去、现在与未来

不同体育项目的比赛对运动员的体能、技术能力、战术能力、心理能力和智力能力都有着不同程度的要求。在集体球类、持拍类和格斗类项目中，技术能力和战术能力的发挥对比赛的胜负起着至关重要的作用。然而，受限于量化技术的发展，早期对比赛中技术和战术表现的分析局限于手工标记。近30年来，视频采集及分析技术、微型可穿戴技术和大数据分析技术迅速发展，使技术和战术表现分析在指标上呈现多样化，在时效上呈现即时化，在数据上呈现海量化，在分析上呈现深度化，在分工上呈现专门化。更为重要的是，这些科技的进步有力地推动了运动表现分析（performance analysis）这一研究和应用领域的快速发展，与运动表现分析相关的研究领域、学术期刊、学术组织、专业方向、职业岗位也相继出现。

运动表现分析的发展必将进一步推动运动训练的科学化进程。然而，相比于国外运动表现分析的蓬勃发展，国内对运动表现分析的认识尚处于起步阶段。对运动表现分析认识的片面和缺失既不利于为运动表现分析研究人员营造一个积极的学术环境，也不利于运动表现分析在运动训练实践中应用价值的真正发挥，更不利于我国高等院校对运动表现分析从业人员的及时培养。为此，本章全面梳理运动表现分析的起源和发展，阐述运动表现分析的研究和应用现状，展现运动表现分析面临的挑战和未来发展的方向，旨在为全面和科学地认识运动表现分析提供参考，为运动训练的进一步科学化提供新的视角。

第一节 运动表现分析的过去

历经一个多世纪的发展，运动表现分析已由体育从业人员的个人尝试发展成为训练科学的下属研究领域和专业方向。这个发展阶段可以根据开展规模和理论成熟程度分为萌芽、完善与集成、深化与拓展三个阶段。

一、萌芽阶段

在19世纪末，采用手工标记方式统计的各项运动比赛数据已在报纸、杂志和书籍中

出现。早在1885年，英国博福特（Beaufort）八世公爵担任责任编辑陆续出版了一套名为 The Badminton Library of Sports and Pastimes 的体育百科全书，其中就包含了利用标记分析（notational analysis）对不同项目运动员的比赛表现进行记录与分析的内容，这是关于标记分析的最早记录。标记分析是使用表意的符号、字母或标志来记录比赛中的行为和事件，用以进行技术和战术量化分析的方法。早期的标记分析多源于体育媒体人的比赛报道需要，体育作家和记者们针对棒球、足球、拳击和橄榄球等项目设计了相应的标记分析系统来记录比赛中的关键行为和事件，这种量化分析手段为评估比赛表现带来了新的视角。

进入20世纪40年代，移动分析（motion analysis）开始出现。该方法通过监测运动员在比赛和训练中不同强度的移动（如走、慢跑、中速跑、高速跑和冲刺等）的距离和时间，以及移动的加速度、跳跃高度和变向等指标来量化运动员的比赛和训练负荷。在这期间，美国大学篮球教练员劳埃德·洛厄尔·梅瑟史密斯（Lloyd Lowell Messersmith）设计了一套可用于测量运动员跑动距离的手持设备，并使用该设备采集了不同水平和位置的篮球运动员在比赛中的跑动距离，这被认为是移动分析最早的研究。自1950年开始，英国教练员查尔斯·里普（Charles Reep）开始用符号和数字手工标记的方式记录职业足球比赛中的技战术行为和事件，对球场区域、传球顺序、事件结果等关键信息进行统计分析。相关研究成果于1968年发表在英国《皇家统计学会杂志》上，成为专业学术期刊的首次报道。从20世纪60年代开始，我国体育科研工作者开始从实战出发，研究了比赛中的实际运动表现。麻田雪采取现场观察与手工标记的方式，收集并分析了1965年全运会足球比赛前六名球队中球员射门、传球、总距离、冲刺跑距离与次数等数据，这可以视为我国最早报道的标记分析研究。之后，更多基于实际比赛数据对运动员和运动队的运动表现进行量化分析的研究成果逐渐出现，研究对象也从集体球类项目拓展至其他体育项目。

二、完善与集成阶段

到了20世纪80年代，随着运动表现追踪系统和视频分析软件的出现，所采集的运动表现数据的体量和维度大幅增加，多元统计分析方法开始被广泛应用，研究的内容和层次不断丰富。标记分析和移动分析开始被越来越多的研究人员关注，并深刻地改变了各项目比赛和训练表现评估模式。教练员和研究人员在长期的实践中逐渐形成了一系列可以解决实践中具体问题的方法论。但是，研究者们也慢慢发现缺乏系统的理论知识来指导实践，制约了这一领域继续向前深入发展。此后20年，使用标记分析和移动分析等方法进行研究的成果被汇编成书，与此相关的方法论也逐渐出现，其中代表性的著作是迈克·休斯（Mike Hughes）和兰·弗兰克斯（Ian Franks）于1997年出版的 Notational Analysis of Sport。

1991年，第一届世界运动标记分析大会（World Congress of Notational Analysis of Sport）在英国举办。同年，国际运动标记分析协会（International Society of Notational Analysis of Sport）成立。运动标记领域开始朝着更加专业化的方向发展。1999年，国际运动标记分析协会正式更名为国际运动表现分析协会（International Society of Performance Analysis of Sport，ISPAS），并在 2001 年创立了官方学术期刊 International Journal of Performance Analysis in Sport。至此，历经一个多世纪的实践与研究，标记分析和移动分析等方法完成了从方法到方法论，从方法论到专门研究和应用领域的发展。

三、深化与拓展阶段

2010 年后，运动表现分析的理论体系进一步得以丰富和完善。2013 年，来自不同国家的学者共同出版了 Routledge Handbook of Sports Performance Analysis 一书，该书从运动表现分析的理论基础到具体体育项目的应用都进行了详细介绍。2019 年，Essentials of Performance Analysis in Sport 第三版问世，该书在理论和应用层面都进行了更为系统的介绍，运动生物力学分析等实验室测量和相关定性研究方法也被纳入运动表现分析的范畴。该书被认为是运动表现分析的集大成者，并成为一些高校相关专业的重要教材。

人工智能和大数据分析技术的快速发展使采集的运动表现数据的维度和体量都大大增加，对运动行为模式的识别水平越来越高，对运动表现规律探索的层次越来越深入。运动表现分析的学科交叉特征在这一阶段变得越发明显。2015 年以后，国内学者开始更多地结合国外运动表现分析的研究范式对足球、篮球和网球等项目的比赛表现进行定量研究，并通过数学建模量化比赛表现特征，探究比赛的关键制胜因素。

理论研究发展到一定阶段必然带来运动实践的革新。进入 21 世纪以来，运动表现分析的应用价值越来越被人们认可，在足球、篮球和棒球等职业化程度较高的项目中，教练员团队中开始增设运动表现分析师的职位，负责辅助教练员优化比赛策略，进行科学化的训练评价与计划。这一职位的出现有助于解决长期以来科研人员与教练员之间在沟通上的不足。然而，以往运动队中的运动表现分析师均由教练团队成员或者其他学科背景的人员转型而来，尚未出现专门培养的从业人员。在此背景下，国外高校开始在研究生阶段开设运动表现分析专业，相关本科专业中也出现运动表现分析相关专题课程。2003 年，英国卡迪夫城市大学首次开设运动表现分析硕士专业，该专业的课程旨在教授学生运用现代科技测量与分析技战术的知识与技能，教练员和运动员的行为学分析、运动员追踪技术的应用也会在课程中涉及。2013 年，该大学将运动表现分析专业进一步拓展到本科阶段，开设了首个运动表现分析本科专业。

第二节　运动表现分析的现在

发展至今，运动表现分析已成为运动科学的一个分支领域或研究方向，也有着自身专门的研究范式。在科学研究领域，运动表现分析重点关注技术表现、战术表现、设备的信效度、训练负荷的监控等方面，并积极与其他学科进行交叉融合。在实践应用领域，运动表现分析需求的增加催生了运动表现分析师这个专业岗位。

一、运动表现分析的定义

表5-1是不同学者和机构对运动表现分析的定义,从中可以梳理出如下四点:①狭义的运动表现分析是一种客观记录训练和比赛中发生的行为和事件的方法,广义的运动表现分析是训练科学下属的一门分支学科;②作为一种方法,运动表现分析直接提供的是一种描述性信息;③作为一门分支学科,运动表现分析具有跨学科属性;④运动表现分析的分析手段与形式区别于运动能力测试、实验室实验、田野实验、问卷和访谈。综合以上信息,对运动表现分析定义为,以标记分析和移动分析为主的一类直接量化和记录运动训练和体育比赛过程中发生的行为和事件的方法,或者是运用标记分析和移动分析等手段对实际训练和比赛中的行为和事件进行直接而客观的描述与记录,并利用定量或定性的方法对记录的信息进行深度分析,旨在为从业人员的决策提供科学支持,属于训练科学的一个重要分支。

表5-1 运动表现分析定义及描述

年份	作者	运动表现分析定义及描述
2010	奥多诺休	运动表现分析是训练科学的一门分支学科,其旨在对比赛和训练中的实际运动表现进行直接分析,而非以实验室实验、问卷、访谈等自我评价的形式进行分析
2013	麦加里等	运动表现分析具有跨学科属性,能够帮助教练员、运动员和科研人员客观地理解实际运动表现,区别于自陈报告、运动能力测试与实验室实验
2015	奥多诺休	运动表现分析是在比赛中或者比赛后通过视频对实际运动表现进行观察与分析,不包括实验室实验、田野实验以及问卷和访谈等自我报告形式的研究
2008,2019	休斯	运动表现分析包括标记分析和生物力学分析两部分,通过利用系统的观察工具对教练员和运动员行为数据进行采集与分析,通过建立描述性表现档案向运动员和教练员提供其运动行为的反馈信息
2022*	国际运动表现分析协会	运动表现分析是一种客观记录运动表现的方法,能够以有效且一致的方式来量化运动表现中的关键因素
2022*	英格兰体育科学研究所	运动表现分析是一门通过采用系统的观察方法提供客观的统计数据(数据分析)和视觉反馈(视频分析),从而帮助提升运动表现和改进决策的学科

注:*指该时间为作者访问其官方网站的时间。

二、运动表现分析在训练科学中的位置

作为以运动员或运动队为主要关注对象,以提升运动员竞技表现或运动队比赛成绩为目标的一门学科,训练科学涵盖了体能训练、康复治疗、营养、心理、训练监控等诸多细分领域,同样也涵盖了技战术训练的监控和对比赛中技战术应用的分析。尽管尚存争议,

但本书倾向于认为，作为一个专有名词，运动表现分析专指技战术分析方法或分析技战术的专门领域或方向，其对应为运动表现分析的狭义范畴。作为一个非专有名词，运动表现分析对应为"对表现的分析"，而"表现"可对应为某一运动能力的"表现"（如技术表现，technical performance）或某一运动方式的"表现"（如跑动表现，running performance），也可对应为运动员整体的表现（如竞技表现，athletic performance）。此时，运动表现分析的范畴取决于表现的范畴，其可以是狭义的技战术分析，也可以是广义的竞技运动表现分析。当然，无论是狭义范畴还是广义范畴，运动表现分析在分析过程中都会使用定量或定性分析方法来揭示不同行为和事件之间的相关性。在理想情况下，运动表现分析还可以基于发现的相关关系，对比赛过程中可能出现的行为和事件做出预测（如主罚点球的球员大概率会将球踢向哪侧球门）。需要注意的是，即便是广义范畴，运动表现分析也未能涵盖训练周期安排、人体适应训练刺激的机制、疲劳后的最佳恢复策略、损伤后重返比赛的方案等与运动员竞技表现提升息息相关的重要问题。因此，无论是狭义范畴还是广义范畴，运动表现分析都隶属于训练科学（图5-1）。随着学科理论体系的不断完善和相关视频分析技术、可穿戴技术和大数据分析技术的发展，运动表现分析将为运动训练的进一步科学化提供一个独特的视角，其在训练科学中的重要性也将越来越明显，甚至会在更加广阔的领域发挥作用。

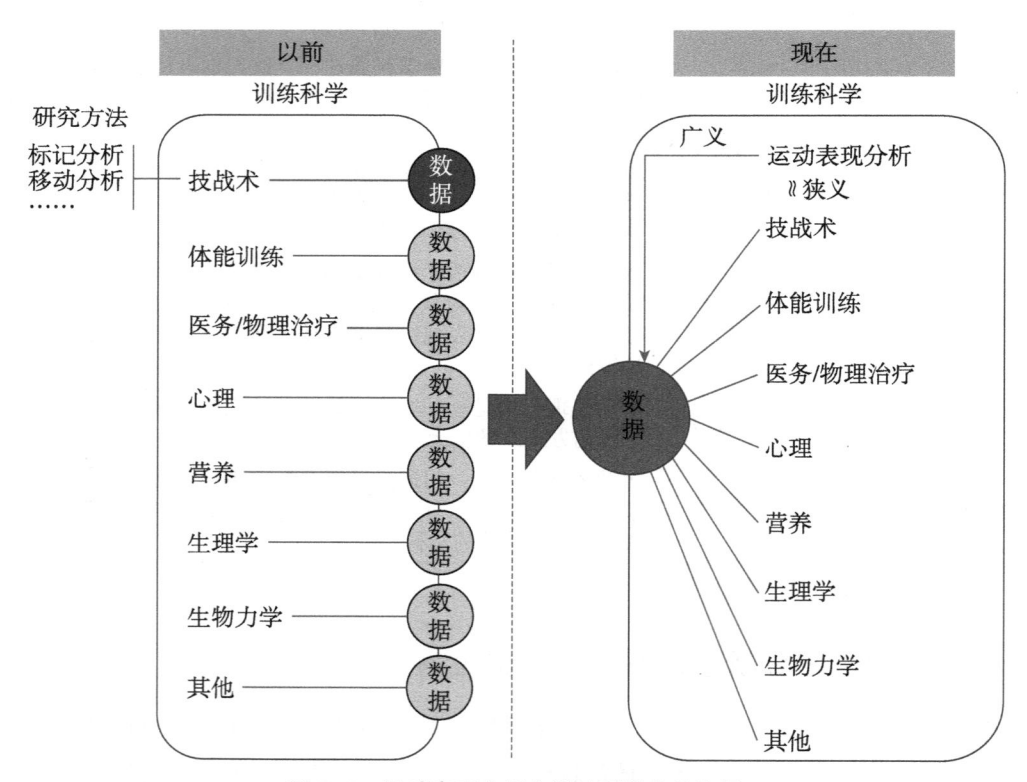

图5-1 运动表现分析在训练科学中的位置

三、运动表现分析的研究对象与方法

（一）研究对象

运动表现分析是对实际体育比赛和训练表现的直接探析，其首要的研究对象是"人的运动"，其分析手段主要包括标记分析和移动分析。对于非对抗类运动项目，运动表现分析更多地将技术和体能表现纳入研究范畴，而对于对抗类运动项目，运动表现分析则试图将技术、战术和体能表现进行整合分析。标记分析可进行现场实时分析，也可借助图片和视频等信息技术手段进行分析，主要记录比赛和训练中完成的技术行为、战术行为和事件的次数、成功率等。移动分析则大多需要借助图片、视频或可穿戴设备等技术手段，主要分析技术动作的正确性与有效性、战术配合的合理性与流畅性，以及记录移动距离与速度，从而在一定程度上反映体能表现。

（二）研究方法

由于"人的运动"的复杂性和动态性特征，运动表现分析通常包括定量研究、定性研究，以及两者混合的研究方法，这些研究方法被用于对比赛和训练表现进行直接和客观的分析。定量研究主要是通过对事实和数据进行统计学分析来得出规律，客观地描述比赛和训练中发生了哪些运动表现行为和事件及其对结果的影响。定性研究则通常通过对语言、视频、感觉、思想和情感等进行解读和阐释来提炼信息，揭示运动表现行为和事件是如何发生的，以及为什么发生。运动表现的分析与诊断通常需要采用两种分析方法相结合的方式，且由于定性研究能够更好地解释过程和因果关系，其在运动表现分析中的作用和效果并不会比客观量化差，甚至更具潜力。例如，采取定量研究的方法可以对足球比赛中的传球次数和传球成功率进行量化，但单纯的次数和成功率数据并不足以评价一个足球运动员比赛表现的好坏，因为这些数据并不能直接反映运动员对传球技术、传球时机、传球线路选择的合理性，这需要结合定性研究方法来进行分析。

四、运动表现分析的研究热点

（一）技术表现评估

技术表现评估是运动表现分析的主要内容之一。基于比赛技术统计数据进行统计建模，判定能够显著影响比赛结果的关键指标是技术表现评估的一项重要任务。比赛表现的复杂性体现在每一场比赛都是在特定的情境下进行的，比赛地点、对手、阶段等情境因素都能够从行为学的角度影响运动员和运动队的表现。因此，研究人员在统计模型的构建过程中需要更多地考虑情境变量的影响，探寻在不同比赛环境和条件下的比赛关键指标，进而建立比赛技术表现的标准化档案。此外，也有大量研究探究不同性别、年龄、比赛类型、地理区域、实力水平的运动员或运动队在技术表现上的差异。在集体球类项目中，由于不同位置的运动员在比赛中有着不同的角色和分工，因而对于不同比赛位置运动员的技术能力需求的研究也受到了研究人员的广泛关注。这类比较性研究的结果能够在比赛备战、转会和人才选拔时为教练员提供重要参考。

（二）战术表现评估

战术是帮助运动员或运动队在比赛博弈中获胜的关键因素，运动员或运动队通常会在一定的时间段内形成一个比较稳定的战术风格，对战术风格进行分析是比赛备战的重要内容。有研究通过各种技术指标来识别比赛中不同类型的战术风格，并通过建立实证模型识别能够描述特定比赛风格的技术指标，建立战术表现档案。其中，对于获胜者和失败者之间的比赛风格的比较研究最为常见。此外，由于比赛规则改变、比赛战术革新、运动员体能提高、比赛装备改进等因素，运动员或运动队在比赛中体现出来的战术风格随之不断演进，对这种演进趋势的研究也是战术研究的一项内容。

无论是个人对抗类项目还是团体运动项目，比赛战术是在特定的时间和空间内与对手或队友发生的一种持续交互的动态行为，其受到多重因素的影响。运动员的技术和体能水平、教练员执教风格和对手的战术特点，以及比赛地点、比赛类型和对手实力等情境因素均被证明能够显著影响运动员或运动队的赛前战术布置和赛中战术决策。对于战术表现的评估是一项复杂且系统的工作，研究人员通常会根据参与人数的多少，从个人、局部区域、全队以及比赛全局等层面进行分析。随着比赛追踪系统的不断发展，研究人员能够获得运动员在比赛中实时追踪的位置数据，并基于此提炼出特定的战术指标来量化战术执行的动态过程。例如，在足球和篮球等团体球类项目中应用的有效控制区域（space control）和压力指数（pressing index）等。这些指标能够帮助我们了解运动员之间，以及运动员与对手之间的互动关系，量化除比赛事件相关人和持球人以外的运动员的战术表现，从而描述战术在特定情境下执行时所具有的动态时空特征。如果将一支比赛中的队伍看成一个动态系统，那么系统内的个体之间的互动就决定着比赛形势的发展，当前研究者们也越来越多地用整体的、连续的，而不是单一的数据关系对战术行为进行解释和预测。

（三）信效度分析

问题、数据和方法是运动表现分析的三个核心要素。运动表现分析实际上就是基于可靠的数据，采用科学合理的方法来解决运动实践所出现的问题，所以，数据和方法的信效度分析就成了研究者们重要的研究内容之一。数据的质量主要取决于指标的有效性、数据采集方式的合理性以及数据采集系统的可靠性，三者联系紧密，相互依存。指标的有效性是指选用的指标是否能够准确地描述特定方面的运动表现，以及所描述的运动表现的重要性。数据采集方式客观与否取决于各个指标是否有准确的可操作性定义，以及采集人员对指标定义的理解准确度和对操作系统的熟练度。对于数据采集系统的可靠性验证，研究人员主要通过对数据进行重复采集来分析单个采集人员内部和多个采集人员之间数据的一致性。目前，用于运动表现数据追踪的系统主要有基于计算机视觉的光学追踪系统、基于雷达和超宽带的本地定位系统和基于全球定位系统（global positioning system，GPS）信号的卫星定位系统三类，被统称为数字化运动表现追踪系统（electronic performance and tracking systems，EPTS）。不同品牌和类型的系统所采集数据的信效度在被应用之前也均被验证和比较，明确了其所选用指标的可操作性。

运动表现能否被客观和准确地评价，除了数据的质量之外，用于评价的工具和方法的效度也是非常重要的一个方面。由于解决实践问题的需要以及科技的进步，新的运动表现测试与评估的工具和方法不断地被开发出来，所以相较于数据的可靠性验证，研究者更多还是关注此类工具和方法评估特定运动表现的信度和效度。例如，有研究设计了特定的评估工具或量表来测量足球和网球运动员在进攻中的技术和战术表现，并对其信效度进行了验证；也有研究开发和验证了一种基于乒乓球比赛时间结构的击球有效性测试方法，来评估球速和球的落点。

（四）负荷监控

教练员和运动表现分析师一直致力于寻找不同的方法和手段对运动员在比赛和训练中的运动负荷进行监控，从而通过设计合适的训练方案使运动员在赛前达到心理和生理上的最佳适应状态，并在比赛中监控疲劳状态和降低受伤风险。移动分析是目前球类项目负荷监控的主要方法之一，比赛中的总跑动距离、高强度距离及冲刺距离和速度等是量化球员外部负荷的常用指标。内部负荷的评估则是测量由外部负荷引起的心理和生理上的反应，常用心率、血乳酸和主观疲劳量表进行量化。由于内部和外部负荷往往是紧密联系在一起的，所以，不同运动项目中内部和外部负荷之间的关系也是研究者十分关注的研究点。

得益于GPS定位技术和计算机视觉技术的不断发展，自动化的运动追踪系统的出现能够帮助采集多维度和大体量的运动学和动力学数据来实时评估所有运动员在比赛和训练中的运动负荷特征。大量研究基于大数据样本进行统计建模来建立移动表现标准化档案，量化不同比赛位置以及不同比赛和训练情境下运动员的运动负荷特征、训练负荷与比赛负荷之间的关系，这极大地提高了比赛表现评估和训练监控的科学化水平。近年来，也有大量研究分析了新冠肺炎疫情前后运动员在比赛中体能表现的差异，以此来量化疫情对运动员的影响。然而，单纯的外部负荷评估无法反映出运动员在运动中的生理变化特征，因此，研究人员通常也采用心率和血乳酸监测，以及主观疲劳量表来评估运动时的内部负荷，并通过外部负荷和内部负荷的结合，使运动员的运动负荷得到更加全面和准确的量化。

（五）学科交叉研究

运动表现的评估是一个复杂且系统的过程，需要通过不同学科的理论和方法交叉融合，从多维度解读运动表现的复杂性和动态性，更深层次地探寻运动表现的本质、规律以及优化途径。当前，这种学科间的融合不仅体现在训练科学内部各分支学科之间（如运动表现分析与体能训练），同时也体现在训练科学与外部学科之间（如数据科学），最终在各学科相关理论的基础上发展形成了一种旨在解决训练和比赛中具体实践问题的新实证研究范式。格莱齐尔（Glazier）基于大统一理论（grand unified theory）提出了一个融合训练科学各分支学科的理论框架，考虑环境和任务相关因素的影响，从个体内部和个体之间的维度更全面地评估和解释运动表现，为运动表现分析与各学科融合提供了重要理论基础。

近年来，越来越多的研究者开始将计算机科学、系统科学、生态学和数学等学科理论与方法融入运动表现分析，这既拓展了运动表现分析研究的广度和深度，也使其具备了明显区分于其他训练科学分支学科的特征。运动表现所具有的非线性、自组织性、不确定性等特征，能够给复杂性科学提供完美的应用场景，研究人员也基于运动表现的复杂性和不确定性机制来尝试建立时空尺度下运动行为的评估模型。此外，特拉瓦索斯（Travassos）等也基于生态动力学把运动表现看成运动员在特定的时空条件下持续相互适应的过程，并提出了一个理论框架，从不同层面分析团队或个人的行为在特定的运动情境下是如何以及为什么发生的，这些理论的融合为运动表现的科学测量与优化提供了新的理论基础。人工智能和大数据等新兴交叉学科的出现，也为运动表现分析的方法论和思维方式带来了变革。例如，研究人员借助关联规则算法（Apriori算法）识别高水平足球比赛的进攻模式，应用以神经网络算法为代表的数据挖掘技术对多源异构运动表现数据进行深度挖掘，来识别足球比赛战术特征，挖掘青少年足球人才。学科的交叉融合是一个持续深入的过程，运动表现分析未来还会与更多的学科进行融合和渗透，这不仅能丰富其学科内涵，也能更好地帮助我们探索运动表现的基本特征和成功要素。例如，为了探索运动员在比赛中行为的决策过程及因果关系，与心理学和脑科学融合也成了研究者们探索的方向。

五、运动表现分析师

（一）运动表现分析师的定位

运动表现分析师通过结合教练团队在特定阶段的需求来制订工作计划，在比赛场、训练场、办公室和实验室等场景下采用定量和定性分析手段对所获得的数据和视频资料进行处理和分析，并以教练员可理解和可接受的方式将结果进行解读和传递，他们是训练科学与训练实践融合的重要载体。在不同项目或不同水平的运动队中，运动表现分析师的称呼会有所差异，如视频分析师、技战术分析师和数据分析师等，他们的职责都是整合客观而可靠的相关数据来创造有价值的信息，只是工作的侧重点不一样，从不同维度提供运动表现的外部反馈，帮助优化决策和评估的过程。

国际上高水平运动队或职业俱乐部大都设立了跨学科的运动表现分析部门，尤其是在集体球类项目中。部门中通常会设立一名主管（head of performance），负责整体工作计划的制订。在此部门中，运动表现分析师与体能训练师、物理治疗师、营养师等其他人员，以及教练员保持沟通联络。该部门中的运动表现分析师可以分为两类：一类负责比赛分析，包括对队伍自身和对对手的分析，部分体育项目还会根据特定需求开展更多类型的分析，如对足球中的定位球分析和对守门员的分析；另一类则负责技术支持，他们对各类定量和定性资料进行采集和分析，搭建和维护数据库，这类人员往往具有数学或计算机等学科背景。

（二）运动表现分析师的职责

运动表现分析师通过分工明确的团队合作，为教练员提供客观、简洁和具有可操作性的分析报告，但是在比赛—训练周期的不同阶段，其工作职责会有所不同：①比赛前，运动表现分析师主要侧重于对对手比赛风格的分析，寻找对手的优点和弱点，并对其比赛表现进行预测；②比赛中，运动表现分析师与教练团队保持沟通，为其临场决策提供实时建议，这对比赛的战术调整有着重大影响；③比赛后，运动表现分析师从个人和团队层面对上一场比赛的表现进行快速评估和反馈，并为训练方案的制订提供完善意见和建议；④在日常训练中，运动表现分析师在不同的训练周期内，对运动员的技术、战术和运动负荷等进行科学监控，帮助教练员适时调整训练计划和预防运动员发生运动损伤。

（三）运动表现分析师职业能力构成和工作模式

运动表现分析师被认为是"数据翻译者"和运动表现分析的"服务提供者"。随着比赛分析和训练监控的科学化和精细化，运动表现分析师的工作内容与形式也在不断变化，需要其具备一定的知识储备和职业技能才能满足工作需求。迈克·休斯等分别将从事学术路径和实践路径的运动表现分析师在数据分析、视频分析、信息反馈和沟通等核心能力上所应具备的能力分为了四个层级，并对各层级的运动表现分析师在各核心能力上的要求进行了描述。但是，这套体系中对于运动表现分析师能力构成要素的描述都过于抽象化，可操作性有限，且主要集中在技术能力方面。马丁等在此基础上进行了扩展，将运动表现分析师所应具备的职业能力进行了更为全面的划分，包括情境感知、与教练员建立良好关系、运动表现专业知识、分析技能和职业操守五个方面。

除了对运动表现分析师的职业能力进行规定之外，还需要一套标准化的工作流程才能保证他们能够高效地开展工作。虽然运动表现分析师在不同项目的运动队和同一项目的不同类型运动队中的工作模式会存在差异，但是总体来说，其工作流程可概括为九个步骤：①与教练员等工作相关人员建立良好的沟通与联系，明确自身在整个工作团队中的定位；②工作需求分析；③分析方案的设计；④数据采集与信效度验证；⑤数据管理；⑥开展分析；⑦向教练员等相关人员提供报告；⑧与运动员进行结果反馈；⑨工作回顾与效果评估。这一流程大致可被概括为"比赛—记录—分析—反馈—训练—比赛"的循环实践模式（图5-2）。

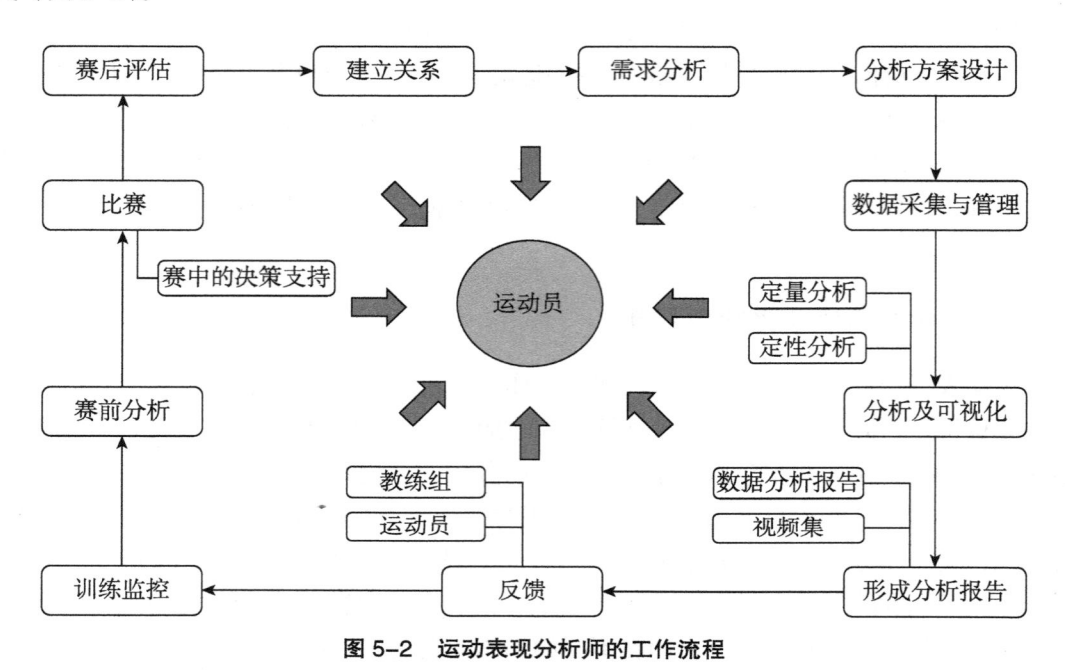

图5-2 运动表现分析师的工作流程

第三节　运动表现分析面临的挑战

一、理论基础亟待夯实

近年来，相关专著的出版使运动表现分析的理论体系得到较大完善，但是这些专著更多的只是从方法论层面进行归纳整理，学科理论基础还有待进一步挖掘和丰富。当前，不少研究人员主要还是以一种简化范式，将运动表现分解为技术、战术和体能等部分，通过相应的表现评价指标对各部分进行独立分析。但是，即便将各部分整合也难以准确和全面地描述运动表现的整体特征，难以解释运动表现各因素之间的关系。复杂、系统、科学的相关理论虽然已经被用来解释运动表现的复杂性和动态性，但还只是处于初步应用阶段，人工神经网络等人工智能领域相关理论与技术在运动表现分析中的应用还比较基础，有较大潜力可挖掘。此外，以往研究中采用的统计量化分析方法虽然能够描述运动表现的整体特征以及表现指标与比赛胜负的关系，但难以解释个体在运动中接收刺激后的行为涌现与突变，以及各比赛行为和事件之间的因果关系，对实践的指导作用有限。因此，通过借鉴和融合多学科理论，才能为解释和探究运动表现规律和运动表现提升的内在机制提供更加坚实的理论支撑，建立起特色鲜明的学科理论体系。

二、分析的技术手段亟待突破

运动表现追踪和分析系统的发展至今已经能够采集海量的运动表现数据，但是在数据体量增加的同时，数据维度和质量还有待提升，这也限制了大数据分析技术在运动表现分析中的应用。具体表现在：①运动表现追踪系统能采集的数据维度依然相对有限，对于运动负荷的量化层次还有待深化，目前普遍使用的标记分析系统在采集技战术数据时仍需要一定的人工参与，影响了数据的可靠性和分析结果的客观性，其自动化程度有待提高。虽然基于最新人工智能技术和无线通信技术的相关系统和产品被研发出来，但其目前的应用范围依然有限；②由于各运动表现数据采集系统在指标体系及指标的操作定义方面的不统一，导致所采集的数据质量参差不齐，无法将不同来源的数据联合进行分析，当前对于多源数据融合技术的应用也较为有限；③目前主要还是使用基础的技术、战术和体能等指标进行独立的、静态的回顾性分析，限制了分析维度和深度，还需要更多的复杂指标进行多元的动态性运动表现评价，从而提高对运动表现的解释和预测能力。

三、人才培养的专业化和职业化亟待加强

国外高校对于运动表现分析师专业化培养模式的探索开展较早，培养的人才在高水平运动队中发挥着重要的作用，但由于职业壁垒较低，体育领域培养的运动表现分析师面临着来自其他学科的人才竞争。在实际工作中，运动表现分析师需要懂体育、晓理论、会分析、善反馈，这对其工作能力的要求较为全面，相应的人才培养周期也较长（如本科+硕士），能够满足高水平运动队比赛和训练需求的专业人才较少。所以，目前高水平运动队依然还是由不同学科背景的专门人才组成团队进行分工合作，但是团队在分析、解读和反馈的整个过程中会存在沟通成本以及理解的偏差，且由于人力成本的原因，团队化工作模式也不适用于除高水平运动队以外的其他运动队。因此，未来需要基于运动表现分析师的核心能力模型去优化人才培养模式，并构建权威的职业资格认证体系。目前，国际运动表现分析协会已分别针对从事学术研究和运动实践路径的运动表现分析师制定了五级认证标准，为相关从业人员明确自身优势和不足、提升职业竞争力提供了重要参考标准。但是，目前国际上尚未出现与之相对应的权威培训体系。

在国内，运动表现分析师的专业化培养才刚刚起步，运动队中也尚未设置相应的职位，需要结合我国竞技体育发展需求，打造符合我国国情的运动表现分析人才的培养体系，培养具备自然科学和社会科学素养的专业分析师，使运动表现分析师在运动训练科学化水平的提高中发挥更大的作用。

四、学科影响力亟待提升

运动表现分析在 21 世纪才进入快速发展阶段,且直到近年来才开始进入国内研究人员的视野,目前国内专门从事该领域的研究人员数量非常有限,理论梳理类和实践应用类研究的成果非常欠缺,这导致国内体育科学领域对该领域的了解较少,并严重制约了运动表现分析在国内的进一步发展。更为严重的是,该领域的研究在选题和成果发表时常常遭到体育科学领域同行的质疑,甚至是否定。在实践领域,训练团队中科技支撑工作的细分还处于发展当中,运动表现分析师的岗位设置和岗位需求尚不明确,运动表现分析的学科应用价值还尚未大面积展现。运动表现分析在研究和实践领域面临的挑战都亟待学科影响力的提升。

第四节 运动表现分析的未来

科学化是运动训练不可阻挡的潮流和趋势,新科技的出现成为这个过程的加速器。运动训练科学化对量化全面性、简便性、准确性和实时性的需求,以及对数据价值深度挖掘的需求,将不断推动运动表现分析的发展。

一、理论体系趋向完善,学科特性突显

运动表现分析源于运动实践,是基于"人的运动"的分析,初步集成了一套用于分析运动表现特征、规律和制胜因素的理论体系。但是,在对运动表现的认知过程中,除了需要这些方法来告诉我们"是什么",还需要弄清楚"为什么"和"怎么做"。然而,现阶段的运动表现分析理论更多只能支撑研究者们做到前者,还不足以帮助其进行更深层次的探索,这也是目前学术研究与运动实践之间存在较大距离而无法深度融合的重要原因之一。未来的运动表现分析理论研究将着眼于运动实践需求,聚焦运动表现分析基础理论的深度挖掘,通过对学科特征与学理的深度解构,形成更加完善的理论研究范式,提供更加丰富的研究主题。坚持以体育母学科为基础,以"超学科"视野来探索运动表现分析与其他学科之间的交叉、跨越和融合途径,从而更好地理解运动表现的本质和规律,解决运动实践中的复杂问题(图 5-3)。在此过程中,运动表现分析的学科价值不断突显,学科定位和特征日益明确,逐渐成为训练科学中重要的分支。例如,研究人员已经开始在考虑运用复杂系统科学的相关理论来描述运动表现中的动态性、复杂性和非线性特征。

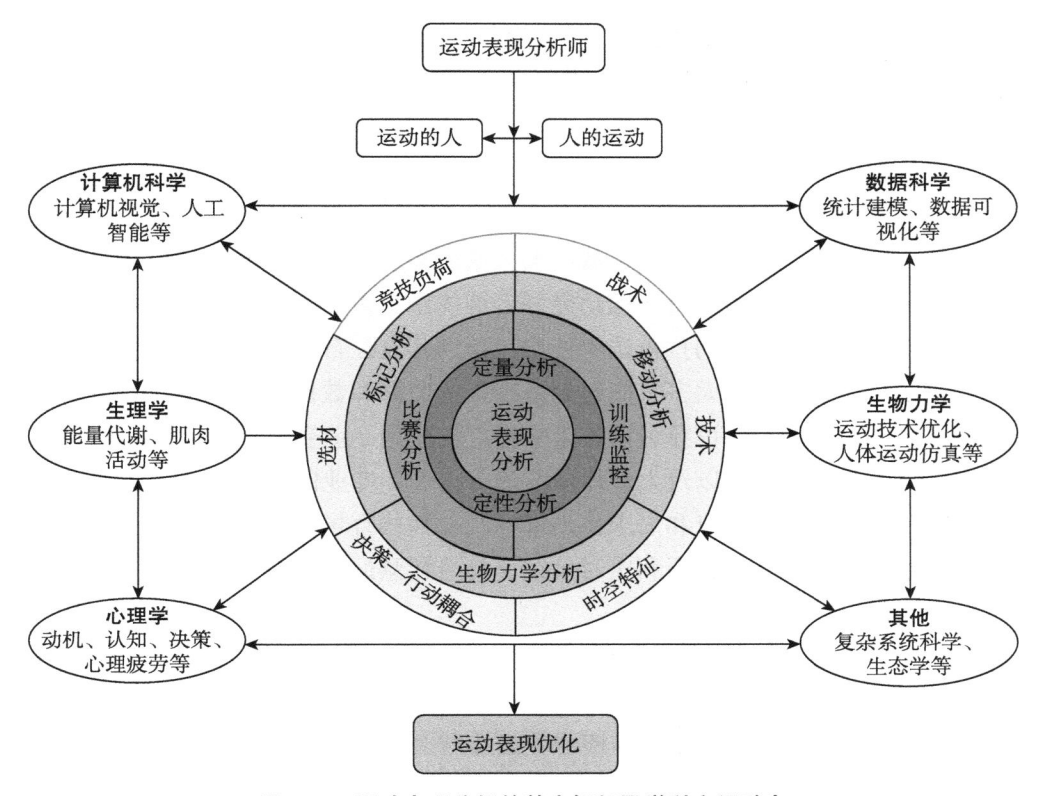

图 5-3 运动表现分析的基本框架及学科交叉融合

二、运动表现分析的数智化

得益于电子信息和人工智能技术的快速发展,运动表现的分析手段和形式都将经历大的变革,逐步向数智化方向发展。目前,比赛和训练表现追踪系统所能采集的数据维度依然相对有限,使用标记分析系统进行数据采集的过程依然费时费力,自动化程度有待提高,其人工参与的程度越高,数据的可靠性和分析结果的客观性也就越难保证。未来随着传感器技术和图像处理技术的进步,以及计算机算力的提升,运动表现数据的获取将朝着采集自动化、来源多样化的方向发展,数据获取的速度也将快速提升,原本难以量化的运动表现维度(如比赛行为的决策过程)将得以量化。例如,用于解决非线性和适应性问题的机器学习技术被认为能够帮助解决集体球类项目中图像及视频特征识别、动态阵型模式识别与分类、进攻序列模式识别等在传统意义上需要专家介入进行分析的问题。其中,人工神经网络在近几年被认为有自动化运动表现视频识别与标记、团队项目动态阵型模式识别的潜力。因此,未来随着数据采集的实效性和数据体量的显著提升,通过多源异构数据的融合,将实现运动表现分析的实时化和自动化,以及分析和决策的智能化,运动表现分析也将变成一个由运动表现数字化、分析过程智能化到分析结果智慧化的过程。

三、从竞技体育走向大众体育

与军用技术民用化一样，未来运动表现分析的对象也将由专业运动员扩展至业余运动员和普通健身人群，以往只应用于精英运动员的运动表现分析方法和设备将越来越多地走向大众体育，使更多参与运动的大众获得专业的运动表现评估，提高他们参与大众健身的积极性和运动健身的科学性，从而大大拓展运动表现分析的学科内涵。当前，运动手环和智能手表等可穿戴设备在运动爱好者群体中越来越普及。例如，专业心率监测设备逐渐被越来越多的业余马拉松选手使用，帮助其监控自身机能状态，制定科学的比赛策略。但是，目前的设备大多只能起到基础指标监测和数据反馈的作用，还不具备自动分析和诊断的功能。智能可穿戴设备未来将广泛应用于业余运动员运动表现的分析与诊断、大众健身监测与指导以及大众体质监测等方面。专业的运动表现追踪和视频分析系统也将结合大众体育的特点和需求，出现在社会性体育场馆，以大众可接受和喜好的方式对其运动表现进行自动分析和实时反馈，打造智慧运动健身空间，助力全民科学运动健身，实现竞技体育成果全民共享。

四、人才培养的专业化

目前只有足球、篮球、橄榄球和棒球等集体球类项目的高水平职业俱乐部设置了运动表现分析师这一职位，其重要价值已经在实践中得到了充分体现。然而，更多的运动队只配备了视频分析师来负责录制和剪辑教练员所需的训练和比赛视频片段，甚至在很多队伍中，这份工作由助理教练员或科研教练员负责完成。未来随着教练团队分工日趋精细化和对运动表现分析师这一角色重要性的认识不断提高，运动表现分析师将成为运动队的常规人员配备，其职业能力结构、职业规范和工作模式也将趋向规范和统一。为了应对渐增的人才需求，相应的人才培养体系将逐步建立和完善，而高校在此过程中将肩负着人才培养的重要使命。当前国外大学大多设立了运动表现分析的硕士专业，有的甚至设立了本科专业。为了胜任未来的工作，运动表现分析师将同时具备扎实的训练科学和数据科学知识与技能，拥有丰富的实践经验，熟练掌握常见的数据采集工具和数据分析工具，善于与教练员和运动队科研人员合作，成为"体医理"复合型体育专业人才。

小 结

如果不能量化一件事，那么就无法改进它，量化是科学化训练的前提。运动训练科学化的一个重要特征是量化，其涉及量化指标、量化工具和量化数据。起源于手工标记的技战术量化和分析历经了一个多世纪的发展，逐步形成了训练科学下属的一个专门领域——运动表现分析。基于量化数据分析的运动表现分析也由最初的技战术拓展到运动员或运动队所有的运动表现，并由此催生了运动训练实践领域的新型岗位——运动表现分析师。建议体育院校可在本科训练科学的基础上，开设运动表现分析的研究生专业，促进训练科学和数据科学的交叉融合，系统培养竞技体育的运动表现分析师；建议运动队的"训科医"复合型团队中增设运动表现分析师这一岗位，对运动员档案数据、训练数据和比赛数据进行系统架构、全面汇总和深度分析，充分挖掘数据背后的科学规律，助力运动训练的科学化。

作者：易清，黎涌明

第五章
参考文献

第六章 对体能训练认识的理论回归

进入 21 世纪以来，体能训练在国内竞技体育领域受到了前所未有的关注。在理论研究和训练实践过程中，有关体能训练的研究论文和方法手段都呈现井喷式涌现。与体能训练所受的关注度相比，我国"体能主导类"项目的竞技水平进步缓慢。自北京奥运周期以来，我国在体能训练方面加强了与国外先进国家的交流，一些新的训练理念和方法手段冲击着我们现有的对体能训练的认识。在这种背景下，保持理性的思维对我们科学和全面地认识体能训练有着积极的意义。为此，本章从我国体能训练的现状出发，追溯世界体能训练的发展轨迹，剖析目前（2008—2012 年）国内体能训练过程中出现的一些现象，试图引导国内对体能训练的认识实现理性回归。

第一节 国内体能训练的现状

在我国训练理论和实践过程中，体能与技能、战术能力、心理能力和智能一并构成了运动员的竞技能力，并且根据"项群训练理论"，体能成为体能主导类项目的主导能力。随着"项群训练理论"在训练实践中的普遍应用，对体能主导类项目竞技能力中体能的关注急剧增加。图 6-1 是 1983—2012 年中国期刊网体育类数据库收录的有关"体能"和"核心力量"研究文献的数量变化，从中可以发现，我国对体能的研究基本可以分为三个阶段，每十年分别对应一个阶段。第一个阶段每年的文献量为不足 10 篇，第二个阶段每年的文献量为不足 50 篇，第三个阶段每年的文献量超过 50 篇。且进入第三个阶段后，每年的文献量呈直线趋势增加，至 2012 年高达 331 篇。"体能"相关文献量变化的这三个阶段与"项群训练理论"在我国的发展所经历的理论提出和创立期、理论丰富和完善期、实践指导和拓展提升期三个阶段在时间上基本吻合。对体能的理论研究关注度基本可以反映我国 1983—2012 年体能训练在训练实践中的受关注情况。

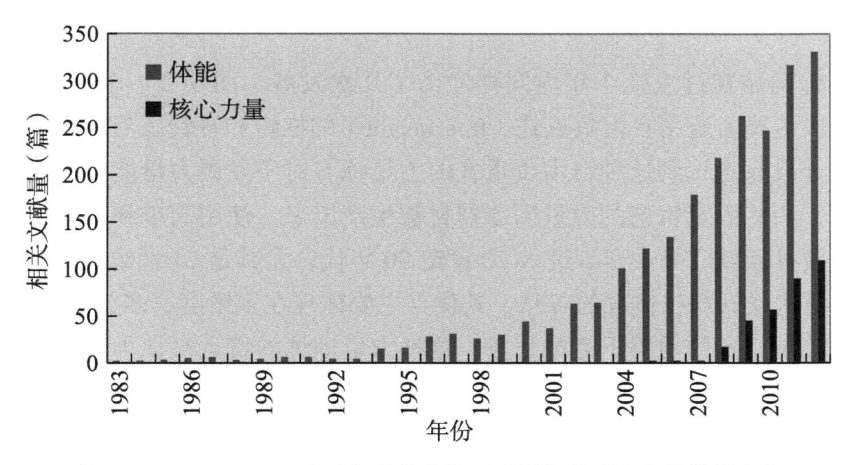

图 6-1　1983—2012 年我国体能和核心力量相关研究文献量的变化

从北京奥运周期开始，国内竞技体育领域兴起了一股"核心力量训练"热潮，甚至出现了"谈体能训练必谈力量训练，谈力量训练必谈核心力量训练"的局面。图 6-1 同样对中国期刊网体育类数据库中有关"核心力量"的研究文献进行了统计，从中可以发现：自 2008 年开始，有关"核心力量"的研究文献呈直线趋势增加，到 2012 年，一年的文献量高达 109 篇。而伴随核心力量训练广受关注的是有关核心力量训练的概念混淆、手段花哨、研究不足、器材混乱、争议不断。对核心力量训练的争议一直干扰着人们对体能训练的认识。

第二节　世界体能训练的发展轨迹

干扰我国对体能训练认识的重要原因之一在于，我国体能训练在追随世界体能训练发展潮流的过程中有失科学性和全面性。对世界体能训练发展轨迹的回顾将有助于理解我国体能训练以往的问题、目前的状况和未来的发展。

世界体能训练的发展离不开物理治疗和力量训练两个领域在近半个世纪来的发展历程。物理治疗诞生于第二次世界大战后，历经近 60 年的演变，已由一个技术工种发展成当今的一门专业学科。随着从业者对人体损伤认识的不断深入，物理治疗的关注点先后经历了骨骼肌肉（1950—1960 年）、中枢神经系统（1960—1980 年）、关节（1980—1990 年）和动作（1990 年至今）四个时期（图 6-2）。在物理治疗关注关节的时期，潘亚比（Panjabi）在 1985 年首次提出了脊柱稳定性（spinal stability）的概念，并于 1992 年提出核心稳定性的概念。进入 21 世纪后，提高核心稳定性的训练方法逐渐被应用于竞技体育领域。随着对动作灵活性和稳定性在伤病预防和康复训练中重要作用的发现，核心稳定性的概念由解剖学上的"小核心"扩展为"大核心"，即由"腰椎—骨盆—髋关节"区域扩展为连接上下肢之间的区域，包含肩带、脊柱、骨盆和髋关节及周围的韧带、软组织和肌肉。

力量训练领域在过去几十年内同样经历了几次发展（图 6-2）。20 世纪前半叶，力量训练的手段主要为运用自由负重式（free weight）的杠铃和哑铃练习，但是当时的教练员和运动员并没有意识到这种自由负重式的力量练习对于发展力量能力的优点。第二次世界大战后，一些固定轨迹的力量训练器材被生产出来，使用简单和安全性高的优点使其在体育和健身领域广受欢迎。进入 20 世纪 90 年代，尤其是 21 世纪以来，自由负重式的力量练习再次受到竞技体育的青睐，其优点主要体现在多维度、多关节、多肌肉参与，需要在主动控制稳定的前提下完成任务。这种力量训练的特点被认为更接近专项运动的情景。以动作为载体，注重动作的灵活性、稳定性和功能化，并且以自由负重为主要手段发展力量成为 21 世纪力量训练的主要特点，这种力量训练在美国又被称为功能性训练（functional training）。

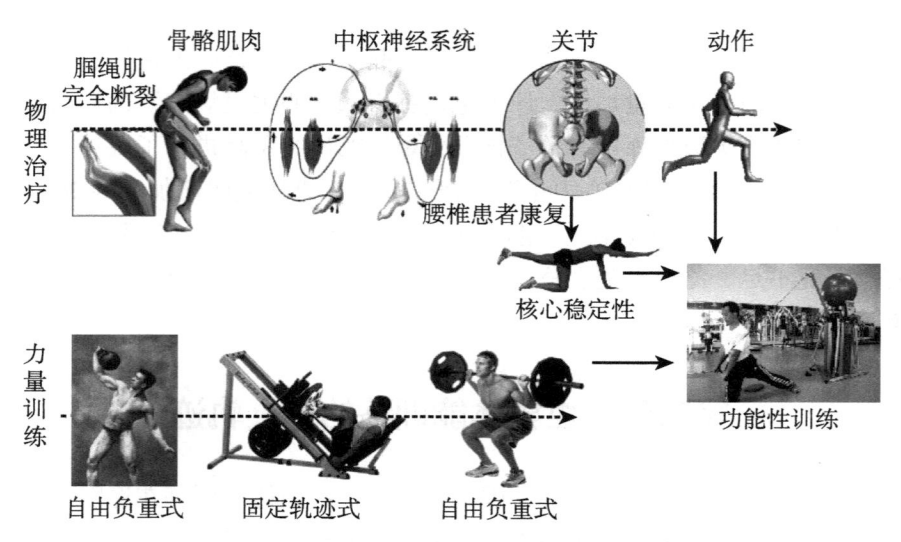

图 6-2 物理治疗和力量训练历史发展轨迹

从物理治疗和力量训练这两个领域的发展历程中可以看出，世界体能训练目前的发展阶段始于 20 世纪 90 年代，此阶段的体能训练吸收了物理治疗对动作、力量训练，以及对自由负重练习的最新认识，更加注重动作的有效性和功能化，以动作为载体发展运动员的力量、耐力和速度。纵观我国体能训练的发展历程，在 2000 年前后固定轨迹式（fixed weight）的力量训练方法被广泛采用，在北京奥运周期，核心稳定性和动作的概念被引入国内，尽管这两个过程均落后于世界体能训练的发展进程，但可喜的是我国体能训练目前正处于与世界体能训练发展潮流融合的阶段，加速这个融合过程亟待对体能训练产生理性认识。

第三节　对体能训练认识的理性回归

一、对体能训练的重新认识

人体运动是在能量供应下的肌肉收缩牵动骨绕关节的运动。人体运动不存在单一肌肉的运动，任何肌肉的收缩都需要其他肌肉共同参与来完成。不同肌肉的这种组合收缩就表现为动作（如拉、推和旋），而不同动作在空间上的组合则表现为技术（如扣球、跳跃等）。不同动作在时间上的组合或同一动作在时间上的重复，甚至单一动作的完成，都需要人体通过代谢提供能量来完成。而力量、速度和耐力只不过是在能量供应下动作的不同重复方式，例如动作的最大重复表现为最大力量，动作的快速重复表现为速度，动作的多次重复表现为耐力。因此可以发现，人体运动的本质为动作和能量代谢，动作是人体运动的外在本质，能量代谢为人体运动的内在本质。

运动训练的目的之一在于改善人体的动作，以提高动作的灵活性和稳定性，提高能量利用的效率，并降低运动训练的过程中损伤出现的概率；运动训练的目的之二在于发展人体的能量代谢能力，使人体运动过程中能够产生更多的能量。运动训练理论中对应的力量、耐力和速度都是从不同视角（力、时间、速度）对人体运动外在本质和内在本质的描述，力量是肌肉高强度、短时间做功的能力，速度是肌肉中高强度、中短时间做功的能力，而耐力是肌肉中低强度、中长时间做功的能力。力量、速度和耐力都是能量供应下动作的不同重复方式，力量是以磷酸原供能为主的动作的最大（或大）强度、少次数的重复，速度是以磷酸原和糖酵解供能为主的动作的中高强度、中少次数的重复，耐力是以糖酵解和有氧供能为主的动作的中低强度、中多次数的重复。

国内运动训练实践中一度出现"谈体能训练必谈力量训练，谈力量训练必谈核心力量训练"的现象，其原因之一是对人体运动本质认识不完善，以往体能训练主要关注不同负荷对肌肉和神经的生理学刺激效果，而较少关注柔韧、协调和灵敏的训练。核心力量训练以及功能性训练在国内出现后，提出了"动作"这一概念，强调动作的灵活性和稳定性，强调在柔韧、协调和灵敏的基础上发展力量、速度和耐力。正是以往体能训练对柔韧、协调和灵敏的忽视，以及核心力量训练和功能性训练出现后对其理解的片面，造成了二者的对立。而本质上，核心力量训练和功能性训练的精髓在于其吸收了物理治疗领域对动作的认识，强调无伤化和有效性发展力量、速度和耐力。

另外，人体力量的增加来自神经的适应和肌肉横断面的增加两方面。在力量训练的早期，力量的增加主要来自神经的适应，这种神经的适应又可分为肌内协调和肌间协调，肌内协调包括运动单位的神经冲动频率、运动单位募集的数量和不同运动单位的同步化三个方面，肌间协调则是指不同肌肉以特定时序的配合。这种不同肌肉的配合实质上是协调性和稳定性的一种表现。

来自肌肉横断面增加和神经适应中的肌内协调这两方面的力量增长需要通过抗阻或负重的刺激得以提高,来自肌间协调的力量增长则需要通过特殊的方法得以提高,其中核心力量训练正是通过提高人体"腰椎—骨盆—髋关节"区域的多块肌肉的配合能力,为四肢发力提供稳固的支点,为上下肢力量的传递提供一个低耗能的通道。但是全身性参与的体育运动,不仅需要运动员身体核心区域的肌肉具备这种肌间协调,同样需要运动员的上下肢以及全身各部位肌肉的协调。核心力量的重要性毋庸置疑,但它并不是人体肌间协调的全部,更不是人体力量增长的全部。

二、对国外体能训练公司的理性认识

在国内体能训练与世界体能训练理念融合的过程中,国外的一些体能训练公司和体能器材公司被广大的中国市场吸引,纷纷介入我国的奥运会和全运会备战的体能训练,成为传播国外体能训练理念的商业使者。一些公司的品牌在国内甚至成了国外体能训练理念和方法手段的代名词(如EXOS训练成了美国体能训练或者所有有别于传统体能训练的方法手段的代名词)。对国外体能训练公司功能的过分夸大和片面认识都干扰了国内对国外体能训练理念的理性认识。EXOS公司作为最早一家进入中国竞技体育市场的体能训练公司,在公司规模和国际影响力方面均优于其他几家公司,因此,此处以EXOS公司为例,系统地剖析国外体能训练公司的组织结构和训练理论,还原商业包装下的世界体能训练理念。

EXOS公司原称为AP,为英文单词Athletes' Performance的缩写,意为运动员的竞技表现。EXOS和耐克、李宁等一样,只是美国这家体能训练公司的一个品牌名称。作为一家以营利为目的的公司,其销售的产品为经过包装后的与体能训练相关的体育知识,只是这些体育知识既包括体能训练方面的基本知识,也吸收了其他体育学科的最新研究成果(如物理治疗领域对动作的认识,训练学对板块周期的认识等)。当然EXOS公司在对这些知识进行包装的过程中也提出了一些新的名词术语(如脊柱力量、动作准备等)和一套完整的销售理念。

EXOS公司的诞生和迅速发展离不开美国职业联赛的特殊土壤。美国四大职业联赛(橄榄球、篮球、棒球和冰球)密集的赛程和高强度的对抗让运动员成为伤病的高危人群,运动员和俱乐部的合同方式(收入与上场时间挂钩)又充分调动了运动员利用业余时间自费寻求伤病预防和损伤康复支持的积极性,高额的收入又确保了这些职业运动员具备接受额外体能训练服务的消费能力。我国也能成为EXOS公司市场拓展的对象,原因同样在于我国具备EXOS公司的生存土壤。训练理念的相对落后导致训练过程中运动员伤病现象普遍,这些伤病甚至成为制约优秀运动员系统训练和争金夺银的关键因素,而相应的康复性体能训练从业人员又相对缺乏,这样就形成了对拥有先进理念的国外体能训练公司的刚性需求。除此之外,我国竞技体育的政治化又使得各级组织具有强大的消费能力。

EXOS公司拥有一套完整的体能训练理念。作为诞生于20世纪90年代初的一家体能训练公司,EXOS一直注重训练理念的前沿性。诞生之初,EXOS公司就敏锐地吸收了物理治疗领域对动作的重大发现，提出了以动作为载体来发展体能，并强调体能发展的功能化；进入 21 世纪，板块周期性训练和冷水疗等最新体育研究成果和发现被 EXOS 公司所采纳和吸收，美国著名物理治疗专家格雷·库克（Gray Cook）等有关动作的理论著作甚至成为 EXOS 公司的理论根基。根据 EXOS 公司的训练理论，构成运动员竞技能力的基础是功能动作，功能能力和功能技术都是建立在扎实的功能动作基础上的。功能动作主要包括动作灵活性和稳定性，二者共同决定动作模式的有效性；功能能力包括力量、耐力和速度三个方面。作为一家体能训练公司，EXOS 公司主要解决的是运动员的功能动作和功能能力，而功能技术则属于专业教练员的工作范畴。EXOS 公司的每一堂体能训练课都有一个完整的结构，包括损伤预防和核心、动作准备、超等长、动作技术、力量和爆发力、能量代谢、再生和恢复 7 个环节。其中前两个环节和最后一个环节属于无负重或无抗阻练习环节，重点提高功能动作能力，而中间四个环节则属于负重或抗阻练习环节（图 6-3）。在运动员体能的纵向发展过程中，功能动作和功能能力的练习比例随着运动员的体能的变化而不同，当运动员的功能动作相对较弱时，训练课或训练阶段中功能动作的练习比例就会相应增加（对应图 6-3 下方功能动作和功能能力方框的颜色深度）；当运动员的功能动作提高之后，训练课或训练阶段中功能能力的练习比例就会相应增加。然而，正是由于对 EXOS 公司体能训练的这种纵向动态安排认识的不足，国内许多教练员和学者在短期（一堂训练课或一周）观摩和考察 EXOS 公司体能训练后片面地认为 EXOS 公司的体能训练主要是无负重的损伤预防和核心、动作准备、再生和恢复（图 6-3 中的实线部分），体能训练的主体部分（图 6-3 中的虚线部分）却由于观摩和考察的时间过短而被忽视。

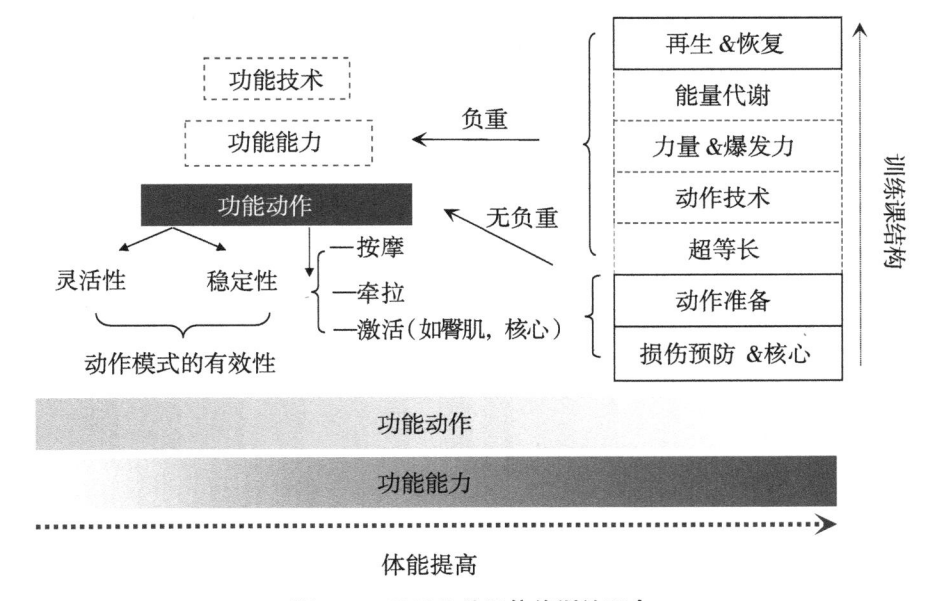

图 6-3　EXOS 公司体能训练理念

作为一家以服务美国四大联赛项目为主的体能训练公司，EXOS 的体能训练理念主要适用于橄榄球、篮球、棒球和冰球等对抗性球类项目，其有关能量代谢的部分的训练理念主要为间歇训练。将 EXOS 公司的体能训练理念运用于周期性运动项目（如跑步、自行车、游泳和赛艇等）的过程中，需要综合考虑体能训练以外的其他训练负荷，并对体能训练理念中能量代谢部分的训练理念进行完善。

小　结

进入 21 世纪以来，体能训练在我国受到广泛关注。然而，对体能训练关注度的急剧增加并未带来我国体能主导类项目竞技水平的显著提升，我国目前（2008—2012 年）对体能训练的认识有失理性。对世界体能训练发展轨迹的回顾表明，当今世界体能训练吸收了物理治疗对动作、力量训练以及对自由负重练习的最新认识，更加注重动作的有效性和功能化，以动作为载体来发展运动员的力量、耐力和速度。人体运动的本质是动作和能量代谢，体能训练需要同时考虑动作的功能化和训练刺激的生理学反应。以 EXOS 公司为代表的国外体能训练公司本质为销售体能训练知识的公司，其本身拥有一套完整的训练理念。我国在认识这类公司的过程中存在过分夸大和以偏概全两种误区。

作者：黎涌明

第六章
参考文献

02

第二篇
运动中的人和人的运动

从研究对象上来看，体育科学与其他学科的本质区别在于对运动中的人和人的运动的关注。对运动中的人和人的运动的关注同样是运动训练研究与实践的核心任务。本篇包括9章，分别为人体运动的动作与能量代谢、动作与能量代谢视角下的体能、竞技体育项目的专项供能比例、不同运动方式能量代谢的共性与区别、人体运动的最大乳酸稳态、人体运动的摄氧量动力学、人体运动的灵敏、优秀运动员的睡眠与运动表现、脑力疲劳对运动员竞技能力的影响。

第七章 人体运动的动作与能量代谢

竞技体育是人类挑战自身极限的一个过程。在这一过程中，不同学科分别从各自的角度出发，对人体运动不断进行探索，试图解析人体运动的奥秘所在。作为一门研究人体运动的应用性学科，运动训练学致力于整合各个学科的研究成果，并将其应用于提高人体对外做功的能力。在过去的半个世纪内，尤其是近20年来，各个学科在各自领域内分别取得了新的发展，并推动了人类在各个运动项目中达到一个又一个的新的高度。我国运动训练学自20世纪80年代诞生之后，对举国体制下的竞技体育活动进行了积极探索，提升了我国竞技体育的理论和实践水平。但是与世界竞技体育高速发展相比，我国运动训练学的理论发展满足不了竞技训练的实践需求，而由此对我国竞技体育带来的制约也越来越明显。本章从运动训练学的角度来重新认识人体运动的运动生物学本质。

第一节 我国现有运动训练学对人体运动的认识

运动训练学的诞生是以民主德国莱比锡体育学院哈雷博士所著的《训练学》为标志。我国运动训练学作为一门学科的建立归功于20世纪70年代的留德、留苏学者。由于历史局限性，我国早期的运动训练学著作以翻译国外的教材为主，而我国原创性运动训练学理论的代表是"项群训练理论"。项群训练理论的提出和建立被认为在一般训练理论和专项训练理论之间架起了沟通的桥梁。根据项群训练理论，运动项目被按照竞技能力的主导因素划分为体能主导类和技能主导类。这种划分在特定阶段对中国竞技体育确实发挥了积极的作用，但是随着竞技体育的发展，将运动项目人为地划分为体能主导类和技能主导类破坏了体能和技能的一体性，间接导致我国体能类项目忽视技术，技能类项目忽视体能。技术不足成为限制我国体能类项目实现突破的障碍，体能不足成为制约我国技能类项目进一步发展的瓶颈。图7-1是对我国1984—2020年历届夏季奥运会金牌分布的分析，如果按照项群训练理论将奥运项目分为体能主导类和技能主导类，可以发现两类项目在历届奥运会上的金牌数都呈上升趋势。技能主导类项目金牌数由2000年前的十几枚提高到2000年后的二十几枚，北京2008年奥运会更是借助主场优势使金牌数直逼40

枚，但是其中的金牌主要集中于乒乓球、羽毛球、跳水和体操等少数几个项目。体能主导类项目金牌尽管也呈上升趋势，但是无论是增幅还是总金牌数都远不如技能主导类项目。一个不能忽视的事实是，体能主导类项目的金牌中将近一半来自举重项目。2000年悉尼奥运会后，以重点发展田径、游泳、自行车和水上项目的"119工程"被提出，这四个大项所涉及的奥运会项目数占奥运会总项目数的40.7%，而我国在这几个项目中的金牌数都是寥寥无几，北京奥运会水上项目的3枚金牌、伦敦和东京奥运会游泳项目的各3枚金牌是自"119工程"提出后的少数亮点。我国体能主导类项目的普遍低迷，以及技能主导类项目优于少数几个项目的现象与目前国外竞技体育的现状和趋势形成明显反差。

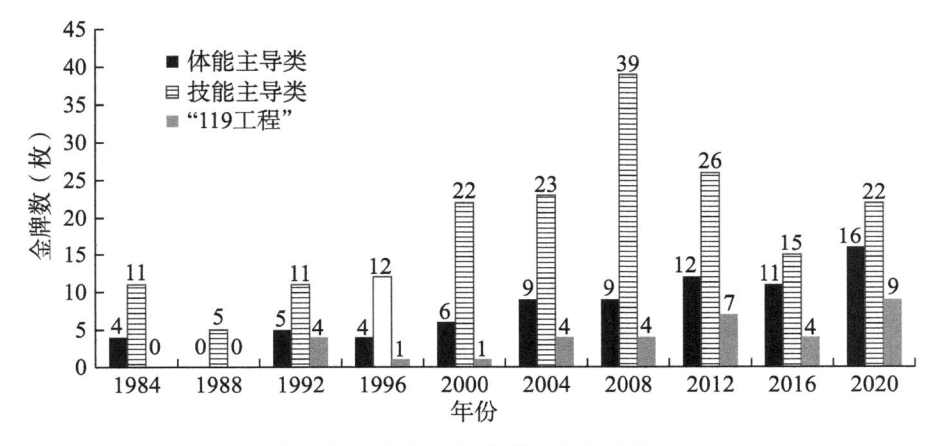

图 7-1　我国历届夏季奥运会金牌分布

第二节　世界竞技体育的现状和趋势

在过去一百多年内，众多体育项目通过不断提高比赛成绩来演绎人类追求更高、更快、更强的历程。图 7-2 是多个体育项目在近百年内的成绩提高幅度，借由生理学和生物力学两方面的发展，100 米跑比赛成绩提高了 25%，而提高幅度最大的要属自行车的 218%。对器材依赖越大的项目从生物力学方面的发展中获利越多，如赛艇和自行车通过生物力学方面的提升占总提升幅度的 57% 和 46%，而对器材依赖越小的项目从生理学方面的发展中获利越多，如 100 米跑通过生理学方面的提升在总提升幅度的占比高达 84%。图 7-3 为静水皮划艇奥运会和世锦赛比赛成绩在过去几十年内的变化，男子单人皮划艇 1000 米（MK1-1000 m）和女子单人皮划艇 500 米（WK1-500 m）在 1948—2012 年分别提高 32.5% 和 42.1%，而背后的原因同样包括生理学和生物力学两方面的发展。更高、更强壮的运动员的招募带来了皮划艇运动员生理能力的增加，对专项供能特点的深入认识促进了运动员对有氧能力的重视，器材的不断发展使运动员专项运动的效率不断提高，训练量的减少和训练结构的优化提高了运动员能力适应的有效性，生理学和生物力学监控诊断的进步增进了运动员对专项特征的了解和训练科学化的程度。

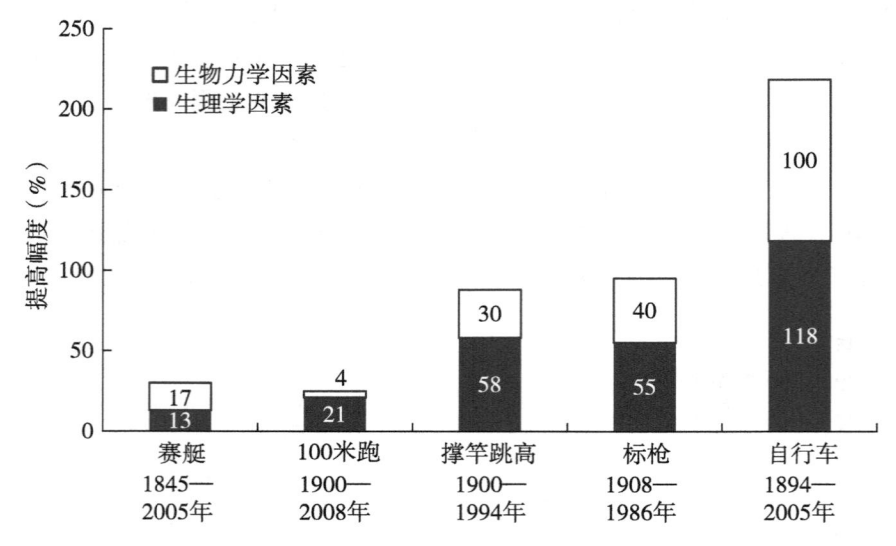

图 7-2 各运动项目近百年来成绩提高幅度

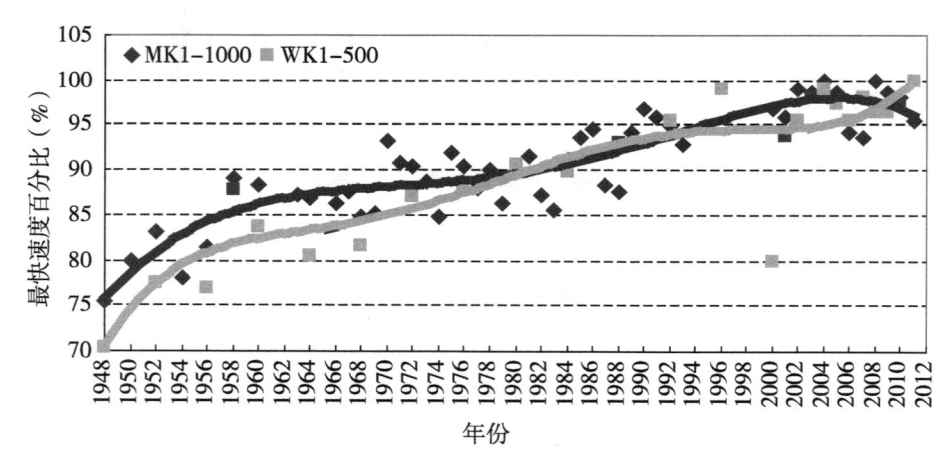

注：MK1-1000 为男子单人皮划艇 1000 米，WK1-500 为女子单人皮划艇 500 米。

图 7-3 静水皮划艇奥运会和世锦赛比赛成绩变化

一、体能类项目重视技术

纵观 20 世纪各体能类项目运动员的形态特征，可以发现运动员在身高和体重方面都呈上升趋势。运动员身高体重的增加，一定程度上意味着肌肉量的增加，而由此对运动能力带来的最直接影响是身体能量供应的增加。但是近十几年来，各体能类项目的运动员形态学特征已进入一个稳定水平，运动员身高体重未出现无限制的增加，这意味着运动员身体能量供应量逐渐逼近人类的极限。人类追求更高、更快、更强的过程是由能量供应和能量利用两方面决定的，因此，众多体能类项目近十几年来加强了对能量利用的重视，即从生物力学方面追求器材的优化和技术的完善。对于一名体能类项目运动员而言，成年后的体重将维持在一个相对稳定的水平，其能量供应量同样也受到限制，其运动能力的保持或提高需要在保持能量供应能力的基础上进一步完善技术，提高能量利用的效率。琼斯（Jones）对一名女子马拉松世界纪录保持者进行了长达六年的跟踪研究，发现其最大摄氧量在六年内未发生明显变化，而 2 mmol/L 血乳酸水平对应的跑速提高了 25%，跑步经济性提高了 15%。这名运动员最大摄氧量未发生明显变化是因为其体重或肌肉量在成年后维持在一定水平，2 mmol/L 血乳酸水平对应的跑速提高主要是因为其肌肉的结构得到改善，跑步经济性的提高主要来自其技术的完善。北京奥运周期期间，国内兴起了核心力量训练和功能性训练的热潮，尽管国内对此认识有失全面和理性，但却受美国体能训练界的影响，体能训练中增加对动作有效性和功能化的重视也是体能类项目重视技术的一个表现。

二、技能类项目重视体能

与体能类项目重视技术相对的，在过去一个世纪内技能类项目重视体能。作为技能主导类项目，花样滑冰一直被认为是一个无氧供能为主的运动项目，其有氧供能百分比约为 20%。然而，德国莱比锡大学体育科学学院研究人员的研究结果表明，持续时间在 4 分钟左右的花样滑冰有氧供能百分比高达 74.1%。以往对花样滑冰这一运动项目的认识低估了有氧供能的重要性，这可能也是一些技能主导类项目在后程出现技术难度和技术稳定性下降的原因之一。同样在技能主导类项目足球运动中，世界顶级球队在过去 30 年内一直致力于提高运动员的生理学能力（或体能）。足球运动员在比赛中的跑动距离多达 10000~12000 米，但是，这其中 80% 以上属于走动和中低速度跑动，这种强度的运动是以有氧供能为主的。赫尔格鲁德（Helgerud）等的研究表明，有氧能力的改善增加了足球运动员比赛的跑动距离、跑动强度、冲刺数量和带球时间。

综合以上对世界竞技体育现状趋势的分析似乎可以发现，体能主导类项目并不只是体能主导，而技能主导类项目也并不只有技术。造成这种困惑的原因可能在于对运动项目体能主导和技能主导的主观划分破坏了人体运动的一体性，造成体能主导类项目忽视技术，技能主导类项目忽视体能。为了消除这一困惑，我们需要跳出对运动项目体能主导和技能主导主观划分的框架，从运动生物学出发，重新认识人体运动，并在此基础上分析和解决运动训练过程中出现的问题。

第三节　人体运动的运动生物学本质——动作和能量代谢

人体运动是在神经支配和能量供应下的肌肉收缩牵动骨绕关节的运动。人体运动不存在单一肌肉的运动，任何肌肉的收缩都需要其他肌肉共同参与来完成。不同肌肉的组合收缩就表现为动作，而不同动作在空间上的组合则表现为技术。不同动作在时间上的组合或同一动作在时间上的重复，甚至单一动作的完成，都需要人体通过代谢提供能量。

一、动作

图 7-4 是对动作类型的一个描述，动作可以按参与部位分为上身动作、下身动作和全身动作，动作也可以按完成方式分为推、拉和旋，而推和拉又可分为水平方向和垂直方向的推和拉，旋又可分为内旋和外旋。对动作的这种划分是分析项目特征并制定相应训练方法的一个重要标准，如赛艇项目的技术分为四个环节（蹬腿、倒体、拉桨和回桨），其中三个主要发力环节（蹬腿、倒体和拉桨）对应的动作为下肢的推、下肢的拉和上肢的拉。因此，赛艇项目的训练任务主要为发展这三个动作的能量供应能力，而陆上力量练习动作则以深蹲（下肢推＋下肢拉）、硬拉（下肢拉）和卧拉（上肢拉）为主。

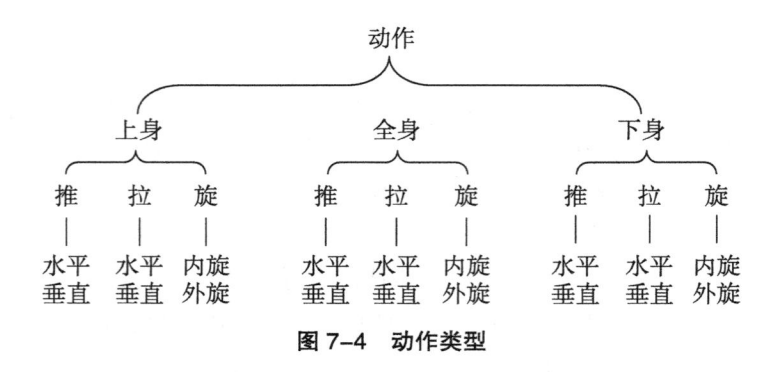

图 7-4　动作类型

根据动作的完成是否符合人体解剖学原理和人体运动的专项技术要求，有正确和错误之分。正确的动作具备完成动作所需要的灵活性和稳定性，既能够减小动作完成过程中对骨骼和肌肉带来的伤害，又能够降低动作完成过程中的能量损耗；错误的动作则不具备完成动作所需要的灵活性和稳定性，而由此带来的是伤病风险和能量损耗的增加。如跑步所涉及的动作之一是下肢推，而下肢推动作的正确方式要求膝关节沿足尖的方向运动，避免膝关节的内扣或外翻。如果下肢推动作的稳定性不足，出现膝关节内扣，则会降低下肢推的发力，增加膝关节半月板和十字韧带受伤的风险。大量研究表明，膝关节损伤与髋关节外展和外旋力量不足有关，而髋关节外展和外旋力量不足则具体表现为下肢推动作中膝关节的内扣。又如赛艇运动所涉及的动作之一是下肢拉（即倒体动作），而下肢拉的正确方式是在躯干稳定的前提下，以髋关节为轴的臀大肌和腘绳肌的发力，避免腰部出现矢状面内的前屈和后伸。如果下肢拉的灵活性不够，出现骨盆前倾不充分，腰椎代偿性前屈，则会降低下肢拉的发力，增加腰部肌肉的代偿性发力，增加腰椎受伤的风险。麦格雷戈（McGregor）等研究了英国女子国家赛艇队运动员，发现其在入水时动作存在骨盆前倾不足的问题，出现腰部代偿性前屈，此后针对性地进行了两年的训练，旨在改善下肢拉的灵活性，结果表明运动员骨盆前倾幅度增加，由此带来的是拉桨幅度增加 15～19 cm，拉桨力提高 40～80 N。

从纵向发展来看，提高人体运动能力应优先发展动作的灵活性和稳定性，使动作的完成功能化，然后再考虑动作的难度（如增加负重和动作速度）和重复方式（如增加次数），以发展动作的力量、速度和耐力。如运动员不具备深蹲动作的灵活性和稳定性，出现膝内扣和腰部松弛，而教练员却安排运动员进行深蹲的负重练习，那么由此带来的后果很可能是造成膝伤或腰伤等运动损伤。在实际训练过程中，我国教练员往往对动作的质量重视不够，运动员在青少年训练阶段以错误动作进行的力量、速度和耐力训练未得到及时纠正，使其进入省队和国家队之后动作和技术依然不正确，伤病多。

二、能量代谢

人体生命的维持是因为人体能够源源不断地通过代谢获得能量以维持机体的运转，包括食物消化、肌肉收缩、神经传导、血液循环、组织合成和腺体分泌等。人体运动时所需要的代谢原料（如氧气）需要经由血液流至代谢的组织细胞，而代谢后的废物（如二氧化碳）同样需要经由血液进行排除，因此血液量是能量代谢程度的一个重要标志。安静状态下，心脏每分钟泵出的血液量只有 1200 mL，其中 21% 流往肌肉；最大运动时心脏每分钟泵出的血液量高达 22000 mL，并且 88% 的血液流往肌肉。因此人体运动过程中，尤其是高强度运动过程中，肌肉是能量代谢的主要场所。

肌肉收缩做功的直接能量来源是三磷酸腺苷（ATP），但是 ATP 在肌肉内的储量非常有限（5～7 mmol/kg 湿肌），只够肌肉进行 3～4 次最大收缩或者 1～2s 的最大持续做功。此后，肌肉需要通过其他途径合成 ATP，以继续收缩做功。ATP 的合成包括无氧非乳酸（磷酸原）、无氧乳酸（无氧糖酵解）和有氧（葡萄糖和脂肪的氧化）三种途径。ATP 合成的三种途径也被称为人体能量代谢的三大供能系统，三大供能系统对应的代谢原料、功率和做功能力如表 7-1 所示，其中，磷酸原供能系统的功率最大，但是做功能力最小，有氧供能系统的功率最小，但是做功能力最大。

表 7-1　三大供能系统代谢原料、功率和做功能力

供能系统	代谢原料	功率 （mmol/kg 湿肌 /s）	做功能力 （mmol/kg 湿肌）
磷酸原	ATP → ADP CP → Cr ADP → AMP	3～6	20～25
糖酵解	葡萄糖→乳酸	1.5～3	50
有氧	葡萄糖→ CO_2、H_2O 脂肪→ CO_2、H_2O	0.50～0.75 0.24～0.40	取决于原料量

ATP 合成的这三条途径在任何时候都是同时存在的，只是不同强度的肌肉收缩三者参与的比例不一样。图 7-5 是三大供能系统在不同最大运动时间下的供能比例图，从中可以发现，当最大运动时间小于 10 秒时，肌肉收缩的能量供应以磷酸原为主，并且随着最大运动时间的延长，磷酸原供能比例下降，糖酵解供能比例增加，而有氧供能在小于 10 秒的最大运动中比例很小。当最大运动时间在 10~60 秒时，肌肉收缩的能量供应以糖酵解为主，并且随着最大运动时间的延长，糖酵解供能比例下降，有氧供能比例增加，磷酸原供能比例也继续下降。此外，当最大运动时间在 10~30 秒时，磷酸原供能比例高于有氧供能，当最大运动时间在 30~60 秒时，有氧供能比例高于磷酸原供能。当最大运动时间大于 60 秒时，肌肉收缩的能量供应以有氧为主，并且随着最大运动时间的延长，有氧供能比例增加，而糖酵解和磷酸原供能比例下降。此外，有氧供能和无氧供能主导供能的临界点约为 75 秒，即最大运动时间小于 75 秒时，能量供应以无氧为主，最大运动时间大于 75 秒时，能量供应以有氧为主。

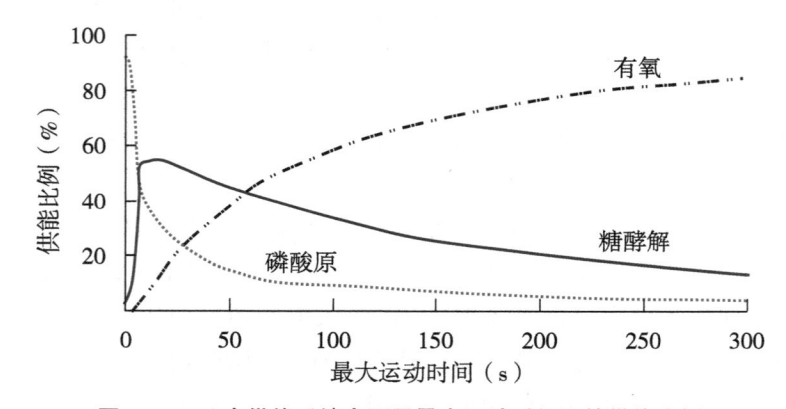

图 7-5　三大供能系统在不同最大运动时间下的供能比例

图 7-6 是两种不同类型的运动员在完成 90 秒功率自行车最大运动过程中三大供能系统的能量供应变化。不管运动员属于耐力型还是速度型，三大供能系统的总供能量在运动的前 5 秒内都急剧增加，5 秒后总能量供应量都急剧下降，直至 40 秒才进入缓慢下降区。三大供能系统在此期间有着不同的特征，磷酸原供能在运动开始后急剧增加，在 2~3 秒内达到最高峰，然后急剧下降，到第 10 秒时几乎接近能量供应的最低值；糖酵解供能在运动开始后也急剧增加，并在第 10~12 秒时达到最高峰，之后急剧下降至第 40 秒，然后进入缓慢下降区；有氧供能在运动开始后也迅速增加，但增加的速度远远小于磷酸原和糖酵解系统，30 秒时接近最高水平。速度型运动员由于在磷酸原和糖酵解供能系统方面的优势，在运动开始的前 30 秒内能量的总供应量大于耐力型运动员，但是耐力型运动员凭借有氧供能的优势在运动开始 30 秒后能量总供应量大于速度型运动员。

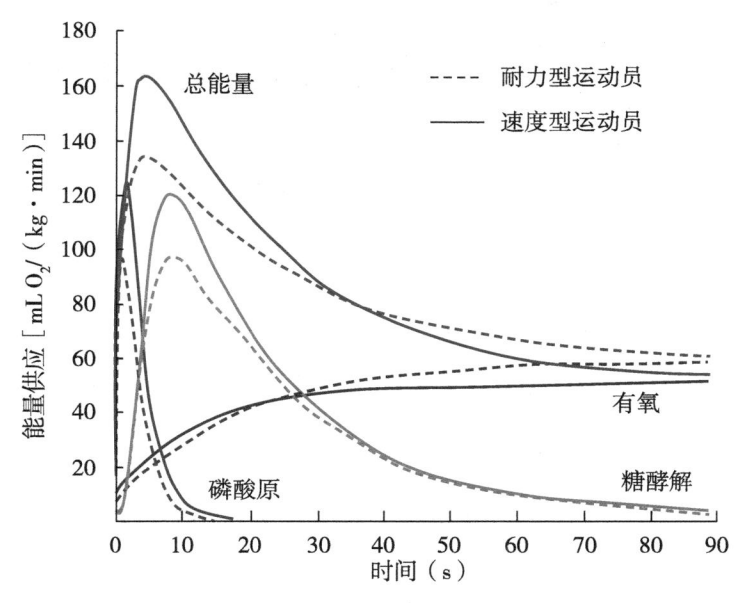

图 7-6　不同类型运动员 90 秒功率自行车最大运动过程中能量供应

综上所述，人体运动的外在本质是动作，内在本质是能量代谢。运动训练的目的之一在于改善人体的动作，以提高动作的灵活性和稳定性，提高能量利用的效率，并减小运动训练过程中伤病出现的概率；运动训练的目的之二在于发展人体的能量代谢能力，使人体在运动过程中能够产生更多的能量。而运动训练理论中所对应的力量、耐力和速度都是从不同视角下（力、时间、速度）对人体运动外在本质和内在本质的描述，力量是肌肉发力大、持续时间短的做功能力，速度是肌肉发力小、持续时间短、动作速度快的做功能力，而耐力是肌肉发力小、持续时间长的做功能力。力量、速度和耐力都是能量供应下动作的不同重复方式，都是以动作为载体的对外做功或功率输出，力量是磷酸原供能为主的动作重复，速度是磷酸原和糖酵解供能为主的动作重复，耐力是糖酵解和有氧供能为主的动作重复（图 7-7）。

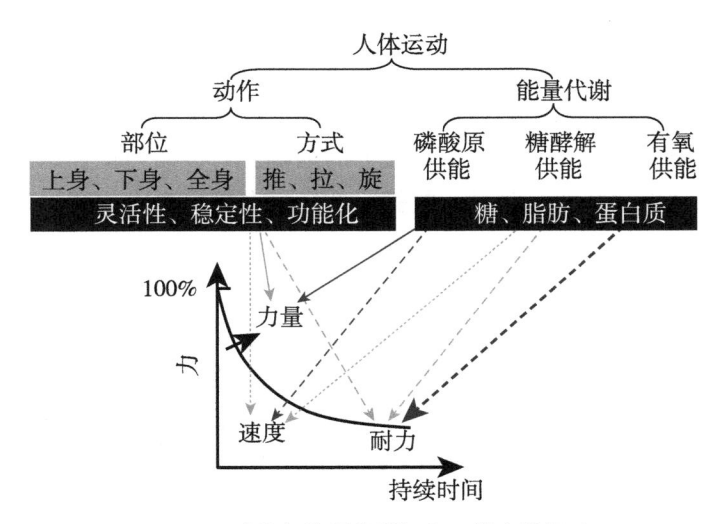

图 7-7　动作与能量代谢视角下的人体运动

第四节　对人体运动的生物学本质认识的意义

一、对我国运动训练过程中存在问题的分析

我国竞技体育整体表现为体能主导类项目的普遍低迷和技能主导类项目优于少数几个项目，而造成这种局面的原因包括生物学理论基础薄弱、对专项特征认识不足、专项能力训练错位、体能类项目技术不足、训练质量不高、盲目提高训练强度等。这些原因归根结底是缺乏对人体运动生物学本质的认识。教练员由于岗前教育的缺乏，对人体运动的认识只停留在直观感受上，生物学理论知识不扎实，难以从动作和能量代谢两个角度来认识人体运动。动作和能量代谢特征是专项运动最基本的两个特征，片面地从动作或能量代谢的角度认识一个运动项目只会带来对专项特征认识的不足，并且运动训练的从业人员对动作或能量代谢的认识往往浮于表面，如静水皮划艇表面看来是一个以上半身为主的运动，但是通过与国外运动员比较发现，躯干部位的背阔肌利用不够是造成我国运动员与国外选手差距的主要原因之一。另外，静水皮划艇500米比赛后的血乳酸大于10 mmol/L，但是约2分钟的全力划过程中有氧供能比例却高达59.6%；100米跑尽管被认为是一个速度类项目，但运动员在比赛后的血乳酸同增超过10 mmol/L，糖酵解供能仍有较大程度参与。造成专项能力训练错位的原因在于运动员的纵向培养过程中没有处理好动作和能量代谢的关系。能量代谢是以动作为载体的，不存在单一肌肉的力量、速度和耐力，而只有某一动作的力量、速度和耐力，如果没有优先发展动作的灵活性和稳定性，过早地让运动员以错误的动作进行力量、速度和耐力的训练，就会造成运动员专项技术差、伤病多。我国体能类项目技术不足也是由此造成的。造成训练质量不高的原因不是训练强度不够，而是对专项运动的动作特征认识不够或要求不严。如专项运动的动作往往是多肌肉参与的多关节、多维度的非对称性发力，需要身体整体稳定前提下的局部发力，近端稳定前提下的远端发力，而力量训练过程中却只采用单关节、单维度的对称性发力，对身体的稳定性也没有做出要求。我国运动训练中存在的一般力量与专项力量脱节也是由此造成的。我国运动训练过程中盲目提高训练强度的理论根源是超量恢复，而超量恢复理论的提出本身就缺乏生物学基础。发展不同供能系统的负荷量和强度不一样（图7-5），发展磷酸原供能系统的最大运动时间在10秒以内，发展糖酵解供能系统的最大运动时间为10~60秒，而发展有氧供能系统则需要以低强度持续运动为主。缺乏对不同训练方法手段能量代谢特征的认识容易带来运动训练过程中无氧训练负荷量过多，无氧训练负荷过早，以及有氧训练负荷强度过高。

二、对"体能"概念的审视

在我国运动训练理论和实践过程中，"体能"是一个被过度使用，却依然模糊的概

念。尽管有关"体能"这一概念的词源无法考究，但对中国期刊网体育学科领域以"体能"为文献标题关键词对历年来相关文献进行搜索的结果表明，如果以国内体育学科领域第一篇"体能"有关的文献出现（《帮助体能差的学生提高体育成绩》，上海体育学院学报，1983年）为起点，我国过去的几十年对"体能"的研究经历了三个时期：1983—1993年每年的文献量不足10篇，1994—2002年的文献量不足50篇，2003—2013年每年的文献量超过50篇。与"体能"相关研究变化趋势相似的是我国项群训练理论的发展。据文献报道，1981—1990年是项目训练理论提出和创立的时期，1991—1998年是项群训练理论丰富和完善的时期，1999年后则是项群训练理论实践指导和拓展提升的时期。我国运动训练理论和实践过程中对体能的关注度很大程度上是受项群训练理论的影响，项群训练理论对运动项目"体能主导"和"技能主导"的划分，将"体能"这一概念凸显出来。尽管体能包括形态、机能和素质，但是在运动训练过程中主要涉及的却是素质，包括力量、耐力、速度、柔韧、协调和灵敏。北京奥运周期后，核心力量训练成为体能训练领域的新热点。根据中国期刊网的文献搜索，2008年后，"核心力量"相关文献急剧增加，2012年达到109篇。国内运动训练实践过程中一度出现"谈体能必谈力量，谈力量必谈核心力量"的现象，核心力量与传统力量的关系也成为训练实践过程中争议的话题之一。而造成这一现象的原因之一是对人体运动本质认识的不完善，以往体能训练关注的主要是不同负荷对肌肉和神经的生理学刺激效果，而较少关注柔韧、协调和灵敏的训练。核心力量训练以及功能训练在国内出现后，提出了"动作"这一概念，强调动作的灵活性和稳定性，强调在柔韧、协调和灵敏的基础上发展力量、速度和耐力。正是以往体能训练对柔韧、协调和灵敏的忽视，以及核心力量训练和功能训练出现后对其理解的片面，造成了二者的对立。而本质上，核心力量训练和功能训练的精髓在于其吸收了物理治疗领域对动作的认识，强调无伤化和有效性发展力量、速度和耐力。

但是不足的是，吸收了"动作"这一概念后的体能训练仍然存在对体能训练生理学反应的忽视。这一点可集中体现在"力量耐力"这一概念上。众多持续时间为20秒至10分钟的运动项目都被认为是力量耐力型项目，而发展"力量耐力"相应的体能训练方法则是以专项运动持续时间进行力量训练（如赛艇运动进行数量为200次，时长约为6分钟的卧拉）。然而，对人体运动的能量代谢研究表明，超过75s的最大运动都是以有氧供能为主，即决定所谓的力量耐力的是有氧能力。对力量耐力认识的误区是我国力量耐力型运动项目落后的重要原因之一。

小 结

我国运动训练学现有理论对人体运动"体能主导"和"技能主导"的划分造成我国体能主导类项目忽视技术和技能主导类项目忽视体能。跳出项群训练理论的框架，人体运动的生物学本质是动作和能量代谢，力量、速度和耐力都是能量供应下动作的不同重复方式。运动训练的目的是以动作为载体，注重动作的灵活性和稳定性，无伤化和有效发展三大供能系统供应能量的能力和动作技术利用能量的能力。我国运动训练过程中存在的众多问题可以从动作和能量代谢两个角度来认识和解决。

作者：黎涌明

第七章
参考文献

第八章 动作与能量代谢视角下的体能

在健康促进和竞技体育领域，人体都需要通过身体和心理的参与来完成日常生活、体育训练和比赛中的任务和目标。人体在完成这些任务和目标的过程中所具有或所表现出来的状态或能力可以对应为健康、体质或体适能、体能。不同领域的从业人员或研究人员对人体的这种状态或能力有着不同的理解和期望。由于在竞技体育中的重要性和大众对其较高的关注度，体能这一概念被广泛使用。与此同时，研究和实践领域对体能概念的认识尚不统一，对体能的生物学内涵了解不足，在体能的训练和测试过程中容易以偏概全，易受方法多样性的干扰。因此，本章将从动作和能量代谢的视角认识体能的定义、训练和测试。

第一节 体能概念的现有认识

不同语境、不同领域和不同人员对体能有着不同的理解，对体能概念理解上的差异主要源自翻译、约定俗成、立场、历史阶段和认识的片面性。与体能相近的中文概念有素质、体质、体适能，与体能相关的英文概念有 strength and conditioning，fitness，physical fitness。例如，当涉及运动员的身体运动能力时，英语国家大都使用 strength and conditioning，欧洲非英语国家倾向于使用 fitness 或 physical fitness。我国在不同历史阶段曾使用过素质和体能，但是，当把 strength and conditioning 翻译成体能时，国内体能所涉及的对象超出了运动员群体，所涉及的领域超出了竞技体育领域。即便是 strength and conditioning，在探究其历史起源时可以发现，其是由 National Strength Coach Association 演变成 National Strength and Conditioning Association（二者的缩写都为 NSCA）后出现的，即 strength and conditioning 是由 strength coach（力量教练）演变而成的，其可直译为"力量与心肺耐力"，国内约定俗成翻译成"体能"。此外，在欧洲非英语国家，尽管在涉及运动员群体时会使用 fitness 或 physical fitness，但 fitness 或 physical fitness 也被用于非运动员群体。在运动促进健康领域，fitness 是一个被广泛使用且高度一致的概念，只是在翻译成中文时存在译为体质、体适能和健身的差异。其中，体质更多出现在学术研究和公共政策领域，体适能主要源自中国香港和中国台湾地区的翻译，其在学术研究和产业行业中都有使用，健身则更多出现在产业和行业领域。

体能定义的选取影响着体能的内涵和外延。不管选取何种定义，对于"体能是一种身体运动能力"的认识是统一的，不同定义的差异主要在于体能所对应的人群（运动员 vs. 所有人群）。为了寻求不同观点间的共同之处，我们可以对体能定义进行狭义和广义的区分，即狭义的体能专指运动员的一种身体运动能力，广义的体能对应所有人群的身体运动能力。这样区分后，中文狭义的体能可对应英文的 strength and conditioning，中文广义的体能可对应欧洲非英语国家使用的 physical fitness。对于运动与训练科学领域的科学从业人员，以及健康促进和表现提升领域的实践从业人员来说，统一体能的定义能够最大限度地避免交流时的误会。

第二节　人体运动的动作与能量代谢

人体运动是一个化学能转换为机械能和热能的过程，这一过程包括经由能量代谢产生能量和经由动作利用能量两个环节。能量代谢涉及三大供能系统和三大宏量营养素（糖、脂肪和蛋白质）；动作涉及灵活性、稳定性和功能化，其可按发力部位和发力方式进行不同的划分。三大供能系统的不同参与比例与动作的不同发力部位、发力方式的组合形成了不同的人体运动。

能量代谢旨在为人体的生命活动（如心跳、呼吸、腺体分泌、蛋白质合成等）提供所必需的能量，且这个能量的直接来源只能是 ATP。安静状态下，人体的 ATP 储量只有约 5 mmol/kg 湿肌（图 8-1 右下角的储箱）。这个储量非常少，只够人体进行一次全力发力，安静状态下只够维持短暂的生命活动。事实上，只要生命在延续，人体就在持续消耗 ATP，运动中更是如此（图 8-1 储箱下部的阀门）。这一过程之所以能够得以进行是因为三大供能系统在源源不断地合成新的 ATP（图 8-1 中连接储箱的三个管道）。

三大供能系统合成 ATP 的速率（对应图 8-1 中管道的粗细）和能力各不相同。供能速率方面，磷酸原系统最大 [3～6 mmol/（kg·s）湿肌]，糖酵解系统次之 [1.5～3.0 mmol/（kg·s）湿肌]，有氧系统最小 [以糖为原料 0.50～0.75 mmol/（kg·s）湿肌，以脂肪为原料 0.24～0.40 mmol/（kg·s）湿肌]。供能能力则相反，磷酸原系统只有约 20～25 mmol/kg 湿肌，糖酵解系统 50 mmol/kg 湿肌，有氧系统则取决于原料（即糖和脂肪）。

安静状态下，人体的能量消耗约为 1 kcal/（kg·h）（即 1 梅托），这一能量消耗量几乎全部经由有氧系统供给，人体每千克体重每分钟需要摄入 3.5 mL 的氧气。需要注意的是，ATP 的首要作用是维持人体的必需类生命活动（如心跳、呼吸）。当 ATP 的生成速率小于消耗速率时，人体内的 ATP 储量就下降，但人体出于自我保护只会允许 ATP 储量最大下降约 20%。一旦 ATP 储量下降幅度接近 20% 时，人体就会降低 ATP 的消耗速率

（图 8-1 储箱阀门拧紧）。在各类生命活动中，人体首先会降低非必需类生命活动（如骨骼肌收缩），以确保必需类生命活动的正常进行。在体育运动中，这经常表现为动作发力和动作速度的下降，以及位移速度的下降，甚至表现为力竭和休克。

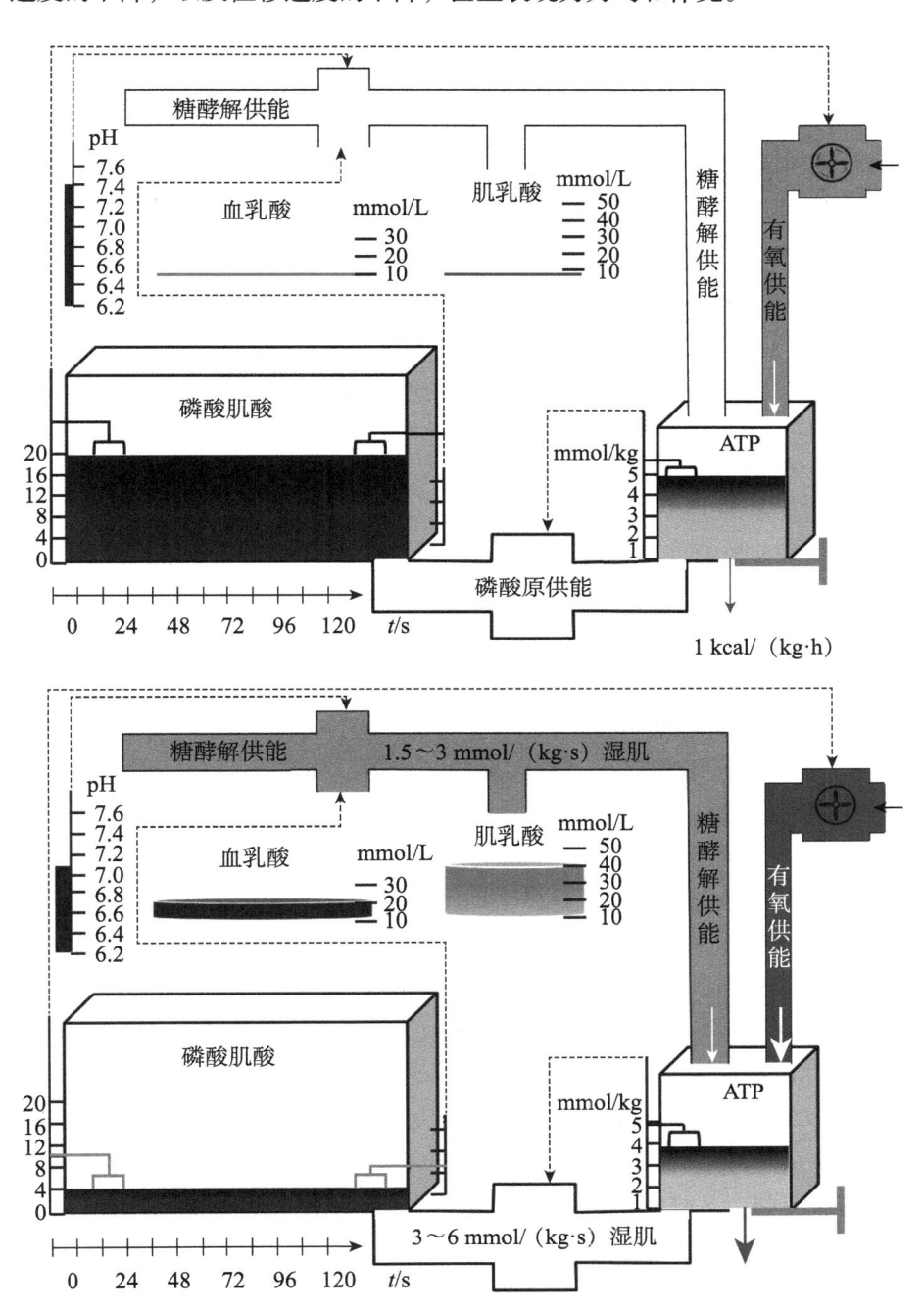

图 8-1 安静状态（上）和运动状态（下）中人体的三大供能系统

人体运动时，经由能量代谢产生的ATP，被用于粗肌丝和细肌丝搭桥以产生肌丝滑行和肌肉收缩，并使肌肉所附着的骨绕关节产生运动。在此过程中，化学能完成了向机械能的转换。需要注意的是，人体运动过程中不可能只有一块肌肉参与。人体姿态的保持需要多块肌肉的参与，人体主动肌发力的过程需要有拮抗肌和协同肌的参与，人体远端的肌肉发力需要近端的肌肉发力维持稳定，人体运动只存在多肌肉参与的运动。换言之，人体运动是以多肌肉参与的动作为载体的运动。在体育运动中，这个动作载体就是特定的技术，如跆拳道的横踢。

以动作为载体的人体运动离不开神经系统的支配。尽管每一块肌肉，甚至每一个肌细胞都有对应的神经在支配，但中枢神经系统支配肌肉的模式并不是"中枢—肌肉"，而是"中枢—动作—肌肉"。即中枢系统的运动指令是动作指令，而不是肌肉指令。动作指令发出后，与完成该动作相关的肌肉再以特定的方式进行配合。例如，在下劈踢时，中枢系统给出的是一个下劈踢动作的指令，而不是支配髂腰肌、臀大肌、腘绳肌等肌肉的肌肉指令。特定动作所涉及的多块肌肉的协调是可以经由重复性练习来掌握和提高的，这对应的就是技能的学习。从婴儿学步到更快、更高、更强，人体多肌肉参与的动作都建立在反复练习的基础上，并且"更快、更高、更强"是以"更团结"（动作涉及的多肌肉协作）为载体和前提的。

人体在完成某一动作任务时往往存在一个最优方案或策略，只是不同个体对应的最优策略可能并不完全相同。当实际完成的动作符合或接近最优策略时，我们可以说这个动作是合理的或功能化的；当实际完成的动作不符合或远离最优策略时，我们可以说这个动作是不合理的或非功能化的。因此，动作可以分为合理和不合理，功能化和非功能化，甚至是正确和错误。以正确的动作为载体进行运动，人体受伤的风险较小，动作的效率也更高；以错误的动作为载体进行运动，人体受伤的风险较大，动作的效率也更低。

除了受基于神经系统的策略影响外，动作的正确与否还与动作的灵活性和稳定性有关。人类完成直立行走的演化后，不同关节的结构根据人类日常活动所需产生了适应，或者根据优胜劣汰原则，大自然选择了关节结构能够满足日常活动所需的人类。有些关节需要在人体运动中具备好的灵活性，以流畅地完成较大幅度的动作；有些关节需要在人体运动中具备好的稳定性，以为其他关节的运动，以及本关节在特定平面内的运动创造一个安全、高效的环境。物理治疗师格雷·库克（Gray Cook）和体能教练迈克尔·博伊尔（Miachle Boyle）基于多年的从业经验，提出了人体关节灵活性和稳定性交替排列原则（图8-2）。按此原则，人体的踝、髋、胸椎、肩和腕属于灵活性关节或部位，人体的足、膝、腰、肩胛和肘属于稳定性关节或部位。

需要注意的是，这里的灵活性关节是指这些关节在人体运动中需要更多的灵活，但其很容易不灵活；这里的稳定性关节是指这些关节在人体运动中需要更多的稳定，但其很容易不稳定。例如，髋关节属于灵活性关节，其在运动中需要具备较好的灵活性，确保较好的关节活动幅度和关节周围肌肉能够更大程度参与发力。但是，髋关节很容易不灵活，髋屈肌（如髂腰肌和股直肌）和髋伸肌（如股二头肌）容易出现柔韧性不足。另一个需要注意的是，灵活性和稳定性是指在特定平面内的灵活性和稳定性，某些关节在一个平面内需要更多的稳定，但在另一个平面内需要更多的灵活。同样以髋关节为例，其灵活性是指在矢状面内屈伸的灵活性，但在冠状面的外展和内收、水平面内的内旋和外旋中则需要更多的稳定，至少在髋关节屈伸动作中是这样的。

稳定性关节

足
膝
腰
肩胛
肘

灵活性关节

踝
髋
胸椎
肩
腕

人体关节的灵活性和稳定性交替排列原则

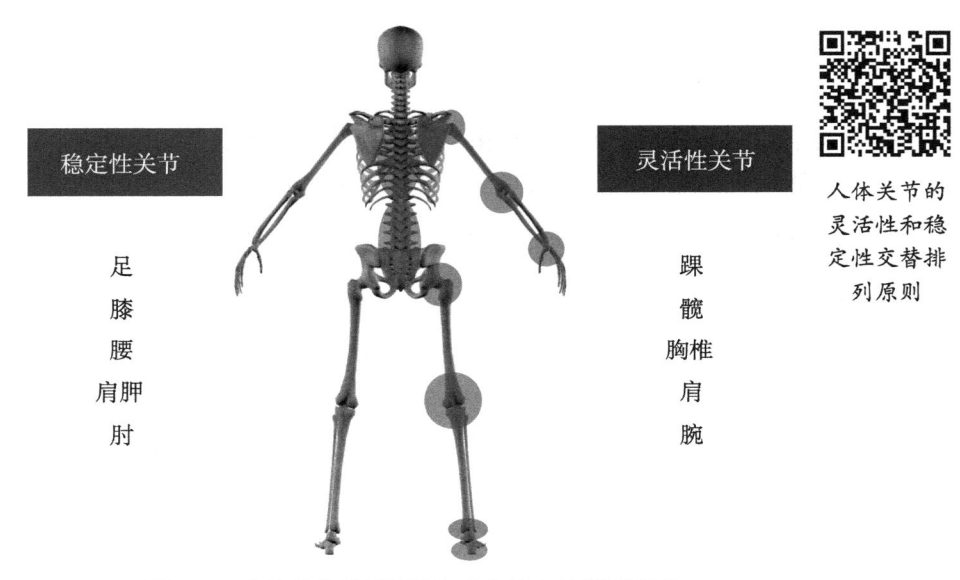

图 8-2　人体关节的灵活性和稳定性交替排列原则

人体关节灵活性和稳定性交替排列原则可作为判断人体运动是否功能化的一个重要参照，即特定动作（包括体育运动中的技术）功能化与否，可根据其所涉及的关节在灵活性和稳定性方面是否符合人体关节灵活性和稳定性交替排列原则来判断。例如，在落跳动作中，如果着地时膝关节外翻或内扣（即冠状面内不稳定），腰部后弓（即矢状面内不稳定），那么此动作就不功能化。

人体关节灵活性和稳定性交替排列原则可以进一步衍生出膝、髋、躯干和肩这几个主要关节和部位在运动中的操作性原则和注意事项。对于膝来说，需要确保膝在屈伸时沿足尖方向运动，在足的正上方，且不明显过足尖。对于髋来说，需要确保在身体的前屈后伸动作中由髋主导发力，而非腰主导发力；确保在落地缓冲和蹲跳动作中由髋主导发力，而非膝主导发力。对于躯干来说，需要确保头颅枕部、上背和骶部三点一线。对于肩来说，需要确保在上肢拉的动作中由肩主导发力，而非肘主导发力。这些注意事项适用于所有人群，与是不是运动员无关，与从事何种体育运动也无关，这是降低运动中受伤风险和提高发力效率的基本要求。

第三节　动作与能量代谢视角下体能的定义

　　动作和能量代谢视角下，我们可以尝试对体能进行定义。首先，体能属于人体的一种身体运动能力，这种能力是人体化学能转化为机械能的能力，具体可量化为人体单位时间内的对外做功，或功率输出。其次，体能是以动作为载体的一种身体运动能力，在运动中需要确保动作的灵活性、稳定性和功能化。最后，体能的发挥或表现需要有能量的供应和神经的支配，三大供能系统在不同强度和时长的运动中参与比例不同。基于以上三点，体能可以定义为以动作为载体，注重动作的灵活性、稳定性和功能化，在神经系统的支配下和三大供能系统的能量供给下的人体对外做功能力。相比于体能的其他定义，动作和能量代谢视角下的定义赋予了体能生物学内涵，明确了这种人体运动能力是人体对外做功的能力，也强调了动作的重要性，为降低体能训练中的损伤风险和提高人体发力的效率做好了理论铺垫。

　　动作和能量代谢视角下，我们还可以尝试对不同的体能子能力进行定义。力量、耐力、速度、柔韧、灵敏、协调是6种主要的体能子能力。这种划分某种程度上方便了训练过程中教练员与运动员的交流，也方便了教学活动中教师与学生之间的交流，但却只是一种约定俗成的概念，生物学内涵相对不足。此外，这几种体能子能力之间的界限模糊，导致出现了力量耐力、耐力力量、速度力量、速度耐力等混合式概念。

　　力量、耐力、速度描述的都是身体的一种运动能力，只是三者对应的视角不同。力量对应的视角是物理学中的力（force），最大发力对应为最大力量，快速发力对应为快速力量，重复发力对应为力量耐力；耐力对应的视角是物理学中的时间（time或duration），其可以根据时间长短分为长时、中时和短时耐力，也可以根据能量供应的来源分为无氧耐力和有氧耐力；速度（speed）对应的视角是物理学中的速度（velocity），如果将人体当作质点，则速度主要对应为位移速度，如果不将人体当作质点，则速度还包括动作速度。

　　事实上，任何人体运动都存在发力（完全放松时力值可以为0）、都涉及重复（单次动作发力也涉及ATP的反复分解和合成）、都具有速度（等长收缩时速度为0）。当然，现有约定俗成的理解是，力量侧重于描述发力大、持续时间短、速度可快可慢的运动；耐力侧重于描述持续时间长、发力可大可小、速度可快可慢的运动；速度侧重于描述动作快或位移大、发力小、持续时间短的运动。然而，人体同样不存在单一肌肉的力量、耐力和速度，人体的力量、耐力和速度都是以动作为载体的，运动中的动作载体都需要具备良好的灵活性、稳定性和功能化。同时，人体的力量、耐力和速度都是人体的化学能转化为机械能的能力，力量对应的能量供应以磷酸原供能或糖酵解供能为主；耐力对应的能量供应以有氧供能或糖酵解供能为主；速度对应的能量供应以磷酸原或糖酵解供能为主。

　　因此，动作和能量代谢视角下的力量可以定义为：以动作为载体，注重动作的灵活性、稳定性和功能化，以磷酸原供能或糖酵解为主的，发力大、持续时间短的人体对外做功能力。动作和能量代谢视角下的耐力可以定义为：以动作为载体，注重动作的灵活性、稳定性和功能化，以有氧供能或糖酵解供能为主的，持续时间长的人体对外做功能力。动作和能量代谢视角下的速度可以定义为：以动作为载体，注重动作的灵活性、稳定性和功能化，以磷酸原供能或糖酵解供能为主的，动作快或位移大、发力小、持续时间短的人体对外做功能力。

其余三种体能子能力中，柔韧是灵活性的解剖学基础，其可以视为动作能力的构成要素；协调可分为肌内协调和肌间协调，二者都是力量的神经生理学基础，后者也是动作模式的神经生理学基础；灵敏是有认知参与的动作快速改变和质心快速改变的能力，其可对应为动作速度和位移速度。因此，柔韧、灵敏、协调这三种体能子能力可以归入以动作为载体的力量、耐力、速度这三种体能子能力，或归入动作这一视角。

第四节　动作与能量代谢视角下体能的训练

动作和能量代谢视角下的定义为体能训练提供了新的思路。既然体能是人体对外做功的能力，那么体能训练的目的就在于提高人体对外做功的能力。既然人体对外做功的过程包括产生能量（即能量代谢）和利用能量（即动作）两个环节，那么体能训练的类型可以分为能量代谢的训练和动作的训练。既然能量代谢涉及三大供能系统，动作涉及灵活性、稳定性和功能化，那么体能训练在能量代谢方面可以进一步分为磷酸原系统、糖酵解系统和有氧系统的训练，在动作方面可以进一步分为灵活性、稳定性和功能化的训练。

其中，灵活性和稳定性的训练可参照人体灵活性和稳定性关节交替排列原则，提高灵活性关节的灵活性和稳定性关节的稳定性；功能化的训练可在参照人体灵活性和稳定性关节交替排列原则的同时，结合特定任务或体育运动中的技术进行练习，旨在建立和优化损伤风险小、能量利用效率高的一种动作模式；磷酸原系统的训练以发展肌肉横断面、增加肌肉量的力量训练和6～8秒的重复性冲刺训练为主；糖酵解系统的训练以高强度间歇训练为主；有氧系统的训练以低强度有氧训练为主，有氧水平偏低和训练量少的人群（如青少年运动员）可适当增加高强度间歇训练的比重。

不同体育项目在动作与能量代谢方面的特征存在差异。周期类项目（如速度类项目和耐力类项目）的动作特征相对简单，其训练的重点是以动作为载体的能量代谢训练，以及对单一动作技术的优化训练。非周期类项目（如集体球类、持拍类、格斗类和艺术类项目）的动作特征更为复杂，其训练的重点是单一动作的重复性练习、多个动作的非随机练习、多个动作的随机性练习，能量代谢训练大都是以专项技术和战术为载体进行的。

从动作和能量代谢的视角看，运动员的所有训练都可以视作体能训练。但在训练实践中，在体能房进行的训练和非体能房进行的跨项训练才被视为体能训练，以专项技术或战术为载体进行的训练（如足球的小场地比赛，马拉松的跑步）大都不被视为体能训练，这造成了体能训练和技战术训练的割裂，更造成了人体运动动作和能量代谢特征的割裂。这种割裂容易导致对周期类项目专项训练（即专项中的能量代谢训练）中动作的忽视，或导致对非周期类项目技战术训练（即专项中的动作训练）中能量代谢的忽视。

　　鉴于动作这一载体的重要性，我们着重介绍一下动作训练常用的三个技巧。第一个技巧是矫枉过正，是指某一个动作出现错误后，往错误的方向施加外力以进一步加大错误，练习者对抗外力，但当外力撤离时错误会得以纠正。以深蹲膝关节外翻为例（图8-3），可在膝关节外侧施加向内的力（用迷你带或同伴手法施力），练习者外展外旋髋关节对抗外力（即两膝向外发力），并在保持髋关节外展外旋的同时进行深蹲。当外力撤离时，练习者会继续保持对抗外力的发力意识（即髋关节外展外旋），并由此纠正膝关节外翻。再以深蹲膝关节过前为例（图8-4），可在膝后侧施加向前的力（施力者将弹力带套于练习者双膝后侧，并施以向前的拉力），练习者向后拉膝对抗外部施加的力，并在保持向后拉膝的同时进行深蹲。当外力撤离时，练习者会继续保持对抗外力的发力意识（即向后拉膝），并由此纠正深蹲膝关节过前的错误。

图8-3　深蹲膝关节外翻的"矫枉过正"

图8-4　深蹲膝关节过前的"矫枉过正"

　　第二个技巧是以退为进，是指出现某一个错误动作或无法完成某一动作时，通过降低动作难度（退阶）或减少动作负重来练习，使练习者能够纠正错误动作或顺利完成某一动作。以站姿伸髋旋体砸药球为例（图8-5），该动作的重点是伸髋发力（即髋主导），练习者容易出现的错误是伸膝发力过多，但伸髋发力不足（即膝主导）。纠正此错误的方法是退阶用跪姿替换站姿，这样伸膝肌就很难参与发力了，练习者可以专注于伸髋发力。当练习者通过此方法形成了稳固的伸髋发力动作模式后，站姿动作的错误就得到纠正了。

再以引体向上为例（图8-6），如果练习者无法按要求完成一定次数的徒手练习，则可以退阶采用助力引体向上（同伴协助或借用弹力带）。经过一段时间的助力引体向上后，练习者的力量得以提升，就可以完成一定次数的徒手引体向上了。

图8-5　站姿伸髋旋体砸药球的"以退为进"

图8-6　引体向上的"以退为进"

第三个是声东击西，是指某个动作存在错误时，可以通过另一个动作的练习来间接纠正这个错误。以落地为例，该动作常见的一个错误是屈膝缓冲过多而屈髋缓冲不足（即膝主导而非髋主导，图8-7）。为了纠正这个错误，练习者可以采用站姿臀部后触墙。练习者背对墙站立，两足与肩同宽，足跟离墙1个足长，保持躯干（后脑勺、上背、骶部）三点一线，屈髋用臀部后撤触碰墙，屈髋过程中膝关节随动微屈，身体重心始终保持在足前部。练习者的注意力重点置于臀部后撤触墙。经过多次触墙练习后，练习者就可以解决落地中的错误动作了。再以罗马尼亚硬拉为例（图8-8），该动作常见的一个错误是伸膝发力过多而伸髋发力不足（即膝主导而非髋主导）。为了纠正这个错误，练习者可以采用臀桥。为了增加伸髋发力的强度，同伴可以单跪于练习者肩侧，直臂双手压于练习者的髂部，利用自身体重施加阻力。经过多次臀桥练习后，练习者就可以纠正伸膝发力过多而伸髋发力不足的错误动作了。

图 8-7 落地的"声东击西"

图 8-8 罗马尼亚硬拉的"声东击西"

第五节　动作与能量代谢视角下体能的测试

对体能的测试是制订训练计划、评价训练效果,以及运动员选材的重要依据。根据动作和能量代谢视角下体能的定义,体能的测试可以分为动作和能量代谢两类。动作测试的目的可以分为评估灵活性、稳定性和功能化,测试动作也可分为上身、下身和全身性动作;能量代谢测试的目的可以分为评估磷酸原、糖酵解和有氧系统供能能力。

现有众多体能测试可以在动作与能量代谢视角下进行审视。例如,卧推最大力量测试评估的是以卧推为载体的磷酸原供能能力;反向纵跳测试评估的是以纵跳为载体的磷酸原供能能力;6 秒 Wattbike 全力骑行测试评估的是以自行车骑行为载体的磷酸原供能能力;自行车 Wingate 无氧测试评估的是以自行车骑行为载体的无氧供能能力;跑步最大摄氧量测试评估的是以直线跑为载体的有氧供能能力;YoYo 跑测试评估的是以往返跑为载体的有氧供能能力;505 灵敏测试评估是的以磷酸原供能为主的,身体快速加速、减速和变向的能力;坐位体前屈测试评估的主要是身体屈髋的灵活性;功能动作筛查评估的是人体完成深蹲、栏架跨、直线蹲、仰卧直膝抬腿、肩部灵活、俯卧撑和体旋七个动作的灵活性、稳定性和功能化。尽管评估体能的理想指标是功率输出(Watt),但是现有条件下还不能实现对所有运动方式的功率输出进行量化,或者不能够确保功率量化的准确性,人们只能选用一些替代指标,例如时间(如纵跳的腾空时间)、位移(如 12 分钟跑的完成距离)、重量(如最大卧推的重量)、速度(如乳酸阈对应的划船速度)。相比之下,功率自行车和自行车功率计的研发为自行车这一运动方式体能测试的科学化奠定了重要基础。

动作和能量代谢是体能测试需要同时考虑的两个因素，不同的组合会产生不同的评估结果。例如，卧拉是反映上肢拉能力的一个测试动作，一次最大发力评估的是以卧拉为载体的磷酸原供能能力，但40%最大力量的240次重复拉评估的却是以卧拉为载体的有氧供能能力；最大摄氧量测试用于评估有氧供能能力，但采用不同的运动方式（即不同的动作载体）却会得到不同的最大摄氧量值，大部分情况下跑步得到的值要大于自行车骑行、手摇，以及众多专项运动方式。即使都采用跑步这一运动方式，相同平均速度下场地往返跑对应的代谢反应要大于直线跑；即使都为场地往返跑，不同跑步方式（如前进跑、后退跑和侧向跑）的代谢反应也存在差异。

因此，在制定或选取体能测试方法时，必须要考虑任务特异性和专项特征。对于动作和能量代谢特征相对简单的运动项目，体能测试的制定或选取相对容易。例如，对于周期性耐力项目，主要的体能测试有最大摄氧量、无氧阈和经济性。但是，对于动作和能量代谢特征相对复杂的体育项目，体能测试的制定或选取就更有难度，例如，对于集体球类项目，体能测试需要涉及最大力量、爆发力、短距离冲刺速度、灵敏、最大摄氧量等能力的测试。对于三大供能系统都有较大程度参与的周期性项目，需要针对三大供能系统分别制定或选取能量代谢测试方法，例如，赛艇项目会选取10秒、30秒和30分钟的测功仪划行来分别评估磷酸原、磷酸原+糖酵解、有氧供能系统。对于有多个关键发力环节的运动项目，需要针对每个环节分别制定或选取动作测试方法，例如，赛艇项目会根据蹬腿、倒体、拉桨三个关键发力环节选取蹲起、硬拉、卧拉三个动作来评估最大力量。

小　结

体能是一个被广泛使用而尚存争议的概念，动作和能量代谢为认识体能和体能训练提供了新的视角。如果将体能视为人体的运动能力，那么可以将其理解为以动作为载体的人体对外做功能力。强调以动作为载体是降低体能训练的损伤风险和提升体能训练效益的重要前提，强调对外做功是制订体能训练计划和优化体能训练负荷的重要依据。现有纷繁多样的体能测试可以从动作和能量代谢的视角进行审视，教练员和科研人员可以基于动作和能量代谢遴选更符合项目需要的体能测试方法。

作者：黎涌明

第八章
参考文献

第九章 竞技体育项目的专项供能比例

人体运动是一个生物能转化为机械能的过程。机体通过分解能源物质（糖、脂肪、蛋白质和磷酸肌酸），产生肌肉收缩所需的 ATP。根据有无氧气的参与，这种生物能的产生途径可以分为有氧供能和无氧供能两种，后者又可根据有无乳酸的生成分为无氧无乳酸供能和无氧乳酸供能。这三大供能系统在人体运动过程中始终同时运转，只是由于强度和持续时间的不同，来自这三大供能系统的能量比例不同。三大供能系统在体育运动中的供能比例是体育运动的一个重要特征，有关这一特征的一个常用指标是有氧供能比例，即来自有氧供能系统的能量占来自三大供能系统的总能量的百分比。

对不同体育运动有氧供能比例的描述是众多运动生理学和运动训练学教材的必有内容。这类报道最早可追溯到瑞典生理学家阿斯特兰德（Astrand）等于 1970 年所著的 Textbook of Work Physiology。尽管此后出现了大量有关不同体育运动供能比例的研究文献，但是众多教材仍然延用了阿斯特兰德等的供能比例数据。这些教材中对体育运动供能比例的描述成为众多教练员和科研人员认识体育运动的重要理论依据。然而，这些教材中对供能比例的描述不同程度地低估了有氧供能。因此，本章拟从现有教材中有关供能比例的描述出发，通过综述大量有关供能比例的实证研究和介绍常用的供能比例计算方法，纠正现有教材中有关供能比例描述的错误，并重新给出不同体育运动的相对正确的供能比例。

第一节　现有教材中有关供能比例的描述

相比于需要同行评审的期刊研究文献，教材和著作能够全面提供某一专业方向或某一专题的研究信息。教练员和科研人员、相关专业的教师和学生无须在浩瀚的网络数据库中去寻找相关知识，更不用通过付费获取一些期刊文章。正是由于这些可能存在的便利，教材或著作成为教练员和科研人员最直接的理论来源。鉴于教材和著作对于教练员和科研人员信息获取的重要性，编著者需要尽量确保教材和著作内容的准确性。当然，

第九章 竞技体育项目的专项供能比例

由于教材和著作本身是对以往知识的归纳和整理，并且从撰写到出版往往需要数月到数年之久，因此知识的滞后性是教材和著作不可避免的缺点。但是这种不可避免性并不能成为一些错误信息出现的借口。2000年以后的众多运动生理学和运动训练学教材和著作在体育运动供能比例的描述上仍然延用三十几年前的数据，而对供能比例的认识在过去三十几年内恰恰发生了重大变化。

根据阿斯特兰德等于1970年提出的数据，10秒、1分钟、2分钟和4分钟有大肌肉参与的高强度运动中，有氧供能比例分别为20%、30%、50%和70%（图9-1）。尽管这些数据在后续版本教材中有所修改，但是有氧供能主导和无氧供能主导的分界点仍然为2分钟。其他学者在20世纪70年代也尝试给出不同持续时间下的供能比例，但这些数据中有氧供能主导和无氧供能主导的分界点甚至大于2分钟。这些学者给出的数据被后期的运动生理学和运动训练学教材和著作广为引用（表9-1），鲍尔斯（Powers）和豪利（Howley）甚至根据这些数据给出了各个体育项目的供能比例，该比例也被邦帕（Bompa）和哈弗（Haff）在其2009年版《周期训练——理论和方法》中引用。根据这些数据可知，体操、摔跤、击剑、足球、篮球、排球等项目的有氧供能比例为10%左右，100米游泳、400米跑为20%左右，网球、曲棍球、足球等项目为30%左右，拳击、速度滑冰、1500米中长跑为50%左右，赛艇为60%左右。

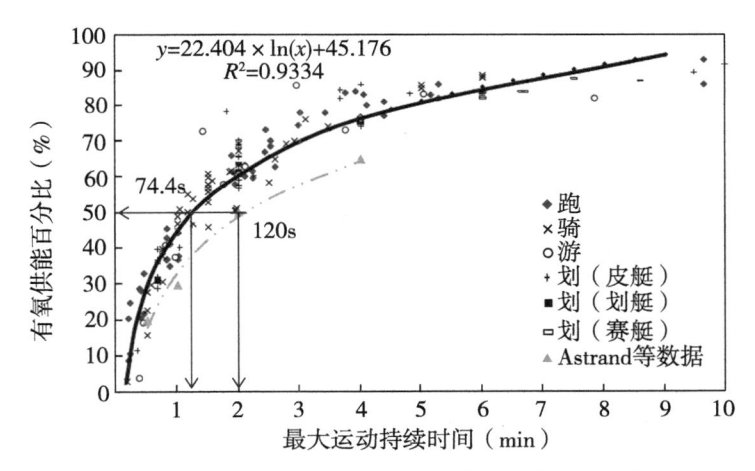

图9-1　阿斯特兰德等研究文献中有关有氧供能比例的数据

表9-1　专项供能比例存在错误的国外教材和著作举例

作者	出版年	书名
阿斯特兰德等	2003	*Textbook of work physiology*
巴特克	1995	*Lehrbuch der Sportmedizin – Leistungentwicklung, Anpassung, Belastbarkeit, Schul– und Breitensport*

续表

作者	出版年	书名
邦帕、哈弗	2009	*Periodization – theory and methodology of training*
霍尔曼、施特鲁德尔	2009	*Sportmedizin: Grundlagen fuer koerperliche Aktivitaet, Training und Praeventivmedizin*
卡尔	2005	*Rahmentrainingskonzeption–Kanurennsport und Kanuslalom*
鲍尔斯、豪利	2007	*Exercise physiology: Theory and application to fitness and performance*
汤普森	2009	*Introduction to coaching – the official IAAF guide to coaching athletics*
魏内克	1986	*Sportbiologie*
威尔默等	2008	*Physiology of sport and exericise*

第二节 对供能比例的实证研究

随着对人体能量供应过程认识的深入，以及摄氧量和血乳酸测试技术的完善，对体育运动的供能特征研究自20世纪80年代起迅速增加。图9-1是对39篇文章的156个供能比例数据进行的分析，其中涉及跑步、自行车、游泳、皮划艇和赛艇五种运动方式。结果表明，有氧供能比例与高强度运动的持续时间呈指数正相关，$y = 22.404 \times \ln(x) + 45.176$，$R^2 = 0.9334$，$y$为有氧供能百分比（%），$x$为持续时间（分钟），其中有氧供能主导和无氧供能主导的分界点为74秒4。尽管这个发现是来自对不同研究文献数据的综述，但是对同一运动方式不同时间或距离的研究，以及同一运动时间或距离不同运动方式的研究，都表明有氧供能比例与高强度运动的持续时间确实呈指数正相关。通过比较实证研究和阿斯特兰德等有关有氧供能比例的数据，可以发现阿斯特兰德等的数据低估了有氧供能。

对非周期性项目供能比例的研究同样表明，以阿斯特兰德等的数据为依据给出的非周期性项目的供能比例同样低估了有氧供能。对花样滑冰（4分17秒）、空手道格斗（4分27秒）、激流回旋皮划艇（85秒7）、艺术体操（90秒）等项目能量供应特征的研究表明，这些非周期性项目的有氧供能比例分别为74.1%、77.8%、45.2%和49%。而邦帕和哈弗在《周期训练——理论和方法》中提及花样滑冰和体操的有氧供能比例只有20%和0。由于供能特征研究方法的局限性，无法运用气体代谢仪对一些非周期性项目进行测试（如无法让摔跤和击剑运动员戴上呼吸面罩进行模拟比赛），因此很难对这些体育运动直接进行供能特征的研究。但是，这些体育项目的供能比例仍然可以参照图9-1中的公式进行推测，并且由于大多数非周期性项目的运动形式为多种动作方式组合下的间歇性运动，运动员在过程中有静止和慢速运动时刻（如格斗对抗类项目的非接触环节、球类项目的走动环节），因此非周期性项目的有氧供能比例要大于或等于将该项目相应持续时间代入图9-1公式得到的有氧供能比例值。例如，男子柔道每局的持续时间为 5 分钟，将 5 分钟代入图 9-1 公式，得到有氧供能比例为 81.2%，因此柔道每局运动的有氧供能比例大于或等于 81.2%，而邦帕和哈弗在《周期训练——理论和方法》一书中提及的有氧供能比例为 0。另外，由于图 9-1 公式的来源数据中最长持续时间为 10 分钟，因此图 9-1 公式的适用范围为持续时间小于或等于 10 分钟的高强度运动。当持续时间为 10 分钟时，计算得到的有氧供能比例为 96.8%。对于持续时间大于 10 分钟的周期性和非周期性项目来说，其有氧供能比例都可认为大于 96.8%，而邦帕和哈弗在《周期训练——理论和方法》提的几种球类项目的有氧供能比例分别为 0（足球、冰球、排球）、10%（篮球、手球、网球）、20%（曲棍球）、30%（水球）。

第三节　供能比例计算方法

导致阿斯特兰德等低估体育运动中的有氧供能比例的主要原因在于供能比例的计算方法，因此有必要对供能比例计算方法的发展有一个相对全面的了解。供能比例的计算方法可以追溯到 1920 年氧亏（oxygen deficit）概念的提出，高强度运动开始时由于摄氧量滞后造成的能量空缺被认为由无氧供能来填充。此后，以氧亏为基础的供能比例计算方法基本可以分为两大类，第一类计算方法将能量供应分为有氧部分和无氧部分，第二类计算方法则将能量供应分为有氧、无氧乳酸和无氧无乳酸三部分。

第一类计算方法又可称为最大累积氧亏法（maximal accumulated oxygen deficit, MAOD），它由三个不同的研究组于 20 世纪 80 年代提出，经 1988 年梅德堡（Medbo）等的研究而广为人知。这一计算方法的理论前提为：①能量供应包括有氧和无氧两部分；②中等强度（35%~90%VO$_2$max）运动时摄氧量（VO$_2$）与运动强度呈线性正相关（图 9-2 左），由于无氧供能可以忽略不计，实际 VO$_2$ 即为此强度运动下的需氧量，将强度-VO$_2$ 关系直线外推到大于或等于 90%VO$_2$max 的强度区间即可得到高强度运动下的需氧量；③高强度运动时，由强度-VO$_2$ 关系直线外推得到的需氧量减去实际 VO$_2$ 即得到该强度下的氧亏（图 9-2 右），高强度运动时累积 VO$_2$ 占总需氧量的百分比即有氧供能比例。运用最大累积氧亏法计算有氧供能比例时，受试者需要进行二次测试。第一次为多级测试，需要进行 8~10 级（每级 8~10 分钟）强度的持续运动，以得到强度-VO$_2$ 的关系直线（$y=ax+b$），但后期被简化为 4~8 级（每级 5 分钟）；第二次为所要计算供能比例的高强度运动。相比于第二类方法，这种方

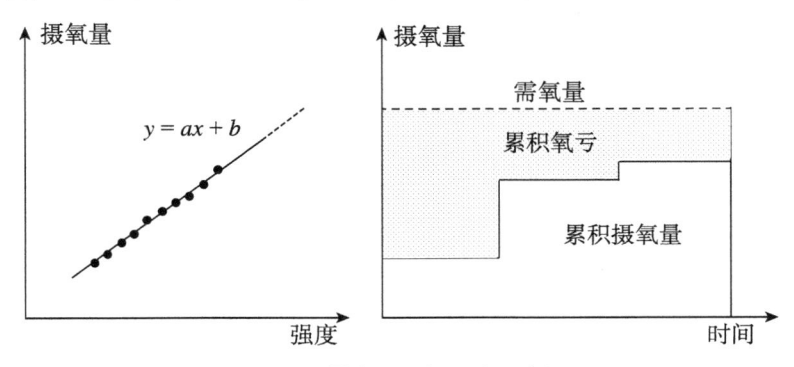

图 9-2　最大累积氧亏法示意图

法的特点在于无创性，即无须采集血乳酸，目前这一方法为使用频率最高的方法。

与最大累积氧亏法相比，第二类方法的区别在于无氧供能部分的计算。这类方法认为无氧乳酸部分的能量供应可以由运动中血乳酸的净增加量计算获得，而无氧无乳酸部分的能量供应可以通过运动后氧债的快速部分或者单位体重的磷酸原量计算获得。基于氧债的快速部分计算无氧无乳酸的方法是由本内克（Beneke）等在综合前人研究基础上于2002年提出来的，这种方法认为运动后的VO_2可以分为快速部分和慢速部分（以运动后3分钟为分界点），二者之和即运动后实际VO_2。而运动后前3分钟的实际VO_2减去慢速部分（由运动后第二个3分钟的慢速部分曲线前推至第一个3分钟获得）即无氧无乳酸供能部分对应的VO_2（图9-3）。三部分能量供应量可以由如下公式计算获得：

无氧无乳酸部分 = VO_2PCR（mL）× 能量当量（J·mL）

无氧乳酸部分 = 运动生成血乳酸量（mmol·L）× 氧气–乳酸换算系数（mL·kg·mmol·L）× 体重（kg）× 能量当量（J·mL）

有氧部分 = 运动VO_2（mL）× 能量当量（J·mL）

有氧供能比例 = 100% × 有氧部分 /（无氧无乳酸部分 + 无氧乳酸部分 + 有氧部分）

其中，VO_2PCR为运动后VO_2的快速部分；能量当量为1mL氧气所产生的热量，当呼吸商大于1.0时，能量当量为21.131 J·mL；运动生成血乳酸量为运动后最大血乳酸值减去运动前即刻血乳酸值；氧气—乳酸换算系数为1 mmol·L乳酸对应的氧气量，假设乳酸在体内分布区域所对应的体重约为身体质量的45%，这个系数为3.0 mL·kg·mmol·L；运动VO_2为运动过程中实际VO_2减去安静水平VO_2。

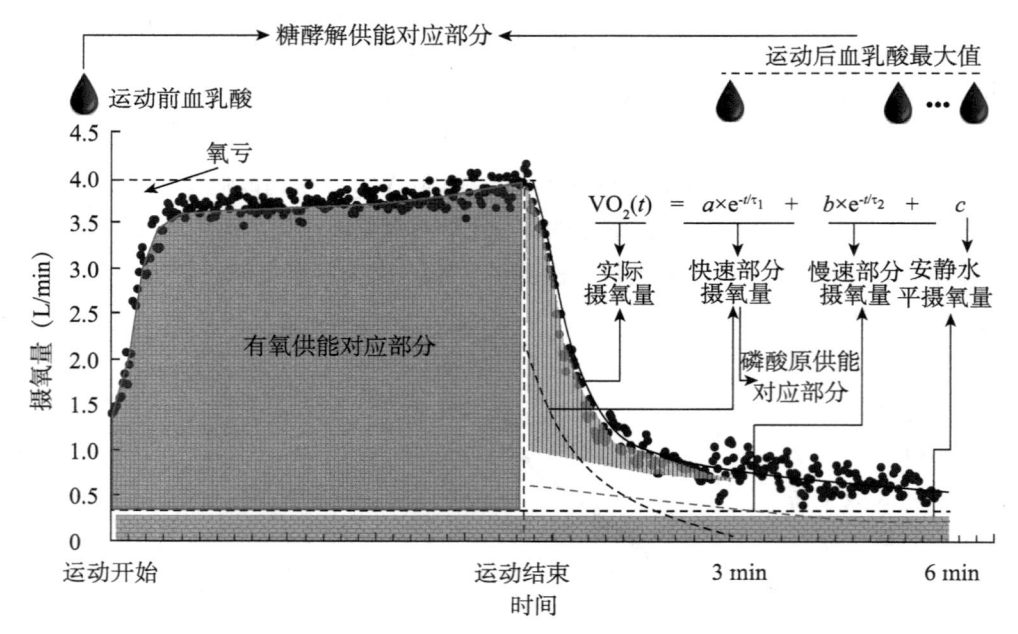

$$VO_2(t) = a \times e^{-t/\tau_1} + b \times e^{-t/\tau_2} + c$$

图9-3 基于氧债快速部分计算供能比例的示意图

运用单位体重的磷酸原量计算无氧无乳酸供能的方法是由威尔基（Wilkie）等于1980年提出的，这种方法认为人体肌肉内的磷酸原量是相对固定的。根据这种方法，三部分能量供应量可以由如下公式计算获得：

$$E = E_{an} + \alpha VO_2 max\, t_p + \alpha VO_2 max\, \tau (1 - e^{-t_p \tau^{-1}})$$

$$E_{an} = (0.418 kJ \cdot kg^{-1} + \beta [La]_b) m_b$$

有氧供能比例 = $100\% \times (E - E_{an})/E$

其中，E为总能量；E_{an}为无氧供能量；α为能量当量，即1 mL氧气所产生的热量，当呼吸商大于1.0时，能量当量为21.131 J·mL；VO_2max为运动中达到的最大VO_2，t_p为运动时间，τ为VO_2从运动开始到达到最大值的时间常数；$0.418 kJ \cdot kg^{-1}$对应为参与运动的肌肉量最大为体重的30%时，每千克湿肌净分解18.5 mmol磷酸原的能量当量；β为血乳酸的能量当量（0.0689 kJ·kg·mmol）；$[La]_b$为运动中净生成的血乳酸量；m_b为受试者体重。相比于第一类方法，第二类方法测试流程相对简单，受试者只需要进行一次测试。

阿斯特兰德等的有氧供能比例数据是来自基于氧亏的计算方法。其假设受试者在功率自行车上的运动效率为23%，由此可以得到受试者运动时的代谢总功率（即自行车功率/23%），受试者的实际有氧功率与代谢总功率之商即有氧供能比例。但是由于实际运动效率小于23%，因此造成对有氧供能比例的低估。

第四节　不同体育运动项目的供能比例

图9-1中所综述的文献数据都是来自以上两大类计算方法，这两大类计算方法是目前用于研究供能特征的主要方法，因此图9-1得到的公式能够较为准确地反映体育运动中的有氧供能特征，不同体育运动项目的供能比例能够运用此公式进行描述。

周期类运动项目可以直接将全力运动的持续时间代入公式，如张雨霏在东京奥运会上200米蝶泳的夺冠时间2分03秒86代入公式可得到张雨霏该次运动的有氧供能比例为61.1%，苏炳添在东京奥运会上跑出亚洲纪录的9秒83对应的有氧供能比例为4.7%。但是该公式中x需小于或等于10分钟，当全力运动持续时间大于10分钟时，可以认为有氧供能比例大于96.8%，如马拉松、公路自行车、1500米自由泳等。格斗类项目可以将每局或回合的持续时间代入公式得到有氧供能比例。由于这类项目运动过程中有低强度运动环节，因此实际有氧供能比例要高于直接代谢公式计算得到的数值。如成年武术套路的表演时间大于1分20秒，那么这类项目的有氧供能比例为大于51.6%。集体球类项目和持拍项目由于每场或局的比赛时间大于10分钟，因此无须利用公式进行计算，其有氧供能比例大于96.8%。举重、投掷、跳跃等持续时间小于10秒的项目，同样无须利用公式进行计算，其有氧供能比例小于16%。

该公式同样可以用于制定运动能力的评价方法。当全力运动持续时间大于 5 分钟时，有氧供能比例大于 80%，决定此类运动的主要因素为有氧能力，即有氧能力好的运动员能够在大于 5 分钟的全力运动中有好的表现，因此大于 5 分钟的全力运动可以作为评价有氧能力的一种方法。当全力运动持续时间小于 20 秒时，有氧供能比例小于 20%，无氧供能比例则大于 80%，决定此类运动的主要因素是无氧能力，即无氧能力好的运动员能够在小于 20 秒的全力运动中有好的表现，因此小于 20 秒的全力运动可以作为评价无氧能力的一种方法。

小　结

专项供能比例是竞技体育项目的一个重要特征，对专项供能比例的描述是众多运动生理学和运动训练学教材和著作的必有内容，但是此类教材和著作中对供能比例的描述是基于阿斯特兰德等在 20 世纪 60 年代的研究。这些研究由于计算方法的原因，不同程度地造成了对竞技体育运动有氧供能比例的低估。本文介绍了竞技体育运动专项供能的三种计算方法，并通过综述运用这三种计算方法得到的 156 个有氧供能百分比数据，得到了有氧供能百分比与高强度运动时间之间的关系公式 $y = 22.404 \times \ln(x) + 45.176$，$R^2 = 0.9334$，$y$ 为有氧供能百分比（%），x 为高强度运动的持续时间（分钟）。本文根据所得到的公式，给出了不同竞技体育项目的新的专项供能比例。相比于现有众多运动生理学和运动训练学教材和著作的描述，本文给出的专项供能比例更接近项目的真实特征。

作者：黎涌明

第九章
参考文献

第十章 不同运动方式能量代谢的共性与区别

运动训练学是以提高运动员运动能力和运动表现为目的的一门综合性和应用性学科，其理论来源既包括人体运动本质的和共性的知识，也包括各专项运动特有的规律和特征。运动训练研究的过程一方面是综合其他学科（如生理学）的研究成果，并将其应用于提高运动员运动能力和运动表现的实践中，另一方面是将某一个或几个项目的规律和特征提升为理论，并将其应用于其他项目专项训练的实践中。纵观运动训练学诞生和发展的历史，众多经典理论都是经由这两个方面得以提出的，如超量恢复理论是雅克夫列夫等基于生理学肌糖原在运动后的变化规律提出，其被视为运动训练的基本训练原则之一；周期训练理论是马特维耶夫等在总结游泳、举重和田径等项目的训练计划的基础上提出，并被几乎所有竞技体育项目采用。然而，将其他学科的研究成果应用于运动训练学，或者将一个项目的规律和特征应用于其他项目的这种研究过程却往往由于脱离了人体运动的本质而带来一定的偏差。人体运动的本质是动作和能量代谢，动作是人体运动的外在特征，能量代谢是人体运动的内在特征。不同运动方式在能量代谢方面存在的共性和区别直接决定着由一种运动项目得到的理论能否正确应用于其他项目。因此，本章拟对体育运动中几种主要的周期性运动方式（跑、骑、游、划等）在能量代谢方面的几个特征进行综述，为运动训练学重要理论的提升和应用提供生物学参考。

第一节 有氧供能百分比

人体运动是在能量供应下的肌肉收缩牵动骨绕关节的运动。不同肌肉的这种组合收缩就表现为动作，而不同动作在空间上的组合则表现为技术（如扣球、跳跃等）。不同动作在时间上的组合或同一动作在时间上的重复，甚至单一动作的完成，都需要人体通过代谢提供能量来完成。肌肉收缩做功的直接能量来源是 ATP，但是 ATP 在肌肉内的储量非常有限（5~7 mmol 每千克湿肌），只够肌肉进行 3~4 次最大收缩或者 1~2 秒的最大持续做功。此后，肌肉需要通过其他途径合成 ATP，以继续收缩做功。ATP 的合成包括无氧非乳酸、无氧乳酸和有氧三种途径。ATP合成的三条途径也被称为人体能量代谢的三大供能系统，其中有氧供能量占三大供能系统总供能量的百分比被称为有氧供能百分比。对于竞速性项目来说，有氧供能百分比是最为基础的生物学特征之一。自1970年被阿斯特兰德等首次提出后，对有氧供能百分比的描述便成为运动生理学和运动训练学专著不可缺少的内容。但是，阿斯特兰德等对有氧供能百分比的发现主要基于20世纪60年代对功率自行车的研究，而将这些发现扩展到所有有大肌肉参与的运动方式时，却没有考虑不同运动方式之间的区别。

在阿斯特兰德等提出有氧供能百分比数据之后的40多年内，众多学者运用更为可信的计算方法对不同运动方式全力运动的能量代谢进行了大量研究。综合这些研究成果可以发现，一方面运动方式似乎对有氧供能百分比没有影响，不论何种运动方式，有氧供能百分比与最大运动时间似乎成指数关系；另一方面，不同运动方式，甚至同一运动方式的不同研究之间，对应的有氧供能百分比又存在一定差异（图9-1）。但可以肯定的是，后期对不同运动方式能量代谢的研究证实了阿斯特兰德等的数据低估了全力运动中有氧供能的作用，尤其是当最大运动持续时间在30秒至6分钟时（图9-1）。

为了探究不同运动方式对有氧供能百分比的影响，我们选取了三种类型的运动员（静水皮艇国家级运动员、静水划艇国家级运动员、铁人三项业余运动员）进行五种运动方式（静水皮艇水上划、静水划艇水上划、田径场地跑、功率自行车骑、曲柄手摇功率仪手摇）的4分钟全力运动，并运用本内克等提出的能量计算方法进行能量代谢的计算。研究结果表明，国家级静水皮艇和划艇运动员以相应的专项运动方式在4分钟全力运动过程中的有氧供能百分比与铁人三项业余运动员在4分钟全力跑和骑过程中的有氧供能百分比相同，都约为75%（图10-1），但是铁人三项业余运动员在4分钟全力手摇运动过程中的有氧供能百分比却显著低于其他四种运动方式。这似乎又说明，运动方式对全力运动过程中有氧供能百分比有影响。经分析，手摇运动过程中有氧供能百分比偏低的主要原因在于铁人三项业余运动员在手摇过程中的摄氧量动力学（oxygen uptake kinetics）偏慢，而更为深层次的原因在于铁人三项业余运动员的上肢肌肉训练水平低，而其下肢肌肉，以及国家级静水皮艇和划艇运动员的上肢肌肉的训练水平却很高。尽管我们没有对受试者进行肌肉活检，但是大量文献已证明普通人群下肢肌肉的慢肌纤维比例高，上肢肌肉的快肌纤维比例高，并且经过训练的跑步运动员下肢肌肉慢肌纤维比例要高于普通人群，经过训练的静水皮艇运动员上肢肌肉慢纤维比例也要高于普通人群。而摄氧量动力学的快慢又被证明与肌纤维类型有关，慢肌纤维比例高的肌肉进行运动时对应的摄氧量动力学快。因此，运动方式对全力运动过程中有氧供能百分比没有影响，但前提是，参与全力运动的肌肉必须具备相似的训练水平，或者相似的肌纤维比例。

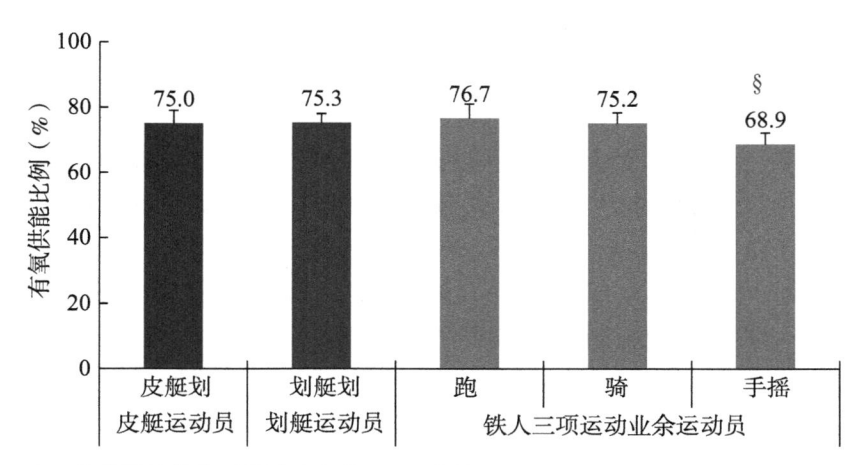

第十章 不同运动方式能量代谢的共性与区别

§ = 显著低于其他四种运动方式，$p < 0.05$。

图 10-1 不同运动方式 4 分钟全力运动有氧供能百分比

既然运动方式对全力运动过程中的有氧供能百分比没有影响，那么就可以对图 9-1 中来自不同运动方式的数据进行合并，并可以得到有氧供能百分比与最大运动持续时间的回归方程：

$$y = 22.404 \times \ln(x) + 45.176, (R^2 = 0.9334)$$

其中，y 为有氧供能百分比（%），x 为最大持续运动时间（分钟）。不同运动方式的全力运动只需要将其最大持续运动时间代入此公式，即可计算出其对应的有氧供能百分比。而在相同持续时间的全力运动中，不同运动方式之间和同一运动方式的不同研究之间的有氧供能百分比仍然存在的差异，则很可能是由于不同研究所采用的受试者参与运动的肌肉的训练水平或肌纤维比例，以及能量代谢计算方法不同造成的。

因此，只需要确保被应用的群体具有相似的肌肉训练水平，有氧供能百分比这一生理学特征在不同运动方式之间是可以通用的。而事实上，经过系统训练的专业运动员在专项运动过程中所动用的肌肉在训练水平或肌纤维比例上是相似的，如跑步运动员的下肢肌肉和静水皮艇运动员的上肢肌肉就具有相似的慢肌纤维比例。

第二节 最大乳酸稳态

根据图 9-1 中的公式，有氧供能主导和无氧供能主导的分界点是 74 秒 4，即当最大持续运动时间小于 74 秒 4 时，有氧供能百分比小于 50%，能量供应以无氧为主；当最大持续运动时间大于 74 秒 4 时，有氧供能百分比超过 50%，能量供应以有氧为主。因此，对于最大持续运动时间大于 74 秒 4 的运动项目（如中长跑、赛艇、公路自行车等），有氧能力是决定运动能力的主要因素。鉴于此，对有氧能力的评价几乎是所有最大持续运动时间大于 74 秒 4 的运动项目，甚至一些最大持续运动时间大于 30 秒的运动项目的评价内容之一。有氧能力的评价指标主要包括最大摄氧量、无氧阈、临界功率或速度等，而无氧阈是评价有氧能力最为普遍的指标。

无氧阈主要涉及通气阈和乳酸阈。自德国著名生理学家霍尔曼（Hollman）于1959年在第三届泛美运动医学大会上受邀进行有关气体代谢和血乳酸的报告，并首次提出通气阈和乳酸阈概念的雏形后，有关通气阈和乳酸阈的研究就急剧增加。沃瑟曼（Wasserman）和麦克罗伊（McIlroy）于1964年首次提出无氧阈（anaerobic threshold）的概念，此后"阈"（threshold，或德文的 schwelle）这一概念得到广泛使用，利用无氧阈这一指标评价人体的有氧能力也在运动实践中被普遍采用。相比通气阈，乳酸阈这一指标在乳酸的酶检测法诞生后逐渐突显其简单和实用的优势。马德尔（Mader）等在研究跑步最大乳酸稳态（maximal lactate steady state，MLSS）的基础上，发现最大乳酸稳态对应的血乳酸处于4 mmol/L左右，并由此确定了4 mmol/L乳酸阈这一相对客观的评价指标。此后，4 mmol/L乳酸阈被广泛运用于多个运动项目，如自行车、皮划艇、赛艇和速度滑冰等。

最大乳酸稳态是指不会导致血乳酸持续积累的最高运动负荷所对应的血乳酸浓度。运动员进行多次持续时间为30分钟的恒定次最大强度的运动，最后20分钟内血乳酸变化小于1 mmol/L的最大运动强度即最大乳酸稳态强度，这种强度下最后20分钟的平均血乳酸即最大乳酸稳态。在马德尔等提出4 mmol/L乳酸阈后，众多学者对不同运动方式的最大乳酸稳态进行了大量研究。综合众多相关研究，可以发现各运动方式的最大乳酸稳态并不一样（图10-2）。将同一运动方式的文献数据进行平均后，划（皮艇）、滑（冰）、骑、跑、游和划（赛艇）的最大乳酸稳态分别为5.40 mmol/L、6.60 mmol/L、4.92 mmol/L、3.44 mmol/L、3.25 mmol/L和3.05 mmol/L。不同运动方式最大乳酸稳态似乎与这种运动方式所运用的肌肉量成反比，即动用肌肉量越多的运动项目（如赛艇80%）最大乳酸稳态

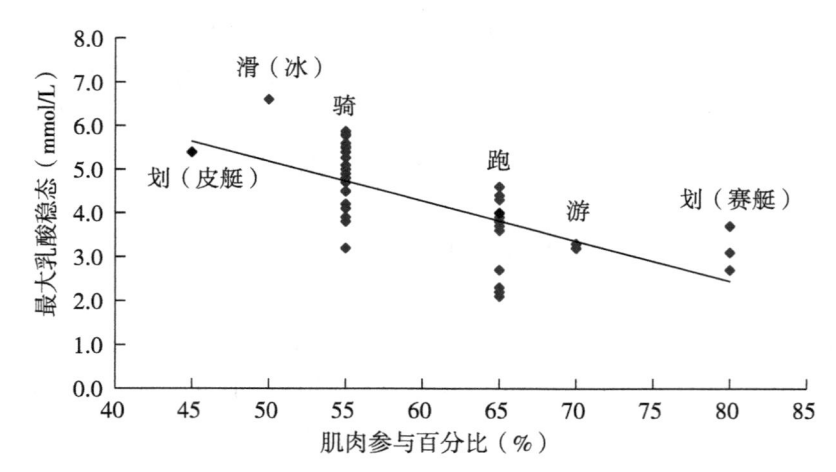

平均值：划（皮艇）5.40 mmol/L，滑（冰）6.60 mmol/L，骑4.92 mmol/L，跑3.44 mmol/L，游3.25 mmol/L，划（赛艇）3.05 mmol/L。

图10-2 不同运动方式的最大乳酸稳态

最低（如 3.05 mmol/L）。因此，将以跑步最大乳酸稳态为理论基础的 4 mmol/L 乳酸阈应用于其他运动项目时就失去了 4 mmol/L 乳酸阈的理论基础，因为其他运动方式的最大乳酸稳态并不是 4 mmol/L，除非将乳酸阈的固定值改为这一运动方式所对应的最大乳酸稳态值，如划（皮艇）采用 5.40 mmol/L 乳酸阈。

但是，4 mmol/L 乳酸阈本身受测试方法的影响，例如，多级测试的每级持续时间和每两级测试间的间歇时间。每级持续时间越短（如 3 分钟 vs. 5 分钟），得到的 4 mmol/L 乳酸阈越大；每两级测试间的间歇时间越长（如 10 分钟 vs. 1 分钟），得到的 4 mmol/L 乳酸阈越大。因此，一些运动项目尽管仍运用 4 mmol/L 乳酸阈评价有氧能力，但是却将多级测试方法进行了修改，以尽可能使测得的 4 mmol/L 乳酸阈能够与这些项目运动方式的最大乳酸稳态进行匹配，如赛艇将多级测试的每一级持续时间延长至 8 分钟，以降低 4 mmol/L 乳酸阈；皮划艇将每两级测试间的持续时间延长至约 10 分钟，以提高 4 mmol/L 乳酸阈。

因此，由于动用的肌肉量不一样，不同运动方式的最大乳酸稳态不同。而以最大乳酸稳态为基础的 4 mmol/L 乳酸阈就有可能低估或高估了这一运动方式真实的乳酸阈强度，以乳酸阈为依据制定的训练强度就可能偏低或偏高。在不同运动方式中运用 4 mmol/L 乳酸阈需要考虑这一运动方式所对应的最大乳酸稳态和多级测试方法。

第三节　能量消耗

人体一天最大的供能量约为 5800 kcal，其中 1500～2000 kcal 属于人体维持正常生命活动所需，剩余的 3500～4000 kcal 属于人体一天运动可消耗的最大能量。由于人体可运动的时间长短取决于人体运动的强度，所以运动强度越低，可运动的时间就越长。人体运动的过程又是一个将代谢的生物能转换为运动的机械能的过程，这个机械能占生物能的比例为效率（gross efficiency）。图 10-3 为对划（赛艇）、骑和划（皮艇）三种运动方式效率的一个综合，可以发现不同的运动方式对应的效率并不一样。跑和游的运动方式由于很难获得运动过程中的功率，因此相应的指标为经济性（economy），其定义为固定速度下的摄氧量。

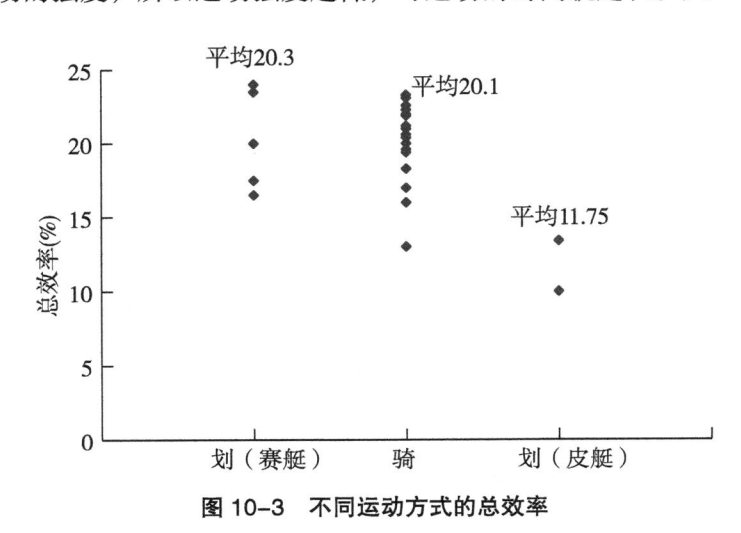

图 10-3　不同运动方式的总效率

由于大多数周期性运动项目都是要求尽快完成规定比赛距离，或者在规定比赛时间内完成尽可能多的距离，因此可以对各种运动方式在不同速度下的能量消耗进行比较。为此，意大利生理学家迪·普兰佩罗（di Prampero）于1986年提出能量消耗（energy cost）这个概念，并将其定义为前进单位距离所消耗的高于安静水平的额外能量。图10-4是不同运动方式在各自运动速度下的能量消耗图，此图清晰地反映了多种运动方式在能量利用效率方面的关系。其中，骑和滑（冰）的运动速度最快，能量消耗最低；游（泳）的运动速度最慢，能量消耗最高；划和跑的速度居中，能量消耗也居中。另外，由于跑、滑（冰）和骑运动时需要克服的阻力主要为空气阻力，而游（泳）和划则主要为水阻，因此跑、滑（冰）和骑的能量消耗随速度增加提高的幅度小，而游（泳）和划的能量消耗随速度增加提高幅度明显。

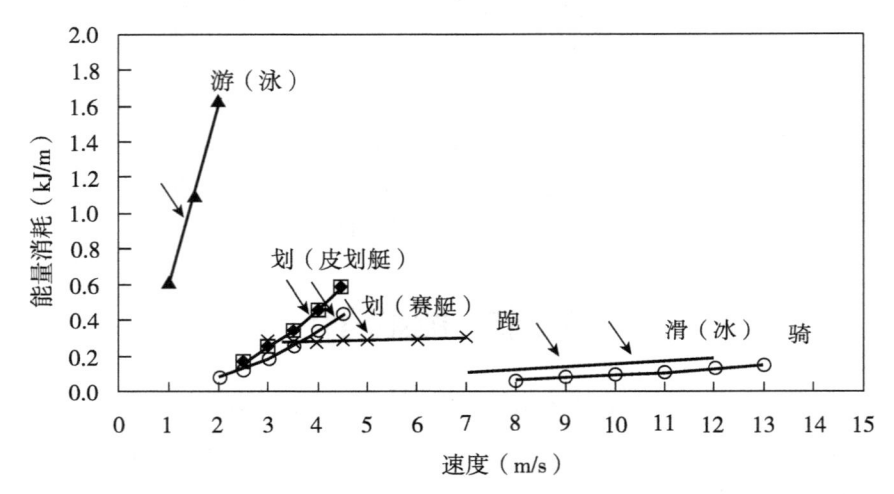

注：跑 $C=0.27+0.00072\ V$，骑 $C=0.013+0.00077\ V$，滑（冰）$C=0.07+0.00079\ V$，游（泳）$C=0.626\ V$，划（皮艇）$C=0.02\ V$，划（划艇）$C=0.0183\ V$，划（赛艇）$C=0.016\ V$，$C=$ 能量消耗（kJ/m），$V=$ 速度（m/s），跑、骑和滑对应身高175 cm，体重75 kg 的运动员。

图10-4　不同运动方式的能量消耗

不同运动方式在能量消耗方面的差异对于竞技体育和全民健身都有启示作用。对于竞技体育而言，能量消耗的差异是导致不同运动项目在年训练量方面（千米数）差异的主要原因之一。世界优秀水平的公路自行车运动员和游泳运动员年专项训练量分别为35000千米和3500～6000千米，而这两个项目的年总训练时间数都约为1000小时。相同年训练时间下，游泳的千米数只有自行车的10%～17%，其主要原因就在于游泳的能量消耗要远高于自行车。从图10-4中也可以发现，赛艇和皮划艇的能量消耗很接近，因此这两个项目的世界优秀运动员在年总训练时间数相似（800小时）的前提下的年专项训练量也相似，并且因为赛艇的能量消耗略低于皮划艇，所以赛艇的年训练千米数略大于皮划艇。对于全民健身而言，体育运动的目的在于愉悦身心，而生理学方面主要涉及控制体重和增加肌肉。世界卫生组织2009年的报告显示，导致死亡的前六个因素中有五个因素与身体活动不足有关。因此，运动是提高身体健康水平的重要途径。但是，以何种运动方式进行体育锻炼对于控制体重的人群来说就需要考虑不同运动方式的能量消耗。对于体育锻炼时间有限的人群来说，游泳无疑是消耗能量的最佳选择，因为其能量消耗在几种运动方式中最高；相反，对于以远足观光为主要目的的人群来说，自行车是最佳选择，因为其能量消耗在几种运动方式中最低。

小 结

不同运动方式在能量代谢方面既有共性也有区别。在确保参与运动的大肌肉具有相似训练水平的前提下，有氧供能百分比与最大持续运动时间之间的指数关系适用于各种有大肌肉参与的运动方式。由于参与运动的肌肉量不同，不同运动方式对应的最大乳酸稳态并不一样，因此在确定一种运动方式的乳酸阈时需要考虑这一运动方式的最大乳酸稳态，以及获得乳酸阈的多级测试方法。能量消耗这一指标能够对多种运动方式的能量利用效率进行综合比较，不同运动方式的能量消耗特征可以作为竞技体育和全民健康的重要参考。

作者：黎涌明

第十章
参考文献

第十一章 人体运动的最大乳酸稳态

人体运动是将生物能转换成机械能的过程。同一动作方式下，低功率输出时人体的能量代谢以有氧供能为主，但无氧供能会随着输出功率的增加而逐渐增加。人体能量代谢由低强度向高强度转换的临界点（阈）是半个多世纪以来运动生理学领域探究的热点之一。与这个"阈"相关的研究成果在竞技表现提升领域有着重要的应用价值，阈所对应的强度也是竞技领域制订训练计划的一个重要参照。

自沃瑟曼于1964年提出无氧阈以来，与运动生理学强度"阈"相关的众多概念被陆续提出，相关概念包括通气阈、乳酸阈、临界功率/速度、最大乳酸稳态等。然而，到底何种概念对应的生理学状态能够准确反映人体能量供应从低强度向高强度运动转换的"阈"，一直以来是学界争论的焦点。

最大乳酸稳态（Maximal Lactate Steady State, MLSS）是在持续运动中血乳酸产生与利用的最高平衡状态，其是运动强度划分的一个重要参照。现有研究普遍认为，MLSS是评价无氧阈的金标准。自诞生起，MLSS在生理机制和影响因素等方面广受关注。相比于国外对MLSS的持续关注，国内对MLSS的关注非常有限（2022年4月在"中国知网"中文主题检索下只找到9篇相关文章），相关研究主要涉及MLSS训练在不同体育项目中的应用和运用MLSS验证其他无氧阈测试或指标的有效性两个方面。并且，国内运动生理学相关教科书也鲜见有关MLSS的介绍。为此，本章拟从历史发展、生理机制、影响因素三个方面对国内外MLSS相关文献进行梳理，并在指出MLSS局限性的基础上，给出MLSS的应用建议，为进一步认识人体运动的能量代谢过程，更为准确地开展有氧能力评价提供参考。

第一节 MLSS 的起源与发展

MLSS的起源与无氧阈的研究进展密切相关。从20世纪50年代开始，研究人员在对心肺疾病患者次最大强度下有氧能力测试中发现了慢速疲劳到快速疲劳的阈强度，其在1964年由沃瑟曼首次命名为无氧阈。20世纪60年代，德国学者开始尝试使用酶促法测定毛细血管中的血乳酸浓度，这极大地提高了血乳酸检测的速度和准确性。在此背景下，

第十一章　人体运动的最大乳酸稳态

采用血乳酸指标探究无氧阈的研究迅速增加，相关概念也被不断提出，如乳酸阈、乳酸拐点、个体乳酸阈等。尽管使用的概念各异，但这些概念对应的都是在递增负荷测试中血乳酸由低强度向高强度转换过程中对应的拐点。20 世纪 70 年代，德国科隆体育大学的赫尔曼·赫克（Hermann Heck）、阿洛伊斯·马德尔（Alois Mader）与维尔德·霍尔曼（Wildor Hollmann）等对递增负荷和恒定负荷运动中的血乳酸变化进行了一系列研究，发现在多次恒定负荷测试间同样存在一个血乳酸阈值，当恒定负荷运动的强度高于该阈值时，受试者的血乳酸将不再保持稳定状态，运动至力竭的时间也会显著缩短。进入 20 世纪 80 年代，斯特格曼（Stegmann）等和赫克等正式提出了 MLSS，并先后用 MLSS 验证个体乳酸阈和 4 mmol/L 乳酸阈的准确性。

此后，以德国学者拉尔夫·本内克（赫尔曼·赫克在德国科隆体育大学指导的博士生）和法国学者维罗尼克·比拉特（Veronique Billat）为代表的学者围绕 MLSS 的测试方法和影响因素进行了一系列研究。后续研究大多采用本内克制定的 MLSS 测试方法（图 11-1），其包括 1 次递增负荷测试和 2~5 次 30 分钟的恒定负荷测试。其中，递增负荷测试的目的是测定最大有氧功率/速度（P/v_{max}，即最大摄氧量对应的功率/速度）和无氧阈，为恒定负荷测试提供一个起始强度（60 %P/v_{max} 或无氧阈），多次恒定负荷测试的目的是寻找 MLSS。每 2 次测试间隔至少 24 小时，以确保受试者充分恢复。尽管后续研究尝试对 MLSS 测试进行改进，但本内克等制定的测试方法目前被认为是 MLSS 测试的标准方法。

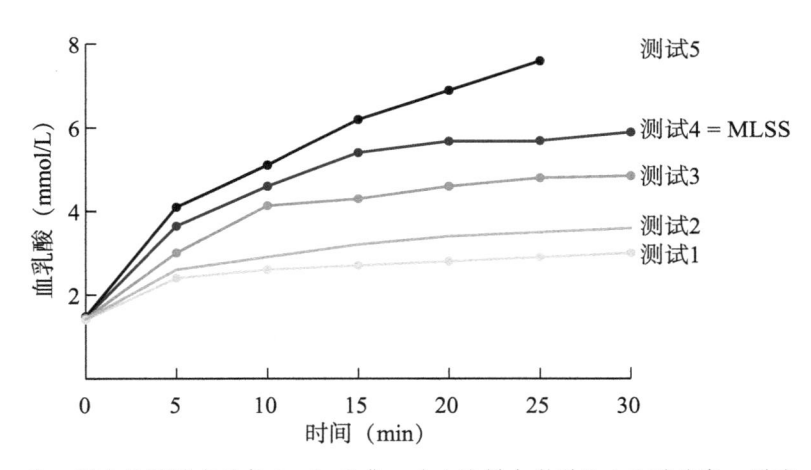

注：图中的圆圈表示每 5 min 采集一次血液样本得到的血乳酸浓度；测试 4 为恒定负荷测试血乳酸升高不超过 1 mmol/L 的上限，即为 MLSS；测试 4 中 10~30 min 的平均血乳酸即为 MLSSc，测试 4 对应的输出功率为 MLSSw。

图 11-1　MLSS 测试图示

后续研究发现，MLSSw 与长距离耐力性项目比赛的功率输出类似，并且对无氧阈提升的敏感性较高。因此，不少研究将 MLSS 测试作为无氧阈的金标准测试方法。但是，此测试方案近年来受到了挑战。琼斯等认为 MLSS 测试方案会系统性地低估测试结果，血乳酸测试精度受测试仪器的限制，并且血乳酸并不能准确反映做功肌肉的代谢状态，建议临界功率可以作为无氧阈的金标准测试方法。加兰、里奥哈（Galán Rioja）等的荟萃分析将临界功率作为金标准，比较了 MLSS、通气阈和乳酸阈之间的差异。但是以上观点受到了加西亚·塔巴尔（Garcia Tabar）等的反对，他们认为上述对 MLSS 的质疑主要在于方法学，而这是可以通过合理的实验设计予以避免的；他们还认为，临界功率测试主要是基于数学计算的结果，具体的生理机制尚不明确。近年来还有研究提出了将递增负荷与恒定负荷运动相结合，推算出恒定负荷运动中 VO_2 的最大稳态来代替 MLSS 测试。尽管该方案仅需要进行一次测试且无须采血，但是该方案适应的人群和运动方式还需要进一步改进。

第二节　MLSS 的影响因素

自 MLSS 提出以来，学术界围绕 MLSS 进行了大量研究。图 11-2 是对文献报道的 MLSSc 值的一个汇总，从中可以看出，MLSSc 的范围为 1.8～7.1 mmol/L，且不同运动方式和同一运动方式不同研究间的 MLSSc 都存在较大差异。这表明，MLSS 可能受多个因素的影响，对这些影响因素的梳理有助于开展不同研究间的对比，更好地控制研究中的条件，并寻找改善 MLSS 的训练方法。为此，下文将重点从运动方式、实验对象（年龄、性别、运动水平）、测试方案等多个方面梳理 MLSS 的影响因素。

一、运动方式

MLSS 的早期研究采用的是跑步这一运动方式，相关结果表明跑步的 MLSSc 约为 4 mmol/L，这一结果也成为 4 mmol/L 乳酸阈的重要理论基础。然而，本内克很快发现，高水平赛艇、自行车和速度滑冰运动员以各自项目的运动方式所测得的 MLSSc 分别为 3.1 mmol/L、5.4 mmol/L 和 6.6 mmol/L，这表明不同运动方式的 MLSSc 存在差异，且 MLSSc 似乎与肌肉参与量成反比。图 11-2 对文献报道的 MLSSc 按运动方式进行了汇总，其中研究最多的运动方式为自行车（49.6%）、跑步（31.3%）和游泳（11.5%）。然而，同一运动方式的 MLSSc 同样差异很大，如自行车报道的范围为 3.2～7.1 mmol/L，跑步为 1.8～5.6 mmol/L，游泳为 1.9～4.8 mmol/L。这些差异似乎表明，肌肉参与量不足以解释不同运动方式间 MLSSc 的差异，更无法解释同一运动方式不同研究间 MLSSc 的差异。

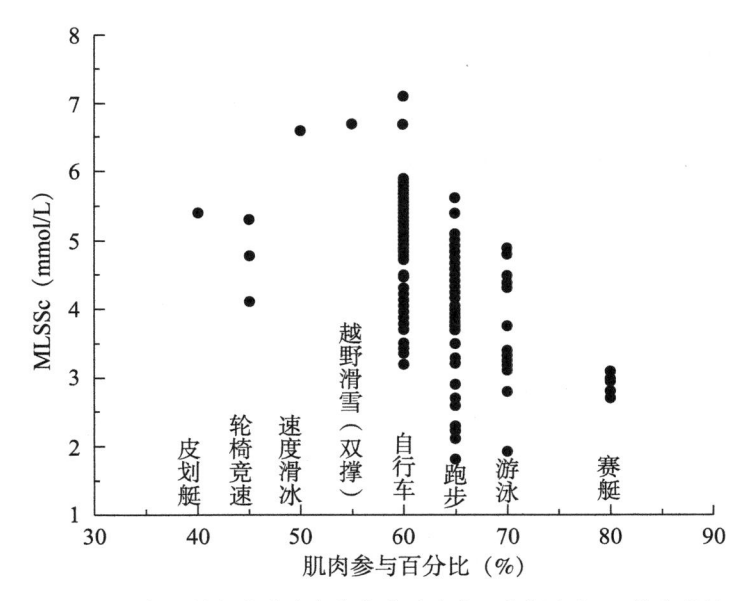

图 11-2 不同运动方式的肌肉参与百分比与 MLSSc 的关系图

注：MLSSc 表示最大乳酸稳态的血乳酸浓度；数据来自 91 篇文献的 131 个数据，参考文献略。

除 MLSSc 外，不同运动方式的 MLSSw 同样存在差异。本内克对赛艇、速度滑冰和自行车 MLSS 进行研究发现，三者的 MLSSw 依次递减。但是，该研究中的三种运动方式采用的是不同的受试者，且 MLSSw 的计算方法也不同，这导致难以对 MLSSw 进行直接比较。此后，本内克又选取赛艇运动员分别进行功率自行车和赛艇测功仪测试，发现赛艇的 MLSSw 为 202 W，低于功率自行车 216 W。赛艇较自行车有着更大的肌肉参与量（80% vs. 50%），但是赛艇做功的效率低于自行车（18% vs. 22%），这似乎表明 MLSSw 与做功效率存在正向关系。但由于目前仅有功率自行车和赛艇测功仪方面的研究，该结论是否适用于其他运动方式尚不明确。

由于 MLSSw 对应的指标有功率（如功率自行车、赛艇测功仪）和速度（如跑步速度、游泳速度），且不同运动方式由于做功效率不同，MLSSw 之间难以直接进行比较。因此，不同运动方式通常采用 MLSSw 与 P/v_{max} 的百分比（即 %MLSSw）这一指标进行对比。研究表明，运动水平相似的三类运动员以各自项目对应的运动方式进行赛艇、自行车和速度滑冰，得到的 %MLSSw 类似（分别为 76.2%、71.8% 和 78.1%）。同一批赛艇运动员分别进行赛艇和自行车测试，得到的 %MLSSw 也类似（分别为 63.3% 和 68.6%）。与以上结论不一致的是，方塔纳（Fontana）等通过研究发现，自行车的 %MLSSw 显著低于跑步（62% vs. 71%）。但是，此研究中自行车的 P_{max} 达到了 402 W，处于较高的水平，而跑步的 P_{max} 仅为 18.5 km/h，自行车更高的 P_{max} 可能导致了其 %MLSSw 低于跑步。

二、测试对象

如上所述,同一运动方式的 MLSS 同样差异较大,而导致这一差异的原因可能与不同研究所采用的测试对象和测试方案不同有关。其中,测试对象往往在年龄、性别和运动水平三方面存在差异。

(一)年龄

现有 MLSS 相关研究涵盖了 11~59 岁的测试对象。本内克等对儿童(11 岁或以下)和成年人(约/平均 26 岁)进行了自行车的 MLSS 研究,发现不同年龄组的 MLSSc 类似(3.9~4.2 mmol/L)。尽管成年组有着更高的 MLSSw(2.8 W/kg vs. 2.3 W/kg),但是二者的 %MLSSw 类似(67% vs. 65%)。然而,马特恩(Mattern)等对有着相似训练水平的青年(26 岁)、中年(43 岁)和老年(65 岁)运动员进行了自行车的 MLSS 测试,却有着不一样的发现。尽管三类受试者的 MLSSc 差异不显著,但更大年龄组的 MLSSc 更低,且 %MLSSw 每 10 年的下降率为 3.3%。尽管这项研究中同时进行了股外侧肌的肌肉活检,但作者认为横断面的证据不足以解释 %MLSSw 随年龄增加而下降的现象,还有待对相同受试者进行纵向跟踪研究。

(二)性别

现有 MLSS 相关研究涵盖了男女两种性别的研究对象。研究发现,对于运动水平相似的,不管是儿童还是成年运动员,男性 MLSSw 要显著高于女性,但是二者的 MLSSc 和 %MLSSw 不存在显著差异。这一结论也得到了比拉特(Billat)与阿尔马维(Almarwaey)等的支持。但是,哈芬(Hafen)等对成年运动员跑台跑步的研究发现,尽管 MLSSw 和 %MLSSw 类似,但男性运动员的 MLSSc 显著高于女性(2.59 mmol/L vs. 1.79 mmol/L)。这种差异可能还与运动水平有关。

(三)运动水平

现有 MLSS 相关研究涵盖了从业余水平到国家队水平的研究对象。迪纳代(Denadai)等发现,不同水平运动员的自行车 MLSSc 类似(5.0 mmol/L vs. 4.9 mmol/L),但是高水平运动员的 MLSSw(282 W vs. 180 W)和 %MLSSw(79.5% vs. 68.0%)均显著高于低水平运动员。然而,本内克等研究发现,尽管 P_{max} 与 MLSSw 正相关,但是与 %MLSSw 之间却不相关,%MLSSw 与运动水平无关。同样,斯梅卡尔(Smekal)等将 62 名受试者按照 P_{max} 分为低、中、高三类运动水平,结果发现不同水平运动员的 MLSSc 不存在显著差异,但是高水平运动员的 MLSSw 显著高于低水平。值得注意的是,%MLSSw 受 P_{max} 的影响可能与最大摄氧量的测试方案和受试者的主观努力程度有关。

三、测试方案

尽管本内克等制定的 MLSS 测试方案被广泛采用，但这一方案中每 5 分钟运动后安排采集血乳酸的时间需要根据具体运动情境进行调整（如场地测试中运动员需要更长时间抵达采血点），且这一方案并未对测试环境、动作频率等因素进行限定。这些与测试方案相关的因素同样可能会影响 MLSS 的测试结果。

（一）间歇

MLSS 测试方案的主要内容是多次持续时间为 30 分钟的恒定负荷运动。对于实验室环境的自行车骑行，研究人员可以在受试者不中断运动的前提下完成血乳酸采集。但在跑步、滑冰、游泳等场地测试中，研究人员必须中断受试者的运动才能进行血乳酸采集，并且不同测试环境需要的中断时间长短不同（如速度滑冰场地测试需要更长时间）。因此，30 分钟恒定负荷运动中的间歇（有无、长短、积极性或消极性恢复）可能是影响 MLSS 的一个因素。本内克等最早对此问题进行了专门研究，其对比了实验室自行车骑行过程中无间歇、每 5 分钟间歇 0.5 分钟和 1.5 分钟的 MLSS。结果表明，三种情况对应的 MLSSc（4.7 mmol/L、5.7 mmol/L、5.9 mmol/L）、MLSSw（278 W、300 W、310 W）和 %MLSSw（73.7%、79.2%、81.5%）均随间歇时间的延长而增加。此后，对于跑步、自行车和游泳这三种运动方式的研究均发现每 5 分钟间歇 1 分钟比无间歇的方案有着更高的 MLSSc 和 MLSSw。此外，格雷克（Greco）等探究了 30 分钟恒定负荷运动中不同间歇期恢复方式（50 %P_{max} vs. 休息）对 MLSS 的影响，发现二者对应的 MLSSc 和 MLSSw 类似，这难以证明恢复方式对 MLSS 的影响。

（二）动作频率

动作频率似乎对 MLSS 也存在影响。迪纳代等发现，当功率自行车踏频从 50 rpm 增加到 100 rpm 时，MLSSc 无显著变化（4.86 mmol/L vs. 4.72 mmol/L），但是 MLSSw（186 W vs. 142 W）与 %MLSSw（70.5 % vs. 61.4 %）均显著降低。有意思的是，本内克等的研究却得到了不同的结论，当踏频从 60 rpm 增加至 106 rpm 时，MLSSc（4.3 mmol/L vs. 5.4 mmol/L）与 MLSSw（227 W vs. 258 W）均显著增加，但是 %MLSSw（68 % vs. 72 %）差异不显著。本内克将这一差异归因于受试者的运动水平更高，以及测试使用的是电阻功率自行车。更高的运动水平能够在高踏频下维持更高的输出功率，电阻功率自行车能够在高踏频下保持稳定的功率输出而不会有额外的能量损耗。因此，本内克的研究中运动员在高踏频下有更高的 MLSSw 和 MLSSc。动作频率影响 MLSS 的机制可能与参与做功的力和做功周期比（duty cycle）有关。功率自行车踏频增加会显著减小踩踏腿的张力，但是对做功周期比的影响不大。相比之下，速度滑冰较其他方式有着更高的 MLSSc，这可能与其做功周期比（约 50 %）高于其他运动方式（自行车约 30 %，跑步约 10 %），并进一步导致更大程度的血流限制有关。但是，有关力和做功周期比对 MLSS 的影响的研究还尚未见报道。

（三）其他环境因素

MLSS 还可能受测试环境温度的影响。德·巴罗斯等对比了 22°C 与 40 ℃环境温度下的 MLSS，发现 40 ℃下的 MLSSc（4.2 mmol/L vs. 5.6 mmol/L）和 MLSSw（148W vs. 180 W）更低，但 %MLSSw（79 % vs. 75 %）类似。还有研究探究了体温的昼夜节律对 MLSS 的影响。菲尔普（Philp）对一天之中不同时段的 MLSS 测试进行对比发现，下午的 MLSSc 显著高于上午，但是 MLSSw 差异不显著。这一现象的原因可能是在下午有着更高的体温，在高体温状态下运动，碳水化合物的利用会增加，脂肪氧化会减少，热应激会促进交感神经系统活动，并伴随乳酸的生成而增加。

四、小结

尽管 MLSS 测试方案相对固定，但 MLSSc、MLSSw 和 %MLSSw 受不同因素影响，表 11-1 是对各影响因素的一个汇总。

表 11-1　不同因素对 MLSS 的影响

项目	影响因素	MLSSc	MLSSw	%MLSSw
运动方式	肌肉参与百分比	↓	—	—
	做功效率	—	↑	—
测试对象	年龄	—	Λ	↓
	男 vs. 女	—	↑	—
	运动水平	—	↑	—
测试方案	间歇时长	↑	↑	↑
	积极恢复 vs. 消极恢复	?	?	?
	高温 vs. 常温	↓	↓	—
	体温	↑	—	—
	运动频率	?	?	?

注：MLSSc 表示最大乳酸稳态的血乳酸，MLSSw 表示最大乳酸稳态功率，%MLSSw 表示最大乳酸稳态相对于最大有氧功率的百分比；↓ 表示测试结果与影响因素成负相关，↑ 表示测试结果与影响因素成正相关，— 表示测试结果与影响因素不相关，? 表示目前尚不清楚测试结果与影响因素之间的关系，Λ 表示成年人的 MLSSw 高于青少年和老年。

现有研究似乎表明，不同运动方式的肌肉参与量与 MLSSc 成反比，做功效率与 MLSSw 成正比，但对 %MLSSw 无影响。随着年龄的增长，MLSSc 不会发生显著变化，MLSSw 在成年后达到最大值，%MLSSw 会随年龄增长而下降。男性和高水运动员有着更高的 MLSSw，但 MLSSc 与 %MLSSw 似乎与性别和运动水平无关。间歇测试方案较持续方案有着更高的 MLSSc、MLSSw 和 %MLSSw，间歇期恢复方式对 MLSS 结果的影响尚不明确；高温会降低 MLSSc 和 MLSSw，但不会影响 %MLSSw；体温不会影响测得的 MLSSw，但下午 MLSSc 显著高于上午；动作频率对 MLSS 存在影响，但目前的研究结论不一致。其他可能影响 MLSS 的因素还包括做功周期比、氧分压、女性生理周期、训练阶段、水合状态、营养补剂等。

第三节　MLSS 的生理学机制

MLSS 反映了持续运动中人体能量供应从低强度向高强度转化过程中的临界强度。MLSSc 是持续性运动中血乳酸稳态的上限，当运动中测得的血乳酸超过 MLSSc 时，人体会出现疲劳而不能维持长时间的运动。但是，人体的血乳酸在恒定负荷运动中为什么存在一个最高稳定状态？为此，下文将从能量代谢中乳酸的作用和乳酸穿梭两个方面对 MLSS 的生理学机制进行介绍。

一、乳酸在代谢中的作用

很长时间以来，人们一直认为乳酸是肌肉在无氧代谢时产生的代谢废物。诺贝尔生理学－医学奖获得者阿奇博尔德·希尔（Archibald Hill）提出，肌肉中乳酸累积的原因可能是缺氧。无氧阈的提出者卡尔曼·沃瑟曼（Karlman Wasserman）也将无氧阈解释为氧气供应不足导致的乳酸累积。然而，随后的研究表明，缺氧可能并不是乳酸累积的原因，乳酸更有可能是缺氧的副产物，并且乳酸可以作为燃料重新参与供能。研究发现，在递增负荷运动中乳酸累积的同时并没有出现氧化磷酸化受限。在次最大强度运动中肌肉乳酸水平升高可能并不是因为缺氧，更有可能是糖酵解速率加快、乳酸产生与清除失衡，以及快肌纤维的募集增加等因素导致的。尽管缺氧并不是骨骼肌产生乳酸的原因，但是乳酸的累积确实会受到缺氧的影响。有研究表明，在高强度运动中缺氧会导致乳酸累积，而富氧导致乳酸被更快地清除。导致这种变化的原因可能与高代谢率下人体对缺氧的急性反应有关，如血液儿茶酚胺浓度的快速增加，细胞内 [ADP]·[Pi]/[ATP] 的快速变化等。

尽管研究表明乳酸并不是骨骼肌在缺氧条件下的产物，但这并不足以说明乳酸不是疲劳的致因。早期的一些研究发现，向离体骨骼肌灌注 La^- 和 H^+ 均会导致收缩力量的下降。H^+ 会降低血液的 pH 值，酸中毒被认为是疲劳的致因之一。但是，有研究表明骨骼肌可以在没有酸中毒的情况下出现疲劳。还有研究将骨骼肌提前酸化处理，将 pH 值降低 0.4，结果发现并不会加快疲劳。此外，当肌细胞中 K^+ 累积时会延缓 Na^+ 通道的恢复，阻止动作电位的传导而诱发疲劳。但是，当向 K^+ 预先疲劳处理过的骨骼肌中添加 La^- 时会加速肌肉从疲劳状态下恢复。La^- 和 H^+ 对运动表现存在负面作用，但可能不是疲劳的主要致因。这表明，在MLSSw强度下的长时间运动中，乳酸并不是代谢废物。相反，乳酸提供了一种在能量代谢稳态下分配底物和协调组织间氧化还原状态的有效途径。

二、乳酸穿梭

对乳酸在能量代谢中作用认知的改变推动了乔洛·布鲁克斯（George Brooks）在1984年提出了乳酸穿梭（lactate shuttle）学说（也称细胞内乳酸穿梭），即在休息和运动期间，乳酸在人体不同的组织中穿梭，为氧化和糖异生提供重要的碳源。乳酸穿梭学说提出乳酸是一种能量中间体，乳酸由骨骼肌糖酵解代谢生成，然后通过血液运输至全身，可以被脑、心脏、骨骼肌等多种身体组织氧化，作为能量底物参与供能，或者通过糖异生和糖原合成后重新参与代谢。

当运动强度较低时（小于乳酸阈1/通气阈1），做功肌肉所产生的乳酸在其内部就能清除；当运动强度增加，但小于或等于MLSSw时，做功肌肉所产生的乳酸超过做功肌肉的清除能力，但多余的乳酸可以经血液扩散而被身体其他组织清除，此时血液中的乳酸会略有增加，但是仍然能保持稳态；当运动强度进一步增加（大于MLSSw）时，做功肌肉产生的多余乳酸超过了身体其他组织的清除能力，血液中的乳酸开始急剧增加。MLSS中的乳酸是指血乳酸，血乳酸的稳定状态由乳酸生成、转运和利用或清除速率决定，乳酸生成与运动强度（强度越大，生成速率越快）和参与肌肉量（参与肌肉量越多，生成速率越快）有关，乳酸利用或清除与非做功肌肉的量（非做功肌肉越多，利用速率越快）和质（非做功肌肉的氧化和糖异生能力越高，利用速率越快）有关。

MLSSc表示恒定负荷运动中乳酸产生与利用的最高平衡时测得的血乳酸浓度，乳酸穿梭学说解释了MLSS的形成机制。但是不同于MLSSw与有氧能力正相关，多项研究表明MLSSc与有氧能力不相关且存在较大的个体差异，以相同运动方式测得的MLSSc的变异系数约为25%。耐力训练可以通过提升肌肉氧化乳酸和肝脏的糖异生能力提高乳酸的利用能力。并且，耐力训练可以提升单羧酸转运蛋白的表达，从而提升乳酸的转运能力，但是研究表明转运蛋白的浓度与MLSSc似乎不存在相关性。MLSSc的个体差异还有待进一步的研究。

第四节 MLSS的局限

尽管优点诸多，但MLSS自诞生以来就受到质疑。首先，MLSS测试中受试者需要在不同天内多次进行30分钟的恒定负荷运动，且在运动中要频繁地采血，测试的长时间跨度、测试带来的疲劳和创伤性会大大降低受试者的参与意愿。其次，MLSS测试的核心指标是血乳酸，但是血乳酸的测试受多个因素影响。例如，由于生物学变异和分析误差，在次最大强度运动时血乳酸测量存在 11%～52 % 的典型偏差。并且，MLSSc 的测试标准为第 10～第 30 分钟内的血乳酸升高不超过 1 mmol/L，但是目前广泛使用的掌式血乳酸仪通常存在 0.2～0.4 mmol/L 的误差。最后，MLSS 对应的乳酸只是血液中的乳酸，而乳酸的代谢主要发生在骨骼肌中，血液中的乳酸稳定状态并不一定同样存在于骨骼肌。MLSS 存在的这些局限一方面降低了该指标和测试在训练实践中的应用性，另一方面也对 MLSS 测试中方案的选取、过程的控制、采血人员的熟练程度、血乳酸分析仪的选用提出了很高的要求。

第五节　MLSS 的应用建议

鉴于 MLSS 测试结果受多种因素的制约，且测试本身也存在一定的局限性，在实施 MLSS 测试前需要注意以下问题。首先，采用固定的测试流程，包括测试前的热身方案、正式测试中因采血需要而安排的间歇时间、间歇期的恢复方式，以及每两次测试的间隔时间。其次，严格控制 MLSS 测试的其他条件，尽可能保证每次测试的环境和时间段都一致或接近。测试还应该保证受试者的营养和水合状态，测试前一天避免大强度的身体活动以免影响体能状态。最后，降低血乳酸采集和分析过程可能出现的误差，在实验前应该保证实验人员能够熟练采集血样，并且尽可能安排固定的血样采集人员。使用误差更小的台式血乳酸分析仪，在血乳酸分析前对仪器进行标准化校准。

尽管 MLSS 测试方案烦琐、耗时长，对测试方案、测试人员和分析仪器要求高，但只要对测试和分析过程进行严格控制，MLSS 测试确实能够为评价有氧能力和制订耐力训练计划提供重要参考。目前众多耐力项目采用 4 mmol/L 作为中强度和高强度的划分标准，这其中的 4 mmol/L 正是基于跑步 MLSS 测试得到的 。然而，MLSSc 受运动方式的影响（详见本章第二节所述），从跑步中测得的 MLSSc 不能简单地应用于其他耐力项目，不同运动项目应以自身所对应运动方式的 MLSSc 来确定划分中强度和高强度。例如，皮艇对应的 MLSSc 为 5.4 mmol/L，因此皮艇划分中强度和高强度的参照强度建议取 5.4 的整数，为 5.0 mmol/L 而不是 4.0 mmol/L，机械地采用 4.0 mmol/L 制订训练计划可能导致训练强度偏低。

小　结

MLSS 是持续运动中乳酸产生与清除的最高平衡状态，也是运动强度划分的一个重要参照。MLSS 的起源与无氧阈的研究密切相关。自 20 世纪 80 年代斯特格曼等和赫克等首次提出以来，MLSS 在研究和实践领域受到了广泛关注，并被认为是评价无氧阈的金标准。乳酸穿梭为不同运动强度下人体的血乳酸反应和 MLSS 提供了生理学基础。MLSS 受运动方式、实验对象和测试方案等多个因素影响。为了提高 MLSS 测试的准确性，需要对 MLSS 测试的方案、流程、采血人员、血乳酸分析仪进行严格控制。鉴于不同运动方式的 MLSSc 存在差异，建议不同运动项目根据自身运动方式对应的 MLSSc 划分中强度和高强度。

作者：李博，黎涌明

第十一章
参考文献

第十二章 人体运动的摄氧量动力学

在周期性耐力性运动项目的比赛中，伴随发令枪或起航器的鸣响，运动员（以及相关体育器械）迅速由静止进入高速运动的状态，机体对能量供应的需求也急剧增加。然而，人体摄氧量（VO_2）无法瞬间提高，经由有氧供能所产生的能量无法满足高速运动所需，因此，这种能量需求的空缺（氧亏）只能通过机体的无氧代谢（磷酸原供能和糖酵解供能）来填充。VO_2从安静或空载负荷运动状态进入指定强度运动状态，以及运动后恢复状态的动态过程被称为摄氧量动力学（VO_2 kinetics）。

当运动强度低于乳酸阈强度时（本部分乳酸阈和通气阈对应为相应的第一个拐点），VO_2呈指数状快速增长（快速部分，VO_{2-FC}），并在3分钟以内达到一个稳定状态（VO_{2-SS}），τ（VO_2达到VO_{2-SS}对应的时间常数）反映运动开始后VO_2的动员速率，τ越短，VO_2动员越迅速，运动中产生的氧亏就越少；τ越长，VO_2动员越缓慢，运动中产生的氧亏就越多。当运动强度高于乳酸阈强度时，VO_{2-SS}将会延迟或消失，并在VO_{2-FC}之后出现一个慢速增长部分（VO_{2-SC}）（图12-1）。不管运动强度高低，更快的VO_2动员和更小幅度的VO_{2-SC}可以增加运动中有氧供能的比例，减少无氧供能的比例，从而提高肌肉的抗疲劳程度，进而提高运动能力。加快VO_2从安静或空载负荷状态进入运动状态的动员速率和减小VO_{2-SC}的幅度成为目前运动员改善能量代谢过程、提高运动能力的一个重要思路。本章主要对

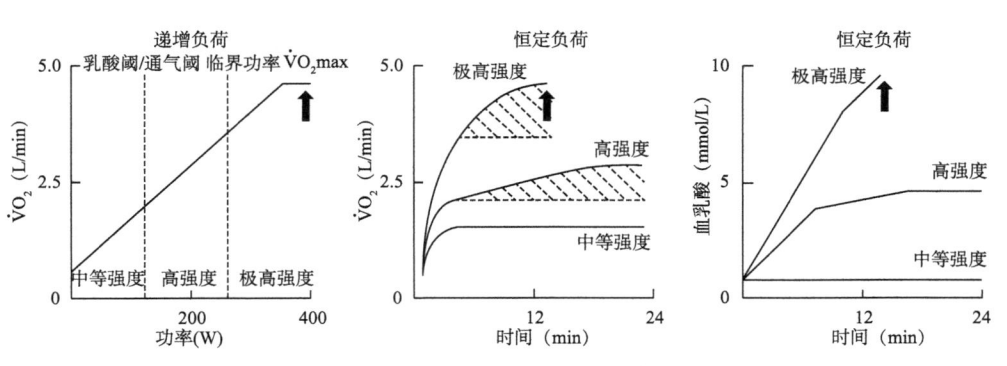

图12-1 不同强度下的摄氧量动力学

运动中的摄氧量动力学进行综述，涉及历史回顾、生理学特征、测试和计算方法等方面，为了解摄氧量动力学的研究进展提供参考。

第一节　摄氧量动力学的历史回顾

对摄氧量动力学的研究可追溯到1913年，丹麦哥本哈根大学的克罗（Krogh）和林哈德（Lindhard）在生理学杂志 Journal of Physiology 上描述了不同运动负荷下 VO_2 从安静向运动状态的变化过程，并发现摄氧量动力学与运动负荷的强度有关。1920年二人再次发文，全面描述了 VO_2 从安静到运动再到恢复的过程，并首次提出氧亏（oxygen deficit）的概念，指出运动开始阶段产生的氧亏在运动中没有得到补偿，但是在运动后可以。此后30多年，对摄氧量动力学的研究主要集中于运动后的 VO_2 变化。希尔（Hill）等在1923年首次提出氧债（oxygen debt）的概念，并认为氧债是将乳酸转化为糖原所需。马格利亚（Margaria）等在1933年证明氧债与乳酸的清除无关，并将运动后恢复阶段的 VO_2 分为快速部分或无氧非乳酸部分和慢速部分或无氧乳酸部分。进入20世纪50年代，摄氧量动力学的研究加强了对运动开始阶段 VO_2 变化的关注。1956年，亨利（Henry）等认为运动开始阶段的 VO_2 同样可以分为无氧非乳酸部分和无氧乳酸部分。1961年，阿斯特兰德等报道了高强度运动中 VO_2 在快速增长之后还存在慢速增长的现象。1966年，奥索克劳斯（Auchinclos）等报道了 VO_2 在运动开始后的前20 s内存在一个突然增加的现象（此阶段对应为阶段Ⅰ）。

目前通用的三阶段摄氧量动力学始于卫普（Whipp）等于1972年的研究，他们研究了不同强度恒定负荷运动下的摄氧量动力学，发现随着运动强度的增加，单部分指数模型（1-compoent exponential model）不再能够描述摄氧量动力学，而需要一个双部分指数模型（2-compoent exponential model），即 VO_{2-FC} 和 VO_{2-SC} 各对应一个指数模型。1974年，林纳尔松（Linnarsson）建立了摄氧量动力学的双部分指数模型（图12-2左部分），且 VO_{2-FC} 和 VO_{2-SC} 的起始时间一样，都以阶段Ⅰ结束为起点。1982年，卫普等提出摄氧量动力学可分为三个阶段（阶段Ⅰ：起始快速增长阶段，VO_{2-C}；阶段Ⅱ：指数增长阶段，VO_{2-FC}；阶段Ⅲ：稳定状态阶段，VO_{2-SS}），并通过比较不同计算模型，证明将 VO_2 阶段Ⅰ结束时间点设为对 VO_2 进行单部分指数模型计算的起始时间点进行分析更加准确。1991年，巴斯托（Barstow）和摩尔（Mole）认为 VO_{2-FC} 和 VO_{2-SC} 的起始时间不一样，VO_{2-SC} 在 VO_{2-FC} 结束后才开始，并提出了计算摄氧量动力学的新模型（图12-2右部分）。1996年，巴斯托等根据摄氧量动力学的三个阶段提出了完整的计算模型，其中高于乳酸阈强度的运动对应的阶段Ⅲ为 VO_{2-SC}。

$$\Delta\dot{V}O_2(t)=A_1[1-e^{-(t-TD)/\tau_1}]+A_2[1-e^{-(t-TD)/\tau_2}]$$

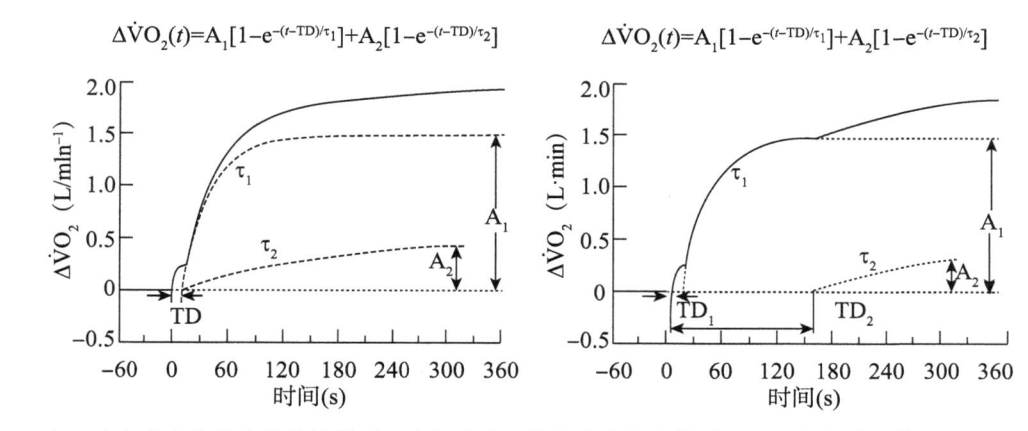

注：左部分为林纳尔松等的模型，右部分为巴斯托和摩尔的模型，$\Delta\dot{V}O_2$ 为相对安静状态或空载负荷状态增加的 $\dot{V}O_2$，TD 为延时，A 为 $\dot{V}O_2$ 的提高幅度，τ 为时间常数。

图 12-2　摄氧量动力学的不同计算模型

第二节　摄氧量动力学的生理学特征

摄氧量动力学实际反映的是肌肉在做功过程中氧化磷酸化的过程，但是由于直接测试肌肉 $\dot{V}O_2$ 具有创伤性或技术要求高，对摄氧量动力学的研究对象主要为口鼻呼吸而产生的外呼吸的 $\dot{V}O_2$。尽管外呼吸 $\dot{V}O_2$ 要高于由呼吸系统、心血管系统和用于保持姿态的辅助肌肉等身体其他部位代谢消耗而产生的肌肉 $\dot{V}O_2$，但是研究已证实外呼吸的摄氧量动力学能够真实反映肌肉代谢的动力学，二者差异小于 ±10%，图 12-3 为摄氧量动力学与肌肉磷酸

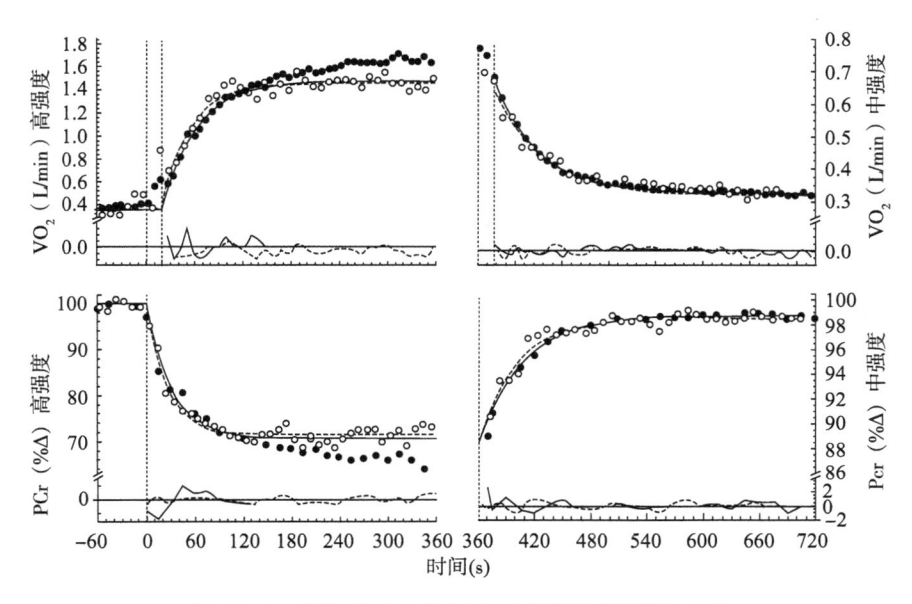

图 12-3　摄氧量动力学与肌肉磷酸肌酸浓度动力学

肌酸浓度动力学的曲线，二者具有高度相似性。但是，最近也有研究对此产生了质疑。因此，运用外呼吸摄氧量动力学来研究肌肉摄氧量动力学成为操作性强的有效方法。本章所述的摄氧量动力学也是指外呼吸的摄氧量动力学。

一、阶段 I

在恒定负荷或全力运动中，VO_2 从运动开始到结束的动力学可以分为三个阶段（图 12-4）。阶段 I 对应为运动开始后 VO_2 的起始增加部分，但是这部分 VO_2 并不代表运动中肌肉的实际 VO_2，其出现是由运动开始后心输出量、肌肉做功带来的静脉回流和流向肺部的血流量三方面的增加造成的，因此阶段 I 也称为"心动力性阶段（cardiodynamic phase）"或"起始阶段（initial phase）"。在一些研究中，阶段 I 在摄氧量动力学的计算中被删除或不参与计算。

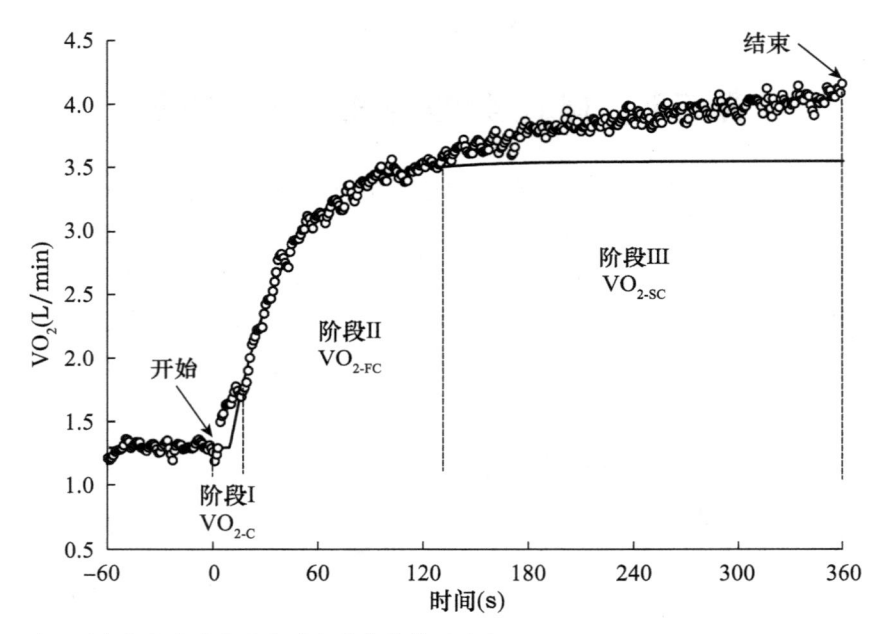

注：图中实线为阶段 II 所对应的指数模型曲线。

图 12-4　摄氧量动力学示意图（大于乳酸阈强度）

二、阶段 II

阶段 II 是真正反映肌肉实际 VO_2 的开始。肌肉线粒体的氧化磷酸化过程自运动开始时就启动，但是肌肉氧浓度的下降表现到肺部时需要经过一个"扩散—运输—扩散"的过程，这个过程为 15~20 秒。运动开始后，对 ATP 的需求随做功功率的瞬间增加而增加，但是经由氧磷酸化产生 ATP 无法满足运动所需时，PCr 和糖原需要迅速分解以合成新的 ATP。与此同时，ATP 浓度的下降，以及 ADP 和 Pi 浓度的增加进一步刺激了线粒体

第十二章　人体运动的摄氧量动力学

的氧化磷酸化过程，促使 VO_2 呈指数型迅速提高。VO_2 在阶段 II 的计算公式为：

$$VO_2(t) = VO_2 \text{基础值} + a \times \{1-\exp[-(t-TD)/\tau]\} \quad ①$$

其中 $VO_2(t)$ 为运动开始后 t 时间后对应的 VO_2，VO_2 基础值为阶段 I 结束即刻对应的 VO_2，a 为阶段 II VO_2 的增长幅度，TD 为阶段 II 开始相对运动开始的延时，τ 为阶段 II 的时间常数，$\exp(n)$ 为 e。因此，当 $t=\tau$ 时，$VO_2(t) = VO_2(\tau) = VO_2$ 基础值 $+a \times \{1-\exp[-(\tau-0)/\tau]\}$（当阶段 I 删除时，TD 为 0），即 $VO_2(\tau) \approx 63\%a$。依此类推，当 $t=2\tau$ 时，$VO_2(\tau) \approx 86\%a$；当 $t=3\tau$ 时，$VO_2(\tau) \approx 95\%a$；当 $t=4\tau$ 时，$VO_2(\tau) \approx 98\%a$。即 $t=4\tau$ 时 VO_2 基本达到 VO_{2-SS}。并且 τ 越大（如 45 s），达到 VO_{2-SS} 的时间（4τ，如 180 s）就越长，氧亏就越多；当 τ 越小（如 10 s），达到 VO_{2-SS} 的时间（4τ，如 40 s）就越短，氧亏就越少（图 12-5）。

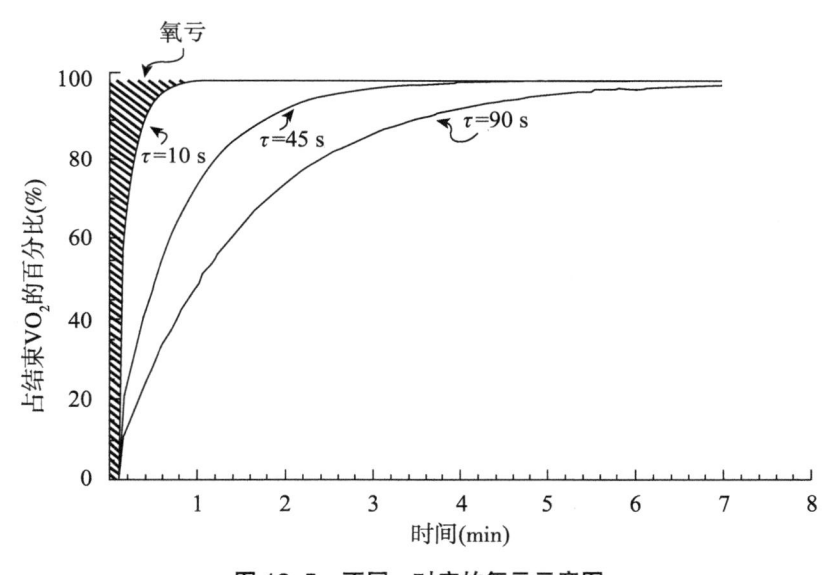

图 12-5　不同 τ 对应的氧亏示意图

尽管截至目前，有关制约摄氧量动力学因素的争论仍在进行，但研究已发现，τ 与恒定负荷运动的强度无关。影响氧运输和氧利用的一些因素对 τ 有影响，其中与氧运输相关的因素包括血液含氧量（如缺氧和吸入一氧化碳延长 τ）、吸咽（延长 τ）、运动姿态（如仰卧运动相对直立运动延长 τ）、心血管疾病和肺部疾病（延长 τ）；与氧利用相关的因素包括耐力训练（提高线粒体浓度，缩短 τ）、长期卧床（延长 τ）、NO（延长 τ）、肌纤维比例（慢肌比例高缩短 τ）（图 12-6）、线粒体浓度和毛细血管丰富度（浓度和丰富度提高缩短 τ）。最近一则研究对低强度有氧训练组和高强度间歇训练组进行了 2 周的干预训练，但前者 τ 未变化，后者 τ 明显缩短，这说明一方面 2 周的低强度有氧训练可能不足以带来有氧能力的明显提高（进而缩短 τ），另一方面 2 周的高强度间歇训练同样可以达到缩短 τ 的效果。另外，τ 也存在性别和年龄差异，青春期前的男童短于女童，人由少年儿童期向成年期和老年期的发展过程中，τ 会延长，其原因可能是氧化磷酸化酶浓度和肌纤维募集方式的差异和变化。其他方面，高强度的准备活动或前负荷和"快起动"的全程节奏被证明可以缩短 τ；服用富含硝酸盐的甜菜根并不能改变高水平自行车运动员的摄氧量动力学的 τ。

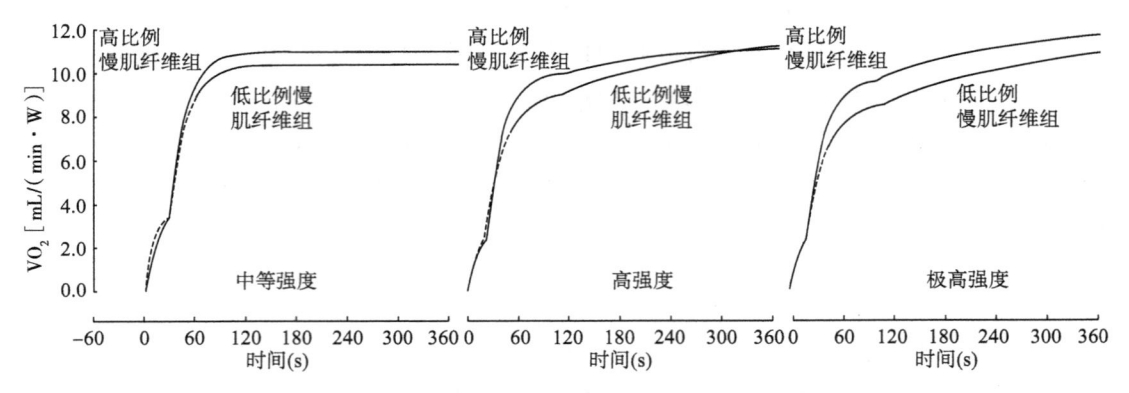

图 12-6 慢肌纤维比例对摄氧量动力学的影响

阶段 II 摄氧量动力学的另一个指标是 VO_2 的增加幅度（即公式①中对应的 a）。当强度小于临界功率时，VO_2 与功率呈直线正相关，这个直线的斜率[自行车运动时约 10mL/（min·W）]被称为 VO_2 获取（G，Gain，即 $\Delta VO_2/\Delta$ 功）。当强度大于临界功率，G 显著减小，其原因可能在于该强度下无氧代谢产生的 ATP 量大幅增加，并生成大量血乳酸。另外，研究也发现，相同强度下，低骑频的 G 显著高于高骑频。

三、阶段 III

阶段 III 所对应的 VO_{2-SC} 是运动中一个非常重要，却未被引起足够重视的生理学反应。有关 VO_{2-SC} 的生理学致因一直以来也被受争议。2000 年之前，众多因素先后被认为是导致恒定负荷运动时 VO_{2-SC} 出现的原因，包括乳酸的累积、体温的增加、肾上腺的分泌、血浆钾离子等。但是，这些因素又被后续的研究所排除。普尔（Poole）等往狗动脉内注射乳酸，但是并未导致 VO_{2-SC} 的出现；孔加（Koga）等通过外在干扰提高肌肉温度并未带来 VO_{2-SC} 幅度的显著增加，这一发现也得到卡萨布里（Casaburi）等的支持；沃马克（Womack）等发现，人工注射肾上腺素并未带来 VO_{2-SC} 的显著变化；普尔等发现钾离子的增加发生在恒定负荷运动的前 3 分钟，此时 VO_{2-SC} 还未出现。进入 21 世纪，随着一些技术（如肌电和核磁成像等）在 VO_{2-SC} 研究中的应用，参与运动的肌肉被认为是导致 VO_{2-SC} 的主要原因。对 VO_{2-SC} 致因的研究转而集中到参与运动的肌肉或肌纤维，认为 VO_{2-SC} 主要与肌肉工作效率的下降有关，而下降的原因包括肌纤维（很可能是快肌纤维）的额外募集和已被募集的肌纤维（主要为慢肌纤维）的疲劳。相比于慢肌纤维，快肌纤维的工作效率低，并且根据肌纤维在运动中的募集定律，慢肌纤维在低强度或运动开始时首先被募集，当运动强度增加时或慢肌纤维出现疲劳时，快肌纤维被更多地募集起来。因此，VO_{2-SC} 的出现（大于 3 分钟）很可能与快肌纤维的募集有关，此推论也得到众多研究的支持，包括前负荷运动（priming exercise）使快肌纤维提前疲劳以减小正式负荷下 VO_{2-SC} 的幅度、高骑频增加 VO_{2-SC} 的幅度、运动前糖消耗减小 VO_{2-SC} 的幅度、人工阻断慢肌纤维募集增加 VO_{2-SC} 的幅度、耐力训练降低 VO_{2-SC} 的幅度、快肌纤维比例高的群体 VO_{2-SC} 的幅度大。但是后期的研究发现，全力运动中伴随肌肉做功效率下降和 VO_2 增加的是积分肌电信号（反映肌纤维募集）的下降，表明在全力运动中 VO_{2-SC} 的出现不一定需要快肌纤维的募集，此观点也在动物实验中得到证实。因此，目前对 VO_{2-SC} 的最新观点认为，VO_{2-SC} 的出现很可能由快肌纤维的额外募集和已被募集的慢肌纤维的疲劳两方面原因造成，其他非做功肌肉的代谢氧耗也会导致一小部分 VO_{2-SC}（图 12-7）。

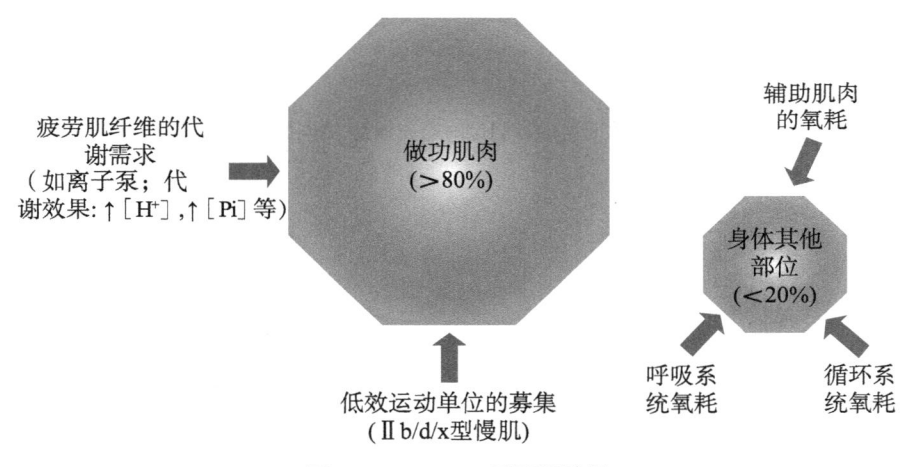

图 12-7 VO_{2-SC} 的可能致因

第三节 摄氧量动力学的测试和计算方法

对摄氧量动力学的量化研究得益于计算模型的确定。目前摄氧量动力学的计算模型主要为三阶段指数模型和二阶段指数模型，二者区别在于分析时包含阶段 I 与否（图 12-8）。摄氧量动力学主要用来测试恒定强度负荷下 VO_2 的变化情况。这类测试由三个负荷阶段组成，第一个阶段为空载或低强度的恒定强度运动，主要目的在于让机体进入一个稳定的 VO_2 基础值；第一个阶段结束后，负荷瞬间增加到测试要求的恒定强度（如乳酸阈强度，因此摄氧量动力学测试前需要进行多级负荷测试以标定运动强度）；进入第三个阶段，负荷瞬间恢复到空载或低强度的恒定负荷（图 12-9）。标准测试中每个阶段的持续时间为 6 分钟，但是文献中第一个阶段的持续时间为 2~15 分钟不等，且有研究将安静值作为 VO_2 基础值；第二个阶段的持续时间为 6~8 分钟，或者至受试者力竭；部分研究中没有第三个阶段。摄氧量动力学同样可以被用来研究非恒定强度运动下 VO_2 的变化情况，包括全力运动或不同全程节奏的高强度运动。

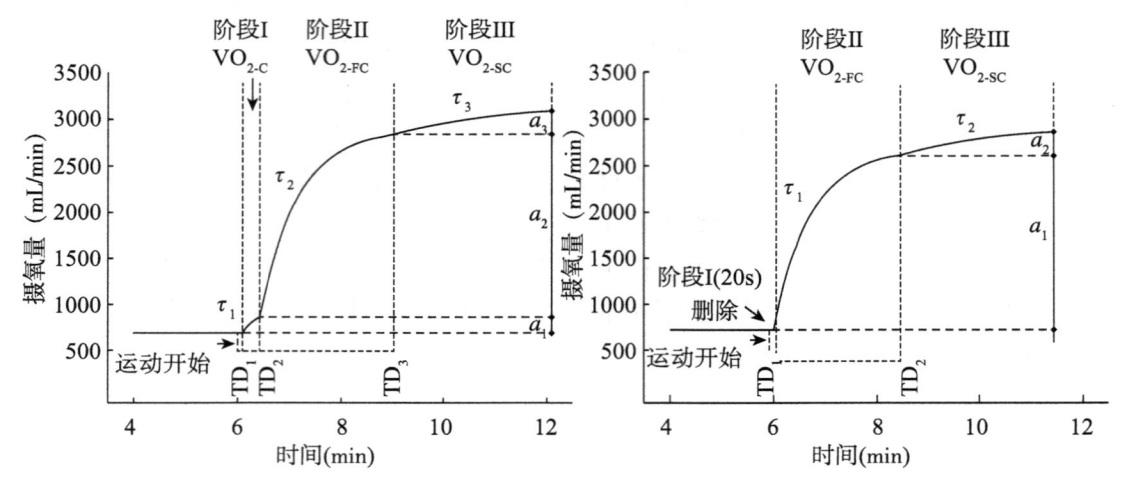

注：左图为三阶段，右图为二阶段。

图 12-8　大于乳酸阈强度时摄氧量动力学指数计算模型

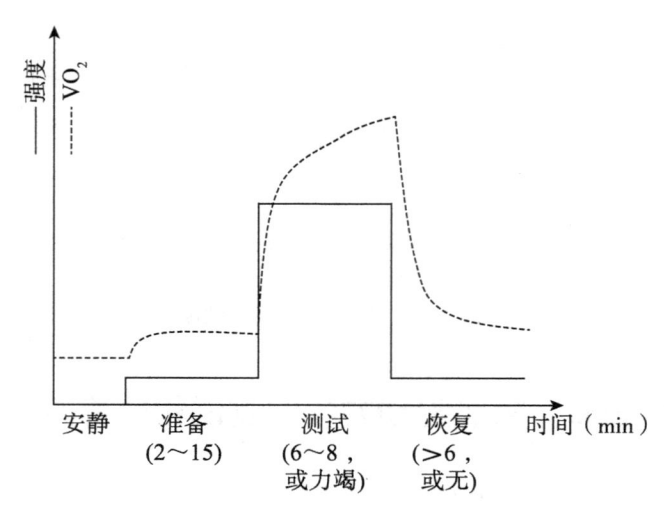

图 12-9　恒定强度负荷的摄氧量动力学测试示意图

进行摄氧量动力学的分析前需要先对原始数据进行人工检查，剔除一些由咳嗽、吞咽、叹气等造成的异常数据点，以及超过基于连续五次呼吸四倍标准差的数据点。由于目前气体代谢仪大多采用逐次呼吸记录法（即记录每次呼吸的数据），因此在进行下一步分析前需要先利用软件（仪器自带测试和分析软件即可）将每次呼吸的数据转化为每秒数据。如果每名受试者在同一条件下进行了多次测试，则需要将多次测试的数据按运动开始时间对齐后进行平均，以减小不同呼吸数据点的波动程度。当强度大于乳酸阈强度时，摄氧量动力学的计算方法如图 12-8 所示，对应公式为②或③（分别为阶段Ⅲ和阶段

Ⅱ对应的指数模型）。其中 $VO_2(t)$ 为 t 时刻对应的 VO_2；a_0 为 VO_2 的基础值，一般取正式运动前2分钟的空载负荷运动或低强度热身运动的 VO_2 的平均值（即图12-9准备阶段最后2分钟）；a_1、a_2 和 a_3 分别对应三个阶段 VO_2 的提高幅度；TD_1、TD_2 和 TD_3 分别对应三个阶段开始时间的延迟时间；τ_1、τ_2 和 τ_3 分别对应为三个阶段的时间常数；$\exp(n)$ 为 e。当阶段Ⅰ参与模型计算时，对应公式为②，当阶段Ⅰ（一般为20 s）不参与模型计算时，对应公式为③。当强度小于乳酸阈强度时，摄氧量动力学的计算方法同样可以参照图12-8，对应公式为④或⑤（分别为阶段Ⅲ和阶段Ⅱ对应的指数模型），只是 VO_{2-SC} 没有出现，取而代之的是 VO_{2-SS}（即图12-8中阶段Ⅲ无 VO_{2-SC} 部分实线，VO_{2-FC} 延伸的虚线变为实线）。摄氧量动力学的计算模型中具有重要意义的指标包括 VO_{2-FC} 对应的 τ、VO_{2-FC} 对应的 a 和 VO_{2-SC} 对应的 a。

$VO_2(t) = a_0 + a_1\{1-\exp[-(t-TD_1)/\tau_1]\} + a_2\{1-\exp[-(t-TD_2)/\tau_2]\} + a_3\{1-\exp[-(t-TD_3)/\tau_3]\}$ ②

$VO_2(t) = a_0 + a_1\{1-\exp[-(t-TD_1)/\tau_1]\} + a_2\{1-\exp[-(t-TD_2)/\tau_2]\}$ ③

$VO_2(t) = a_0 + a_1\{1-\exp[-(t-TD_1)/\tau_1]\} + a_2\{1-\exp[(-(t-TD_2)/\tau_2]\}$ ④

$VO_2(t) = a_0 + a_1\{1-\exp[-(t-TD_1)/\tau_1]\}$ ⑤

第四节　摄氧量动力学对运动训练和大众健身的启示

一、能量代谢研究由结果分析到过程分析的进步

对摄氧量动力学的研究推动了对 VO_2 的研究由结果到过程的转变。以往有关 VO_2 的研究主要集中于 VO_2max/VO_2peak、通气阈、特定强度对应的 VO_2、递增测试中对应的 VO_2-功率的关系、运动中的累积 VO_2、运动中的累积氧亏，以及基于 VO_2 的能量代谢等，这些研究无疑有助于对人体运动能量代谢特征的认识，如 VO_2max 与耐力项目运动能力相关性的发现使 VO_2max 成为运动员选材和训练监控的基本指标，通气阈计算方法的发明使无创性无氧阈的研究变为可能，多级测试中对应的 VO_2-功率的直线关系在研究中被用来标定运动强度，并且成为最大累积氧亏法计算能量代谢的理论基础，目前能量代谢供能量研究中最普遍的三种计算方法都是基于 VO_2。但是随着竞技体育竞争的日益激烈，决定比赛胜负的差异越来越小，对运动能力提高机制的研究要求也越来越精细，摄氧量动力学不仅关注 VO_2 的整体变化（如阶段Ⅰ和阶段Ⅱ的幅度），同样关注 VO_2 的变化速率（如 τ）。尽管目前有关高水平运动员摄氧量动力学的研究为数不多，但对 VO_2 由结果分析到过程分析的进步将有助于对运动训练的生理效应有一个更深入的认识。

二、对传统 VO_2- 功率/速度直线关系的挑战

截至目前，许多生理学教材上仍将 VO_2 和功率/速度的关系描述成直线递增。VO_2 和功率/速度直线关系的确定是基于递增强度测试，这些测试的强度大都小于临界功率，并且每一级的持续时间往往小于 3 分钟。但是，当将此直线关系外推至大于临界功率的强度区间时，就会低估实际 VO_2，低估部分对应为 VO_{2-SC} 的幅度（图 12-10 左图阴影部分，右图空心方框和实心圆点之间的差异，下图实线），因为当运动强度大于乳酸阈，尤其是大于临界功率，且运动时间大于 3 分钟时，VO_{2-SC} 将会出现。因此，VO_2 和功率/速度关系直线应用时需要加以强度区间限定，即强度小于临界功率，甚至小于乳酸阈。

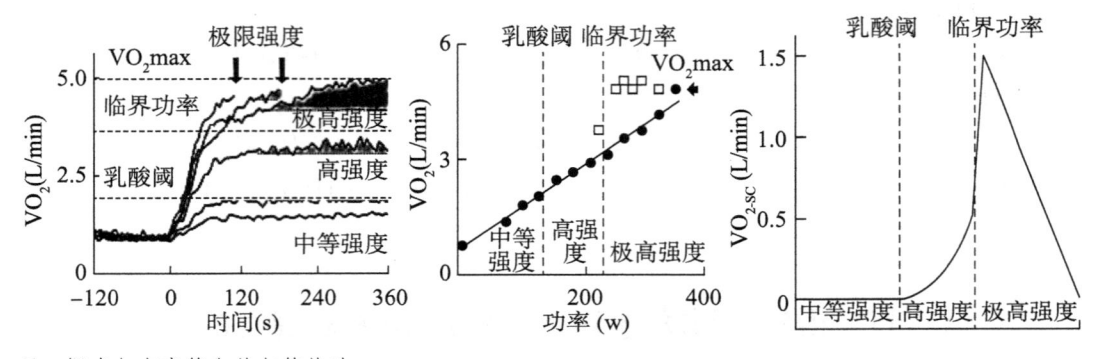

注：据威尔克森等和普尔等修改。

图 12-10　摄氧量慢速部分对 VO_2- 功率直线关系的挑战

三、对能量代谢计算方法的启示

目前能量代谢供能量研究中最普遍的三种计算方法都是基于 VO_2，最大累积氧亏法是将次最大强度下递增测试得到的 VO_2- 功率直线关系外推到运动实际做功强度区间得到每一功率对应的需氧量，而需氧量和实际 VO_2 之间的累积差（即累积氧亏），需氧量、实际 VO_2 和累积氧亏分别对应总供能量、有氧供能量和无氧供能量。威尔基和本内克二人的方法对有氧供能部分和无氧乳酸供能部分的计算原理一样，有氧供能部分的计算跟最大累积氧亏法一样基于累积摄氧量，无氧乳酸供能部分的计算都是基于运动中的累积血乳酸量，二人方法的差异在于无氧无乳酸部分的计算原理，威尔基是基于单位体重对应的 ATP 含量（0.418 kJ/kg 体重），而本内克是基于运动后氧债的快速部分。如上文所述，VO_2- 功率直线关系外推到大于临界功率的强度区间时将会造成对 VO_2 的低估，因此最大累积氧亏法在一定程度上会带来对无氧供能量的低估，进而对有氧供能百分比的高估。这三种方法对于有氧供能量的计算原理都是基于实际 VO_2，因此无论采用何种计算方法，对于运动员而言，有氧供能能力的改变都是经由摄氧量动力学特征的改变来实现的。慢肌纤维比率高的运动员的选拔，线粒体和毛细血管丰密度的增加，高强度准备活动，以及快起动的全程节奏等，都可以通过加快 VO_2 从安静或空载负荷状态进入指定强度运动状态的动员速率（即缩短 τ）或减小

VO_{2-SC} 的幅度来实现有氧供能能力的提高，进而提高运动员的耐受度。

四、对大众健身的启示

由于大众健身较少采用高强度运动，因此摄氧量动力学对于大众健身的重要性不如竞技体育。一些疾病或不良习惯影响大众健康的机制可从摄氧量动力学上找到依据，如吸烟、缺氧、心肺疾病、年龄的增加等会减缓 VO_2 的动员速率，造成有氧供能能力的下降。但是，这种影响程度远小于摄氧量动力学在竞技体育中对运动能力的影响程度。

第五节 摄氧量动力学的未来研究展望

作为一个反映人体在运动过程中摄氧量动员快慢的生理学指标，摄氧量动力学的主要应用价值在竞技体育领域。高强度运动时，摄氧量更快地动员可以增加运动中有氧供能的比例，减少乳酸的产生，延缓疲劳的出现，从而提高运动能力。然而，目前研究摄氧量动力学所采用的运动方式主要为运用功率自行车进行的下肢肌肉的骑行，而不同的运动方式使用的肌肉和肌肉量都不同，不同肌肉对应的肌纤维比例也不同。因此，为进一步提高摄氧量动力学研究成果对不同运动项目的指导意义，未来研究应该增加对不同运动方式的摄氧量动力学研究。摄氧量动力学的另一个研究现状是对不同群体（如不同运动水平、不同健康状况）在摄氧量动力学方面差异性的描述。相比之下，有关不同训练方法和手段对摄氧量动力学的训练效果的研究严重不足，未来的研究同样需要增加对这一方面的关注。肌肉活检的有创性和新技术的昂贵性一直制约着这两种方法在摄氧量动力学研究中的应用。更多地运用这两种方法，或者其他更新的研究方法和技术，来进一步求证肌纤维和摄氧量动力学的关系也是未来研究的一个方向。

小 结

摄氧量从安静或空载负荷运动状态进入指定强度运动状态，以及运动后恢复状态的动态过程被称为摄氧量动力学。摄氧量动力学与运动强度有关，当恒定负荷强度小于乳酸阈时，摄氧量在小于 3 分钟的时间达到稳定状态；当恒定负荷强度大于乳酸阈时，摄氧量的稳定状态延迟或消失，并且在快速增长之后出现一个慢速增长阶段。不管强度如何，对摄氧量动力学的计算都是基于摄氧量动力学的三个阶段。摄氧量动力学的研究推动了对能量代谢由结果向过程的转变，为运动能力的提高提供了新的思路。未来对摄氧量动力学的研究应着重于不同运动方式的摄氧量动力学特征、不同训练方法对摄氧量动力学的影响，以及运用新技术进一步求证肌纤维与摄氧量动力学的关系。

第十二章
参考文献

作者：黎涌明

第十三章 人体运动的灵敏

人体运动是一个经由能量代谢产生能量和经由动作利用能量的过程，人体运动能力可以理解为能量供应下的动作表现能力。力量、速度、耐力、柔韧、灵敏、协调都是人体运动能力的不同表现形式，其中灵敏（agility）关注的是运动中动作或运动状态的快速改变能力，如足球中的摆脱过人、羽毛球中的快速移动、拳击中的准确躲闪等。研究表明，灵敏在集体球类项目、持拍类项目和格斗类项目比赛中发挥着至关重要的作用。

科学的定义有助于确定一个认识对象或事物在其综合分类系统中的位置和界限，而科学的测试是量化认识对象或事物的重要手段，是开展与认识对象或事物科学研究的一个前提。为此，本章旨在通过梳理国内外有关灵敏的研究文献，试图为灵敏寻求一个相对科学的定义，为量化灵敏寻求一个具有较高信效度的测试方法。对灵敏定义和测试的明确将有助于未来进一步开展灵敏相关的科学研究，科学有效地提高集体球类、持拍类和格斗类运动员的灵敏能力。

第一节 灵敏的定义

灵敏是动作和能量代谢在人体运动过程中的综合体现，其外在特征是动作灵巧、转换敏捷，内在特征是反应迅速、神经肌肉控制能力强、以无氧供能为主。灵敏与人体的力量、速度、平衡、协调、认知、反应、决策、技术等能力密切相关。虽然关于灵敏的研究已经大量存在，但目前国际上对于"灵敏"一词的定义并不十分明确，不同文献之间对于灵敏的理解还存在分歧，对于灵敏的定义尚没有一个普遍接受和公认的表述，这不利于相关科学研究和训练实践的开展。

一、灵敏定义的演变

尽管不同文献对人体运动的灵敏有着不同的定义，但这些定义主要可以分为两类：一类是侧重灵敏表现中的运动方向和速度改变（变向类定义），另一类是强调灵敏表现中的反应与认知决策（反应类定义）。

（一）变向类定义

文献中关于灵敏的传统定义有"快速变向的能力""快速变向、启动、制动的能力""在保持对身体控制的前提下快速变向的能力""快速和准确改变位置和方向的控制能力""在一连串的动作中快速变向，同时准确保持和控制身体的能力""全身或部分肢体以一种可以控制的行为进行快速制动、启动和变向的能力"。这些定义尽管表述略有不同，但总结起来，均认为灵敏是快速而准确地改变运动方向或运动速度的能力。根据以上定义，人体运动中的步伐快速移动、跨越或绕过障碍和高速奔跑中身体的突然转向均属于灵敏。正因如此，传统的灵敏测试也以评估人体运动中的制动、变向及启动能力为主，且测试任务多为已知路线的任务。

（二）反应类定义的提出

尽管变向类定义描述了灵敏的方向和速度快速改变这一重要特征，但查莱德瑞（Chelladurai）等在20世纪70年代就曾指出，人体对外界刺激的反应在灵敏中的重要作用，并从刺激出现的时间维度和空间维度将灵敏分为四类：①时间和空间都确定（如自由体操），②时间确定、空间不确定（如持拍类项目中的接发球），③空间确定、时间不确定（如田径、游泳中的起跑），④时间和空间都不确定（如集体球类项目中的进攻与防守）。与此同时，查莱德瑞等还提出了一种反应灵敏（reactive agility）测试方法。此后，众多学者也开始沿用"反应灵敏"一词，专指"对不可预测的刺激做出反应后有效改变运动方向的运动能力"，与规定任务的灵敏区分开来。除了反应灵敏的表述，此后也有学者在灵敏测试前冠以非计划（non-planned）、开放式技能（open-skill）等词，这些表述都涉及了灵敏中的反应与决策因素。由于更加贴近比赛中的实际运用，"反应灵敏"这一概念得到广泛认可，许多学者围绕反应灵敏展开了一系列的科学研究，教练员也在反应灵敏的框架下设计和实施训练方案。

（三）反应类定义的发展 I

进入21世纪，灵敏的定义有了进一步发展，其中谢帕德（Sheppard）和扬（Young）提出的定义比较有代表性，他们认为灵敏是"对刺激做出反应的、伴有速度或方向变化的、全身参与的快速身体运动"。该定义明确指出认知决策是灵敏表现中不可或缺的成分，并提出灵敏由变向速度和认知决策两部分构成。谢帕德和扬认为，传统的灵敏测试方法因为不包含认知决策成分，所以只是测量了变向速度或变向能力，而非灵敏。所谓变向能力，是指在快速移动中以最短的时间完成减速并且在新的运动方向上再次加速的能力，整个过程中不存在需要立刻做出反应的刺激因素。按照这一界定方法，查莱德瑞等提出的"反应灵敏"对应谢帕德和扬提出的灵敏，"反应"一词被认为是不必要的；而不包含外界刺激的灵敏测试，则都属于变向能力测试。

在对灵敏定义的进一步解释中，谢帕德和扬指出，刺激后的运动必须是不确定的，例如听枪起跑是通过反复训练已经程式化的，因此在该定义框架内不能算是灵敏。而在查莱德瑞等的划分中，听枪起跑属于时间维度的反应灵敏。在随后的研究中，扬等又指出，单纯的变向和反应灵敏是两种完全不同的运动能力，变向能力并不能转化为反应灵敏。因此，"灵敏=变向速度+认知决策"的说法不准确，扬等再次对灵敏的决定因素从感知能力、身体能力和技术运用三个方面做出了新的界定。扬等的这一观点也得到了其他研究者的支持，但也有研究发现变向和反应灵敏高度相关。

（四）反应类定义的发展Ⅱ

杰弗里斯（Jeffreys）和霍伊卡（Hojka）等进一步赋予了灵敏运动项目属性。前者将灵敏定义为"运动员在特定情景下根据需要采用最有效的运动方式以达到最佳运动表现的能力"，后者将灵敏定义为"根据比赛的情况快速准确地改变运动方向和速度的混合运动能力"。这些定义突出了灵敏的情景属性，强调了不同项目、不同情景之间灵敏表现存在差异，而且新动作是为满足比赛需要所做出的一种有目的的行为。

利夫伊特（Liefeith）等在汇总了之前关于灵敏概念的众多解释之后，认为灵敏是"为应对周围环境的快速变化，将身体能力的诸多子成分进行复杂的排列与整合，通过一系列动作所表现出的运动方案"。这些能力子成分包括速度、爆发力、移动能力、平衡能力、姿势控制、协调性、机敏、感知意识、反射性决策等。

（五）国内关于灵敏的定义

国内对灵敏定义的认识主要见于相关教材和相关博士论文研究，这些定义为国内学者认识灵敏和开展灵敏相关研究及训练提供了重要参考。其中，《运动生理学》教材将灵敏定义为"迅速改变体位、转换动作和随机应变的能力"。《运动训练学》教材将灵敏定义为"在各种突然变换的条件下，运动员能迅速、准确、协调地改变身体运动的空间位置和运动方向，以适应外界变化着的环境的能力"。湛超军将灵敏定义为"运动员在运动过程中，根据刺激，迅速而有效地改变运动速度、动作速度和身体运动方向的运动能力"。赵西堂将灵敏定义为"处在特定运动场景中的肢体感受刺激，并根据需要迅速改变方向或变换动作的能力"，其中"快"和"变"是灵敏的两大基本属性。上述定义与国际上的一些定义有相近之处，然而在描述时各有所侧重。《运动生理学》的定义强调了迅速改变，而对动作完成效果未加以限定；《运动训练学》的定义强调了适应外界变化的能力；湛超军的定义中灵敏是对刺激做出的反应，以上三种定义均将灵敏视为一种被动表现，没有考虑运动者主动表现的灵敏能力；赵西堂的定义以特定运动场景为前提，将灵敏视为专项能力的表现，未能涵盖一般性灵敏。从字面意思来看，以上国内定义皆属于反应类定义的范畴，然而在实际应用中，提出者又都将已知任务的变向类测试视为灵敏能力的评价方案。

（六）小结

灵敏定义的演变经历了从表面现象的简单描述（即变向速度），到认知决策的纳入整合（即变向速度+认知决策），再到运动项目情景的具体应用，以及环境变化和动作组合的交织融合几个阶段（图13-1）。

尽管如此，在科学研究和实践应用领域，不同研究者和实践人员对灵敏的定义有着不同的认识。有人将"灵敏"与"变向"两个词完全对立起来，认为变向不属于灵敏；也有人继续接受灵敏的变向类定义，认为已知任务的变向也是一种灵敏能力。

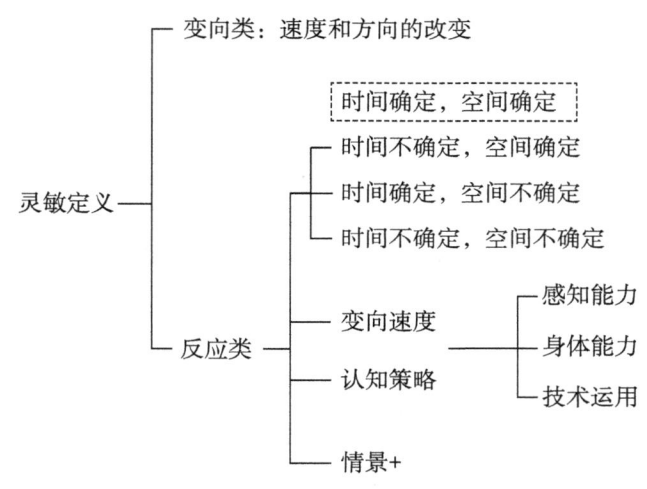

图13-1 不同灵敏定义的汇总

反应类定义突出强调了感知决策过程在灵敏表现中的重要性。实际上，无论任务是否已知，感知决策过程在灵敏中均发挥了作用。未知任务下，不确定性大，需要对动态环境中突然出现的刺激变化进行感知；已知任务下，刺激是相对固定的确定性刺激，同样需要感知外部环境，人体通过视觉不断确定身体的相对位置，进而调整步幅，感知决策过程依然存在，只是感知和决策时间更加宽裕。需要指出的是，很多运动情景下的刺激变化并不是完全不可预测的，运动员可以根据比赛经验在一定程度上对可能出现的刺激有所准备。

灵敏的变向类定义和反应类定义在不同运动情景中均有其重要意义，是灵敏能力的不同体现。它们的应用代表了人们关注的是哪种灵敏成分，变向类定义更加强调速度和方向的快速变化，反应类定义则特别强调外界刺激的不确定性所导致的新动作的不可预测性及人体对刺激的反应能力。

二、灵敏定义的提出与解读

尽管灵敏定义演变进程中诸多学者对灵敏有着不同的认识，但有关灵敏的关键特征仍然可以得以提炼，包括：①需要有明显的状态切换；②过渡或转折阶段的动作转换快，耗时极短；③注意力高度集中，有变换动作的准备；④有目的地完成动作。作为人体的一种运动能力，灵敏的本质在于不同动作或运动状态之间的调整，且转换迅速、及时和准确，体现了动作转换的容易程度和控制能力。反应和认知决策能力是灵敏在某些运用情景下的重要影响因素，比赛情景下的灵敏属于灵敏的具体应用，是训练时应重点关注的方面，但应用情景不应作为定义一般能力的限制条件。

因此，本章对人体运动中的灵敏给出如下定义：灵敏是指人体在运动过程中，根据任务目标快速、准确、高效地变换和调整动作模式或运动状态的能力。从任务目标来看，可以是已知的确定性任务，也可以是未知的不确定性任务。从完成质量来看，需要保持良好的身体控制，通过动作的准确性来实现任务目标，并且动作经济高效、协调流畅、完成迅速，能够自如地完成后续动作。动作模式的改变随着身体姿态或运动形式发生明显的变化，如运动中的转身、跳跃落地后的加速跑、跑步变滑步等。运动状态的改变，指运动速度或方向的改变，表现为短时间内的减速、加速和方向改变。运动速度的改变包括静止或低速状态下极短时间内的加速和高速移动状态下极短时间内的减速或制动。运动方向的改变表现为三维空间内任意方向和任意角度的改变，如左侧45°变向、右侧120°变向、180°转身变向、向上跳跃、向后撤步等。运动者在整个动作过程中需精力高度集中，通过全身或身体局部的参与完成动作调整。

具体到比赛项目中，如篮球、足球、橄榄球、曲棍球、冰球中的摆脱过人和跟随防守，排球、羽毛球、网球、乒乓球中接球前的快速移动和身体调整，击剑、拳击、摔跤、跆拳道中的伺机进攻与准确躲闪，乃至单板滑雪平行回转和高山滑雪回转项目上的连续变向，都体现了运动员的灵敏能力。

本章的定义是在现有文献中关于灵敏的描述与理解的基础上所做的综合与发展，力求全面准确地反映出灵敏能力的本质与特点。同现有的定义相比，新定义有以下几点创新：①统一了灵敏的变向类定义和反应类定义，将这两种定义视为灵敏能力下属的两个范畴；②增加了动作模式改变的这一重要特征，涵盖了非跑动类的灵敏表现，是对先前定义的补充；③突出强调动作完成质量的重要性，动作不仅要迅速，还要准确、高效；④新定义并未限定是全身参与的运动，灵敏能力也可能体现在身体局部参与的运动中；⑤认为比赛或其他特定情景下的灵敏表现是灵敏能力的具体应用，不是灵敏定义的限制条件。

第二节　灵敏的测试

灵敏定义的厘清为灵敏的测试明确了对象和范围，即人体在完成特定运动任务中动作或运动状态快速改变的能力。对灵敏的测试是量化灵敏，并在此基础上开展科学训练和科学研究的前提。灵敏测试结果一方面可以解释为什么集体球类、格斗类和持拍类项目中一些运动员比其他运动员更为优秀，另一方面可以用于纵向监控训练是否有效地提高了这种运动能力。进一步探究灵敏测试结果与其他生理学和生物力学等因素的相关性还可以为灵敏训练的针对性和有效性提供科学依据。

一、灵敏测试方法汇总

表13-1对已发表文献中所使用的灵敏测试方案进行了汇总，根据受试者是否需要根据外部非预期刺激信息进行认知决策可将测试方案分为变向类测试与反应灵敏类测试。

除了刺激类型上的差异，这些测试方案在是否结合专项技术或器材以及运动方式（如向前跑、侧滑步、跳跃）、距离、耗时、变向角度、变向次数等方面也存在差异。但相同的是，这些测试大都将完成任务的最快用时作为评价指标，这也是对灵敏定义中"快速"的一个量化体现。由于灵敏本身是人体多种运动能力的一个综合体现，其在不同任务中和不同情景下所需要的能力组合也不同，找出一种或几种能够较为全面评价灵敏的测试方法是非常困难的。

表 13-1 灵敏测试方案及特征汇总表

测试名称及内容	测试特征				信度	
	刺激	测试距离	耗时	变向次数	*ICC*	*CV*
变向类测试						
T 测试	无	36.56 m	8～12 s	4	0.83～0.98	1.7%～4.0%
T-half 测试	无	20 m	5～8 s	4	0.90～0.95	2.6%～5.0%
Pro-agility 测试	无	18.28 m	4～6 s	2	0.67～0.98	1.8%～2.5%
505 测试	无	10 m	2.4～3 s	1	0.72～0.99	1.0%～2.8%
Illinois 灵敏测试	无	约 60 m	14～20 s	11	0.80～0.98	1.2%～4.0%
修改版 Illinois 测试	无	约 32 m	10～15 s	11	0.99	0.8%
Box 灵敏测试	无	58 m	15～17 s	11	0.80	
L 测试	无	20 m	6～9 s	3	0.80～0.95	1.6%～2.8%
S90° 测试	无	21 m	6～8 s	6	0.97	2.9%
S4×5 测试	无	20 m	5～7 s	3	0.81～0.98	4.3%
9-3-6-3-9 转身折返	无	33 m	7～9 s	4	0.83～0.95	5.1%
9-3-6-3-9 不转身折返（正面+后退跑）	无	33 m	7～9 s	4	0.88～0.95	5.6%
Stop "n" go 变向测试	无	32 m	8～10 s	15	0.87～0.92	4.0%～5.0%
Y 形测试	无	10 m	1.8～2.1 s	1	0.87	1.1%～3.3%
变向加速测试	无	24 m	5～7 s	3	0.84～0.98	3.0%～4.8%
"箭头"测试	无	37.07 m	8～10 s	3	0.92～0.93	0.9%～1.0%
过栏灵敏测试	无	22 m	9～15 s	7	0.90	4.9%
Slalom 测试	无	22 m	7～14	11	0.96～0.99	2.3%～2.9%
Zig-zag 测试	无	20 m	5～9 s	3	0.81～0.84	2.5%～3.3%
Barrow 灵敏测试	无	约 25 m	11～12 s	8	0.93～0.94	0.9%～1.2%

续表

测试名称及内容	测试特征				信度	
	刺激	测试距离	耗时	变向次数	ICC	CV
Balsom 灵敏测试	无	约 53 m	11～13 s	7	0.883	
篮球三秒区灵敏测试	无	42.8 m	10～12 s	7	0.94～0.97	4.5%～5.6%
篮球动作灵敏测试	无	4 m	1.6～1.7 s	1	0.80～0.91	4.3%～5.5%
橄榄球动作灵敏测试	无	约 10 m	1.5～1.8 s	1	0.82	
手球变向灵敏测试	无	约 30 m	6～8 s	11	0.91～0.93	3%～4.8%
板球跑三分测试	无	53.04 m	9～11 s	2	0.97	
跆拳道专项灵敏测试	无	约 10 m	5～6 s	5	0.97	1.8%
Edgren 侧向灵敏测试	无	15～31 m	10 s		0.62	
六边形跳测试	无	19 m	9～18 s	35	0.86～0.95	
单腿十字跳测试	无	5.4 m	6～8 s	17		
双腿十字跳测试	无	7.2 m	6～8 s	17		
绳梯灵敏组合测试	无	3.54	7～14 s		0.94	6.7%
反应灵敏类测试						
Y 形反应灵敏测试	灯光	10 m	2.1～2.6 s	1	0.88	2.7%～3.3%
转身反应灵敏测试	灯光	5 m	1.1～1.5 s	1	0.88～0.90	
Stop "n" go 反应灵敏测试	灯光	32 m	10～12 s	15	0.81～0.86	4.0%
足球盘带灵敏测试	灯光	约 60 m	30～40 s	8～16	0.77～0.90	8.2%～9.9%
篮球反应灵敏测试	灯光	4 m	1.9～2.0 s	1	0.75～0.86	5.4%～5.6%
羽毛球灵敏测试	灯光	36.4 m	14～16 s	8～11	0.93	
排球救球灵敏测试	灯光	约 3 m	1.7～1.8 s	1	0.91～0.98	
排球拦网灵敏测试	灯光	4 m	2.2～2.4 s	1	0.95-0.96	
手球反应灵敏测试	灯光	约 30 m	7～9 s	11	0.85～0.90	2.4%～3.6%
篮球专项反应灵敏测试	视频	13.5 m	4～6 s	2	0.81	3.3%
橄榄球反应灵敏测试 1	视频	约 10 m	1.7～2.0 s	1	0.87	
无板篮球反应灵敏测试	视频	11.1 m	3～4 s	3	0.83	
反应灵敏测试	人	7 m	1.9～2.1 s	1	0.89～0.99	1.9%～2.0%
橄榄球反应灵敏测试 2	人	约 7 m	2.4～2.6 s	1	0.92	2.1%
橄榄球防守灵敏测试	人	评分	<5 s		0.91	2.5%
橄榄球进攻灵敏测试	人	评分	<5 s		0.85	2.7%
水球灵敏测试	人	约 7 m	4～5 s	2	0.87	6.0%

二、灵敏测试的信度与效度

（一）灵敏测试的信度

一项测试的好坏常用信度和效度来进行衡量，只有当测试的可重复性（信度）好并且准确反映了它应该测量的内容（效度）时，测试结果才有意义。信度是指测试的可重复性或一致性程度，衡量灵敏测试方法的信度时需要考察其重测信度。常用相关系数类指标来反映测试的"相对信度"，如皮尔逊相关系数（r），组内相关系数（ICC）；用测试标准误（SEM）、变异系数（CV）、一致性界限（LOA）等指标评估测试的"绝对信度"，即重复测量稳定性。组内相关系数是评价相对信度的首选指标，变异系数没有单位，可以用来对不同的测试方案进行比较，因此本章选择研究中较为常用的组内相关系数（ICC）和变异系数（CV）作为灵敏测试的信度评价指标。

表 13-1 中所列举的灵敏测试方法，ICC 在 0.67~0.99，CV 在 0.8%~9.9%。先前的研究中提出，ICC 在 0.75 以上被视为信度较好，也有研究认为 ICC 在 0.80 以上被视为信度较好，在 0.9 以上则认为测试信度非常好。对于 CV，数值越小，表示重复测量之间的变异相对越小，测试的可重复性越好，有研究将 $CV<5\%$ 作为评判标准，也有研究将 $CV<10\%$ 作为评判标准。上述临界值并没有严格的标准，是研究人员根据经验和实际需要所设定的。表 13-1 中所列举的灵敏测试方案，绝大多数的 ICC 在 0.8 以上，CV 低于 5%，可以认为表中所列举的测试方案，普遍有着较好的重测信度。

虽然 ICC 的应用很广，但在解释与推广使用时仍需谨慎。从计算方法来看，ICC 受组内数据差异的影响较大，异质性数据容易得出较高的 ICC 值，而同质性数据即便重测变异很小，也可能会得到较低的 ICC 值。以斯图尔特（Stewart）等的研究为例，Pro-agility 测试中，男运动员和女运动员的 ICC 值分别为 0.67 和 0.82，如果将男女运动员合并计算，得到 ICC 值为 0.90。信度分析时采用单一指标难以得出可靠的结论，因此应当结合多种方法进行评价。除了 CV，SEM 和 LOA 也是评价绝对信度的常用指标，各有优缺点，这部分内容本章不展开讨论。需要指出的是，测试的信度并不仅是由测试内容决定的，还受到测试人群和测试过程控制等因素的影响，在参考和使用时应加以注意。

（二）灵敏测试的效度

效度代表测试所得到的结果能够反映所需考察内容、评估所需测量事物的精准程度。效度包括逻辑效度、效标效度（即共时效度和预测效度）和建构效度（即聚合效度和区分效度）。在灵敏的研究中，以效标效度和建构效度为主，通过比较测试方案与其他灵敏测试成绩或与比赛中运动表现的相关关系，分别来衡量灵敏测试的共时效度和预测效度，通过比较不同水平群体之间的结果来衡量灵敏测试的区分效度。

关于灵敏测试效度的研究相对较少，这与灵敏能力的复杂性以及缺乏"金标准"测试有一定关系。目前已有的研究中，变向类灵敏测试普遍表现出了较好的共时效度和区分效度，但预测效度较低。根据保罗等的综述，反应类灵敏测试有着较好的区分效度，外界刺激方式会影响测试的效度，以人的行为作为线索的测试效度最高，以灯光为线索的测试效度相对低，以视频为线索的测试效度居中。这表明，与真实比赛越接近的测试，越能体现出运动水平的差异。目前结合专项刺激的灵敏测试还比较少，今后在测试方案选取或设计时，应优先考虑使用包含专项刺激的测试方案，以提高测试的生态效度。

三、灵敏测试的特征

不包含外部刺激的灵敏测试可进一步分为动作快速改变类和运动状态快速改变类。前者侧重较小空间范围内的快速反应与移动能力，其对应的加速距离短，位移速度小，动作频率快（如六边形跳测试和排球救球灵敏测试等）；后者侧重更大空间范围内的运动速度和方向改变，其对应的加速距离长，位移速度大，且由于测试中跑动比较大，测试结果与被测者速度能力关系密切（如 T 测试、505 测试、Illinois 灵敏测试等）。此外，这两类测试由于测试过程标准化，重测信度很高，在现有文献中使用较多，但由于没有考虑和整合认知决策因素，跟真实比赛的符合程度不高。

自灵敏中的认知决策部分受到重视以来，越来越多的研究人员开始探索和设计符合专项比赛特征的反应灵敏测试方案，如篮球、足球、橄榄球、羽毛球、手球等项目的专项灵敏测试方案（见表13-1）。这些测试的目的是衡量运动员在完成专项任务过程中的认识决策能力和移动能力，如针对视觉刺激的启动加速、变向、转身、跳跃等，以完成时间或表现评分为评价指标。在路线规划和刺激方式的选择上，这些测试各有不同的思路和侧重。灵敏训练中有时会用到听觉刺激，而在灵敏测试中，外界刺激主要以视觉信息的形式呈现，包括灯光、视频线索和人的动作三种类型。灯光刺激的形式有集中和分散两种，前者是灯光刺激来源于同一位置，运动员根据亮起灯光的颜色或箭头指示做出反应决策，跑向对应的方向；后者是灯光刺激来源于不同的位置，运动员需要利用视觉快速捕获到灯光信息，跑向灯光亮起的方向。视频线索是在受试者正前方的投影或大屏幕上播放动作录像，受试者根据视频中运动员的技术动作做出反应，完成后续动作。人的动作作为刺激信息有动作指示和模拟实战两种，前者是对测试人员的指示性动作做出反应决策，后者是模拟比赛中的对抗所进行的灵敏测试。

四、灵敏测试面临的挑战

尽管对灵敏定义的认识越来越全面，有关灵敏测试的方法越来越多，但灵敏测试本身，以及灵敏测试价值的发挥仍面临诸多挑战。

（一）缺乏金标准

灵敏表现形式的复杂性，决定了很难找出一项测试全面体现灵敏能力。在灵敏能力的评估方面,并没有"金标准"测试,这导致灵敏测试方案的效度难以证明。虽然有研究以 T 测试或其他测试的能力作为标准,以验证其他灵敏方案的效度。但这些测试作为灵敏测试的"金标准"难以服众,目前仍没有一致的方案。还有研究以比赛中的运动表现作为标准,来评价灵敏测试的效度,但比赛表现是多种能力的综合体现,影响因素较多,并不能完全体现灵敏能力。灵敏能力评价缺乏"金标准"的问题,将成为灵敏研究中的一大难题。

(二)直线跑动比重过大

尽管在跑动过程中进行变向是真实情景下灵敏的应用特征,但一些测试(如 Illinois 灵敏测试)中跑动时间占比过多,导致总的完成时间很大程度上受各分段冲刺速度的影响,弱化了临界转换阶段的重要性。为此,有学者提出变向损失(change of direction deficit,CODD)这一概念,试图通过变向跑时间与相同距离直线跑时间之差来反映灵敏。也有学者将整个测试过程分解为多个阶段,除了总时间,还对反应时间或决策时间进行分析。此外,还有学者运用生物力学手段探究临界转化阶段的运动学与动力学特征,但此类分析需要借助三维运动分析系统,在场地测试中应用有限。

(三)忽视测试中的动作质量

现有的灵敏测试方案,几乎都是以总任务完成时间作为评价指标,要求运动员以最快速度完成测试,而对运动员在测试过程中的身体控制和动作质量并未强调,这与真实比赛情况并不完全相符。实际比赛中,运动员鲜有机会以最大努力去完成灵敏表现,而是根据需要以适宜的动作幅度和速度去完成技术动作,并尽可能地保持身体控制,为后续动作或反应做好准备。因此,基于跑动完成时间的灵敏测试,并不能满足所有快速运动情景的需要,尤其是对于一些最终通过上肢完成的运动(如排球、网球、羽毛球等),这些动作不仅要求脚下速度快,对上肢动作的速度和控制也有很高的要求。

(四)不同测试间结果可比性有限

灵敏测试方法多达数十种。不同测试方法在测试距离、变向角度、变向次数、变向间距、跑动方式、刺激形式等多个方面存在差异。这导致同一名受试者在不同测试中的表现可能并不相同。例如,在帕沃尔(Pauole)等的研究中,男运动员六边形跳与 T 测试的相关系数为 0.42;在哈卡纳(Hachana)等的研究中,Illinois 测试与 T 测试的相关系数仅为 0.31;在洛基(Lockie)的研究中,相同路线的 Y 形测试的变向灵敏与反应灵敏测试之间的相关系数左侧为 0.443,右侧为 0.457。可见,不同测试方法得到的结果可比性有限,采用不同的测试方案得出的研究结论可能会存在差异。

第三节　灵敏未来的研究和应用方向

灵敏是人体运动的一种重要能力，对于集体球类、持拍类和格斗类项目尤其如此。灵敏定义的发展推动了对人体运动的认识，具有较高信效度的灵敏测试方法有助于解释不同水平运动员的能力差异，并寻求运动员运动表现提升的途径。然而，由于灵敏本身的复杂性和对灵敏研究的不足，灵敏的测试和训练仍面临诸多挑战，这些挑战的应对有赖未来对灵敏展开更加深入的研究。

第一，运用视频解析或可穿戴设备对集体球类、持拍类和格斗类项目比赛过程中的灵敏类特征进行描述，明确不同运动项目灵敏运用情景对应的变向特征（如距离、角度、速度、加速度等），以针对性制定符合项目特征的灵敏测试方法。第二，运用相同灵敏测试方法，对同一项目不同运动水平、不同年龄、不同性别、集体球类项目不同位置的运动员进行测试，并探究灵敏测试结果与其他形态学、生理学、心理学和生物力学指标的相关性。第三，遴选与灵敏测试结果相关性高的指标进行训练干预，明确灵敏的制约因素，并将确定的制约因素融入运动员日常的训练当中。第四，探究灵敏的发展对比赛成绩的促进和对损伤风险降低的作用。第五，探究灵敏发展的敏感期，在青少年训练阶段有针对性地开展灵敏训练。

小　结

灵敏是人体运动能力的一种表现形式，对于集体球类项目、持拍类项目和格斗类项目的比赛发挥有着至关重要的作用。然而，目前关于灵敏的理解与认识仍然存在争议，围绕灵敏所开展的研究还远远不够。本章对运动中灵敏的定义和测试方法进行了梳理与论述。在前人对灵敏定义的基础上，结合运动中能够体现灵敏的动作特征，进行归纳提炼，提出了一个更全面的定义，并对其具体含义进行了阐释。灵敏测试方法繁多，本章对现有测试方法进行了汇总整理，但目前仍然缺乏一套全面评估灵敏素质的综合测试方案。灵敏未来研究和应用方向包括利用可穿戴设备对灵敏的量化描述，探究灵敏的影响因素并制定相应的训练方法，探究灵敏对于提升比赛表现和降低损伤风险的效果，以及探究灵敏发展的敏感期。

作者：高崇，黎涌明

第十三章
参考文献

第十四章 优秀运动员的睡眠与运动表现

睡眠是人类最基本的生物活动之一。在这一过程中，身体组织经由代谢进行恢复，为第二天的活动做好生理准备。优秀运动员是睡眠问题的易患人群，高强度训练、赛前压力、长时间旅行、跨时区参赛等因素往往会诱发或加剧运动员的睡眠问题。国际奥委会于 2019 年首次将睡眠列为影响运动员表现和身心健康的重要因素之一。近年来，运动员的睡眠受到了国外训练科学与训练实践领域的重点关注。众多学者围绕运动员睡眠现状、睡眠不足对运动表现的影响和运动员睡眠改善的方法等展开了深入研究，为运动员运动表现的进一步提升提供了新的思路。

科技助力是引领竞技体育高质量发展的主要驱动力。作为运动员运动表现提升的一个非训练策略，睡眠改善对于备战世界大赛的运动员有着极为重要的作用。然而，国内体育领域对运动员睡眠问题的关注非常有限。本章旨在通过梳理国内外有关睡眠与运动表现的研究文献，揭示运动员群体睡眠问题的普遍性和严重性，为进一步保障运动员在训期和赛前睡眠提供参考。

第一节 睡眠的潜在机制、功能及其相关定义

一、潜在机制

了解睡眠的潜在机制有助于进一步解决运动员的睡眠问题。睡眠问题的主要症状为难以进入或维持睡眠，导致日间明显的疲劳和情绪失调，甚至引发更严重的精神和神经心理层面的疾病。目前的研究认为，睡眠问题背后存在两个理论：①认知唤醒（cognitive arousal），即参与看似不可控的睡前认知活动，最终触发与睡前唤醒（de-arousal）不一致的生理（自主、皮层、代谢）反应；②注意力偏向（attentional bias），一种过度关注的倾向，或者很难将注意力从睡眠相关问题上转移。此外，相关研究还表明，性格特征，尤其是那些反映焦虑或与完美主义相关的特征，以及难以调节兴奋特征的人群，会比其他人更容易产生睡眠问题。

运动员在 24 小时内的生理和行为过程的自然波动（即昼夜节律）对运动表现至关重要。这些昼夜节律主要由下丘脑内的视交叉上核控制。然而，视交叉上核不能始终保持对这些变化的控制，因为人类对自然环境的改变非常敏感，尤其是对昼夜循环。当运动员所处环境受到干扰（如旅行、夜间训练或比赛）时，内源性昼夜节律和正常的"睡眠—觉醒"周期会变得不同步。这种对睡眠模式的干扰会导致自我平衡压力增加，影响情绪调节、核心温度和褪黑激素的循环水平，导致睡眠延迟，进而可能出现睡眠不足、神经认知和生理表现下降等不良现象。

二、睡眠的功能

弗兰克（Frank）等提出了三个关于睡眠功能的理论，主要为：①对免疫和内分泌系统的恢复；②神经代谢，认为睡眠有助于清醒状态下的神经和代谢恢复；③认知发展，即睡眠在学习、记忆和神经突触可塑性方面发挥着重要作用。这些理论之间的相互作用有助于构建睡眠的不同阶段。睡眠不同阶段不仅在深度上不同，而且在做梦的频率和强度、眼球运动、肌肉张力、大脑区域激活和记忆系统之间的交流上均有不同。一个典型的夜间睡眠由大约 90 分钟的周期组成，分为快速眼动（rapid eye movement，REM）睡眠和非快速眼动（non-rapid eye movement，NREM）睡眠，NREM 睡眠又进一步分为四个不同的阶段（图 14-1）。

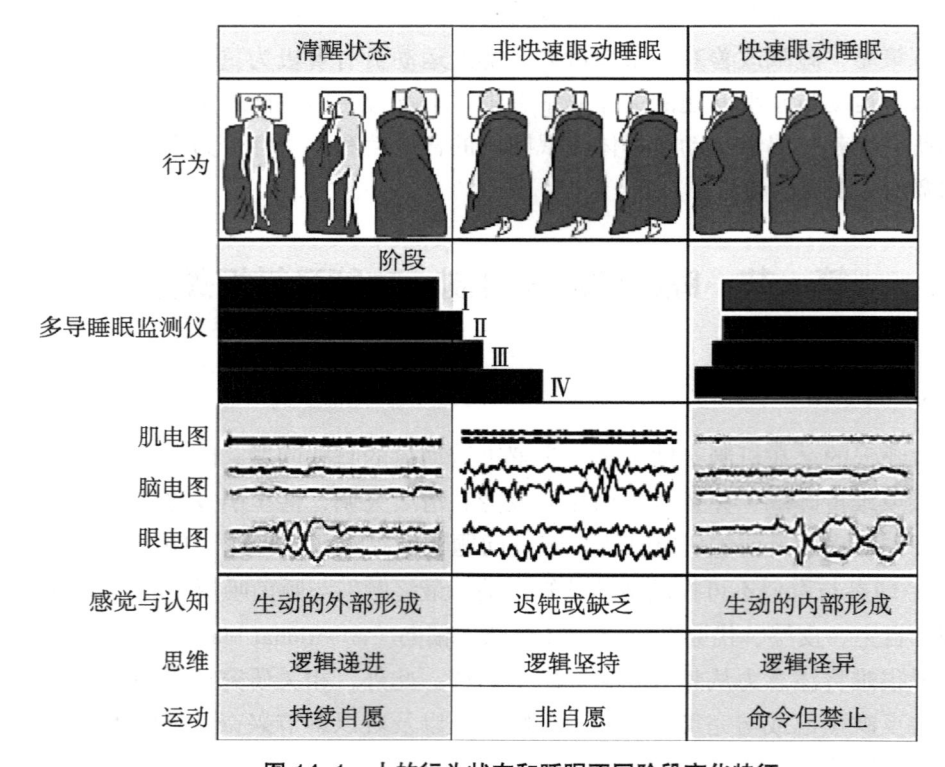

图 14-1 人的行为状态和睡眠不同阶段变化特征

具体来说，REM 睡眠在周期性的大脑激活、局部恢复过程和情绪调节过程中发挥作用。特别是在哺乳动物生命的早期阶段，REM 睡眠被认为是建立大脑连接的关键，因为 REM 睡眠中的神经元活动与清醒时的神经元活动相似。因此，睡眠可以被定义为一个主动调节的过程，而不是清醒减少的被动结果，是神经元活动重组的重要过程。相比之下，NREM 睡眠可以协助能量守恒和神经系统的恢复。例如，对组织再生至关重要的生长激素在 NREM 睡眠阶段被释放，耗氧量降低。此外，NREM 睡眠似乎能刺激合成激素，促进蛋白质合成，调动游离脂肪酸提供能量，从而阻止氨基酸分解代谢。这一过程特别适合运动员，他们需要加快愈合速度来修复训练导致的肌肉损伤。

三、睡眠术语的定义

现有文献中有关运动员睡眠问题的相关术语有"睡眠不足（sleep loss / sleep inadequacy）""失眠（insomnia）""睡眠障碍（sleep disturbances）"等，本章统一将这些描述称为"睡眠问题（sleep problem）"。此外，其他睡眠术语还有"睡眠时长（total sleep time）""睡眠质量（sleep quality）""睡眠限制（sleep restriction）""睡眠剥夺（sleep deprivation）""睡眠延长（sleep extension）"和"睡眠潜伏期（sleep onset latency）"，不同睡眠术语的定义详见表 14-1。

表 14-1　不同睡眠术语的定义

术语	定义
睡眠不足	指由于生活方式改变导致睡眠时长短于日常睡眠时长
失眠	指难以进入或维持睡眠或为非恢复性睡眠导致白天功能受损
睡眠障碍	指睡眠相关疾病，临床表现为入睡较晚、早醒、睡眠时长短等
睡眠时长	指从入睡到最终醒来所经历的时间，部分研究包含日间小憩时长
睡眠质量	通常为借助问卷、日记和量表等工具评估个体的主观睡眠体验，以及借助客观监测设备运用自带算法计算个体睡眠质量
睡眠限制	指部分干扰人体的"睡眠—觉醒"周期，通常实现手段是更晚就寝或更早起床，以及采用碎片化睡眠方式
睡眠剥夺	指保持 24 小时以上清醒状态这一极端状况，即人在很长一段时间内不睡觉（如彻夜未眠）
睡眠延长	指人为地延长个体常规的睡眠时长，通常为增加夜间睡眠时长或安排日间小憩
睡眠潜伏期	指准备开始卧床睡觉直至正式进入睡眠之间的时长

第二节　优秀运动员的睡眠问题

运动员的睡眠问题常常表现为睡眠时长小于 7 小时，睡眠质量低，较长的睡眠潜伏期，以及白天嗜睡和疲劳。运动员的睡眠问题存在项目和性别差异。不同运动项目由于其训练环境和训练文化的差异，睡眠潜伏期从 8~10 分钟不等。值得注意的是，睡眠问题通常发生在重大比赛前夜，不同运动项目之间面临的赛前焦虑有所不同。与个人类项目相比，集体球类项目的运动员在赛前可相互分担比赛压力而焦虑较少。此外，睡眠流行病学发现所有成年运动员中，女性的失眠症状往往高于男性。2020 年东京奥运会期间，哈尔森等对 479 名奥运会不同项目参赛选手（其中，371 名女性运动员，108 名男性运动员）展开睡眠调查，结果显示超过半数（52%）的运动员睡眠质量较差。睡眠问题在优秀运动员群体普遍存在这一现象引发学者关注，针对运动员的睡眠问题，萨金特（Sargent）等从"应该睡多久"这一策略入手，调查发现优秀男女运动员自我感觉需 8.3 小时的睡眠时长才能得到充分休息，然而 71% 的运动员无法满足这一需求。

第三节　睡眠的监测

目前对睡眠周期的识别和监控主要分为基于设备的客观监测和基于日记、问卷和量表的主观监测。

客观监测的第一类是通过多导睡眠监测仪（polysomnography，PSG）进行基于实验室内的评估，是目前睡眠监测的"金标准"方法。睡眠各个阶段的测量和分类是根据生理特征的综合反应来确定的，而这些生理特征是根据 PSG 这一"金标准"仪器测量得到的，其主要参数为睡眠期间的脑电图、肌电图和眼电图测量值。但是，PSG 对实验环境和操作人员的要求较高，且要求监测对象佩戴电极片进行"非常态"入睡，这对于经常旅行和有比赛任务的运动员群体来说较难操作。相比之下，睡眠活动记录仪（actigraphy，常见品牌有 GT3X、Philips 等）、商业睡眠技术（commercial sleep technology，CST）和智能手机 App 更为廉价和便捷，其成为测量运动员睡眠时间和睡眠质量的实用选择。睡眠活动记录仪的佩戴位置为手腕，其内置的加速度计通过捕获手腕的运动来估算人体清醒和入睡所花费的时间，且具有较好的效度。同时，多发的睡眠问题引起商业公司关注并对睡眠监测设备进行了研发。佩戴式（wearable，常见品牌有 Fitbit、Whoop 等）和靠近式（nearable，常见品牌有 Beddit、ResMed S+ 等）是两种主要的 CST。此外，还有一些智能手机 App（如 AutoSleep 等）可用以监测睡眠，但 CST 和手机 App 所使用的算法仍不为人知，未来研究需对其准确性进行验证。

考虑到通过外部设备客观监测睡眠的诸多不便和运动员对睡眠主观感受之间的差异，研究人员常通过睡眠日记、主观睡眠评估问卷和量表对运动员的睡眠状况进行监测。其中，睡眠日记和问卷中通常包含卧床和清醒时间、熄灯时间、日间小憩时长、嗜睡度和清醒度、咖啡因和酒精摄入量等指标。研究中常用的睡眠日记有共识睡眠日记（Consensus Sleep Diary，CSD）；睡眠问卷有运动员睡眠筛查问卷（Athlete Sleep Screening Questionnaire，ASSQ）和运动员睡眠行为问卷（Athlete Sleep Behavior Questionnaire，ASBQ）；睡眠量表有评估睡眠质量的匹兹堡睡眠质量指数量表（Pittsburgh Sleep Quality Index，PSQI）、评估睡眠卫生的睡眠卫生指数量表（Sleep Hygiene Index，SHI）和评估日间嗜睡程度的爱普沃斯嗜睡量表（Epworth Sleepiness Scale，ESS）。睡眠主客观评价方法在简便性、成本和适用场景等方面各具优势，建议未来训练监控中将主客观评价方法配合使用，综合评价运动员睡眠状况。

第四节　运动员睡眠的影响因素

2020年一份睡眠与运动领域专家的联合声明中，将影响运动员睡眠的因素分为运动因素和非运动因素（图14-2）。其中，非运动类因素包括家庭责任、个人特征、生活方式选择、态度和理念、工作及学习承诺和社交需求等。运动类因素包括高训练负荷、夜间比赛、长途旅行、比赛前夜、晨训和陌生的训练环境等。相比于其他人群，运动员的睡眠受训练、比赛和旅行的影响更大。

运动员需严格执行教练员制订的训练计划，以在重大比赛中有最佳的发挥，但是高水平运动员始终面临着过度训练的风险，这种风险会进而导致睡眠问题。在一项研究中，过度训练组的运动员睡眠时间比正常训练组和急性疲劳组更少。这可能是由于过度训练往往伴随着更多变的训练计划、更多的清晨训练课、更大程度的疲劳感，甚至更多的夜间比赛。这些训练因素综合起来对运动员的睡眠带来诸多不利影响。

准备比赛带来的生理负荷，以及比赛给运动员带来的压力、焦虑等都有可能影响运动员的睡眠。在一项对652名德国优秀运动员的研究中，66%的调查对象承认，过去一年内在重要比赛前至少有过一次睡眠问题，导致这一问题的原因主要是难以入睡和对比赛的焦虑。与此类似，朱利夫（Juliff）等对283名澳大利亚优秀运动员的问卷调查结果表明，64%的运动员在参加重要比赛前夜至少有过一次睡眠问题，且59%的集体球类项目运动员和33%的个人项目运动员表示没有改善睡眠问题的策略。该两项大样本量的调查研究显示睡眠问题在赛前尤为明显。廖鹏等观察重要国际比赛对优秀女子水球运动员睡眠模式的影响发现，由训练热身到正式比赛，优秀女子水球运动员夜间睡眠时间逐渐延长，且持续表现夜间睡眠片段化的浅睡眠特征；即使每天总睡眠时间逐渐延长，睡眠质量也并未得到显著改善。此外，运动员赛前睡眠问题还出现在自行车、橄榄球等不同项目中。

除高强度训练和比赛以外，运动员往往需要长途旅行到不同的地方进行训练和比赛，跨时区带来生物节律的改变、旅行途中糟糕的睡眠环境，以及训练和饮食习惯的改变，都会影响运动员的睡眠。例如，一项对美国职业橄榄球40年比赛的跟踪发现，西海岸球队的比赛成绩好于东海岸，这一定程度上是由于比赛时间更接近于西海岸球队的睡眠和昼夜节律时间。

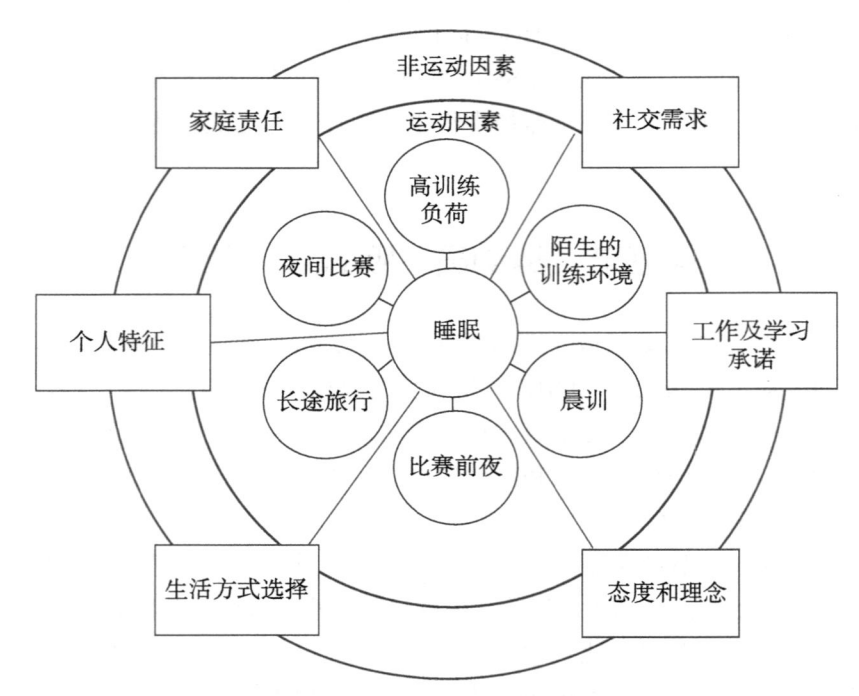

图 14-2　影响运动员睡眠状况的运动因素和非运动因素

此外，青年和大学生运动员的睡眠还会受到学业的影响。这类运动员人群的睡眠问题不仅会影响学业成绩，其负面影响还会延伸到训练场之上，潜在地增加运动员的压力和焦虑。阿斯特李奇（Astridge）等对 22 名大学生游泳运动员进行了一学年的跟踪研究，发现高学业压力与睡眠质量之间存在强负相关性，并发现研究对象的睡眠状况存在季节性变化，在学业压力较小的暑假，他们的睡眠状况能得到改善。

第五节　睡眠问题对运动表现的影响

睡眠问题对运动员的健康和运动表现存在诸多消极影响，因此该群体的睡眠问题受到越来越多的关注。为了探究此问题，研究人员通常通过对运动员实施睡眠剥夺和睡眠限制来人为诱导睡眠不足。表 14-2 是文献中睡眠问题对不同项目和不同水平运动员运动表现、生理反应，以及认知表现和情绪状态的不同影响。其中，运动表现涉及有氧能力、无氧能力、间歇/重复冲刺能力、肌肉力量或爆发力、专项测试表现等。生理反应涉及激素和免疫、能量底物储存等方面的反应。

第十四章 优秀运动员的睡眠与运动表现

表14-2 睡眠问题对运动员运动表现、生理反应、认知表现和情绪状态的影响

参考文献	受试者及运动水平	睡眠干预手段	运动方案	运动表现衡量指标	结果
有氧运动					
阿兹博伊 等, 2009	跑者和排球运动员	睡眠剥夺25～30 h (SD)	自行车递增负荷测试	达到力竭的时间	↓（在排球运动员中）
莫瑞 等, 2016	10名跆拳道运动员	在夜晚开始和结束阶段进行睡眠限制 (SR)	YoYo间歇恢复测试Level 1	总跑动距离	↔
穆金 等, 1991	7名自行车运动员	减少3 h夜间睡眠时间 (SR)	在功率自行车上进行20min的稳态骑行（75%最大摄氧量），然后进行递增负荷测试直至力竭	最大可持续运动强度	↔
拉希西 等, 2004	22名运动员	睡眠剥夺38 h (SD)	20 m往返跑和12 min跑测试	跑动时间	↓
无氧运动					
阿布德莫莱克 等, 2013	12名足球运动员	一晚睡眠限制4.5 h (SR)	Wingate无氧测试	平均功率 峰值功率	↓ ↓（在18:00测量）
穆金 等, 1996	8名优秀运动员	4 h睡眠时间 (SR)	Wingate无氧测试	平均功率 峰值功率 峰值速度	↔ ↔ ↔
索伊西 等, 2013	12名柔道运动员	每晚3 h睡眠，连续两晚（一晚在开始阶段终止睡眠，一晚在结束阶段终止睡眠；SR）	Wingate无氧测试	平均功率	↓
罗伯兹 等, 2019	13名耐力运动员	整晚的睡眠剥夺 (SD)	功率自行车全力冲刺测试	总时间	↓
间歇/重复冲刺能力					
斯格恩 等, 2011	10名集体球类运动员	睡眠剥夺30 h (SD)	30 min递增负荷跑，50 min间歇冲刺跑	15 m冲刺跑时间	↓

续表

参考文献	受试者及运动水平	睡眠干预手段	运动方案	运动表现衡量指标	结果
肌肉力量或爆发力					
斯格思 等，2011	10名集体球类运动员	睡眠剥夺30 h（SD）	肌肉力量测试	最大肌肉收缩力量 自主激活程度	↓ ↓
索伊西 等，2013	12名柔道运动员	每晚3 h睡眠，连续两晚（一晚在开始阶段终止睡眠，一晚在结束阶段终止睡眠；SR）	柔道比赛前的肌肉力量测试	最大肌肉收缩力量 握力	↓ ↓
马赫 等，2019	11名自行车运动员	连续三晚睡眠时间为4h（SR）	下肢纵跳	最大垂直纵跳高度	↓
专项测试表现					
爱德华兹 等，2009	60名飞镖运动员	3~4 h的睡眠（SR）	飞镖测试	平均得分 零分数 飞镖得分的变异性	↓ ↑ ↑
雷纳 等，2013	16名网球运动员	将睡眠时间延迟2~2.5 h，每晚5 h的睡眠（SR）	网球发球测试	发球准确性	↓
呼吸/心血管					
阿兹博伊 等，2009	跑者和排球运动员	睡眠剥夺25~30 h（SD）	自行车递增负荷测试直至力竭	休息时： 摄氧量 二氧化碳输出量 心率 每分通气量 动脉血氧饱和度 呼吸商	↑（跑步者） ↑ ↔ ↔ ↔

162

第十四章 优秀运动员的睡眠与运动表现

续表

参考文献	受试者及运动水平	睡眠干预手段	运动方案	运动表现衡量指标	结果
阿兹博伊 等，2009	跑者和排球运动员	睡眠剥夺 25～30 h（SD）	自行车递增负荷测试直至力竭	运动时： 心率 摄氧量 二氧化碳输出量 呼吸商 动脉血氧饱和度 通气量	↔ ↓ ↓ ↓ ↓ ↔
莫瑞 等，2016	10名跆拳道运动员	在夜晚开始和结束阶段进行睡眠限制（SR）	YoYo间歇恢复测试 Level 1	峰值心率 主观疲劳度	↔ ↔
穆金 等，1989	7名耐力运动员	一晚午夜时分进行部分睡眠干扰（SR）	次最大强度（75%最大摄氧量）自行车测试和功率自行车递增负荷测试	心率 通气量 每分通气量/摄氧量 最大摄氧量	↑（次最大强度下） ↑（次最大强度下） ↑（次最大强度下） ↔（次最大强度下）
穆金 等，1991	7名自行车运动员	减少3 h夜间睡眠时间（SR）	在功率自行车上进行20 min的稳态骑行（75%最大摄氧量），然后进行递增负荷测试直至力竭	心率 每分通气量 峰值摄氧量	↑（两个阶段） ↑（两个阶段） ↓（递增负荷测试中）
穆金 等，1996	8名优秀运动员	一晚4 h睡眠（SR）	Wingate无氧测试	最大每分通气量 峰值摄氧量	↔ ↔
激素和免疫					
阿布德莫莱克 等，2013	30名足球运动员	一晚睡眠4.5 h（SR）	以80%个人最大速度在跑台上进行 4×250 m 跑（组间间歇3 min）	血浆皮质醇 睾酮 生长激素 重组蛋白（IL-6） 肿瘤坏死因子（TNF-α）	↔ ↑ ↑ ↑ ↑

163

续表

参考文献	受试者及运动水平	睡眠干预手段	运动方案	运动表现及衡量指标	结果
阿布德莫莱克 等，2013	12名足球运动员	一晚睡眠4 h（SR）	Wingate 无氧测试	重组蛋白（IL-6）	↑（18:00测量）
穆金，1991	7名自行车运动员	减少3 h夜间睡眠时间（SR）	在功率自行车上进行20 min的稳态骑行（75%最大摄氧量），然后进行递增负荷测试直至力竭	血乳酸	↑（两个阶段）
穆金 等，1996	8名运动员	一晚4 h睡眠（SR）	Wingate 无氧测试	血乳酸浓度	↔
穆金，2001	8名耐力运动员	两晚每晚4.5 h的睡眠（SR）	在功率自行车上进行30 min的稳态骑行（75%最大摄氧量），然后进行递增负荷测试直至力竭	生长激素 催乳素 血浆皮质醇 儿茶酚胺 血乳酸	↔ ↑ ↓ ↔ ↑

能量底物储存

参考文献	受试者及运动水平	睡眠干预手段	运动方案	运动表现及衡量指标	结果
斯格恩 等，2011	10名集体球类运动员	30 h睡眠剥夺（SD）	30 min的递增负荷跑，50 min的间歇冲刺跑	肌糖原	↓

认知表现/情绪状态

参考文献	受试者及运动水平	睡眠干预手段	运动方案	运动表现及衡量指标	结果
塔赫里 等，2012	18名学生运动员	整晚的睡眠剥夺（SD）	Wingate 无氧测试	选择反应时间	↑
爱德华兹 等，2009	60名飞镖运动员	3~4 h的睡眠（SR）	飞镖测试	主观警觉性 主观疲劳	↓ ↑
斯格恩 等，2011	10名集体球类运动员	30 h睡眠剥夺（SD）	30 min的递增负荷跑，50 min的间歇冲刺跑	POMS指标： 活波 警觉 精力充沛 疲劳	↓ ↔ ↔ ↔

注：SD=睡眠剥夺；SR=睡眠限制；POMS=心境状态量表；"↑"=提高；"↓"=下降；"↔"=无显著；（$p < 0.05$）。

一、睡眠限制对运动表现的影响

早期2项研究表明，SR并不会影响有氧和无氧运动表现。穆金等先后进行功率自行车最大持续运动强度测试和温盖特骑行测试，发现SR对平均功率、峰值功率和峰值速度皆无影响。对于长跑项目的研究，赖利（Reilly）等发现SR干预后的耐力跑成绩并没有下降。此外，有研究对SR组进行Yo-Yo间歇恢复测试Level 1后，发现成绩与对照组无统计学差异。与上述维持原运动表现的研究相比，有研究发现SR后功率自行车递增负荷力竭测试中的最大工作率出现下降现象。无氧表现方面，在普通大学生、足球运动员和柔道运动员群体中，经过一晚3~4小时的SR，功率自行车温盖特测试时的平均功率和峰值功率出现下降。关于SR后运动表现下降的原因，推断可能是知觉变化，即主观疲劳度增加伴随着人体功率输出减少，最终导致中枢神经疲劳。

SR对肌肉力量和功率的影响结论不一。研究表明，在SR后背部力量和握力仍保持不变。相反，其他研究表明，3小时的夜间SR对次最大重量举重存在负面影响。考虑到举重的神经参与度较高，情绪状态的波动或下降可能是导致表现下降的原因，但其背后的肌肉疲劳机制仍不清楚。总之，尽管运动员在SR之后仍能够维持最大力量表现，但尚不清楚他们是否能够应对高强度训练或比赛。

SR后的专项运动表现下降现象在飞镖运动员、网球运动员和手球守门员有所显现。相反，8名优秀游泳运动员的游泳成绩在SR和正常睡眠之间没有差异。这些研究差异可归因于运动技能的认知因素。由于睡眠不足会导致决策能力和准确性的降低，SR可能对具有高度认知因素的运动项目产生更大的负面影响。

血浆皮质醇通常会在运动过后增加进而导致疲劳产生，但这些反应与SR之间的相互作用还没有定论。如有研究表明，皮质醇浓度可能会随着SR而降低，但同时存在不一致的结果。这些不同的研究结果可能是由于皮质醇的分泌受运动刺激的时间、强度、持续时间和昼夜节律所影响。

一系列研究表明，当睡眠时间被限制在7小时以内，认知表现出现下降现象。在连续两晚1小时和连续五晚4小时的SR后，受试者反应时间增加。即使睡眠质量和睡眠时间仅受到轻微干扰，反应时间仍会变慢。为此，对于高度依赖该种认知成分的个人或集体球类项目需确保运动员在赛前获取最佳的睡眠。另外，多项研究表明，SR后运动员会产生较差的情绪状态，精力下降伴随着抑郁、倦怠和焦躁。较差的情绪状态不利于运动员投入专注的训练中，也增加了运动员受伤的概率。

二、睡眠剥夺对运动表现的影响

相较于SR，SD对运动表现造成负面影响具有较为确凿的研究证据。SD后人体出现能量底物失衡，研究显示集体球类运动员肌糖原无法完全恢复至正常值，以致运动员在长时间比赛中发挥失常。罗伯茨等对13名耐力运动员实施了正常睡眠和一整夜SD的交叉实验后发现，SD 组自行车全力冲刺时间逊于正常睡眠组。此外，奥利弗（Oliver）等发现 SD 后 30 分钟自主配速跑的平均距离有所下降。力量表现方面，由于 SD 后的运动员觉醒降低导致肌间协调能力下降，进一步表现为垂直纵跳能力和膝伸展力矩下降。斯格恩（Skein）等发现 30 小时的 SD 之后，10 名集体球类运动员出现了诸如最大等速膝关节伸展力下降、平均冲刺时间增加、肌糖原浓度降低和主观疲劳度增加等一系列负面表现。在次最大负荷状态下运动相比最大负荷状态更易受 SD 的影响，由于完成运动的时间更长，主观疲劳度将呈指数倍增长。考虑到 SD 对运动表现多个方面存在负面影响，优秀运动员参与国际比赛进行长途旅行后，应注意及时调整时差，并做好恢复。

众多研究表明，整晚不睡会导致情绪状态变差、疲劳、困倦和精神混乱。此外，运动员在 SD 后听觉、简单及复杂反应和记忆测试中表现都更差。不过为了保障运动员的身心健康和训练计划的完整性，目前研究中对运动员进行 SD 的干预实验相对较少。德默尔（Durmer）等将睡眠问题引发的不良认知表现分为时间压力增加错误率、反应时间慢、短期记忆和工作记忆表现下降、认知任务的学习获得减少、更倾向于选择无效的解决方案、随着任务持续时间增加表现变差和出现代偿以维持原行为七大类。这些不良认知表现在运动中会表现为投篮倒计时阶段出现失误、短跑运动员听枪起跑反应慢、运动员无法完成教练员赛前和赛中布置的任务、运动员季前赛无法领会新的战术和阵型、运动员错误的动作模式、比赛的尾声和白热化阶段运动员体力不支和加剧疲劳产生。

第六节　改善运动员睡眠的措施和建议

鉴于睡眠问题在运动员群体中存在的普遍性和对运动员表现影响的不可忽视性，研究和实践领域都在积极探索改善运动员睡眠问题的措施。首先，需要提高教练员、科研人员和运动员对睡眠问题重要性的认识；其次，需要对运动员实施睡眠教育和睡眠筛查，引导运动员养成有利于改善睡眠的行为习惯，筛选出有改善睡眠需要的运动员；再次，需要明确睡眠问题的可能致因并尽可能予以消除；最后，需要从生活、工作、学习、训练、比赛等多方面尽可能营造有利于睡眠改善的外部环境，并充分考虑运动员的项目特征和个体需求。基于此，本节重点从增加睡眠时长、提升睡眠质量、营养补充、旅途调节和运动后恢复策略等方面介绍改善运动员睡眠的措施和建议。

一、增加睡眠时长

充分的睡眠时长是保证良好睡眠的先决条件。美国睡眠医学会和睡眠研究学会的最新共识声明指出，成年人每晚应睡足 7 小时及以上。考虑日常训练和比赛的能量消耗，运动员需要更多的睡眠以确保获得足够的生理和心理恢复。研究表明，运动员每周应获得 80 小时的睡眠时间，包括夜间睡眠和日间小睡。同时，研究表明适当延长睡眠时间会对运动员部分身体功能产生积极作用，如理查德（Richard）等在 6 周实验期内延长了优秀橄榄球运动员的睡眠时间，结果显示运动员压力荷尔蒙和反应时都得到有效改善。

睡眠延长的常规手段通常是延长夜间睡眠时长，但日间小睡可增加每日总睡眠时间，且午睡对运动员夜间睡眠和睡眠效率无影响，还可在睡眠受限的条件下短期内提高整体表现。拉斯泰拉（Lastella）等的系统综述解答了"何时小睡""怎么小睡"的问题，建议运动员可以考虑在每日 13:00—16:00 进行 20～90 分钟的小睡，且运动员应在训练或比赛前 30 分钟醒来以减少睡眠惯性。

此外，戴克（Dijk）等对最佳昼夜节律时间和训练与小睡之间的最宜间隔时间进行了研究，发现上午 11:30 午睡的慢波睡眠时间比上午 10:30 午睡的时间更长。但是，其他任何睡眠参数、主观警觉性和小睡后训练准备程度的测量均无差异。间隔时间方面，训练后 2 小时小睡比训练后 1 小时小睡更利于二次训练准备。

二、提升睡眠质量

除了保证基本的睡眠时长外，提升睡眠质量是睡眠改善的关键之处。提升睡眠质量可通过改善睡眠环境和改变睡前行为而实现。理想的睡眠环境是凉爽、黑暗、安静且舒适的，太热或太冷的条件下睡觉会扰乱人体生物钟并降低睡眠深度。改善运动员睡眠环境的大多数策略都依赖于具体措施，如使用室内风扇来降低温度，使用眼罩或遮光窗帘以减少光线，使用耳塞阻止或减少干扰性噪声。另外，舒适的睡眠环境可能还需更换新的床垫或室友。

睡前行为包括饮食摄入、光线暴露、睡眠的规律性等方面，这些行为的改善都可能提升睡眠质量。首先，应注意各类物质摄入的时间。虽然战略性摄入咖啡因有助于提升运动表现并降低失眠带来的负面反应，但由于咖啡因的半衰期较长（大多数成年人为 3～7 小时），建议运动员在午饭后停止咖啡使用。并且，入睡前 3～4 小时内应避免饮酒，避免摄入其他具有刺激作用的物质（如尼古丁）。其次，白天的阳光暴露会影响睡眠的质量和时长。鉴于夜晚暴露于强光下可能会使人体产生警觉作用，并可能通过减少或延迟褪黑激素的释放而导致难以入睡，建议在就寝前几个小时降低灯光亮度，避免使用带 LED 屏幕的电子设备。

此外，刘运洲等发现运用重复经颅磁刺激技术可提高睡眠质量，刺激后呼吸、脉率以及心率变异性的变化在一定程度上可以对其生理效果进行解释。

三、营养补充

营养补充在提高睡眠质量和时长方面的作用正受到越来越多的关注。哈尔森等给出的建议较为全面：一方面，需要调整膳食结构。如白米、面食、面包和土豆等高升糖指数的食物可能会促进睡眠，但应在就寝前 1 小时之前或更长的间隔时间内食用。另一方面，需要进行额外的营养补充。如高碳水化合物饮食会缩短睡眠潜伏期，高蛋白饮食可以改善睡眠质量，高脂饮食会减少睡眠总时间，减少总热量摄入可能会干扰睡眠质量，小剂量的色氨酸（1 g）可以缩短睡眠潜伏期并改善睡眠质量，褪黑激素浓度高的食物可能会缩短睡眠触发时间，服用缬草可改善主观睡眠质量。

四、旅途调节

异地比赛会造成运动员（尤其是精英运动员）的旅途劳顿或时差变换，进而影响运动表现。当"睡眠－觉醒"周期与比赛当地时区不一致时，就会发生时差反应，并可能对夜间睡眠质量和时长，以及白天的警觉性产生负面影响。对于那些需要在到达比赛地即刻发挥出最大运动表现的运动员来说，可以在旅行前改变他们的睡眠唤醒时间，以最大限度地减少时差对运动表现的影响。此外，定时接受光照和补充褪黑素可以将时差的影响降到最低。增加液体摄入量，飞行中佩戴耳塞和眼罩，以及适当伸展放松等策略，均可最大限度地减轻空中旅行导致的脱水、噪声影响和身体不适等症状。

五、运动后恢复策略

训练后适宜的恢复策略能改善运动员的睡眠和提升运动表现。夏尔（Schaal）等探究了高强度训练期间全身性超低温冷冻疗法对花样游泳运动员睡眠的影响。结果表明，实验组大多数的 PSG 睡眠参数（即睡眠时间、睡眠潜伏期和睡眠效率）保持稳定，而对照组出现恶化。尽管实验组的身体疲劳反应减小（即血乳酸、心率和 α－淀粉酶均降低），但尚不清楚这是全身性冷冻刺激的直接作用，还是由于更长的睡眠时间和更高的睡眠效率所致。

然而，目前研究存在不一致的结论，运动后恢复策略可能存在交互影响。与夏尔等研究相反，赵杰修等对女篮运动员实施持续两周每晚接受 30 分钟的红光照射，而安慰剂组接受非红色光照射。结果表明，与安慰剂组相比，干预条件下的受试者主观睡眠质量得到改善，但是早晨血清褪黑激素水平更高，可能是由红光引起的昼夜节律延迟导致的。运动表现方面，干预组的受试者在耐力表现（库珀 12 分钟跑）上有所改善，而安慰剂组没有变化。目前尚不清楚红光照射是否对训练后的恢复有直接影响，可能原因是改善睡眠，间接促进了更好的总体恢复。

小　结

训练、比赛、生活、工作、学习等因素的叠加使得优秀运动员是睡眠问题的易患人群。睡眠时长不足、睡眠质量差等睡眠问题对优秀运动员的健康和运动表现存在消极影响，尤其是无氧糖酵解和认知参与的相关运动表现。教练员、科研人员和运动员应提高对睡眠问题重要性的认识，合理安排训练、改善赛前睡眠，综合考虑各类因素对睡眠的潜在影响。此外，优秀运动员需要接受科学睡眠的教育，养成科学的睡眠行为习惯。

第十四章
参考文献

作者：李啸天，黎涌明

第十五章 脑力疲劳对运动员竞技能力的影响

脑力疲劳（mental fatigue）是指由长时间较高强度认知活动导致的一种精神生物学状态，并可表现为主观上感到疲惫和缺乏能量。脑力疲劳在生活中非常普遍，较长时间使用社交媒体、使用手机应用、玩电子游戏、驾驶车辆、文化学习和训练比赛等都有可能导致脑力疲劳，并且短时间内难以快速消退。早期有关脑力疲劳的研究发现，处于脑力疲劳状态的受试者注意力难以集中、反应时间延长、犯错风险增加，严重影响工作效率和驾驶安全。2009年，针对健康人群的研究发现，脑力疲劳不仅会对人体的认知表现产生负面影响，还会对人体的有氧表现产生负面影响，这引起了竞技体育领域的广泛关注。

此后十余年（2009—2021年），以比利时布鲁塞尔自由大学的缪森（Meeusen）、英国普利茅斯大学的麦克莫里斯（McMorris）、澳大利亚堪培拉大学的马丁（Martin）、澳大利亚纽卡斯尔大学的史密斯（Smith）和法国勃艮第大学的帕若（Pageaux）等教授为代表的国外学者或科研团队围绕"脑力疲劳对运动员竞技表现的影响"这一课题开展了大量的研究，相关研究成果不仅助力了运动员更好地开展科学训练，也为其比赛表现的进一步优化提供了新的视角。然而，相比国外相关研究的不断展开和深入，国内对于该领域的了解仍十分有限。对此，系统地梳理和综述该领域的前期成果，不仅能为国内运动员的训练和比赛提供建议，还能为后续研究的开展提供参考。

第一节 疲劳的定义与分类

疲劳是涉及人体生理和心理的一种非常复杂的状态，常被描述为疲惫疲倦、精疲力竭和无精打采等。牛津字典把疲劳定义为"由精神活动、身体活动或疾病导致的极度疲倦"或"长时间活动后肌肉或器官效率的下降"。疲劳根据产生后持续时间的长短可以分为急性疲劳（acute fatigue）和慢性疲劳（chronic fatigue）。急性疲劳通过休息或生活方式的改变能够迅速得到缓解和恢复；慢性疲劳是一种持续疲惫的状态，在时间上可以超过数月，通过休息并不能得到有效改善。疲劳也可以根据产生原因的不同分为两类，当疲劳源于身体活动时，这一类疲劳被称为身体层面的（physical）疲劳，当疲劳源于脑力、心理或精神活动时，这一类疲劳被称为脑力、心理或精神层面（mental）的疲劳。

在体育领域，身体层面的急性疲劳被称为身体疲劳（physical fatigue），也叫运动性疲劳（exercise-induced fatigue）、肌肉疲劳和神经肌肉疲劳，其被定义为由任何运动引起的肌肉、肌群力或功率输出能力下降，并且根据引起肌肉、肌群力或功率输出下降的机制是基于外周（神经肌肉接头处或末梢改变引起的肌肉收缩特性破坏）还是中枢（大脑初级运动皮层神经冲动输出减弱导致的肌肉自主收缩或最大募集能力下降），身体疲劳还可进一步分为外周疲劳和中枢疲劳。精神层面的急性疲劳被称为脑力疲劳（mental fatigue）或认知疲劳，国内也有研究将此术语翻译成精神疲劳、短时心理疲劳和心理疲劳。由于"心理疲劳"一词绝大多数情况描述的是一种慢性疲劳，因此本研究主要将"心理疲劳"一词归于慢性疲劳，其被定义为由长时间较高强度认知活动导致的一种精神生物学状态，并可表现为主观上感到疲惫和缺乏能量。当身体疲劳和脑力疲劳得不到恢复，逐渐累积，则可能会进一步发展为过度训练综合征、慢性疲劳综合征、心理疲劳、长期心理疲劳或心理耗竭（burnout）等慢性疲劳状态。本章根据张力为、万（Wan）、田中（Tanaka）和帕若（Pageaux）等的研究，将疲劳划分为急性或短期、慢性或长期、身体或生理和精神或心理四个维度，并对体育领域较常涉及的几种疲劳，依据定义和时间属性（参照文献中的具体诱导形式）进行归类，得到图 15-1，一定程度展示了不同疲劳之间的关系。尽管如此，体育领域关于疲劳的定义和分类仍有许多问题有待明确，如急性疲劳和慢性疲劳具体的定义是什么？两者如何进行更为细致的区分？身体或精神层面是否存在各自对应的慢性疲劳？这些问题的解决将会进一步拓展体育领域对于疲劳的认识。综上所述，根据定义和研究过程中脑力疲劳实际的诱导形式，本章脑力疲劳主要由一次性长时间较

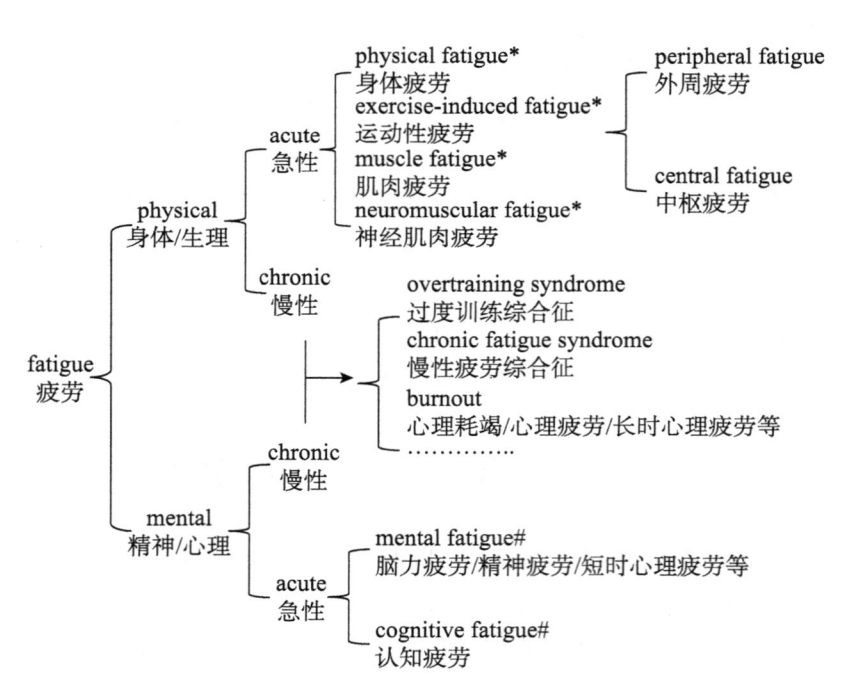

注：*# 代表并列术语的定义类似或完全相同，即同一定义的不同术语表述；慢性疲劳目前尚未进行身体和精神层面的区分。图中的术语主要用英文表示，并标注了国内较为常见的翻译。

图 15-1　体育领域不同疲劳关系示意图

高强度认知活动导致，为精神层面的急性疲劳。

第二节 脑力疲劳的诱导与测量

竞技体育脑力疲劳的研究范式和身体疲劳类似，几乎所有的研究都需要在相应疲劳成功诱导的前提下才能正常开展。因此，在进行脑力疲劳与运动员竞技表现论述之前，有必要对竞技体育脑力疲劳的诱导环节进行较为全面的了解。

一、脑力疲劳诱导

对本章纳入的文献所采用的脑力疲劳诱导方案进行梳理和统计可以发现（表15-1），竞技体育领域采用的脑力疲劳诱导方案众多，包括不同版本的STROOP任务、AX-CPT测试（AX Continuous Performance Test）、RVP测试（Rapid Visual Information Processing Test）、传统警觉任务（Low Go/High No-Go）、反应时任务、Axon Sports任务、标准数学测验（MT）、N-back任务、手机应用使用、社交媒体使用、玩电子游戏、观看篮球技术视频、全身协调任务和随机顺序拉夫堡足球传球测试等十余种。这些方案主要可以分为三类，即以STROOP任务为代表的心理认知类方案、以社交媒体使用为代表的电子暴露类方案和以全身协调任务为代表的运动类方案。

三类方案中，心理认知类方案是目前竞技体育领域使用的主流方案，超过80%的研究使用该类方案。尽管具有生态学效度不高等局限，导致其诱导的脑力疲劳与真实的运动情境不一致，但该类方案具有较为成熟的范式，易于操作和监控，并且其诱导脑力疲劳的有效性已得到广泛验证。与此同时，电子暴露类和运动类方案应运而生，并成为近几年竞技体育领域脑力疲劳诱导的新兴方案。虽然在一定程度上提升了生态学效度，但与心理认知类方案相比，这两类方案并不能较好地保证诱导效果和控制干扰因素，造成该类方案在竞技体育中的应用还有待继续考量。如福特斯（Fortes）等2021年的研究测量了12名男子业余排球运动员参加30分钟社交媒体使用前后的脑力疲劳分数（VAS-MF分数），结果显示，12名运动员中4名运动员的VAS-MF分数在任务后出现了下降，4名运动员的VAS-MF上升幅度较小，只有约1/3运动员的VAS-MF分数在任务后出现了较大幅度上升。他的另外一项最新研究表明，运动员群体进行电子暴露类方案（社交媒体使用）和运动类方案（全身协调任务）的脑力疲劳诱导效果远不及相同时间的心理认知类方案（STROOP任务）。这可能与上述两类方案操作时无法较好地控制任务内容或强度有关，社交媒体使用的操作模式为让受试者在限定时间内于智能手机上使用WhatsApp、Facebook和Instagram等社交软件，全身协调任务为让受试者根据自身情况完成7项绳梯任务。此外，库蒂尼奥（Coutinho）等针对运动类方案的研究还发现，该类方案会带来一定程度的身体疲劳（研究中作者发现运动员20分钟全身协调任务后的RPE较任务前提升了约155%，而对照处理方式下的RPE仅提升了约24%），极大地影响了脑力疲劳研究结论的解读——身体疲劳对运动员竞技表现同样存在负面影响。另外，操作的不便利性同样限制了该类方案的推广。基于以上证据，采用以STROOP任务为代表的心理认知类方案似乎是目前开展脑力疲劳相关研究的更为合理的选择。

要想成功诱导脑力疲劳，除了选择合理的方案，合适的时间设置同样不可或缺。对上述脑力疲劳诱导的时间进行统计可以发现（表15-1），目前竞技体育脑力疲劳诱导的时间介于15~90分钟不等，其中30~60分钟是目前最为常用的脑力疲劳诱导时间。这主要是因为有研究显示，低于30分钟的诱导时间，脑力疲劳的诱导效果并不稳定。如福特斯和冈托伊斯（Gantois）等发现，职业足球运动员进行15分钟的STROOP任务和社交媒体使用并不能有效诱导脑力疲劳。目前，科研领域普遍将30分钟作为能够保障脑力疲劳诱导效果的时间分界点，对此，他们给出了以下理由：①受试者警觉水平的下降通常出现在其参与脑力疲劳诱导任务的20~30分钟以后；②受试者脑力疲劳主观分数的上升也出现在类似的时间范围（30分钟）。上述证据提示，将脑力疲劳诱导时间的下限设置为30分钟似乎能够较好地保障诱导效果。相比30分钟以保障诱导效果为目的下限设置倾向，目前竞技体育科研领域60分钟的上限设置倾向可能旨在提高任务的可操作性，提升研究的效率，如果任务时间太长，受试者难以坚持。综上所述，30~60分钟似乎是目前脑力疲劳诱导方案时间设置可供选择的适宜时长。尽管如此，目前脑力疲劳诱导方案在上述时间范围内的时间设置选择仍然呈现了多样化的特征，包括30分钟、45分钟、52分钟、60分钟等多种时长，这些时间长度的性价比哪种更高，有待后续研究予以明确。

由于很多脑力疲劳研究都涉及了随机对照试验，因此要想得到可靠的结论，对照组的处理也尤为关键。从表15-1可以看出，脑力疲劳的对照处理普遍采用了相应时间长度、情绪中性或低脑力疲劳任务，具体包括纪录片、广告、奥运会等类型的视频观看（最常用），运动、旅行、汽车等主题的杂志阅读，安静环境静坐休息，采用灰色铅笔画画，以及简单认知任务（如看屏幕中央的"十"字聚焦点）与静坐休息相结合等方式。尽管如此，也有一些研究采用了其他的方式处理对照组，如马丁（Martin）和菲利帕斯（Filipas）等的研究中30分钟STROOP任务的对照处理方式分别为10 min简单认知任务和15 min的在线杂志阅读，库蒂尼奥和佛朗哥·阿尔瓦伦加（Franco-Alvarenga）等的研究中没有处理对照组，而是让受试者直接参与接下来的测试任务。然而，由于上述对照处理方式的时间设置与实验组相差较大，一定程度上违背了随机对照实验原则（时间不可比），可能会影响结论的可靠性。上述研究结果显示，让受试者进行相同时间的情绪中性或低脑力疲劳任务，似乎是竞技体育脑力疲劳研究中的合理对照处理方式。

二、脑力疲劳测量

在运动员脑力疲劳诱导的过程中，除了需要进行合理的方案选择和时间设置，使用适宜的方法对脑力疲劳进行精准的测量并对诱导效果做出合理的评判，同样重要。鉴于脑力疲劳主要体现为主观方面的改变，如感到疲惫和缺乏能量，因此，目前竞技体育领域主要采用主观测量法对运动员的脑力疲劳进行评价。在表15-1详细报道脑力疲劳测量方法的50篇文献中,有44篇文献使用主观测量法测量了运动员的脑力疲劳,使用的测量工具包括100毫米的VAS视觉模拟评分量表(Visual Analogue Scale)、BRUMS心境量表(Brunel Mood Scale)、POMS心境量表(Profile of Mood Scale)、NASA-TLX主观工作负荷量表(The National Aeronautics and Space Administration Training Load Index)、CMSS心境量表(Current Mood State Scale)、4DMS心境量表(Four Dimensional Mood Scale)、SRSS恢复和应激量表(Short Recovery and Stress Scale)、VAMS量表(Visual Analogue Mood Scale)、10分李克特量表、情绪唤醒量表、RPE量表(CR10)等11种,涉及VAS-MF、VAS-ME(大脑努力分数)、BRUMS-F(BRUMS疲劳分数,BRUMS疲劳分量表得分)、BRUMS-V(BRUMS活力分数,BRUMS活力分量表得分)、BRUMS系列(BRUMS各分量表得分)、POMS-F(POMS疲劳分数,POMS疲劳分量表得分)、POMS-V(POMS活力分数,POMS活力分量表得分)、POMS系列(POMS各分量表得分)、NASA系列(NASA-TLX各分量表得分)、CMSS-F(CMSS疲劳分数,CMSS疲劳分量表得分)、CMSS-P(CMSS积极影响分数,CMSS积极影响分量表得分)、4DMS系列(4DMS各分量表得分)、SRSS系列(SRSS各分量表得分)、VAMS-F(VAMS疲劳分数,VAMS疲劳分量表得分)、脑力疲劳李克特分数、情绪唤醒分数等众多评价指标。对上述主观测试工具进行进一步统计可以发现,VAS、NASA-TLX、BRUMS三种量表是目前最为常用的主观测量工具,尤其是VAS量表,分别有31篇、9篇和6篇文献使用了上述测量工具,对应的常用评价指标包括VAS-MF、VAS-ME、BRUMS-F、BRUMS-V、NASA系列等5项,主要通过测量受试者主观脑力疲劳、大脑努力程度以及情绪状态等主观参数的变化直接或间接测量脑力疲劳。

主观测量法风靡科研领域的原因主要在于其简单的操作、有效的测量,以及极低的设备成本。然而,值得注意的是,该类方法也存在不可忽视的缺点,即测量结果容易受到受试者反应偏倚(response bias)的影响。这主要表现在以下三个方面:①使用VAS等主观量表进行测量时,受试者存在赞同研究问题的倾向;②受试者知晓他们是脑力疲劳实验当中的一部分时,会倾向于做出适合实验场景的回答或行为;③受试者未能完全理解脑力疲劳的含义时,会产生自我评价偏倚,此时会低估或高估真实的脑力疲劳。对此,有研究认为,实验过程中可以通过减少受试者实验过程中测试工具的使用频率、把实验组和对照组实验任务设置得更为相似(如不一致的STROOP vs. 一致的STROOP任务)、对受试者屏蔽真实目的(实验过程中以混淆目的代替)、给受试者提供统一清晰的脑力疲劳定义等方式减小受试者的反应偏倚。

除了主观测量法,竞技体育领域还会使用客观测量法测定运动员的脑力疲劳(表15-1)。客观测量法包括认知测量法和生理测量法两种。认知测量法主要通过受试者反应时(response time,RT)、反应精确性(response accuracy,RA)、注意力消逝程度(attention lapes,AL)等三项指标的变化来间接测定脑力疲劳,脑力疲劳产生时受试者 RT 延长、RA 下降、AL 上升。这些指标的采集主要有两种方式：①通过诱导任务本身，如维里克特（Vrijkotte）等将用于受试者脑力疲劳诱导的 90 分钟 STROOP 任务分成了 6 个模块，以此观察受试者任务过程中每 15 分钟 RT 和 RA 的变化；②通过单独设置的诱导任务片段，如许多研究在脑力疲劳诱导任务及对照任务的前后用 3 分钟 Flanker 任务、5 分钟 Flanker 任务、30 个词的 STROOP 任务、50 个词的 STROOP 任务、62 个词的 STROOP 任务、5~6 分钟 STROOP 任务等短时间的诱导任务片段测量受试者 RT、RA 和 AL 指标的变化。与认知测量法类似，生理测量法主要通过受试者任务过程或任务前后的平均心率（HR）、心率变异性（HRV）、血乳酸（BLA）、血糖浓度（GLU）、摄氧量（VO_2）、唾液皮质醇（Cor）、唾液睾酮（T）、α–唾液淀粉酶、脑电（EEG）、瞳孔直径等生理指标的变化去间接测量脑力疲劳，其中 HR 是目前最为常用的生理指标，有研究显示，脑力疲劳产生时受试者的 HR 较对照组显著上升。

与主观测量法相比，认知测量和生理测量等客观方法很好地避免了受试者反应偏倚的影响，然而由于这些方法的操作更为复杂，成本相对较高（尤其是生理测量法），并且对脑力疲劳的敏感性有限。许多研究显示，受试者进行 30 分钟以上的脑力疲劳诱导任务，相应的认知和生理指标并没有发生明显波动，因此常作为主观测量法的补充方法使用（结合主观测量法一起评价脑力疲劳，见表 15-1）。

至于竞技体育脑力疲劳成功诱导的评判标准，现有研究普遍将受试者干预后主观、认知或生理等一个或多个方面的指标较对照组或任务前出现显著变化视为运动员脑力疲劳诱导成功的标志，并且当不同指标呈现的结果出现差异时，则以主观指标的变化（尤其是 VAS–MF 指标）作为评判的首要标准。该评判标准尽管已在竞技体育领域得到了广泛应用，但仍存在着不够精准等问题，这主要可以体现在以下两个方面：①以指标的显著性变化作为脑力疲劳诱导成功的标准可能会造成误判，如在受试者样本量足够大的情况下，即使相关指标出现微小的变化也有可能出现统计学上的显著性差异；②使用该标准只能针对脑力疲劳诱导成功与否做出粗略判定，无法进一步明确脑力疲劳程度上的差异，这给众多研究之间的类比造成了诸多困扰。对此，目前竞技体育领域亟须进一步细化脑力疲劳诱导效果的评判标准，如相关指标的变化幅度或效应量达到多大才算真正达到脑力疲劳、不同程度脑力疲劳各自对应多大的指标变化幅度或指标水平等。上述问题的解决，将会极大程度地推进该领域的发展。卢克（Luke）等在其 2014 年的研究中尝试呈现了一份类似于 RPE 量表（CR-10）的不同程度脑力疲劳量化表（表 15-2），似乎可以为上述问题的解决提供一定的参考。

表15-1 竞技体育领域脑力疲劳诱导方案与测量方法汇总

文献	受试者基本信息					诱导方案		测量方法	
	样本量	年龄/岁	训练水平	项目/群体		实验组	对照组	方法类型	主要指标
心理认知类										
麦克马洪等, 2014	M18+2F	25.4	规律训练	跑步		90 min AX-CPT测试	90 min 纪录片观看	主观+生理	CMSS-F、CMSS-P、BLA
史密斯等, 2015	M10	22	一定经验	团体项目		90 min AX-CPT测试	90 min 纪录片观看	主观+认知+生理	BRUMS-F/V、RT、RA、HR、GLU
海德等, 2016	M11+F7	28	业余	运动员		52 min 传统警觉任务	52 min 纪录片观看	主观+认知+生理	NASA 系列、RA、RT、HR、VO_2
马丁等, 2016	M20	约24	业余+职业	自行车		30 min 电脑STROOP	10 min ECT	主观+认知	4DMS 系列、NASA 系列、RT、RA
史密斯等, 2016	M26	19.6~24	业余	足球		30 min 纸质STROOP	30 min 杂志阅读	主观	VAS-MF、VAS-ME
史密斯等, 2016	M12	19.3	训练有素2-4	足球		30 min 纸质STROOP	30 min 杂志阅读	主观	VAS-MF、VAS-ME
史密斯等, 2016	M14	19.6	训练有素2-7	足球		30 min 纸质STROOP	30 min 杂志阅读	主观	VAS-MF、VAS-ME
巴丁等, 2016	M20	17.8	国家级	足球		30 min 电脑STROOP	30 min 纪录片观看	主观+生理	VAS-MF、VAS-ME、RPE、HR
曼塞克等, 2017	M22	26.9	业余-国家	乒乓球		90 min AX-CPT测试	90 min 纪录片观看	主观	VAS-MF、VAS-ME、NASA 系列
潘纳等, 2018	M11+F5	15.45	地区/国家	游泳		30 min 纸质STROOP	30 min 杂志阅读	主观+生理	VAS-MF、VAS-ME、HRV
萨拉姆等, 2018	M11	38	训练有素	自行车		30 min 电脑STROOP	30 min 杂志阅读	主观	脑力疲劳李克特分数（10分制）

续表

文献	受试者基本信息 样本量	年龄/岁	训练水平	项目/群体	诱导方案 实验组	对照组	方法类型	测量方法 主要指标
范卡特森等,2017	M10	22	训练有素	自行车等	45 min 电脑 STROOP	45 min 纪录片观看	主观+认知+生理	VAS-MF、NASA 系列、RT、RA、Cor、HR
维纳斯等,2017	M10	21	精英	板球	30 min 电脑 STROOP	30 min 杂志阅读	主观	VAS-MF
维里克特等,2018	M9	26	训练有素	自行车	90 min 电脑 STROOP	90 min 休息	主观+认知	VAS-MF、POMS 系列、RT、RA
库蒂尼奥等,2018	10	13.7	业余	足球	30 min 电脑 STROOP	直接进行后续任务	主观	VAS-MF
昆拉特等,2018	M6	14.7	区域级	足球	20 min 电脑 STROOP	直接进行后续任务	主观	
菲利帕斯等,2018	M11+F6	11	地区	赛艇	60 min 电脑 STROOP/MT	60 min 灰色铅笔画画	主观+认知+生理	BRUMS-F/V、NASA 系列、RT、RA、HR
莫雷拉等,2018	M32	15.2	地区	篮球	30 min 电脑 STROOP	10 min ECT+20 min 放松	认知+生理	RT、RA、T、Cor、α-唾液淀粉酶
潘纳等,2018	12	17.5	业余	手球	30 min 纸质 STROOP	30 min 纪录片观看	主观+认知	VAS-MF、VAS-ME
皮甫斯等,2018	M8	29.3	业余	自行车	30 min RVP	30 min 舒适座位休息	主观+认知+生理	POMS 系列、RT、RA、EEG
卡瓦尔坎特等,2018	M8	33.8	业余	自行车	90 min AX-CPT	90 min 纪录片观看	主观	VAS-MF
斯利马尼等,2018	M10	16	学校	耐力	30 min 纸质 STROOP	30 min 杂志阅读	主观	BRUMS-F

续表

文献	受试者基本信息					诱导方案		测量方法	
	样本量	年龄/岁	训练水平	项目/群体		实验组	对照组	方法类型	主要指标
坎波斯等，2019	M9 + F4	19.5	地区	柔道		30 min 纸质 STROOP	30 min 纪录片观看	主观+生理	VAS–MF、VAS–ME、HRV、BLA、GLU、Cor
克拉克等，2019	M10	27.4	积极参赛	众多项目		30 min 电脑 STROOP + N-back 任务	30 min 纪录片观看		
菲利帕斯等，2019	M10	20	次精英	自行车		30 min 电脑 STROOP	30 min 纪录片观看	主观+认知+生理	BRUMS–F/V、NASA 系列、RT、RA、BLA 等
阿尔瓦伦加等，2019	M12	34.3	地区-国家	自行车		40 min RVP 测试	直接参加后续任务	主观+生理	VAS–MF、情绪唤醒、EEG
冈托伊斯等，2019	M20	22.6	职业	足球		15/30 min 电脑 STROOP	30 min 广告视频观看	认知+生理	RT、RA、HRV
法尔德等，2019	M20	19~28		运动员		51 min 反应时任务		主观+认知	VAMS–F、RT
斯塔亚诺等，2019	13	16.4	国家级	皮艇		60 min 电脑 STROOP	60 min 纪录片观看	主观	NASA 系列、BRUMS 系列
范卡特森等，2019	M5 + F4	23	国家/国际	羽毛球		90 min 电脑 STROOP	90 min 纪录片观看	主观+认知+生理	VAS–MF、NASA 系列、RT、RA、HR
巴泽加普尔等，2020	M10	21	业余	自行车		45 min 电脑 STROOP	45 min 纪录片观看	认知	RT、RA
布里茨克等，2020	M20	35	精英	自行车		40 min RVP		主观+认知+生理	VAS–MF、RT、RA、EEG
科萨克等，2020	M19	20	精英	羽毛球		60 min 电脑 STROOP	60 min 纪录片观看	主观+认知	VAS–MF、RT、RA

续表

文献	受试者基本信息				诱导方案		方法类型	测量方法	
	样本量	年龄/岁	训练水平	项目/群体	实验组	对照组			主要指标
昆特拉 等, 2020	M18	21.8	业余	足球	30 min 电脑 STROOP	30 min 纪录片观看	主观	VAS-MF	
洛佩斯 等, 2020	M16+F15	25	职业	中长跑	45 min 电脑 STROOP	45 min 纪录片观看	主观+认知	VAS-MF、VAS-ME、BRUMS-F/V、RT、RA 等	
泰克罗奇 等, 2020	9	17.6	次精英	足球	30 min 手机 STROOP	30 min 纪录片观看	主观	VAS-MF、VAS-ME、RPE	
维拉科迪 等, 2020	M25	23.8	业余	橄榄球	30 min 电脑 STROOP	30 min 纪录片观看	认知	RA	
菲利帕斯 等, 2021	M36	U14~18	国家级	足球	30 min 电脑 STROOP	15 min 在线杂志阅读	主观+认知	VAS-MF、NASA 系列、RT、RA	
巴蒂斯塔 等, 2021	M15	30	职业	定向越野	30 min 电脑 STROOP	10 min ECT + 20 min 放松	主观	RPE (CR10)	
加托尼 等, 2021	M46	约44	业余	马拉松	50 min Axon Sports 任务	50 min 杂志阅读	主观	NASA (类似 VAS)	
潘纳 等, 2021	M10	30	高水平	游泳	45 min 电脑 STROOP	45 min 情绪中性视频	主观	VAS-MF	
萨利希 等, 2021	M15	23	职业	游泳	60 min 电脑 STROOP	60 min 执教视频观看	主观+认知	VAS-MF、RT、RA	
福斯 等, 2021	M16	21	学生选手	短跑	60 min 电脑 STROOP	60 min 执教视频观看	主观+认知	VAS-MF、RT、RA	
卞超 等, 2022	M15	22.0	训练有素	足球	20 min 电脑 STROOP	20 min 固定顺序 LSPT	主观+认知	VAS-MF、RT、RA	

续表

文献	受试者基本信息			项目/群体	诱导方案		测量方法	
	样本量	年龄/岁	训练水平		实验组	对照组	方法类型	主要指标
电子暴露类								
格雷克 等, 2017	M16	15	职业	足球	30 min 手机应用使用	训练前的常规活动		
福特斯 等, 2019	M20	24.7	职业	足球	15/30/45 min 社交媒体使用	30 min 执教视频观看	认知	RT、RA
福特斯 等, 2020	F25	21.8	国际级	游泳	30 min 社交媒体使用	30 min 纪录片观看	主观+认知	VAS-MF、RT、RA
福特斯 等, 2020	M25	23.4	职业	足球	30 min 社交媒体/玩电子游戏	30 min 广告视频观看	认知	RT、RA
菲利帕斯 等, 2021	M19	20	业余	篮球	30 min 篮球技术视频观看		主观	VAS-MF
福特斯 等, 2021	M14+F11	20.4	国际级	游泳	30 min 社交媒体使用	30 min 执教视频观看	主观+认知	VAS-MF、RT、RA
福特斯 等, 2021	M13+8F	23.33	业余	拳击	30 min 社交媒体使用+30 min 玩电子游戏	30 min 执教视频观看	主观+认知	VAS-MF、RT、RA
福特斯 等, 2021	M24	15.7	业余	排球	30 min 社交媒体使用	30 min 奥运会视频观看	主观+认知	VAS-MF、RT、RA
福特斯 等, 2021	M16	21	学生选手	短跑	60 min 社交媒体+60 min 玩电子游戏	60 min 执教视频观看	主观+认知	VAS-MF、RT、RA

续表

文献	受试者基本信息				诱导方案		方法类型	测量方法 主要指标
	样本量	年龄/岁	训练水平	项目/群体	实验组	对照组		
					运动类			
库蒂尼奥 等, 2017	M8	15.9	业余	足球	20 min 全身协调任务	20 min 轻强度有氧运动	主观	VAS-MF
卞超 等, 2022	M15	22.0	训练有素	足球	20 min 随机顺序 LSPT	20 min 固定顺序 LSPT	主观+认知	VAS-MF, RT, RA

注：M 代表男性，F 代表女性；LSPT－拉夫堡足球传球测试；MT－传统教学测验，ECT－简单认知任务（聚焦电脑屏幕中夹的黑色十字标记），CMSS-Current Mood State Scale, SRSS-Short Recovery and Stress Scale, NASA-National Aeronautics and Space Administration Training Load Index, 4DMS-The Four Dimensional Mood Scale, Cor－唾液皮质醇，T－唾液睾酮，ACC－反应精确性，RT－反应时，HRV－心率变异性，HR－平均心率，EEG－脑电；VAS-MF 代表大脑脑力疲劳分数，VAS-ME 代表 BRUMS 疲力分数，BRUMS-V 代表 BRUMS 活力分数；POMS-F 代表 POMS 疲劳分数，POMS-V 代表 POMS 活力分数，带有 "系列" 的指标代表使用了该量表各个维度的分数；"/"表示"和"，如 60 min 社交媒体/玩电子游戏表示受试者分别进行 60 min 社交媒体和 60 min 玩电子游戏。

表 15-2 脑力疲劳量化表

分值	英文条目	中文翻译
10	Very heavy, almost maximal feelings of mental fatigue	极度脑力疲劳
9		
7	Very heavy feelings of mental fatigue	非常严重脑力疲劳
5	Heavy (strong) feelings of mental fatigue	严重脑力疲劳
3	Moderate mental fatigue	中等程度脑力疲劳
2	Very light mental fatigue	非常轻微脑力疲劳
0.5	Mental fatigue that is just noticeable	介于无与非常轻微之间
0	No mental fatigue	无脑力疲劳

第三节 脑力疲劳对运动员竞技表现的影响

基于上述脑力疲劳的诱导方案和测量方法，竞技体育领域主要围绕脑力疲劳对运动员的有氧、无氧、肌肉力量、冲刺、技术、战术和决策等竞技表现的影响进行了大量研究，受试者包括跑步、游泳、自行车、足球、篮球、橄榄球、羽毛球、乒乓球、柔道和拳击等多个类型项目的不同水平运动员，涉及实验和实践等测试场景。下文主要按竞技表现，并结合项目类型和测试场景等对该领域的研究成果进行梳理。

一、有氧表现

有氧表现作为一项基础能力，对许多运动项目的重要性不言而喻。对于周期性耐力项目来说，良好的有氧表现与比赛的胜负有着高相关性；对于集体球类、持拍类和格斗类等间歇性运动项目而言，良好的有氧表现有助于运动员在比赛过程中迅速恢复。因此，运动员的有氧表现是否会受脑力疲劳影响受到竞技体育领域的广泛关注。

多项研究使用实验场景下的有氧表现专项测试探究了脑力疲劳对运动员有氧表现的影响，涉及跑步、自行车、铁人三项、赛艇、皮划艇等周期性耐力项目和足球等团体项目。这些研究中有氧表现的评价方法包括运动项目对应运动模式的恒定负荷测试、递增负荷测试，以及自我配速计时测试。有氧表现评价的指标对应为力竭时间（恒定负荷和递增负荷测试）、总完成距离（递增负荷和自我配速测试）、VO_2max（最大摄氧量，递增负荷测试）、vVO_2max（最大摄氧量对应的速度，递增负荷测试）、W_{peak}（峰值功率，递增负荷测试）、完成时间（自我配速计时测试）、平均速度（自我配速计时测试）、平均功率输出（自我配速计时测试）。绝大部分文献的研究结果显示，脑力疲劳下运动员有氧表现测试成绩下降，具体表现为恒定负荷和递增负荷测试中的力竭时间变短，递增负荷测试中的总完成距离、VO_2max、vVO_2max、W_{peak} 等指标下降，自我配速计时测试中的总完成距离、平均速度和平均功率输出下降，完成时间变长。研究结果表明，脑力疲劳对运动员恒定负荷、递增负荷、自我配速等测试中的有氧表现均具有消极影响。在此基础上，马丁、洛佩斯、菲利帕斯等的研究还发现，脑力疲劳对低水平、女性和年长运动员有氧表现的影响要分别大于高水平、男性和年轻运动员，说明脑力疲劳对运动员有氧表现的影响大小可能还存在运动水平、性别和年龄上的差异。

不同于绝大部分研究，也有少部分研究显示，脑力疲劳不会影响运动员的有氧表现，如范卡特森、克拉克（Clark）和菲利帕斯等的研究显示，有无脑力疲劳情况下运动员自我配速计时测试中的完成时间、平均速度、平均功率输出等指标类似，出现不同结果的原因可能与这些研究的测试环境、测试安排和受试者选择等因素的不同有关。在范卡特森等的研究中，受试者实验期间所处的环境温度为30℃，高温环境激活了大脑，可能减弱了受试者的脑力疲劳水平（脑力疲劳产生时表现为大脑激活水平减弱）；在范卡特森和克拉克等的研究中，作者在运动员自我配速测试前还安排了一定时长的恒定负荷运动——45分钟60%W_{max}功率自行车、6分钟恒定负荷[$W_{通气阈}$＋70%（W_{peak}－$W_{通气阈}$）]功率自行车骑行，恒定负荷运动的加入一方面可能会产生身体疲劳，从而一定程度掩盖了脑力疲劳的作用效果；另一方面较长的时间间隔，可能使脑力疲劳在这期间出现了消退，从而减弱了脑力疲劳的作用；在菲利帕斯等的研究中，选用的受试者为平均年龄11岁的赛艇运动员，而低龄受试者目前已被证实不易受到脑力疲劳的影响，证据显示这主要与低龄受试者大脑前额叶皮层（prefrontal cortex，PFC）发育尚不完全有关。

上述研究尽管已经证实脑力疲劳会对运动员实验场景下的有氧表现存在消极影响，然而弄清其是否能够进一步迁移至实践场景导致运动员比赛或训练中的有氧表现受损则更有参考价值。对此，多项研究探究了脑力疲劳对运动员比赛或训练中有氧表现的影响。在团体项目实践场景的研究中，史密斯等首先探究了脑力疲劳对运动员45分钟自我配速间歇跑训练的影响，在该项研究中，作者让10名来自足球、橄榄球和曲棍球等项目的男性运动员分别在90分钟AX-CPT测试或纪录片观看后通过自我感受控制强度的方式去完成45分钟特定模式的间歇训练。研究结果显示，脑力疲劳时运动员训练中完成的总距离下降，并且总距离的下降主要源于低强度（如走、慢跑、跑）训练部分平均跑速和完成距离的减少，由此可见，脑力疲劳也会对运动员比赛和训练中的有氧表现产生负面影响。相似的结果同样出现在库里尼奥等的研究中，在该研究中作者把10名葡萄牙业余足球运动员分成实力均衡的两队，让其分别在有无脑力疲劳的情况下进行18分钟5对5（5vs.5，配备守门员）小场地比赛（small-sided games，SSG）对抗，然后对两种情况下运动员的跑动参数进行比较，研究结果显示，脑力疲劳情况下运动员全场比赛的跑动距离较对照组（无脑力疲劳情况）下降3.3%，其中低速部分（7～9.9 km/h）跑动距离下降4.2%，中速部分（10～15.9 km/h）跑动距离下降10.7%。

然而，也有部分研究显示，脑力疲劳不会影响足球运动员SSG比赛中低中速度部分的跑动表现，个别研究甚至还出现了脑力疲劳情况下足球运动员SSG比赛中低中速度部分跑动表现更好的情况。出现这种差异的原因可能与团体项目比赛中运动员的低中速度跑动表现的影响因素众多有关，即团体项目运动员比赛中低中速度部分的跑动表现不仅与有氧表现相关，还与运动员在比赛中的战术选择、对手情况等因素紧密相联。与团体项目比赛中的跑动指标相比，周期性耐力项目比赛成绩的变化似乎更能直观反映脑力疲劳对运动员有氧表现的影响。针对脑力疲劳与游泳比赛成绩（200米自由泳比赛和1500米游泳测试赛）和针对脑力疲劳与半程马拉松比赛成绩的研究结果均显示，脑力疲劳可以降低运动员比赛过程中的平均速度，最后导致完成比赛的时间显著或一定程度延长。尽管如此，也有一项针对周期性耐力项目实践场景的研究得到与大多数研究不一致的结果，在该项研究中，潘纳（Penna）等让10名大师级别的男子游泳运动员分别在45分钟纸质版STROOP任务和中性视频观看后进行800米的自由泳测试，结果显示，两种情况下受试者的测试成绩分别为695秒和692秒，并不存在显著差异。对于该结果，作者认为脑力疲劳没有产生负面影响的原因可能与受试者的竞技水平较高有关，这进一步支持了马丁等提出的高水平运动员有着更好脑力疲劳抵抗能力和耐受能力的论述。综上，脑力疲劳同样会负面影响运动员实践场景下的有氧表现。

在明确脑力疲劳影响运动员有氧表现的同时，许多研究还同步采集了运动员有氧表现测试过程中许多指标的数值，试图找出脑力疲劳负面影响有氧表现的原因或关联因素。这些研究采集的指标主要包括生理以及感知觉或主观两个方面，涉及测试前、测试中和测试后三个时间段，具体为测试前主要采集动机指标，测试中主要采集HR、HRmax（最大心率）、HRV、VO$_2$、BLA、VE（肺通气量）、皮质醇、RPE等指标，测试结束主要采集BLA、RPE、sRPE（课次RPE）、HRV等指标。研究的总体结果显示，脑力疲劳不会影响运动员参加测试的动机以及测试全程的生理指标，对有氧表现的负面影响主要与测试过程中更高的RPE有关，即脑力疲劳会使运动员在接下来的有氧表现测试中感觉更加吃力和疲惫。在脑力疲劳负面影响有氧表现的少部分研究中，尽管也出现了个别生理指标受脑力疲劳影响的现象，如斯塔亚诺等的研究发现，运动员2000米赛艇测功仪计时测试中的HR和测试后的BLA在脑力疲劳情况下更低，然而这些生理指标的变化并不能作为脑力疲劳负面影响有氧表现的合理解释，其可能更多与脑力疲劳情况测试强度的下降有关。综上所述，脑力疲劳对运动员有氧表现存在负面影响，并且这种负面作用的大小受测试者竞技水平、年龄、性别，以及测试环境等因素影响，测试中更高的RPE水平可能是脑力疲劳影响运动员有氧表现的重要原因。

二、无氧表现

与有氧表现一样，无氧表现也是许多运动项目的运动员需要具备的重要能力，对于众多持续时间短（如短跑、短距离游泳等）的运动项目而言，良好的无氧表现是其成功的关键，对于众多持续时间较长的运动项目（如长跑、足球、越野滑雪等）而言，比赛中良好的无氧表现可以帮助运动员处于有利位置，从而获得战胜对手的机会或优势。因此，脑力疲劳是否会对运动员的无氧表现产生影响同样值得关注。尽管目前尚未有脑力疲劳是否影响运动员无氧表现的相关研究，但从一项脑力疲劳与短距离游泳测试成绩的研究中似乎可以看出脑力疲劳对运动员无氧表现的影响。在该项研究中，福特斯等让25名国际级游泳运动员分别在30分钟社交媒体使用和执教视频观看后参加50米的自由泳测试，结果显示，两种情况下运动员完成测试的时间类似，均为25秒左右。由于该测试的全力发力模式和完成时间均接近于无氧表现的经典测试（30秒Wingate测试）。因此，可以推测，脑力疲劳对运动员的无氧表现似乎不存在影响。一项针对脑力疲劳与健康人群无氧表现的研究也证实了上述观点，在该研究中，邓肯（Duncan）等让8名经常锻炼的成人在经过40分钟的持续性认知任务或情绪中性视频观看后参加4组组间间歇为4分钟的30秒Wingate测试，结果显示，持续认知任务和情绪中性视频观看两种情况下，受试者Wingate测试的功率输出并无显著差异。综合上述证据，脑力疲劳对运动员的无氧表现可能无影响。

三、肌肉力量

由于肌肉力量的产生源于神经支配和能量供应下的肌肉收缩，因此脑力疲劳对机体能量供应能力的影响势必会在肌肉力量方面得到体现。多项研究探究了脑力疲劳对运动员肌肉力量的影响，涉及自行车、游泳等周期性耐力项目，乒乓球、羽毛球等持拍类项目，橄榄球等团体项目以及拳击等格斗类项目，关注的力量包括肌肉最大自主收缩力量（maximum voluntary contraction，MVC）和爆发力两种。有三项研究关注了脑力疲劳对运动员肌肉MVC的影响，其中一项关注上肢肌肉（肘屈肌）的MVC，另外两项关注下肢肌肉（膝伸肌）的MVC，研究结果均显示，脑力疲劳不会影响上下肢肌肉MVC测试中的峰值扭矩，提示脑力疲劳对运动员肌肉MVC无影响。有五项研究主要聚焦于下肢肌肉，关注了脑力疲劳对运动员肌肉爆发力的影响，其中四项研究实验过程中肌肉爆发力的测试采用了无摆臂的反向纵跳（counter movement jump，CMJ）测试，另外一项研究实验过程中肌肉爆发力的测试采用了站立垂直跳（standing vertical jump，SVJ）和跑动垂直跳（running vertical jump，RVJ）的方式，研究结果显示，无论采用何种方式的肌肉爆发力测试，脑力疲劳均不会影响运动员测试过程中的跳跃高度，提示脑力疲劳对运动员肌肉爆发力同样不存在影响。

尽管上述研究同样显示脑力疲劳可能会影响运动员测试过程中的RPE水平，然而其并没有转换成对最大力量和爆发力的负面影响。对此，有研究指出，对于持续时间短的高强度运动能力或运动表现，RPE不是其主要的限制因素；另外，在短时间高强度的运动中，受试者可能难以敏感地觉察到感知觉方面的变化。此外，还有研究从脑区激活的视角阐述了短时间高强度运动没受影响的可能原因，即短时间高强度运动期间受试者脑区激活的主要区域为后扣带皮层，而脑力疲劳影响的主要脑区却为前额叶皮层（prefrontal cortex，PFC）、前扣带皮层和背外侧前额叶皮层（dorsolateral prefrontal cortex，DLPFC）等区域。上述数据进一步支持了脑力疲劳对运动员无氧表现无影响的推论。综上所述，脑力疲劳对运动员最大力量和肌肉爆发力无影响。

四、冲刺表现

有两项研究探究了脑力疲劳对运动员冲刺表现的影响。在其中一项研究中，维拉科迪（Weerakkody）等让25名男性业余橄榄球运动员分别在30分钟电脑版STROOP任务和纪录片观看后，以最快的速度完成20米的直线冲刺，以及约22米的变向冲刺（AFL测试，5次变向）。研究结果显示，有无脑力疲劳情况下，运动员直线冲刺（3.23秒 vs.3.22秒）和变向冲刺（8.46秒 vs.8.51秒）的成绩类似，即脑力疲劳似乎不会影响运动员的冲刺表现。这与另外一项研究的结果一致，在该项研究中，福特斯等发现，无论脑力疲劳与否，16名男子短跑运动员100米和200米的成绩均无显著变化。上述研究呈现的结果同样一定程度支持了脑力疲劳对运动员无氧表现无影响的推论，并且综合上述证据可以看出，脑力疲劳对短时间高强度运动表现或者说以无氧供能为主的运动表现影响较小，但对长时间次高强度运动表现或以有氧供能为主的运动表现则影响较大。尽管如此，近年来也有部分研究发现高强度运动表现会受到脑力疲劳的影响。如维内斯（Veness）等发现脑力疲劳会显著降低板球运动员run-two测试（类似变向冲刺）的成绩（6.29秒 vs.6.19秒），福特斯等发现在脑力疲劳情况下游泳运动员100米自由泳的成绩显著下降（约56.5秒 vs.约55.5秒）。这些研究的出现，使科研领域需要进一步思考并细化脑力疲劳与高强度运动表现二者关系的研究，如什么情况下高强度运动表现也会受到脑力疲劳的影响，脑力疲劳对相关运动表现的影响需要有氧供能的作用占比达到多大或运动时间持续多长才会产生，等等。

五、技术

除了关注脑力疲劳是否影响体能表现（如有氧、无氧、肌肉力量、冲刺等），在足球、篮球、板球等团体项目及乒乓球等持拍类项目中，科研人员对脑力疲劳是否影响运动员的技术表现也尤为关注。对脑力疲劳与运动员技术表现的关注始于史密斯等2016年的一项研究，在该项研究中作者让14名训练有素的男性足球运动员分别于30分钟的纸质版STROOP任务和情绪中性杂志阅读后参与拉夫堡足球传球（LSPT，主要评价传球技术）和拉夫堡足球射门（LSST，主要评价射门技术）两项技术测试，结果显示，脑力疲劳情况下运动员LSPT测试原始时间、罚时和最终时间三项指标中，罚时显著上升，最终时间出现了上升趋势，在LSST测试射门精确性、射门速度、射门完成时间三项指标中，射门精确性和射门速度出现显著下降，研究结果说明脑力疲劳会导致足球运动员的传球和射门技术受到负面影响。后期针对足球运动员的多项研究证实了史密斯等的结论，在两项足球运动员技能评价同样采用LSPT和LSST测试的相关研究中，菲利帕斯和史密斯等科研人员一定程度重复了上述研究的结论；在另外两项足球运动员技术表现评价采用SSG的相关研究中，巴丁（Badin）和泰克罗克（Trecroci）等科研人员发现，脑力疲劳不仅会负面影响足球运动员在比赛中的传球、射门技术表现，还会负面影响足球运动员铲球、控球等一些技术动作的质量。

随着脑力疲劳与足球运动员技术表现研究的不断展开，科研领域围绕脑力疲劳与技术表现的研究也开始逐渐转向其他一些受技术影响相对较大的运动项目，如团体项目中的篮球、板球和橄榄球，持拍类项目中的乒乓球，科研人员针对这些项目的研究结果与足球相似，即脑力疲劳同样会负面影响这些项目运动员比赛或测试中的技术表现。在上述研究的基础上，多个项目的研究人员还从技术动作的速度和精确性两个方面深化了脑力疲劳与技术表现的关系，一部分的研究显示，脑力疲劳可以通过降低运动员技术动作的速度，从而负面影响运动员的技术表现或质量；但更多的研究显示，技术表现或质量的下降主要由技术动作的准确性受到破坏导致。进一步的研究显示，脑力疲劳对运动员技术测试过程的生理（HR）和心理（RPE、动机等）等方面的指标影响较小，上述技术动作速度和准确性的变化，主要与脑力疲劳情况下运动员表现监控和调整能力下降、注意力指向和聚焦能力降低、不能有效利用可用的信息或线索为随后的动作和刺激做准备等有关，即脑力疲劳对运动员技术表现的负面影响主要源于脑力疲劳情况下运动员执行功能的破坏。

六、战术和决策表现

脑力疲劳对普通人和运动员群体认知表现的负面影响已在科研领域得到共识，在此背景下，战术作为认知需求较高的竞技表现是否会受到脑力疲劳的影响，引发了科研人员较大的探索兴趣。有关脑力疲劳对战术表现影响的研究主要集中于周期性耐力和团体两类项目。在周期性耐力项目中（如1500米自由泳、5000米跑步和1000米静水皮划艇等），如何合理分配体能（即配速策略）去获取更好的成绩被认为是运动员实施战术的重要体现。对此，多项研究探究了脑力疲劳对运动员配速策略的影响，其中四项研究基于实验室条件探究了脑力疲劳对运动员5000米跑台跑步、1500米赛艇测功仪划船、4千米和20千米功率自行车骑行等计时测试配速策略的影响，两项研究基于场地环境探究了脑力疲劳对运动员100米、200米自由泳模拟比赛以及1500米游泳测试配速策略的影响。研究结果显示，无论脑力疲劳与否，运动员上述七项测试中的配速策略始终为消极型、J型、U型、积极型、积极型和全力型，以上两种实验条件下的研究结果均说明脑力疲劳可能不会影响运动员周期性耐力项目比拼中的战术表现。然而，由于上述研究实验开展过程中并未给受试者匹配角逐对象，而实际比赛中对手可能对运动员的战术选择也有影响，因此脑力疲劳对周期性耐力项目运动员战术影响的研究结果还需要在有对手的情况下进行进一步验证。

在团体项目中，以库蒂尼奥（Coutinho）和康莱斯（Kunrath）等为代表的体育科技工作者主要围绕脑力疲劳对足球项目运动员战术表现的影响做了一系列研究。不同于周期性耐力项目，对足球项目的研究显示，脑力疲劳对运动员的战术表现具有一定负面影响。库蒂尼奥等基于足球运动员有无脑力疲劳情况参加24分钟（6vs.6）和18分钟（5vs.5）SSG中的GPS位置数据信息发现，脑力疲劳可以降低足球运动员比赛过程中的分散、聚集速度，纵向、横向同步化等参数的水平，并且他还发现这些数据的下降可能与脑力疲劳破坏运动员利用环境和队员或对手位置信息的能力（尤其是后者）有关。通过 GPS 的数据，科研人员明确了脑力疲劳对团体项目运动员整体战术表现的负面影响，然而，由于其不能细致到更为具体的战术，限制了这些研究数据的应用价值。对此，康莱斯等在库蒂尼奥等研究的基础上引入了足球战术评价系统（FUT-SAT），他基于该系统探究了脑力疲劳对足球运动员 12 分钟（3 vs.3）SSG 时十种核心战术（五种进攻战术和五种防守战术）的影响。研究结果显示，脑力疲劳会降低进攻覆盖面、进攻宽度和深度、进攻统一性三种进攻战术以及延缓、平衡、集中和防守统一性四种防守战术的质量。上述结果提示，以上七种战术需要着重关注脑力疲劳的不利影响。另外，在明确脑力疲劳会负面影响足球项目战术表现的同时，这些结论是否可以类推到实际比赛和其他团体项目（如篮球、排球等）中，则是接下来科研领域迫切需要考虑和解决的问题。

综合上述研究，脑力疲劳对团体项目运动员战术的表现或发挥存在负面影响，并且这种负面影响目前被认为主要与脑力疲劳情况下运动员视野缩小导致赛场信息利用能力下降和认知表现受损，特别是动作准备和认知控制等有关。

决策是指机体大脑感知环境信息，正确解读信息并据此给出合理运动反应的能力。与战术一样，决策作为另外一种认知需求较高的竞技表现，是否会受脑力疲劳的影响，同样得到了科研人员的关注。根据脑力疲劳与战术的相关研究、脑力疲劳破坏运动员利用环境和队员或对手位置信息的能力可以推断，脑力疲劳势必会影响运动员在比赛中的决策表现。最近发表的多项研究证实了此观点，有四项研究均以足球为突破口探究了脑力疲劳对团体项目运动员比赛中传球、射门和运球等决策表现的影响。相应的结果表明，脑力疲劳对团体项目运动员比赛中的传球、射门和运球三种决策表现均具有负面影响。

此外，最新的研究证据显示，脑力疲劳对拳击运动员在比赛中的决策表现也有负面影响。在该项研究中，福特斯等让 8 名女性和 13 名男性业余拳击运动员分别在 30 分钟社交媒体使用、30 分钟电子游戏暴露和 30 分钟执教视频观看三种任务处理后，进行四轮持续 2 分钟间歇 1 分钟的拳击模拟比赛，并观察运动员比赛中进攻和防守决策表现的变化，结果显示，30 分钟社交媒体使用和电子游戏暴露两种情况下，运动员进攻和防守的决策表现均较对照情况显著下降。

综上所述，脑力疲劳对周期性耐力项目运动员比赛中的战术表现无影响，对团体项目运动员比赛中的战术和决策表现均具有负面影响，对格斗类项目运动员比赛中的决策表现有负面影响，提示团体项目尤其应关注脑力疲劳对战术和决策两项表现的负面影响，而格斗类项目需关注脑力疲劳对决策表现的负面影响。

七、脑力疲劳与其他因素结合对运动员竞技表现的综合影响

近年来，还有少量研究开始关注脑力疲劳结合其他因素对运动员竞技表现的综合影

响。菲利帕斯等探究了脑力疲劳结合睡眠不足对竞技表现的综合影响，他让19名业余篮球运动员分别在睡眠充足、有无脑力疲劳的情况下（对照组、脑力疲劳组）和睡眠剥夺、有无脑力疲劳（睡眠剥夺组、脑力疲劳＋睡眠剥夺组）的情况下完成60个篮球自由投技能测试。研究结果显示，脑力疲劳组、睡眠剥夺组和脑力疲劳＋睡眠剥夺组的自由投表现均较对照组显著下降，然而脑力疲劳、睡眠剥夺两者结合相较于单纯的脑力疲劳和睡眠剥夺，并不会进一步降低受试者的自由投表现。由此可见，睡眠剥夺的加入可能不会加剧脑力疲劳对运动员竞技表现的负面影响。

不同于睡眠剥夺，热应激因素的加入可能会加剧脑力疲劳对运动员竞技表现的负面影响。尽管目前尚无直接针对脑力疲劳结合热应激对运动员群体竞技表现影响的相关研究，但是针对身体素质较好的健康男性的相关研究发现，受试者在脑力疲劳＋30分钟40 ℃的温水浸泡的热应激情况下完成80% VO_2max 强度恒定负荷骑行的力竭时间（9分钟）要远远短于单纯脑力疲劳（17分钟）、热应激（12分钟）以及对照情况（18分钟）下的骑行时间。该项研究似乎显示，热应激的加入可能会加重脑力疲劳对运动员竞技表现的负面影响。综上所述，脑力疲劳与热应激结合会更为严重地负面影响运动员的竞技能力，需要重点关注和避免。

八、小结

脑力疲劳对运动员无氧、肌肉力量和冲刺等竞技表现无影响或影响较小，但对运动员的有氧、技术、战术和决策等竞技表现具有负面影响或影响较大，即脑力疲劳对运动员无氧主导的短时间高强度运动表现影响较小，但对有氧主导的长时间次高强度运动表现和含有认知或执行功能参与的运动表现影响较大（图15-2），并且热应激等因素的加入可能会加重脑力疲劳的负面影响。

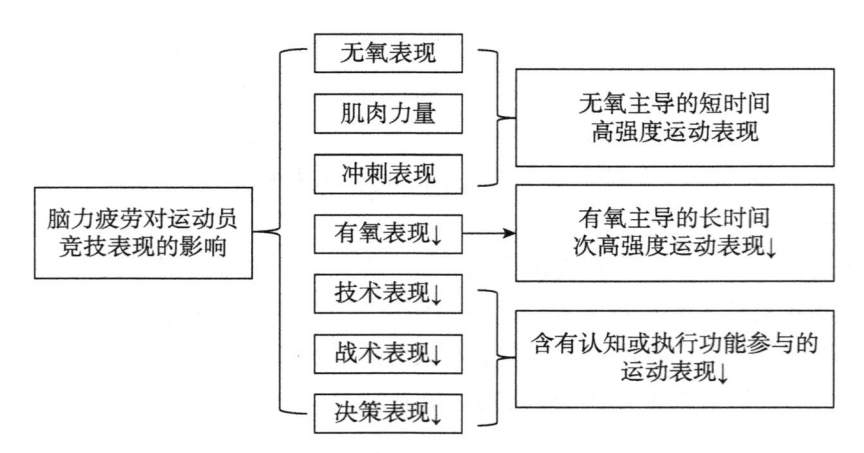

注：↓代表竞技表现下降或具有负面影响。

图15-2 脑力疲劳对运动员竞技表现的影响

第四节 脑力疲劳影响运动员竞技表现的可能机制

上述众多研究已明确了脑力疲劳对运动员有氧、技术、战术和决策等众多竞技表现的负面影响，在此基础上，进一步探索其中的可能机制，将有助于后期脑力疲劳负面作用预防和消除策略的制定。本节基于现有文献，从脑力疲劳如何产生以及怎样发挥影响两个方面梳理了其中的可能机制。

一、脑力疲劳产生的可能机制

有关脑力疲劳产生的可能机制，目前相关研究主要从微观和宏观两个方面进行解释和阐述。微观方面，有四项研究主要通过脑电图（EEG）探究了运动员脑力疲劳产生的可能机制。在2017年的一项研究中，范卡特森等让10名22岁的男性运动员分别参加45分钟的电脑版STROOP任务和纪录片观看，并记录了受试者两项任务开始、中间和最后5分钟三个时间段前额叶皮层、背外侧前额叶皮层、前运动皮层等八个脑区的脑电数据。结果显示，在STROOP任务过程中（尤其是中间和最后5分钟）受试者八个脑区 θ 波和高频段 α 波（α_2）的功率和前额叶皮层低频段 α 波（α_1）的功率显著高于对照组，八个脑区 β 波的功率与对照组类似。考虑到前额叶皮层与脑力疲劳的关系更为紧密，之后有三项研究主要聚焦该脑区探究了脑力疲劳诱导过程中 θ 波功率的变化。研究显示，受试者脑力疲劳诱导过程中主要表现为前额叶皮层 θ 波的功率较对照组或任务前显著升高，这三项研究的结果支持了范卡特森等的研究结果。

除了脑电图，还有科研人员基于神经生物化学的视角阐述了脑力疲劳的产生机制，这些科研人员发现在STROOP任务过程中，大脑前扣带皮层的反应最为激烈，由此，他们认为大脑前扣带皮层局部可用能源物质减少导致的细胞外腺苷浓度累积是脑力疲劳产生的重要原因。不同于上述研究，日本大阪市立大学生理学系的学者石井等则从宏观方面阐述了脑力疲劳产生的可能机制。他的研究提出了脑力疲劳的双调节系统模型，该模型由额叶皮层、丘脑、基底神经节和边缘系统组成的精神加强系统和岛叶皮层、后扣带皮层组成的精神抑制系统两部分构成，其中精神加强系统的作用为维持或增加受试者的认知表现，精神抑制系统的作用为降低受试者的认知表现，维持受试者的稳态。基于该模型，作者认为受试者脑力疲劳产生的原因可以归于精神加强系统的激活不够，精神抑制系统的活动增强以及两者的综合作用。

综上，运动员脑力疲劳产生的可能机制从微观方面可以归于前额叶皮层 α 波和 θ 波功率的增强，前扣带皮层腺苷浓度的增加，从宏观方面可以归于精神加强系统的激活不够，精神抑制系统的活动增强以及两者的综合作用。

二、脑力疲劳影响竞技表现的可能机制

有关脑力疲劳影响竞技表现的可能机制，目前竞技体育科研领域主要采用心理生物

学模型和受试者执行功能受损对其进行解释，其中前者主要用于脑力疲劳对有氧表现影响的解释，后者主要用于脑力疲劳对技术、战术和决策等竞技表现影响的解释。根据本章第三节"有氧表现"部分可知，脑力疲劳对运动员有氧表现的影响主要与受试者后续运动过程中更高的 RPE 有关。

因此，目前竞技体育的科研人员主要聚焦两个问题对脑力疲劳影响有氧表现的机制进行了进一步的探讨和阐述：①脑力疲劳如何提升 RPE？② RPE 的升高如何降低有氧表现？针对第一个问题，目前的研究认为脑力疲劳提升 RPE 可能与大脑相应区域腺苷浓度的增多有关，即长时间的认知活动引起腺苷在前扣带皮层累积，前扣带皮层作为重要的努力感知区域，会在腺苷的作用下升高受试者在接下来运动中的努力感知（RPE）。针对第二个问题，现有的研究认为可以用耐力表现的心理生物学模型进行解释。该模型认为，受试者耐力或有氧表现测试过程中的成绩主要由努力感知和潜在动机（即受试者在一项任务中愿意投入的最大努力）共同决定，当测试过程中的努力感知超过潜在动机或努力感知极度强烈使继续任务看起来不大可能时，受试者会有意识地停止运动或下调他们投入测试的努力程度（如降低速度）。因此，在该模型中任何影响努力感知和潜在动机的因素都有可能影响受试者的有氧表现。

不同于有氧表现，现有研究显示，技术、战术和决策等竞技表现受到负面影响的原因主要与脑力疲劳破坏运动员的执行功能有关（如 RT 变长、RA 下降、注意力难以集中等）。证据表明，前扣带皮层和前额叶皮层两个脑力疲劳作用的主要脑区不仅与人体努力感知的形成有关，还决定了运动员执行功能的发挥，如马丁、史密斯等科研人员的研究显示，前扣带皮层和前额叶皮层是情绪加工与控制、自我调节、表现监控、错误纠正或故障处理、努力或奖励程序、坚持不懈完成任务、注意力分配、动作准备和决策或计划等一系列执行功能的重要控制或参与脑区，并与积极主动行为和目标导向练习等密切相关。因此，作为脑力疲劳产生涉及的主要脑区，前扣带皮层和前额叶皮层的功能可能会受到脑力疲劳的影响，这其中也包括了运动员执行功能的受损，而执行功能作为运动员技术、战术和决策表现发挥的重要决定因素，又进一步影响了上述竞技表现的发挥。图 15-3 主要基于上述机制，以足球项目为例构建了脑力疲劳影响竞技表现的作用模型，较为全面地展示了脑力疲劳对运动员竞技表现的影响和作用过程。

除了上述理论，近年来，也有许多研究采用了自我控制资源消耗模型、保护模型、认知控制理论、双调节系统模型、内感受理论等其他理论对脑力疲劳与运动员竞技表现的关系进行解释，如自我控制资源消耗模型认为人体的自我控制能力是有限的，并且决定着许多竞技能力的表现（如有氧、技术、决策等），受试者在运动任务前进行高强度和高努力的任务会消耗此能力，该能力的下降会导致受试者在随后的相关任务中不能投入更多的自我控制，从而导致这些任务的表现下降；双调节系统模型指出机体的身体疲劳也存在加强和抑制两个系统（加强系统的作用为维持和增加运动表现，抑制系统的作用为降低运动表现），并且身体疲劳和脑力疲劳的抑制系统存在重叠，因此脑力疲劳产生时，精神抑制系统活动增强的同时也启动了身体疲劳的抑制系统,从而导致接下来的运动表现下降。上述理论在竞技体育领域的应用尽管相对较少,但同样在一定程度上揭示了脑力疲劳影响竞技表现的可能机制。

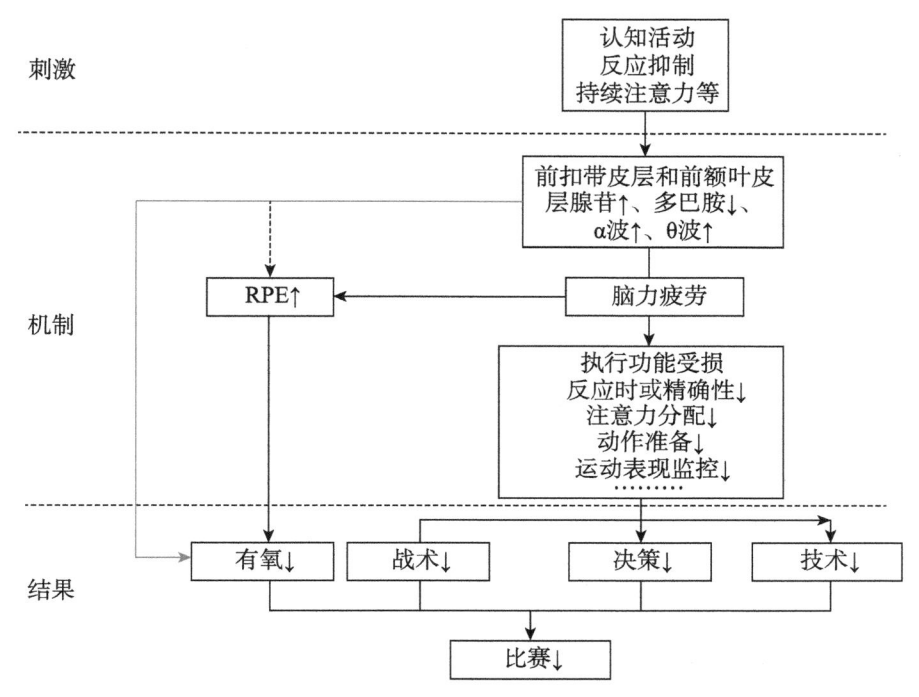

```
刺激                       ┌─────────────┐
                          │  认知活动    │
                          │  反应抑制    │
                          │ 持续注意力等 │
                          └──────┬──────┘
─────────────────────────────────┼───────────────
                                 ▼
                          ┌─────────────┐
                          │前扣带皮层和前额叶皮│
                          │层腺苷↑、多巴胺↓、│
                          │  α波↑、θ波↑   │
                          └──────┬──────┘
机制      ┌──────┐          ┌──────┴──────┐
          │ RPE↑ │◄─────────│   脑力疲劳   │
          └──────┘          └──────┬──────┘
                                   ▼
                          ┌─────────────┐
                          │ 执行功能受损 │
                          │反应时或精确性↓│
                          │ 注意力分配↓  │
                          │  动作准备↓   │
                          │运动表现监控↓ │
                          │  ………      │
                          └──────┬──────┘
─────────────────────────────────┼───────────────
结果   ┌──────┐ ┌──────┐ ┌──────┐ ┌──────┐
       │ 有氧↓│ │ 战术↓│ │ 决策↓│ │ 技术↓│
       └───┬──┘ └───┬──┘ └───┬──┘ └───┬──┘
           └────────┴────┬───┴────────┘
                     ┌───▼──┐
                     │ 比赛↓│
                     └──────┘
```

注:灰色线条代表证据来源于动物实验,虚线箭头代表相应的机制还缺乏实验证据,↓和↑代表相应指标上升和下降,上述图片源自史密斯等的研究,并根据新纳入的证据进行了略微调整。

图15-3 脑力疲劳影响运动员竞技表现的作用模型示意图

第五节 现有研究的不足与未来展望

尽管竞技体育领域已围绕脑力疲劳进行了大量研究,但仍存在以下不足亟须完善和改进:

(1)脑力疲劳诱导方面,现有的方案存在心理认知类的生态学效度不佳、电子暴露和运动类的诱导效果不稳定、运动类的操作复杂且存在干扰因素等问题。对此,未来首先需明确几种类型方案诱导的脑力疲劳是否存在本质上的差异,如无明显差异,则无须过度纠结外在表现或诱导形式上的区别,即生态学效度;如有明显差异,则需要以STROOP等心理认知类方案为基础,进一步研发或探索诱导效果好、操作简便、干扰因素少且兼具生态学效度的脑力疲劳诱导方案,如进一步优化目前的电子暴露类方案使其诱导效果更有保障。

(2)脑力疲劳测量方面,现有的标准存在难以对脑力疲劳是否诱导成功以及诱导效果如何做出准确判定等问题（见本章第二节）。对此，未来需要构建以常用指标（尤其是VAS-MF指标）为基础，基于效应量或变化幅度或具体数值的脑力疲劳成功诱导评判标准和诱导效果分类标准。

（3）现有研究主要探究了脑力疲劳对足球、自行车、游泳等部分项目较低水平男性运动员（表15-1）实验场景下有氧、无氧、肌肉力量、冲刺、技术、战术和决策等竞技表现的影响（见本章第三节），所涉及的受试者群体、竞技表现和测试场景仍然十分有限。对此，未来还需进一步开展涉及其他受试者群体（如其他项目、女性、更高水平等）、竞技表现（如平衡、灵敏、协调、重复冲刺和重复变向等）和测试场景（如高湿、低氧、实际比赛场景等）等方面的相关研究，以丰富竞技体育领域对脑力疲劳的认识。

（4）脑力疲劳影响运动员竞技表现的许多可能机制目前仍处于假设阶段，缺乏直接或间接的证据支撑（图15-2），因此，未来还需采用更加多元的手段、先进的设备进行更深入的人体实验，对其予以验证和完善，为后期更加精准有效的脑力疲劳干预奠定基础。

小　结

竞技体育脑力疲劳诱导方案众多、时间设置长短不一，但以STROOP为代表的心理认知类方案和30～60分钟的时间设置是目前可供选择的适宜方案和时长。竞技体育脑力疲劳以主观测量法为主、客观测量法为辅的方式进行测量，干预后主观、认知或生理等一个或多个方面指标较对照组或任务前出现显著变化是目前脑力疲劳成功诱导的判定标准。脑力疲劳会负面影响运动员有氧、技术、战术和决策等竞技表现，但对无氧、肌肉力量、冲刺等竞技表现基本无影响，即脑力疲劳对有氧主导的长时间次高强度运动表现和含有认知或执行功能参与的运动表现具有负面影响，对无氧供能主导的短时间高强度运动表现无影响。前额叶皮层 α 波和 θ 波功率增强，前扣带皮层腺苷浓度增加，精神加强系统激活不够，精神抑制系统活动增强等是运动员脑力疲劳产生的可能机制，RPE升高、执行功能破坏等是脑力疲劳负面影响运动员竞技表现的可能机制。脑力疲劳诱导方案的优化，诱导效果和判定标准等的细化和构建，脑力疲劳影响运动员竞技表现在受试者群体、竞技表现和测试场景等方面的研究拓展以及相关机制的确认和完善等是未来竞技体育开展脑力疲劳研究的方向。

作者：杨威，黎涌明

第十五章
参考文献

03

第三篇
训练负荷与方法

　　负荷是运动训练的"灵魂",方法是运动训练的"躯体"。"躯体"需要"灵魂"驾驭,"灵魂"需要"躯体"承载。本篇包括七章,分别为周期性耐力项目的训练量与强度、奥运会运动员竞技表现提升的非训练类策略、赛前准备活动、高强度间歇训练、课次主观疲劳度、说话测试、拉夫堡足球传球测试。这些章节涉及训练负荷特征及其量化方法、训练方法的创新与机制探究、运动能力的测量与评价。它们既是运动训练科学探究的几大主要问题,也是运动训练实践必需的几大主要支撑。

第十六章 周期性耐力项目的训练量与强度

运动训练是一个不断刺激和适应的过程。通过以训练负荷的形式进行刺激，以监控测试的形式了解适应，人体这个"黑箱"才能逐步被打开。运动员提高运动能力所需的有效训练负荷建立在人体生物学适应的基础上，人体在不同运动方式下运动的生物学特征决定着运动员提高运动能力所能承受的有效训练负荷。对于跑步、自行车、游泳、赛艇、皮划艇和速度滑冰这六种周期性运动项目而言，训练负荷的量与强度更易于进行量化记录和分析。然而，在训练实践过程中，不同周期性耐力项目在训练负荷方面存在着较大差异，造成这种差异的原因是主观意志还是人体的生物学特征？本章从训练量和强度的生物学基础出发，介绍周期性耐力项目中与训练量和强度相关的几个问题。

第一节 训练量与强度的生物学基础

人体运动是一个能量供应和能量利用的过程，运动训练是一个不断提高人体供应能量和利用能量的能力的过程。人体运动所需的能量来自磷酸原、糖酵解和有氧氧化三大供能系统。这三大供能系统有着不同的能量供应功率（即单位时间内的能量供应量）和能量供应能力（即总能量供应量），磷酸原供能系统的功率最大 [3～6 mmol/（kg·s）]，但是做功能力最小（20～25 mmol/kg），可持续时间最短（<10 s）；有氧氧化供能系统的功率最小 [0.24～0.75 mmol/（kg·s）]，但是做功能力最大（取决于糖和脂肪的储量），可持续时间最长（长达数小时）。

周期性耐力项目的训练强度一般可表示为运动学强度（如速度和功率）、生理学强度（如心率、血乳酸和摄氧量）和心理学强度（如主观疲劳度，RPE）（图16-1）。训练强度越高，单位时间内需要的能量就越多，这种强度下可持续的运动时间就越短。按照生理学特征，周期性耐力项目的训练强度可以划分为三个区间，这三个区间的划分依据为乳酸阈、通气阈或最大乳酸稳态（图16-1）。这三个区间分别对应为有氧强度或低强度区间、有氧-无氧混合强度或中等强度区间和无氧强度或高强度区间。强度区间1运动时的能量供应主要来自有氧供能系统，能源物质为糖和脂肪；强度区间2运动时能量供应主要来自有氧和糖酵解供能系统，能源物质主要为糖；强度区间 3 运动时能量供应主要来自糖酵解和磷酸原供能系统，能源物质主要为糖。

生理学强度随着运动学强度的提高而提高，但是不同生理学指标却呈现出不同的特征。当运动学强度低于最大乳酸稳态强度时，心率和摄氧量随运动学强度的提高而呈线性提高，血乳酸随运动学强度的提高则不变或缓慢提高；当运动学强度高于最大乳酸稳态强度时，心率的提高进入一个对数曲线状的缓慢提高期，直至达到最高心率（图 16-1，曲线Ⅰ），摄氧量的提高则由于运动效率的下降，进入一个指数曲线状的快速提高期，直至达到最大摄氧量（图 16-1，曲线Ⅱ），血乳酸随运动学强度的提高也呈指数型快速提高，直至达到最大血乳酸值（图 16-1，曲线Ⅲ）。不同周期性耐力项目训练强度划分的依据一样，但是不同周期性耐力项目对应的乳酸阈、通气阈和最大乳酸稳态却可能不一样，如跑步、游泳、自行车、赛艇、皮划艇和速度滑冰的最大乳酸稳态分别为 3.44 mmol/L、3.25 mmol/L、4.92 mmol/L、3.05 mmol/L、5.40 mmol/L 和 6.60 mmol/L。周期性耐力项目普遍采用从多级测试中得到的 4 mmol/L 乳酸阈来评定有氧能力和制定训练强度，而 4 mmol/L 乳酸阈的生理学基础却是从跑步运动中得到的最大乳酸稳态，因此，4 mmol/L 乳酸阈在应用于不同周期性耐力项目之前，需要对多级测试方法或者乳酸阈的固定值进行修正，以制定特定周期性耐力项目的正确训练强度区间，如跑步项目的三个强度区间划分的血乳酸标准分别为 2 mmol/L 和 4 mmol/L，而皮划艇项目却需要对应为 3 mmol/L 和 5 mmol/L。

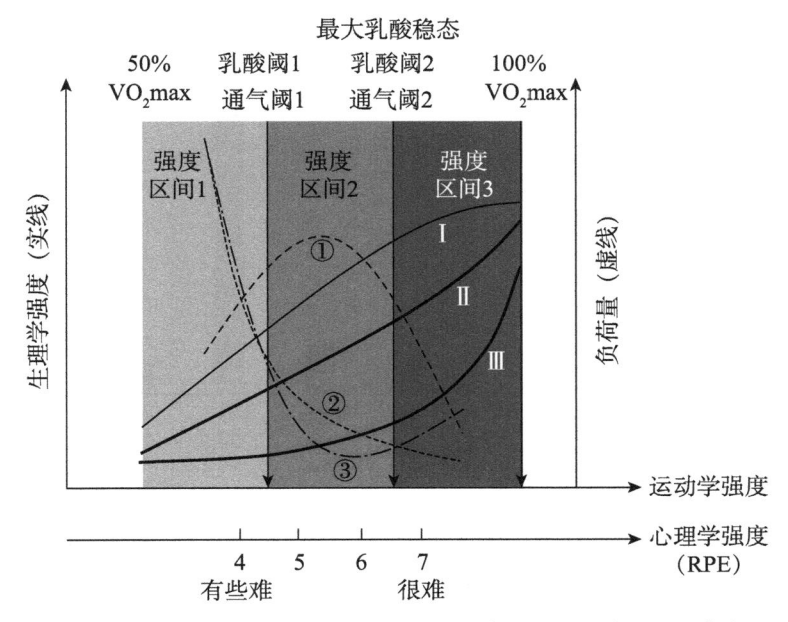

注：Ⅰ为心率，Ⅱ为摄氧量，Ⅲ为血乳酸；①为阈式负荷模式；②为金字塔式负荷模式；③为两极化式负荷模式。

图 16-1　训练强度划分标准与训练负荷分布模型

周期性耐力项目的训练量一般可表示为训练时间或训练距离，常见的几个训练量指标为课训练量、天训练量、周训练量、年训练量，以及总训练量和专项训练量等。不同周期性耐力项目由于运动方式的不同，年训练时间和训练距离不一样（图16-2）。在年训练时间方面，自行车和游泳属于在运动过程中有器材或运动介质支撑的运动项目，在克服自身体重方面做功小，运动中对支撑关节的冲击小，因此在不导致运动损伤的前提下的可训练时间可能超过每年1000小时；皮划艇和赛艇同样属于运动过程中有器材支撑的运动项目，但是，运动过程中腰部需要反复屈伸或旋转，在不导致运动损伤的前提下的可训练时间较自行车和游泳短，每年约800小时，也出现过每年大于1000小时的案例；越野滑雪尽管在运动过程中重心起伏小，但需要以站姿支撑自身体重，膝关节和踝关节需要承受一定的冲击，因此，年可训练时间也较自行车和游泳短，每年约800小时；长跑和定向越野属于跑步类项目，运动过程中重心起伏最大，下肢关节承受的冲击力最大，因此，年可训练时间最短，每年约600小时（图16-2）。在年训练距离方面，公路自行车的年训练量最大，30000~35000千米，而中距离和长距离游泳的年训练量最小，约3000千米，长跑、皮划艇和赛艇的年训练量则居中，4500~6000千米。决定年训练距离的原因除了年训练时间外，主要是不同运动方式的能量消耗（即前进单位距离所消耗的能量，kJ/m），如相同强度下游泳前进1米所消耗的能量约为自行车的10倍（如4 mmol/L乳酸阈速度时对应为0.95 kJ/m vs. 0.10 kJ/m），因此在年训练时间相似（约1000小时）的前提下，游泳的年训练量约为自行车的10%（3000千米 vs. 30000千米）。

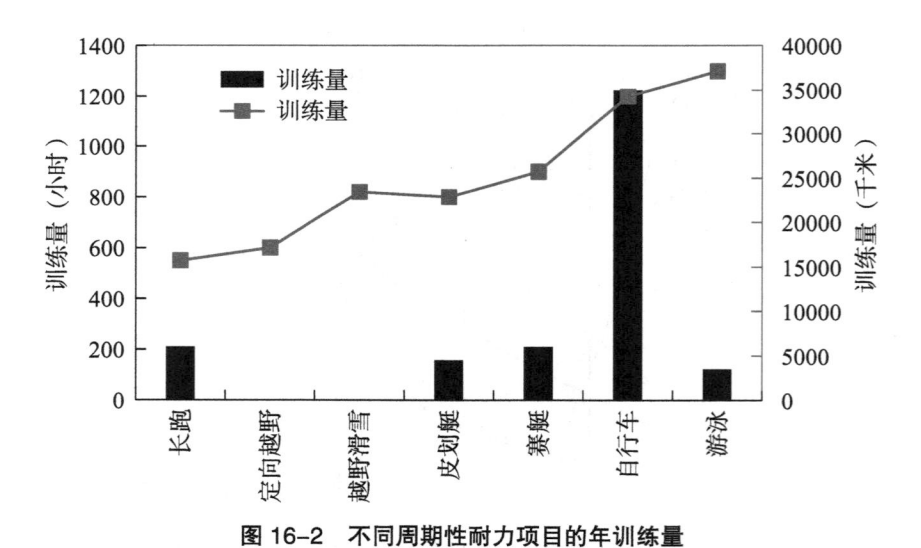

图16-2 不同周期性耐力项目的年训练量

第二节 有氧训练 vs. 无氧训练

周期性耐力项目训练量和强度制定的一个重要生物学基础是这个项目的有氧供能百分比。周期性耐力项目的有氧供能百分比是指在特定项目比赛过程中来自有氧供能系统的能量占来自三大供能系统总能量的百分比。有关有氧供能百分比这一特征的描述是众多生理学教科书和专项论著的必有内容，这些特征是教练员认识和理解周期性耐力项目的重要理论来源。然而，目前大多数生理学教科书和专项论著中有关有氧供能百分比的信息大都来自阿斯特兰德等在20世纪70年代的数据，而后期大量实验性研究的数据表明，阿斯特兰德等人有关有氧供能百分比的数据低估了有氧供能的重要性。阿斯特兰德等的数据显示，有氧供能主导和无氧供能主导的时间分界点为2分钟，而对后期大量研究数据的统计表明，这一时间分界点约为75秒，即长于75秒的周期性耐力项目都属于有氧供能主导的运动项目，有氧能力是决定这些周期性耐力项目运动能力最主要的生理学能力。

随着对周期性耐力项目有氧能力重要性认识的提高，有氧训练在训练中所占的比重也逐步增加。对荷兰速度滑冰奥运奖牌选手38年间的训练负荷研究表明，低强度训练由20世纪70年代的约40%增加至2010年的80%以上，而中强度和高强度分别由约40%和20%下降到约10%和5%（图16-3）。联邦德国国家赛艇队在20世纪60年代引进了当时田径项目盛行的间歇训练法，导致训练强度整体偏高。20世纪70年代开始，以阿洛伊斯·马德尔（Alois Mader）为代表的生理学家通过对赛艇专项供能特征的研究，揭示了有氧能力和有氧训练对于赛艇项目的重要性，并于20世纪80年代直接参与德国国家赛艇队的备战训练，最终成功将赛艇训练负荷从中高强度主导拉回低强度主导。肯尼亚的中长跑运动员以高强度训练而闻名，但是对这些运动员的研究表明，约85%以上的运动员训练负荷处于乳酸阈强度（4 mmol/L）以下。对于持续时间为6~8分钟，有氧供能百分比为80%~85%的项目，赛艇全年水上训练负荷的70%~94%为有氧训练负荷。对于持续时间约为2分钟，有氧供能百分比约为60%的项目，静水皮划艇500米全年水上训练负荷的85%~88%为有氧训练负荷。

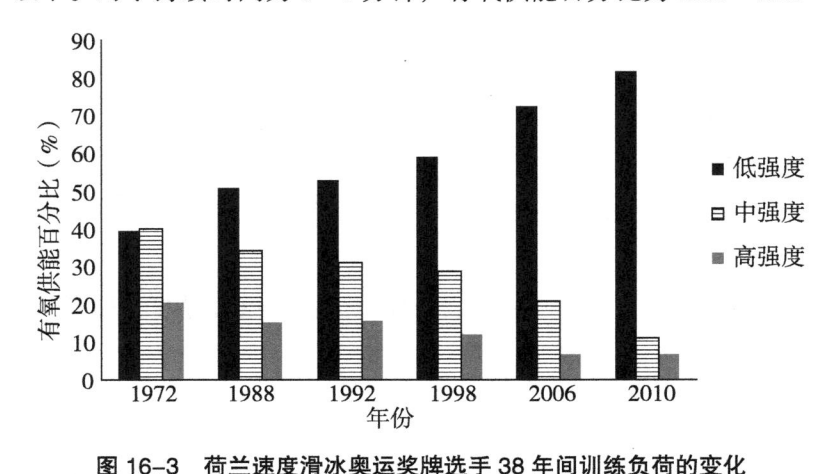

图16-3 荷兰速度滑冰奥运奖牌选手38年间训练负荷的变化

进入21世纪，有氧能力对于周期性耐力项目的重要性已基本达成共识，有氧训练也成为周期性耐力项目的主要训练内容。但是，随着国际比赛竞争的日趋激烈，目前周期性耐力项目关注的是如何在确保有氧训练的基础上，提高无氧训练的质量。在此背景下，高强度间歇训练再次受到青睐。

第三节 低强度持续训练 vs. 高强度间歇训练

低强度持续训练和高强度间歇训练是周期性耐力项目最常用的两种训练方法，在过去半个多世纪内，有关这两种方法的运用一直是周期性耐力项目争议的热点。周期性耐力项目的训练量和强度也随着人们对这两种方法训练效果的认识而发生改变。间歇训练（interval training）是指以等于或高于最大乳酸稳态的强度进行多次、次间穿插休息的、短时到中长时（10秒至5分钟）的训练方法，最早由德国生理学家汉斯·赖因德尔（Hans Reindell）于20世纪30年代提出，一些欧洲国家的教练员和运动员运用间歇训练于20世纪50年代在中跑和长跑项目中取得了巨大的成功。此后，间歇训练被周期性耐力项目陆续采用，并大幅提升了这些项目的运动成绩。根据上文对运动强度的划分标准，间歇训练的强度属于高强度，因此间歇训练也被称为高强度间歇训练（high-intensity interval training, HIIT）。但是，一个不容忽视的事实是，40年前，周期性耐力项目的运动员不能够保证全年系统训练，运动水平相对较低，运用高强度间歇训练确实比单独的低强度持续训练更能提高这类运动员的耐力水平。如上文所述，20世纪七八十年代以阿洛伊斯·马德尔（Alois Mader）为代表的生理学家通过对运动过程中能量代谢过程的研究，以及在赛艇等项目中的成功应用，证实了低强度持续训练对于发展有氧能力的重要性，低强度持续训练也自此成为周期性耐力项目最为主要的训练方法。进入21世纪以来，大量研究证明高强度间歇训练可以提高有氧能力和专项能力，但是这些研究的受试者大都为未经过训练的普通人，或训练水平较低的运动员。另外，这些研究的持续时间较短，高强度间歇训练短期内可以提高运动能力，但如果长年（特别是对于高水平运动员）进行高强度间歇训练，可以大胆猜测，20世纪中叶的训练局面（即年训练负荷整体提高，对应图16-1的阈式负荷分布）将会再次出现。而对周期性耐力项目训练负荷的长期研究发现，约80%的专项训练负荷属于低强度的持续训练。

第四节 低强度训练为主

众多研究发现，周期性耐力项目，尤其是高水平运动员的训练负荷以低强度训练（对应为图16-1的区间1）为主，中等强度和高强度（分别对应为图16-1的区间2和区间3）所占比例小。只是由于对负荷统计方法的不同，不同研究对应的中等强度和高强度的具体比例不同。常用的负荷统计方法包括强度区间累积时间法（time-in-zone）、课次目标心率法（session-goal）、跟踪记录法（documentation）、训练日记分析法（diary）、课次主观疲劳法（session RPE）等。强度区间累积时间法是对训练过程中的原始心率数据按强度区间进行时间统计，课次目标心率法是对训练课次的平均心率按强度区间进行统计，跟踪记录法是跟踪记录训练过程并按强度区间进行时间统计，训练日记分析法是对运动员的训练日记进行统计分析，课次主观疲劳法是对整堂训练课次主观疲劳度的评分（0～10分分别对应不同疲劳程度）与课次持续时间的乘积进行统计分析。强度区间累积时间法和跟踪记录法对间歇训练课次中的强度训练和间歇进行了区分，而课次目标心率法和课次主观疲劳法将间歇训练课次中的强度训练和间歇作为一个整体进行统计，因此前两

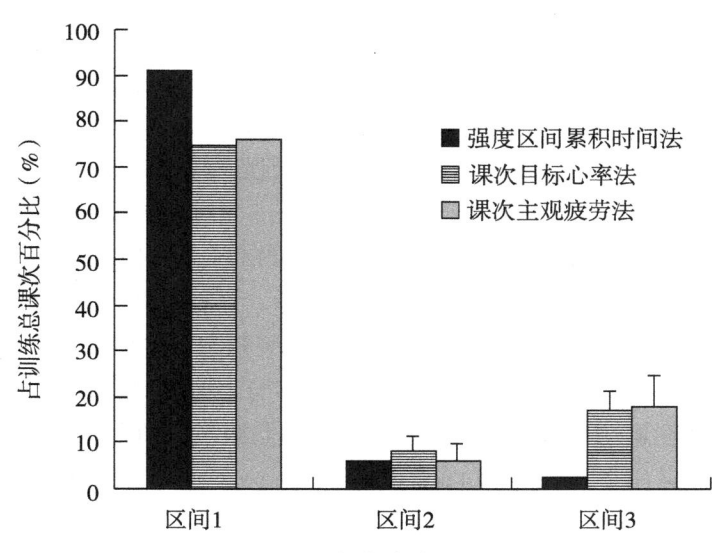

图16-4 不同负荷统计方法的对比

种方法统计出来的训练负荷呈现"金字塔式"（高强度比例低于中等强度比例），后两种方法统计出来的训练负荷呈现"两极化式"（高强度比例高于中等强度比例）（图16-4）。但是，无论采用何种负荷统计方法，周期性耐力项目的训练负荷都以低强度为主。一些学者试图给出一个具体的比例，如赛勒（Seiler）等提出"80-20定律"，即专项训练负荷（如水上项目的水上训练）中约80%为低强度，20%为中等强度和高强度。

研究表明，持续时间大于75秒的全力运动中能量供应以有氧为主（有氧供能比例大于50%），并且持续时间越长，有氧供能比例越高。以有氧供能为主的周期性耐力项目训练负荷的主体是低强度负荷，但是这个主体的比例是否以这一项目专项比赛中有氧供能的实际比例为依据还有待考证。对高水平运动员的专项训练负荷统计表明，赛艇（持续时间为6～8分钟，有氧供能比例为80%～85%）的低强度负荷比例为70%～94%，静水皮划艇［持续时间约为2分钟（500米）和4分钟（1000米），有氧供能比例分别约为60%和75%］的低强度负荷比例为85%～88%。这些事实表明，周期性耐力项目低强度训练负荷的比例不一定严格符合这一项目比赛的有氧供能百分比。但是需要注意的是，以上这些数据只是对专项训练负荷或耐力训练负荷的统计（如赛艇和皮划艇为划船对应的负荷），而无氧供能比例高的周期性耐力项目的陆上力量训练的比例要高（如皮划艇为2～4次/周，赛艇约为2次/周）。鉴于陆上力量训练一般属于高强度负荷，如果有一种方法可以将力量训练负荷和专项训练负荷进行综合统计（如课次主观疲劳法），那么上文对应的各个项目的低强度负荷比例肯定会下降，并且陆上力量训练课次多的周期性耐力项目下降得更多。因此，周期性耐力项目低强度训练负荷的比例似乎又与这一项目比赛过程中的有氧供能百分比相符。周期性耐力项目低强度训练负荷的比例与其对应的有氧供能比例之间的关系还有待从生物学角度进一步解释和认证。目前的认识认为，低强

度的训练负荷主要提高机体的外周适应（即氧利用能力，如线粒体浓度和毛细血管丰密度），高强度的训练负荷主要提高机体的中枢适应（即氧运输能力，如心脏大小和血红蛋白量）。与氧利用能力相关的结构或肌肉通过训练的可适应度要远大于与氧运输能力相关的结构（如心肺）。另外，大量的低强度持续训练对于周期性运动项目的另一意义在于完善技术，提高运动的效率或经济性。

统计训练负荷和分析文献中训练负荷的相关数据时，需要注意负荷强度划分的依据和负荷统计的内容。如图 16-1 所示，划分强度区间的生理学标准之一是乳酸阈，乳酸阈 2 对应为这种运动方式下的最大乳酸稳态，乳酸阈 1 对应为比最大乳酸稳态血乳酸值低约 2 mmol/L 所对应的强度。由于不同运动方式所对应的最大乳酸稳态不同，在对不同周期性运动项目进行强度划分时需要参照该运动方式所对应的最大乳酸稳态，而不能机械地运用 2 mmol/L 和 4 mmol/L。

此外，由于很难采用一种统计方法对所有训练内容进行统计，因此大多数研究在讨论训练负荷时只针对专项训练内容，即以项目本身对应的运动方式进行的训练。力量训练内容并未纳入训练负荷的统计范畴，或者力量训练内容按其他统计方法进行统计。以上提及的训练负荷只是对专项训练内容的特征描述。

小　结

周期性耐力项目训练负荷的生物学基础是不同运动方式的能量供应和能量利用特征。随着对能量代谢特征认识的深入，有氧训练对周期性耐力项目的重要性逐渐达成共识，无氧训练在周期性耐力项目中的受关注度逐渐增加。有氧训练以低强度持续训练为主，无氧训练更加关注高强度间歇训练。

作者：黎涌明

第十六章
参考文献

第十七章 奥运会运动员竞技表现提升的非训练类策略

奥运会是人类潜能挖掘、科技应用和全球人口迁徙的一场巨大实验。纵观各奥运强国在近几届奥运会的备战过程中，都非常重视科技助力。科技助力不仅涉及运动员长期培养模式的探讨和运动项目生物学特征的梳理，更包括对国外奥运备战体系的借鉴和新方法、新技术的应用等。

科技助力奥运备战训练，不仅在于通过科学训练挖掘运动员潜能，更可以理解为合法地运用科技手段，提升运动员竞技表现，并以最大的可能保障竞技胜利。对于在毫厘间决出胜负的奥运选手而言，通过训练建立绝对优势的可能越来越小，每一个细节都可能决定成败。所以，寻求训练策略以外的方法（本章统称为"非训练类策略"），实现精英运动员竞技表现的进一步提升，同样是科技助力奥运备战的重要内容。英国国家体科所前生理学主管史蒂夫·英格姆（Steve Ingham）在总结英国伦敦奥运会的成功经验时甚至直接指出：如果能通过科技提高1秒，我们绝不通过训练来实现。

随着每届奥运会的临近，经由训练策略（即训练计划的科学制订与有效实施，如训练强度、持续时间、次数等）提升运动员竞技表现的空间逐渐变小，经由非训练类策略实现竞技表现的进一步提升变得尤为重要。相对于训练策略而言，非训练类策略的涵盖范围更广，涉及运动员的训练监控、数据分析、参赛保障、营养调控、疲劳恢复、损伤预防与康复、状态调整、装备优化、环境适应等研究领域的成果，而且在提升不同项目运动员的竞技表现方面都有应用。但因为研究成果分散，缺乏系统化整理，目前鲜见以提升奥运会运动员竞技表现为目标、同时涵盖多种非训练类策略的综述。鉴于此，本章从对国际竞技体育研究热点把握和我国奥运备战现实需要的判断出发，选取膳食营养优化、物理性恢复、安慰剂效应、热习服和睡眠改善五个领域，对近十年的国际竞技体育领域的最新研究成果进行梳理，针对每个领域分别从定义、解决问题的迫切性和可行性、作用机制、操作建议等方面进行综述，以期强化国内竞技体育科学研究和实践应用领域有关人士对此的关注，在训练策略得到保障的前提下，为进一步提升我国奥运会运动员竞技表现提供参考。

第一节　膳食营养优化策略

竞技表现提升过程中的营养策略可分为膳食营养策略和补剂营养策略。膳食是运动员每日能量和营养素摄入的主要途径，它对于运动员保持身体健康、满足能源需求、促进组织生长修复、保持适当的体重与身体成分，以及提升竞技表现等有重要作用。

一、食物第一原则

食物第一是运动员膳食营养策略的首要原则。多数情况下，天然食物中的营养成分高于药片或粉状补剂，而且食物中的维生素和矿物质更易被吸收。我国运动员在奥运备战过程中容易出现"重补剂轻膳食"的认识和操作误区。运动员忽视充足、平衡和多样化膳食摄入，过度依赖运动营养补剂，是本末倒置的做法。在服用某种运动营养补剂之前，应对运动员进行膳食评估，如果现有膳食能够满足训练所需，则不建议摄入该补剂。当运动员摄入不缺乏的运动营养补剂时，可能会造成营养物质过量，并带来健康隐患。

二、周期化营养策略

周期化营养是指战略性地使用特定的营养干预措施，通过优化运动员的身体成分和能源物质储备，以增强运动员的训练适应能力和提升竞技表现。在实际操作过程中，应根据运动员不同训练阶段的能量需求和目标制定膳食热量摄入标准，以满足训练需求和体重管理。在非赛季与赛季期间选择不同的能量摄入标准已成为高水平运动员体重管理的首要原则。事实上，大强度训练会降低食欲和调节激素水平，最终可能导致能量摄入减少；而运动员非赛季期训练导致的能耗降低，往往会摄取更多的热量，这使运动员赛季初期首先面临降体重的问题，容易造成赛季中、后期体能提高或保持的困难。因此，非常有必要评估运动员在不同训练周期的能耗水平，以便及时调整膳食结构并合理控制体重。但即使在需要严格控制热量的项目中，运动员每天的热量值也不应少于 30 kcal/kg，以免影响训练甚至身体健康。即使健康的运动员，如果热量摄入过低造成能量负平衡，也会很快丢失瘦体重。

周期化营养策略可帮助运动员实现能源物质的优化。研究证实，1 周或 3 周提升碳水化合物（CHO）可用性的膳食策略可以提高亚精英运动员的竞技表现，并已应用于世界级选手的训练实践。糖原负荷法仍然是长距离项目运动员进行赛前营养调整以适应比赛需求的有效方法，目前的改良方法无须经过糖原耗竭阶段。建议在比赛前，每天摄入 10~12 g/kg CHO，持续 36~48 小时。另外，高糖训练（train high）、低糖训练（train low）等策略也得到广泛应用。近年来出现的低糖高脂策略（也称酮适应策略）也是较为典型的短周期营养策略之一。经典方案为 5~6 天低糖膳食，以提高脂肪的训练适应，并在赛前一天进行高 CHO 膳食，实现竞技表现和恢复的最大化。但需要注意的是，该营养策略难以提升高强度类项目运动员的竞技表现。胃肠道在提供 CHO 和液体方面有至关重要的作用，耐力运动员胃肠功能紊乱的发生率较高。大量的证据表明，胃排空和胃舒适可以训练，训练后胃排空的营养特异性提高。此外，肠道适应性训练的重点在于 CHO 的吸收，高 CHO 饮食会增加肠道中钠 - 葡萄糖协同转运体的数量和活性，加大运动过程中 CHO 的吸收和氧化作用。总之，针对能源物质储备和肠道适应的营养策略，需要结合比赛需求进行，并应在训练中进行提前模拟。

三、营养时机策略

营养时机是指针对特定的运动或比赛，在不同时间段有目的地摄取特定类型的营养素，从而对短期和长期运动的适应性反应产生良好影响的一种膳食营养策略。在操作层面，营养时机强调围绕训练安排、设计膳食营养摄入，通过增加膳食摄入频率优化代谢和恢复，以及能量、液体和蛋白质的择时补充。

进食频率对饥饿、饱腹感和食欲激素调节存在潜在影响。对运动员群体来说，增加进食频率有助于改善葡萄糖和胰岛素代谢，同时降低饥饿感，从而避免热量摄入过多。一日多餐有利于维持体能，抑制肌肉分解，避免脂肪堆积。运动员训练课超过 3 小时，会面临能量缺乏的危险，造成低血糖、反应能力下降、疲劳过早出现等现象。饥饿状态下训练会导致更高的受伤风险，通过加餐适当补充能量可以改变能量负平衡状态，有利于提高训练质量。因此，运动员能量补充时机与训练适应和竞技表现关系密切。为了达到优化训练效果的目标，运动员的饮食分布应包括每日 3 次正餐和至少 2 次加餐。目前我国运动员餐厅多为一日三餐且定点开餐，不允许运动员将食物带出餐厅。建议运动营养从业人员或运动员餐厅致力于保证运动员在训练过程中营养或食物的可获得性，在运动员传统一日三餐之外加强间餐的补充，教练员也应该重视训练中加餐的意义。建议间餐补充的时间在正餐之间（训练课间或训练后 1 小时内），选择易消化的食物（富含 CHO、蛋白质和钠的小食，如酸奶、咸饼干、香蕉、能量棒等），在补充能量的同时尽量将肠胃负担降到最低。

脱水会影响运动表现，补液时机非常重要。运动训练中的出汗率为 0.5~2.0 L/h，在运动 60~90 分钟后，运动能力会因失水而下降。当脱水达到体重的 2% 时，运动员会出现口干舌燥、头痛、注意力不集中、动作协调能力下降等症状；达体重 4% 时，会出现严重的医学后果。赛前提前水合是有益的，推荐在比赛前一天晚上喝 500 mL 水或运动饮料，醒来时再喝 500 mL，开始运动前 20~30 分钟再喝 400~600 mL 冷水或运动饮料。在运动或比赛中，运动员应尽量补充足够的水或葡萄糖电解质溶液或运动饮料，以防止体重丢失超过 2% 而影响运动表现。为了保持液体平衡和防止脱水，运动员需要计划每小时摄入 0.5~2 L 的液体来抵消体重下降带来的影响。运动后，建议运动员按照每千克体重丢失量的 150% 进行补液，同时考虑在饮料和食物中添加盐，以进一步促进补水。此外，在非常炎热的环境下比赛，除赛前补水外，预冷策略可能会提供额外的优势，但所有策略均需在训练中提前适应。如果运动员以较低的出汗率和较慢的速度进行长距离或超远距离比赛，可能需要针对过量饮水提出具体建议，以避免出现低钠血症（通常是由于过量饮水造成的低血钠水平）相关的问题。

合适的蛋白质补充时机和补充比例有利于增强身体恢复和组织修复，增加肌肉蛋白质合成（muscle protein synthesis，MPS），长时间训练间隙和运动后恢复期应尽早补充蛋白质 +CHO，有助于训练效果最佳化，这是营养时机理论在优化训练适应方面的最大贡献。为满足每日摄入量，蛋白质补充要间隔均匀，每3～4小时摄入20～40 g高质量蛋白质（0.25～0.40 g/kg体重）可最大限度地刺激MPS，以改善体成分和运动表现；在运动间隙较短的运动中，CHO［0.8 g/（kg·h）］与蛋白质［0.2～0.4 g/（kg·h）］结合可快速恢复（恢复时间小于4小时）糖原；对于超过70分钟的高强度运动（大于70%VO_2max），当CHO供给不足时，添加蛋白质有助于提高运动表现，减少肌肉损伤，促进血糖正常和糖原再合成；运动前或运动后的营养补充（CHO+蛋白质或蛋白质）可以作为一种有效策略来优化力量训练效果，改善体成分；运动后即刻至运动后2小时摄入高质量蛋白质会增加MPS；睡前摄入30～40 g酪蛋白可以在不影响脂肪分解的情况下，快速增加MPS和代谢率。

四、对运动员的膳食营养建议

（1）食物第一是保持良好竞技状态和竞技表现的首要原则。建议运动队聘请专业的运动营养师，评估运动员的营养需求、制订个性化的营养方案、提高运动员的膳食营养意识，保证运动员的膳食计划符合运动项目和竞赛目标的需求。在营养经费方面，考虑增加间餐部分的投入。

（2）在不同的训练阶段，营养计划应成为训练计划的组成部分，根据训练目标进行大、中、小周期的设计。建议根据训练阶段和个人目标制定膳食热量摄入标准来管理体重；耐力选手可采用糖原负荷法优化糖原储备；酮适应策略可强化脂肪适应，但并不能提升高强度下的运动表现。

（3）运动员应保持良好的水合状态。运动时尽可能按照0.5～2 L/h的补液量进行多次补充，以将脱水量控制在体重的2%以下，对于出汗量高、时间超过2小时的运动，应注意钠的补充；运动后补液可按照体重丢失的150%补充运动饮料，并添加钠盐以促进水分吸收。

（4）选择合适的营养摄入时机。在长时间训练间隙和运动后恢复期尽早补充蛋白质+CHO可快速恢复糖原，并加快肌肉恢复。每隔3～4小时补充20～40 g优质蛋白可促进肌肉蛋白质合成，优化力量训练效果。运动后即刻至2 h摄入高质量蛋白质有利于刺激肌肉蛋白质合成，减少肌肉损伤，加快运动后的恢复。

第二节 物理性恢复策略

运动后的疲劳恢复是生理、心理等多层面修复的过程。除了睡眠、休息和营养三大常规恢复措施外，短期加速恢复的物理性方法也在现代竞技体育中被广泛采用。这些恢复方法能够通过改善运动引发的肌肉损伤、能量底物亏损、代谢副产物堆积等疲劳因子，使运动员更快速地恢复至运动前状态，以降低运动损伤的风险和迎接下一次训练和比赛的挑战。合理使用各种物理性恢复方法有助于加速运动后疲劳恢复，并达到统计学竞技致胜最小改善值（0.6%~0.7%）的恢复标准。此部分重点介绍冷水浸泡、超低温冷冻疗法、加压服、按摩和自我筋膜放松四种常见的物理性恢复策略。

一、冷水浸泡

冷水浸泡是将身体的全部或局部短时间浸泡于 5~20℃冷水中的恢复方法。该方法通过水的低温降低身体温度，引发浸泡部位皮肤和肌肉血管收缩、血流灌注减少，并通过水的压力缩小组织间隙，从而抑制炎症和减轻肌肉酸痛。

冷水浸泡的恢复效果与浸泡的时长、方式、水温、部位、个体因素等有关。虽然最佳的冷水浸泡方案没有达成共识，但目前推荐水温和浸泡总时长分别为 10~15℃和 10~15 分钟。因为，浸泡总时长不足 10 分钟不能充分降低组织的温度，而超过 30 分钟可能导致肌纤维的二次损伤，降低肌肉的输出力量，从而增加肌肉酸痛感。此外，尽管相同浸泡时长下的效果类似，但相比于持续性冷水浸泡，间歇性冷水浸泡可增加对冷的耐受度。水温低于 10℃的冷水浸泡可能加剧运动员的冷应激和核心温度的下降，增加不适感并造成神经冻伤。冷水浸泡的效果还与浸泡部位有关，髋或肩部以下部位的冷水浸泡比单纯的上下肢浸泡效果更佳，且坐姿比站姿的恢复效果更好。冷水浸泡的方案还需考虑运动员的初始体温、体脂率、体表面积及体重比值、性别等因素。运动员初始体温或体脂率越高、体表面积及体重比值越小，浸泡时间相应越长，水温可相对略低。除此之外，虽然体脂率较高，但是女性的体表面积及体重比值显著高于男性，导致其对冷水浸泡的反应更强烈。女性在月经期的黄体期体温比卵泡期相对更高，其冷水浸泡方案需要据此合理调整。

需要注意的是，炎症是训练适应的一部分，长期冷水浸泡的抗炎作用可能削弱力量训练后肌肉围度和力量的增长，但似乎不会损害耐力训练的长期适应。因此，在制订冷水浸泡方案时须充分考虑训练的阶段和运动项目的种类。

二、超低温冷冻疗法

超低温冷冻疗法是将身体全部或除头部以外的部位置于极端低温（-110~190℃）的冷冻仓内 2~5 分钟的恢复方法。超低温冷冻疗法目前可分为全身冷冻疗法和局部冷冻疗法，其恢复机制是通过快速降低机体温度、调节自主神经系统、引发血管收缩，达到抑制炎症、减轻延迟性肌肉酸痛和提高竞技表现的效果。超低温冷冻疗法的恢复效果与干预次数有关。一次运动后或运动间歇（不超过 2 小时）的干预就能抑制炎症、上调副交感神经系统的活性，改善隔天的耐疲劳能力和运动能力。长期高频次（2~3 次/天）的干预能累积每次干预的生理效应、放大抗炎效果和增加睾酮与皮质醇比值，发挥出更佳的恢复效果。此外，短期的（10～20次）干预能急性减少血液红细胞和血红蛋白容积，长期的（20～30次）干预能刺激骨髓释放促红细胞生成素，恢复红细胞和血红蛋白容积。同样，短期的干预能引发活性氧急性增加，导致"氧化-抗氧化"平衡被打破，而长期多次的干预却能促进机体组织的抗氧化能力。此外，长期多次的干预还能通过改善运动员睡眠质量和增加食欲，间接促进运动员疲劳的恢复。

目前尚没有最佳的超低温冷冻疗法方案，为恢复效果最大化和避免冻伤等风险，推荐运动后60分钟内进行时长2.5分钟、温度为–110～140℃的方案。极低的温度给人感觉非常寒冷，但实际上运动员在接受干预的过程中对寒冷的体感并不强烈，3分钟、–135℃的干预不会降低脑部、胸腔和腹腔血液的温度，身体皮肤温度在干预2.5分钟后会出现平台效应，随着时间的延长，低温不适感成直线增加。超低温冷冻疗法对皮肤温度的影响还受性别、体脂率、瘦体重等因素的影响，体脂率越高的个体皮肤温度下降越大，女性应考虑适当缩短曝露时间。

三、加压服

加压服是一种由弹性纤维和纱线特制的加压织物，通过对人体特定部位施加压力或造成力学梯度促进疲劳的恢复。加压服的恢复机制是通过从远端至近端对肌肉组织的梯度挤压，减少组织细胞空间和增加细胞渗透压，从而促进静脉血和淋巴液回流、抑制肿胀和减轻延迟性肌肉酸痛。

加压服的恢复效果与引发肌肉损伤程度的运动类型和恢复的时间历程相关。加压服对抗阻训练的恢复效果最明显，干预后2～8小时和超过24小时的效果最佳；对爆发力训练恢复有一定作用，但效果一般，干预超过24小时后的效果较佳；对耐力训练的恢复效果极小，似乎不具有恢复作用，但能改善隔天的骑行运动表现。在长途旅行中，穿戴加压服能减少下肢久坐导致的肿胀，保持肌肉的运动功能。而在高强度运动后，夜间睡眠穿戴加压服也能加速肌肉力量的恢复。训练后加压服和冷水浸泡联合使用比单一的疗法能更好地改善下肢爆发力、减少酸痛感和延长比赛力竭时间。采取加压服恢复措施时应注意尺码和压力的选择。正常情况下，人体舒适的压力范围值在14.7～29.4 mmHg，根据个体情况和身体部位有所不同。不合适的加压服尺码和压力对穿戴者能量代谢、健康和运动表现有负面影响，压力过大可能造成肢体麻木，而压力不足将降低恢复效果。穿戴加压服时长根据实际情况有所不同，一般是2～72小时不等，但穿戴时长超过24小时似乎不能提供额外效果。加压服携带方便、操作容易，对运动表现没有负面影响，运动员可以在任意休息时刻，以及旅途和睡眠期间根据需要使用。

四、按摩和自我筋膜放松

按摩是通过节奏性的按压和抚触身体软组织，以缓解疲劳和提升体能为目的的物理恢复手法。而自我筋膜放松是利用泡沫轴或按摩棒进行自我滚压筋膜，且具有按摩性质的放松恢复方法。按摩的作用主要为缓解肌肉紧张和僵硬度，加速劳损肌组织和扭伤韧带的恢复，减少肌肉酸痛、肿胀和痉挛，改善关节的柔韧性和活动度，以及增强运动能力。按摩对运动员疲劳恢复的短期心理效果明显，是物理性恢复方法中减轻延迟性肌肉酸痛最为有效的方法。

针对不同类型的运动项目，不同手法、时长和时间的按摩恢复效果不一样。两次运动的间歇时间不足 20 分钟时，5~12 分钟的运动肌群按摩能充分发挥按摩的心理效应，降低疲劳感和提升竞技表现。运动后 2 小时内进行 30 分钟左右的按摩能降低疲劳感和提升运动员隔天的竞技能力，但效果较小。此外，不同运动类型的按摩恢复效果不同，高强度的综合运动（如篮球、羽毛球等）的效果最佳，力量训练次之，耐力训练最小。不同按摩手法对运动后恢复的效果也不同，采用抚触、揉捏和摩擦的综合手法有利于减少焦虑，20~45 Hz 的振动手法有助于提升短时运动间歇（不足 20 分钟）的竞技表现，而抚触、揉捏和扣抚的手法组合对减轻延迟性肌肉酸痛效果较佳。

运动后自我筋膜放松对关节活动度和疲劳感有积极作用，有助于减轻高强度运动后肌肉功能的下降和延迟性肌肉酸痛。然而，泡沫轴或按摩棒滚压的恢复效果似乎具有剂量效应，每个肌群滚压总时长 90~120 秒（30~60 秒，1~3 组）的恢复效果较佳，而低于 90 秒似乎不能有效改善恢复指标。而且，似乎只有静态泡沫轴按压才能有效降低扳机点的疼痛敏感度，动态的泡沫轴滚压不能达到同样效果。此外，泡沫轴滚压肌肉的顺序一般是从大肌群至小肌群，先滚压矢状面肌群再滚压额状面肌群，或反之，效果并没有区别。需注意的是，肌肉与泡沫轴接触点的最高压力平均值是医学用按压阈值的 10 倍，在使用过程中应注意滚压对血管、骨骼和神经造成的不良影响。

第三节　安慰剂效应策略

安慰剂效应是指患者接受无效治疗，但因心理作用而产生治疗效果的现象。近十年来，安慰剂效应的应用已从医学拓展到竞技体育等多个领域。在竞技体育中，安慰剂效应是指运动员接受安慰剂干预后，在一定程度上提升竞技表现的现象，其被认为可作为提升精英运动员竞技表现的一种有效策略。常见的安慰剂干预方式有口服或注射补剂、成绩反馈、情境特异性诱导和心理暗示等。

一、安慰剂效应在竞技体育中的应用

尽管安慰剂效应可能在竞技体育实践中被广为采用，但针对应用情况的报道却非常有限。2015 年和 2016 年发表的两篇文献为我们提供了非常有价值的信息。拜尔迪（Berdi）等调查了 79 名不同项目的世界级精英运动员关于使用安慰剂的态度和感受。结果显示，82% 的运动员认为安慰剂有助于提升他们的竞技表现，47% 的运动员经历过安

慰剂效应。有安慰剂效果的运动员更频繁地使用安慰剂。无论安慰剂对竞技表现提升的效果如何，超过半数（53%）的运动员会接受教练员分配的未知但合法的"药物"，如果有效，67%的运动员不介意安慰剂欺骗。研究证实，多数精英运动员相信安慰剂提升竞技表现的积极作用，有成功经验的运动员表现出更积极的态度。另一项研究调查了96名地方级、国家级和国际级教练员实施安慰剂策略的情况。结果发现，90%的教练员知晓安慰剂效应，44%的教练员实施过安慰剂策略，有2/3的教练员赞成竞技比赛中应用安慰剂策略；国际级教练员应用安慰剂策略的频率显著高于其他级别的教练员；有成功应用安慰剂经验的教练员对支持使用安慰剂显著高于未用过安慰剂策略的教练员；团队项目的教练员应用安慰剂策略的频率高于个人项目的教练员；只有10%的教练员认为运动员会拒绝使用安慰剂；安慰剂成功提升竞技表现后，有15%的教练员不征求运动员意见继续实施安慰剂干预。总体而言，教练员认为安慰剂效应能够提升竞技表现，当取得积极效果时，有44%的教练员（尤其是高水平教练员）会定期使用安慰剂策略。

二、安慰剂效应有利于提高运动员的竞技表现

现有研究主要探究了安慰剂效应提升力量和耐力的效果。多数研究表明，安慰剂对竞技表现有促进作用，在力量项目和耐力项目中，竞技表现提升幅度可达0.7%～22%。代表性的研究都采用了随机对照的实验设计，发现服用"合成类固醇"安慰剂使力量举运动员的最大力量提高3.8%，"咖啡因"安慰剂使自行车运动员25分钟计时赛成绩提高2.4%，"超氧水"安慰剂使5000米跑运动员的测试成绩提高8%，"氨基酸"安慰剂使无训练经历的大学生的最大力量提高19.6%，"咖啡因"安慰剂使健康成年人的最大有氧能力提高10.4%。总之，针对普通人群和具有一定训练经历的人群的研究均表明，安慰剂效应能够有效提高力量和耐力水平，运动表现提高的幅度可能与运动水平有关，期待未来有针对高水平运动员的研究出现。

三、安慰剂效应提高竞技表现的机制

尽管安慰剂效应在竞技体育中有较为广泛的应用，但其提高竞技表现的机制尚不明确。早期观点认为，服用安慰剂后所产生的心理预期和条件化是两种可能的机制。其中，心理预期是指根据经验推测可能出现的结果或期待效应的发生，条件化是指建立安慰剂与有效刺激的配对后，即使单独使用安慰剂也能够达到有效刺激的效果，即以安慰剂为条件刺激，使用者出现安慰剂效应为条件反应。随着研究的深入，发现个体因素（如人格特质、情绪、焦虑水平和个人经验等）、社会性观察学习和多重心理因素的共同作用或多因素间的交互作用，对安慰剂效应的产生和强度都有重要影响。此外，将个体置于群体中，有可能放大或激活安慰剂效应，所以团队项目应用安慰剂策略比个人项目更普遍。还有研究发现，现场观察与录像观察都能够诱发安慰剂效应，且两种方法的效应大小无显著差异。近年关于安慰剂效应的机制，逐渐转向脑功能和认知神经科学的证据。尝试

从中枢神经系统认知调节机制的角度理解和解释安慰剂效应，观察到内源性阿片肽、多巴胺、大麻素等神经生物学、生物化学系统和不同脑区功能激活有关的研究证据。但关于"安慰剂效应"提高运动员竞技表现的直接证据仍然较少，有待于进一步研究确认。

四、安慰剂效应策略应用建议和注意事项

（一）有些运动员更容易产生安慰剂效应

具有某些人格特质的运动员更容易产生安慰剂效应。因为安慰剂效应有可能取决于信念和期待，所以容易对安慰剂效应产生强烈期待和认同的运动员，更容易出现显著安慰剂效应。乐观主义、性格坚韧、待人友善等特质明显者对镇痛类安慰剂的反应更好；但也应注意区别对待，因为也发现性格内向、不善移情的受试者有更明显的安慰剂效应。

（二）选择合适的实施者

除具有权威性以外，运动员信任、有更好认同感和关系和睦的人，擅于激发运动员对安慰剂效应期待的人，是实施安慰剂干预的较好人选。虽然教练员身份具有权威性，但并非每位教练员在每个阶段与运动员的关系都很和睦，所以选择"更合适的人"实施安慰剂策略，对诱发安慰剂效应可能有重要影响。证据显示，有些医生比其他医生更擅于强化患者对治疗的希望和期待效应，医生的态度温和可信，与患者互动良好，患者感觉和医生是"同一类人"时，安慰剂效应更明显。

（三）注意实施安慰剂效应的情景和细节

听取心理学和医学心理学专业人士的建议并完善辅助实施安慰剂策略，营造使运动员信服的环境和情境。运动员的预期，以前的成功经验，与教练员、科研人员之间的信任、共情，实施安慰剂效应的情境以及相应的沟通和交流，应用的指导语等都可能会影响安慰剂效应。如用肯定的语气和详细的信息："这可能有效果"和"每公斤体重6毫克的咖啡因摄入量能有效提高2%～3%的计时赛成绩"，对运动员的影响可能完全不同。一位专业医生或高级教练员和一位尚未建立信任关系的新人，实施安慰剂效应的效果差别可能很大。

（四）巧妙利用双重或多重安慰剂效应

在应用安慰剂的基础上，根据运动员水平和赛前状态的实际情况，反馈给运动员更好的成绩，巧妙地利用安慰剂加积极反馈的双重安慰剂效应。当安慰剂效应明显时，可选择如实反馈成绩，当安慰剂效应不显著时，可根据具体情况反馈适当优异的成绩以强化安慰剂效应。双重或多重安慰剂效应，有利于强化运动员的信心和心理预期，让运动员感觉更轻松和自信。比如，运动员认可咖啡因有利于显著增加肌肉力量，在运动员服用安慰剂的基础上进行测试，当运动员实际上蹲起180千克时，告诉或让运动员确认自

己的成绩优于 180 千克，从而强化安慰剂效应。但应把握好度，避免运动员的怀疑和不信任，如果出现反安慰剂效应，便适得其反。

（五）合理把握实施安慰剂策略的时机

多数研究采用赛前数小时至数天给予运动员安慰剂，但这个问题应具体判断，目前没有定论。赛前数小时给予运动员合成类固醇安慰剂的案例虽然可使运动员最大力量提高 7.8%，但常识是赛前短时间服用类固醇的效果有限，这对结果是否产生以及产生多大程度的负面影响尚不得而知，所以探索不同项目运动员的安慰剂效应的适宜时机是优化安慰剂效应很重要的一点。有研究发现，安慰剂效应能够持续一个月左右，那么将安慰剂实施时间提前，并结合双重或多重安慰剂效应策略（或屏蔽效果反馈，直至赛前释放"成绩增长"的信息给运动员），是否是一种优化或可行的方法，值得探索。

第四节　热习服策略

热习服是指通过重复曝露在自然或人工高温环境中产生的生理性适应过程。众多体育比赛是在高温下进行，这容易导致体温过高和运动型热病。当环境温度超过 10℃时，温度每升高 1℃会导致运动成绩下降 0.3%～0.9%。为了减少或消除高温对运动员健康和竞技表现的影响，热习服策略被制定和广泛采用。成功的热习服能够提升运动员在高温环境下的运动能力和降低运动型热病发生的风险，是精英运动员备战高温环境下比赛的重要策略。

一、高温对运动表现的影响

高温下运动对运动员的心血管系统、体温调节、代谢功能、神经功能和认知功能提出了极大挑战，易导致心输出量、脑部和肌肉血流量下降、核心温度升高、脱水、能量底物耗竭、脑代谢率增加等问题，使疲劳提前出现，既定的力量、爆发力、速度和耐力水平难以维持，并最终导致竞技表现下降。高温影响竞技表现的程度取决于运动项目和持续时间。在耐力性和高强度项目中，生理机能的进一步下降会增加热衰竭和运动性中暑发生的风险，甚至危及生命。高温下运动持续时间达到 6.5 分钟、30 分钟和 70 分钟时，成绩分别下降 2%、7% 和 16%。

鉴于此，热习服被国际奥委会列为高水平运动员减少体温过高和运动型热病风险的方法之一。热习服常采取恒定负荷运动、自主节奏运动、控制体温运动三种主动方式，过度穿着、热水浸泡、蒸桑拿等是常用的替代手段。

二、热习服提升运动表现的效果、机制及影响因素

相比非高温下训练，高温下训练能够造成体温调节、心血管机能等更大程度的适应。

现有研究主要报道了热习服对高温环境下耐力和速度表现的影响，极少涉及力量。在耐力表现方面，热习服显著提高了自行车、铁人三项、跑步等项目运动员在高温下的耐力表现。同时，高温下的训练方式对耐力表现的提升也存在影响。热习服同样能够提升速度表现，足球、橄榄球、自行车运动员在不同形式的热习服干预后，拉拽雪橇冲刺的速度、功率自行车做功、高强度间歇跑的速度均得到显著提升。此外，热习服也能够提升非高温下的耐力运动表现。游泳、自行车、澳式足球和跑步运动员在热习服干预后，非高温下的耐力运动表现均获得了提升。热习服提升竞技表现与最大心输出量的增加、亚极量负荷运动时的心率下降、体液平衡的改善、有氧代谢能力和动作经济性的提高、细胞保护的增强、中枢性疲劳的延缓等有关。

热习服提升运动表现的效果与以下四种因素有关。①训练状态：竞技表现的提升同时受到热习服和训练状态的影响，精英运动员在接受干预前处于非高温下系统训练所能达到的最高水平显得尤为重要。②运动员水平：高温下训练提升竞技表现的机制与血容量扩张有关。相较于精英运动员，非精英运动员能够通过适度的血容量扩张来提升竞技表现。③热习服方案：高温下训练的负荷安排、持续时间和水合状态等因素均影响运动表现。④运动表现评估：室外训练时对流和蒸发产生的降温效果、在竞技表现测试前接受高温暴露、对测试过程和条件的熟悉程度等都可能会影响竞技表现提升的真实结果。掌握上述影响因素将有助于精英运动员［$VO_2max \geq 70\ mL/(min \cdot kg)$］在训练实践中合理地应用热习服策略，避免影响正常的赛前训练，减少适应消退和进行再习服，以获得竞技表现提升的最佳效果。

三、热习服应用

由于比赛环境的不确定性，以及运动员个体和运动项目之间的差异，教练员应根据需求制订个性化的热习服方案。国际奥委会推荐运动员在赛前应进行至少1周的热习服，2周最佳。不足7天的短期热习服同样能够改善体温调节，降低热感和主观努力度。实现竞技表现的提升需要采用8～14天的中期或超过15天的长期热习服方案。

在比赛前数月，运动员应进行1次模拟比赛条件的热应激测试或热耐受测试，评估对高温环境的适应能力，并以此作为制订赛前热习服方案的参考。由于自然环境比人工模拟的适应程度更加彻底，在赛前前往比赛地进行热习服的效果最佳，但要考虑比赛期间环境条件的不确定性，并做好赛前热应激不足的预案。在热习服开始阶段宜综合采用多种方式以获得最佳效果，其间还可以与轻度脱水、预冷处理和高原或低氧训练联合使用，以保持和增强干预效果。

在热习服期间，耐力性项目宜采用长时间低强度的训练。控制强度的运动对发展心血管系统机能更加有效，可依据心率监控训练强度。首先，确定适宜温度下某一相对强度时的心率（如%VO_2max或乳酸阈），然后，在热习服期间相应地调整运动负荷来维持靶心率。在控制体温的运动中，可采用监控内耳温度或皮肤温度替代核心温度的监控。

集体项目和速度力量类项目宜采用短时间高强度的训练，但不宜连续进行。还可以通过将速度、力量等高强度训练内容安排在非高温下完成，或仅在训练中、后采用替代手段进行（至少连续进行6～7天，每次至少30分钟），以防止过度训练的发生。针对精英级运动员，建议将热习服与每天正常的训练分开安排。

热习服宜在赛前1～3周内结束。可采用间歇方式以延缓习服效果的消退，但每次间隔时间不宜超过72小时。耐力性项目、集体项目在赛前减量期或集体项目在休赛期采用连续短期方案进行再习服，如停止2周后再连续进行2～4天。

热习服的适应效果应考虑个体和性别差异，红细胞压积和 VO_2max 可作为评估热习服效果的重要指标。未习服运动员极易发生过度训练的情况，教练员一旦发现早期征兆应迅速降低训练强度。预冷处理可以作为热习服不应答运动员的替代手段。

运动员应根据当地环境以及自身状况制订科学的饮食计划，特别是在训练中摄入充分的液体和电解质以保证水合状态和钠离子稳态，脱水时应控制不超过自身体重的2%，在高温下长时间运动时的补液应做好冷藏措施。除训练中过度穿着外，应保证着装良好的透气性和皮肤裸露面积，以促进对流和蒸发散热。

第五节　睡眠改善策略

睡眠是运动员和教练员公认的最好的恢复手段，近年来越来越多的研究表明，睡眠对运动员保持健康、促进恢复和提升竞技表现有着非常重要的作用。然而，运动员群体由于训练、比赛和长途旅行往往面临着严重的睡眠问题，且这一问题在高水平运动员中更为严重。尽管对单次有氧运动和最大力量影响较小，但是睡眠不足会降低次大强度下重复冲刺能力、力量耐力和无氧功率，降低精确性和临场反应能力，降低技战术的学习效率，降低主观幸福感，造成运动员更易疲劳、情绪低落、疼痛阈值降低、心情抑郁和困惑，甚至更高的伤病率。

改善睡眠不足可以从睡眠时长、睡眠环境、日间小睡、食物或药剂摄入、旅途调节等方面进行努力。第一，建议运动员每天的睡眠时长不少于9小时，如果每晚的睡眠时长不足7小时，建议每2～4周增加30～60分钟的夜间睡眠时长，并主动记录白天的精力和清醒状况，以逐渐达到推荐的睡眠时长。增加的睡眠时间应该在运动员更容易入睡的时间段，不建议失眠或患有睡眠障碍的运动员强迫自己睡觉，这样可能会加剧睡眠问题。第二，理想的睡眠环境应该是在凉爽、黑暗、安静、舒适的房间。运动员可通过降低环境温度，减少室内光线，屏蔽或减少噪声，使用舒适的床和床上用品改善睡眠环境。建议运动员在睡前调暗卧室灯光，在睡前1～2小时内避免使用手机等个人电子设备。第三，日间小睡或午睡对夜间睡眠不足的运动员来说是一个很好的补充策略，其可以有效增加睡眠时长，有助于提升睡眠不足的运动员短期内的运动表现。建议小睡或午睡的时长不宜超过30分钟，以避免睡后反应迟钝和夜间难以入睡。同时，小睡时间应尽量选择在上午或午饭结束后，以防止干扰夜间睡眠。但是，小睡或午睡不能作为减少正常夜间睡眠时间的替代手段。第四，运动员摄入的物质也有可能会影响睡眠。运动员在午餐后应不再饮用含咖啡因类物质的饮品，因为咖啡因在体内的半衰期为3～7小时，睡前3～4小时内也不宜饮用含酒精类的饮料。虽然，非处方类镇静药物（如抗组胺药和褪黑素）被广泛用于治疗睡眠障碍，但研究发现这些药物不能保证促进睡眠和具有增加随后运动表现的功能。第五，当运动员跨越不同的时区参加比赛或训练时，建议每跨越一个时区需预留出一天时间来适应。如果没有足够的时间调整时差反应，则建议运动员的睡眠节律与出发前所在地保持一致，或者在出发前就开始按照目的地的时间来改变睡眠节律。此外，运动员还可以通过特定时间的光照和调整运动时间等措施来降低时差反应。

小　结

奥运会名次的竞争往往是毫米或毫秒级的竞争。为了取得更好的成绩，备战奥运会的运动员承受生理和心理等多个方面的训练刺激，以寻求进一步提升的空间。奥运备战期间，运动员可能已经处于或接近个人的生理极限，通过更"苦"更"累"的训练刺激尽管有可能产生更大程度的适应，并带来竞技表现的提升，但伴随这一过程出现的可能还有疲劳程度增加、过度刺激（甚至是过度训练）、损伤和疾病风险的增加。本章分别从膳食营养、物理性恢复、安慰剂效应、热习服和睡眠改善五个方面进行了梳理，并给出了奥运备战实施上述非训练类策略的应用建议。

我国奥运备战在膳食营养方面需要坚持食物第一原则，在专业营养师聘请、运动员膳食教育、个性化营养方案制订、增加间餐补充等方面加大投入力度，通过营养计划和训练计划的匹配整合周期化来控制体重；物理性恢复方面，需要就一些常用的方法组织相关专家制定出循证使用指南；安慰剂效应方面，尽管在我国训练实践中可能已有应用，但其提升竞技表现的功效还未上升到科学层面，奥运备战需要从安慰剂效应接受者和实施者遴选、实施情景和细节、多重实施、实施时间等方面实现效应的最大化；对于高温环境下的奥运比赛，我国奥运备战需要针对性地设计和实施热习服方案；重视运动员可能存在的睡眠问题，并从保证睡眠时长、营造理想的睡眠环境、养成良好的睡眠节律、考虑摄入物质对睡眠的影响等方面采取相应措施。临近奥运会，训练策略提升运动员竞技表现的空间变小，通过非训练类策略寻找进一步提升竞技表现、控制或降低损伤风险的方法显得尤为重要。

本章基于对国际竞技体育研究热点的把握和对我国奥运备战现实需要的判断，推介了五种非训练类策略，其中任一策略的实施效果可能微小，但综合应用这五种策略可能带来运动员竞技表现的进一步提升。当然，奥运会运动员竞技表现提升的非训练类策略远不止本章所推介的五个方面，但这五个方面以其近十年来在国际竞技体育研究和应用领域的受关注度进入了本章的视野。我国在备战奥运会期间，广泛采用多种训练类和非训练类策略，本章可为非训练类策略的进一步推广和应用提供参考。与此同时，我国竞技体育理论和实践领域未来需要进一步总结和梳理这些策略在奥运备战应用过程中的体系保障和实证效果研究，并从奥运备战综合保障层面加强对国内外实践经验和理论研究的梳理，以期为我国奥运备战提供全面的科技助力。

作者：黎涌明

第十七章
参考文献

第十八章 赛前准备活动

准备活动是运动员为确保在比赛中有最佳发挥，在比赛开始前几分钟到几小时内进行的身体类和心理类准备。几乎所有体育项目的运动员在比赛前都会进行准备活动，以确保自身运动能力在比赛中得以最佳发挥。随着现代竞技体育竞争的日趋激烈和训练科学的快速发展，准备活动在目的上早已超出了提高体温和关节活动度，在内容上早已超出了慢跑和牵拉。制定和实施符合项目特点、个体需求和比赛情境的准备活动成为当今精英运动员在比赛中获得最佳表现的重要一环。

然而，现有运动员赛前准备活动的安排大都基于运动员和教练员的"试误（trial-and-error）"经验，而并非基于充足的科学证据。早在1956年，澳大利亚悉尼大学的福布斯·卡莱尔（Forbes Carlile）就开始探索热水淋浴对随后游泳模拟比赛成绩的效果。但是，早期有关准备活动的研究存在受试样本过少、无对照组、无统计分析等不足，其研究结论很难被推广应用。进入21世纪，人体体温调节、前运动（preconditioning、priming、prior-exercise、pre-loading）、激活后增强（post-activation potentiation，PAP）、保温或降温科技等领域的研究成果被整合应用于体育比赛的准备活动策略当中，更多经过严格设计和实施的科学研究得以开展，相关研究证明，准备活动策略的优化可以实现竞技体育成绩的有价值改变。

在竞技体育实践应用过程中，最佳的准备活动策略除了需要具备有效性，还需要具备可行性，即具有积极效果的准备活动策略在真实比赛情境下同样可行。对此问题的回答需要考虑不同运动项目在竞技需求、比赛规则、比赛环境等方面的差异。然而，综合考虑这些因素的研究非常有限，导致训练实践领域的教练员和运动员仍然较难从现有科学证据中获得准备活动的实操建议。为此，本章以赛前准备活动为关注对象，对准备活动的方法与机制、准备活动的构成因素及其影响、准备活动的RAMP模式、特殊手段在准备活动中的应用四个部分进行综述，并对赛前准备活动的未来研究和应用进行展望，旨在为我国运动员赛前准备活动的优化提供科学依据和实践参考。尽管现有研究整体上支持准备活动提升运动表现和降低损伤风险的观点，但本章只关注提升运动表现。

第一节　准备活动的方法与机制

基于准备活动在提升运动表现方面存在的积极作用，各种不同类型的方法在比赛实践过程中均被运动员和教练员所采用。然而，不同方法产生效果的机制各不相同，一些被广泛采用的方法可能并未得到科学研究的验证，一些新的方法由于训练科学和科技的发展得以出现。

一、准备活动的方法

准备活动可简单分为身体类和心理类（图18-1），其中身体类准备活动可根据是否有身体活动分为主动型和被动型。主动型准备活动涉及身体活动，往往伴有比被动型更明显的代谢反应。被动型准备活动不涉及身体活动，而是运用外部手段来实现准备活动的积极效果，其在准备活动中可以单独使用或结合主动型准备活动一起使用。常见的主动型准备活动包括低强度有氧运动（如有氧操、慢跑、慢游等）、动作激活（如核心肌群激活）、动态牵拉、高强度运动（如冲刺、大力量和超等长练习等）、技/战术模拟（如足球的小场地练习、短跑和游泳的出发练习等）等。文献中出现的被动型准备活动可分为保/升温类（如保温服和热水浴等）、降温类（如降温服和冷饮等）、激活类（如振动）和其他类（如按摩和血流限制）。心理类准备活动包括一些专门的心理练习（如赛前的表象和自我对话），但其效果也可经由身体类准备活动来实现，因为身体类准备活动能够帮助运动员实现心理层面的准备（如降低焦虑和提高注意力）。

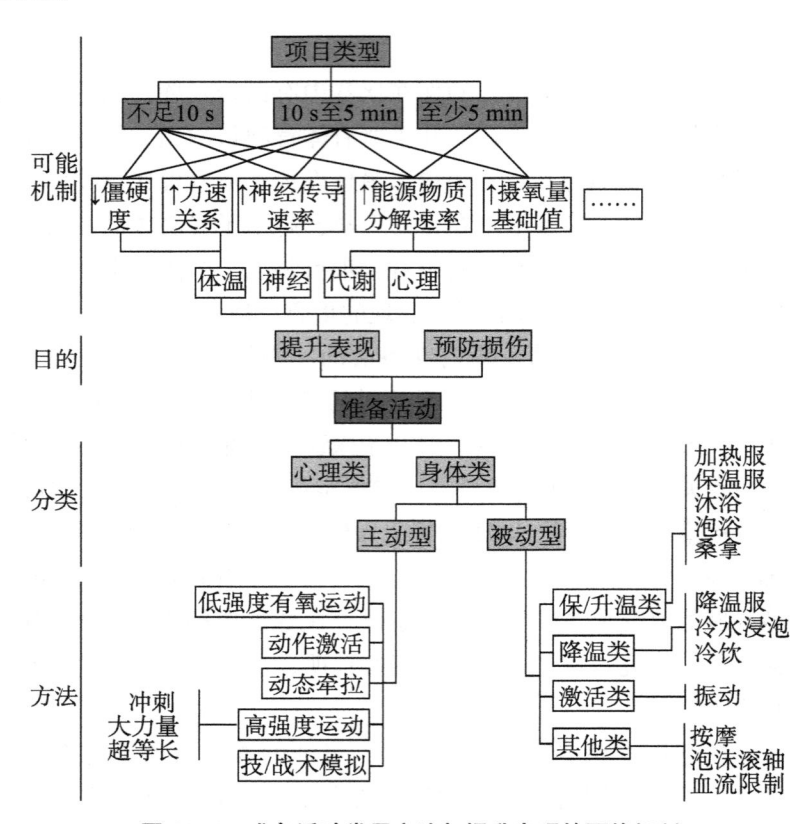

图18-1　准备活动常用方法与提升表现的可能机制

二、准备活动的机制

准备活动对人体后续运动表现的积极作用主要机制有体温、神经、代谢和心理四种（图18-1）。不同运动项目由于比赛特征不同，其准备活动发挥作用的主要机制也有所差异。此部分将暂时搁置不同项目在比赛需求上的差异，优先阐述准备活动的可能机制。

（一）体温

体温被认为是准备活动产生积极作用的主要机制。人体的温度按部位主要分为核心（直肠）温度、肌肉温度和皮肤温度，适宜的体温是人体运动能力发挥的重要前提。早在1945年，阿斯穆森（Asmussen）等就报道了肌肉温度增加对肌肉表现提升的益处，萨特林（Satlin）等也于1966年详细描述了人体运动过程中肌肉产热对于提高核心温度的作用。在中等强度运动（80%～100%乳酸阈）开始的3～5分钟，人体的肌肉温度由安静状态下的约35℃迅速升高和超过核心温度，并在运动开始后10～20分钟达到一个相对平衡的状态（升高3～4℃）。肌肉温度和核心温度的升高对肌肉发力、功率输出、血流、糖利用、氧合血红蛋白解离、代谢速率、酶反应、做功效率、肌纤维传导速率等都可能具有积极效果，并综合导致体温每升高1℃，代谢率提高约13%，运动表现提升2%～5%。然而，经由运动提高的体温会在运动停止后迅速下降。在温度为10～30℃的环境下，体温在15～20分钟的静息后会下降至基础水平，而体温每降低1℃，运动表现下降3%。

除了升高体温外，准备活动中的体温调节还包括高温环境下的降低体温。鉴于大部分国际体育赛事都在北半球的夏季举行，这对运动员应对热环境提出了挑战。赛前降温被证明可有助于运动员在温暖和炎热环境（18～40℃）中的运动表现。尽管相关机制尚不完全明确，但外覆性降温（如冷水浸泡和降温服）和内服性降温（如冷饮和冰浆）等提高运动表现的机制可能与赛前大脑和核心温度降低、比赛中热耐受力增加、体内热感知改变有关。

（二）神经

准备活动积极效果的神经机制主要与PAP有关。PAP是指肌肉收缩引起的后续急性肌肉发力或表现增加的现象。肌肉收缩会同时产生疲劳和PAP，疲劳会降低后续肌肉表现，但PAP可以提升肌肉表现。前续肌肉收缩对后续肌肉表现的最终影响取决于疲劳与PAP之间的平衡关系，肌肉最佳表现出现在疲劳消退而PAP效果仍然存在的时候。PAP的主要机制在于肌球蛋白调控轻链的磷酸化和α运动神经元兴奋增加，其中前者使肌动蛋白-肌球蛋白相互作用，对肌浆网Ca^{2+}的释放更加敏感。

PAP被证实可以提升力量类和速度类表现，但这种提升效果受个体力量训练经历、负荷、动作技术、前续运动与后续运动的时间间隔等因素的影响。与力量类和速度类不同，PAP是否有助于耐力类表现还尚不明确。

（三）代谢

伴随体温升高，准备活动期间人体的多个代谢指标会发生变化。受运动方式、强度、持续时间等因素影响，准备活动过程中人体的心率、血乳酸、摄氧量（VO_2）都会增加，但与准备活动积极效果相关的主要代谢机制可能是 VO_2。VO_2 从运动开始到结束后恢复期间的变化被称为 VO_2 动力学。尽管在准备活动期间得以提高的 VO_2 在准备活动后的过渡阶段会出现快速（运动结束后的前 3 分钟）或慢速（运动结束后第 3~20 分钟）下降，但如果正式比赛发生在准备活动结束后 20 分钟以内，那么比赛中 VO_2 的起始水平会高于安静值，使比赛开始时的氧债更少，降低乳酸生成过多造成的疲劳程度。此外，准备活动作为一种前运动或许还可以加快正式比赛中的 VO_2 动力学（即运动开始时更快的 VO_2 动员）、加大 VO_2 动力学快速部分的幅值、降低 VO_2 动力学慢速部分的幅值，并同样有助于减少比赛起始阶段无氧供能的参与程度。

（四）心理

尽管来自实证研究的证据非常有限，但心理仍被认为是准备活动发挥积极效果的机制之一。一方面，教练员期望赛前身体类准备活动（如技战术模拟）可助于运动员降低焦虑和提高注意力；另一方面，一些专门的心理类准备活动（如自我对话、表象训练）也可见于训练实践当中。准备活动的心理机制有待未来更多的研究。

第二节　准备活动的构成因素及其影响

不同的准备活动方法，以及准备活动机制产生的过程都与准备活动的构成因素息息相关。不管采用何种方法，准备活动在时序上都可以分为不同阶段，在负荷上涉及强度与量，并且众多有助于准备活动效果的影响因素同样需要在准备活动中予以考虑。

一、准备活动的不同构成因素

图 18-2 为准备活动的主要构成因素，按事件发生的时间顺序，赛前准备活动可分为准备活动和过渡两个阶段。其中，准备活动阶段可按负荷因素进一步分解为运动方式（如跑步、骑行、游泳等）、强度、量（如持续时间）、节奏（即不同强度的分布）；过渡阶段的目的在于保持准备活动阶段的效果，其同样可进一步分解为运动方式（如静坐、站立）和量（如持续时间）。此外，由于营养摄入（如补液）、科技应用（如保温）和心理措施（如自我对话）对准备活动效果的发挥存在潜在益处，这三个因素也可纳入构成因素。准备活动最为重要的一个构成因素是比赛或体育项目本身，其决定了比赛的能力需求、环境、时间、规则、轮次等，这些项目类型所决定的因素是制定准备活动策略的重要依据。

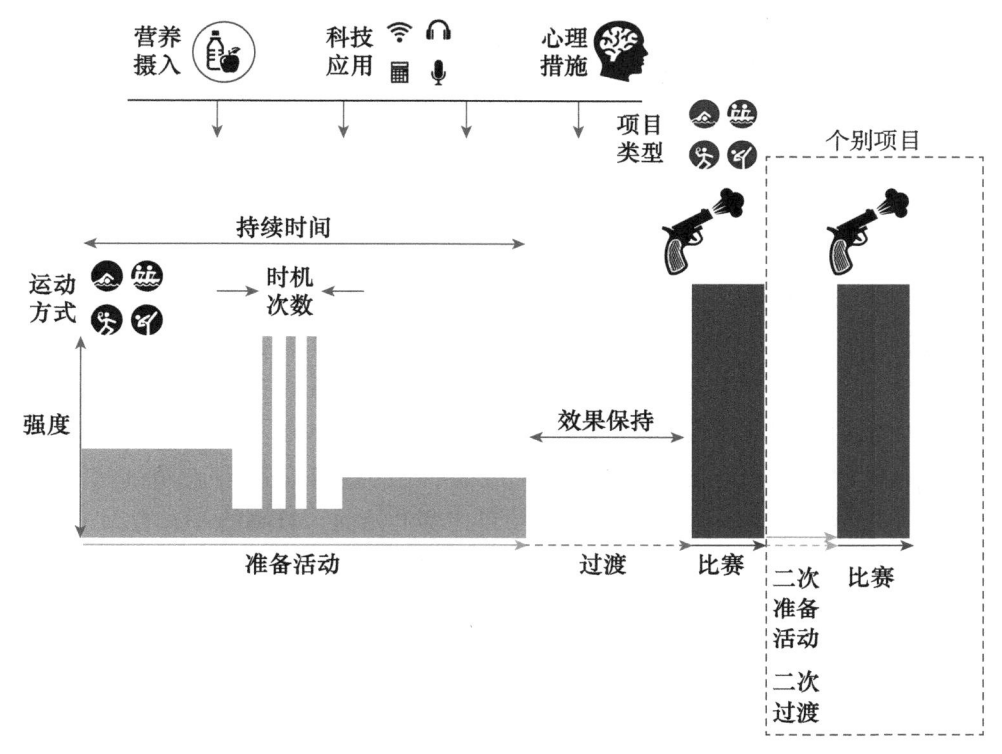

图 18-2　准备活动的主要构成因素

二、不同构成因素对后续运动表现的影响

不同构成因素在不同运动项目比赛中的重要性不同，甚至一些构成因素只存在于某一类体育项目的比赛中。例如，游泳比赛由于过渡阶段较长（35~40分钟），因此如何在过渡阶段保持准备活动阶段的效果显得尤为重要；集体球类项目由于存在多轮或上下半场比赛，因此不同轮或半场间的二次准备活动受到了越来越多的关注。下文重点围绕运动强度与量、过渡期、二次准备活动三个方面介绍准备活动的几个主要构成因素对后续运动表现的影响。

（一）强度与量

一定程度的运动强度与量是提升体温、提高代谢水平和激活神经的重要保证。但是，过高的运动强度或过大的运动量又会导致疲劳的积累和能源物质的消耗，并对人体后续运动表现产生消极影响，当这种疲劳积累和能源物质消耗在过渡阶段不能得以充分恢复和再合成时尤其如此。因此，准备活动的运动强度与量存在一个"度"的问题（即准备不足 vs. 准备过度）。当然，这个"度"除了与准备活动阶段的运动强度与量有关，还取决于过渡阶段的时长（主要影响疲劳消除程度和效果保持程度）和运动项目类型（如是否需要迅速动员主要的供能来源）。

运动项目可按比赛时长划分为短时类（比赛时长不超过10秒的）、中时类（比赛时长为10秒至5分钟的）和长时类（比赛时长超过5分钟的）。毕晓普等探究了功率自行车40%VO$_2$max强度下不同持续时间骑行对后续运动表现的影响，发现持续4分钟骑行后的峰值功率几乎没有增加，而20分钟骑行后峰值功率显著增加。这似乎表明强度过低和持续时间过短的运动不足以提升后续运动表现。虽然更高的运动强度对升高体温的效果更为显著，但运动强度超过60%VO$_2$max后可能会降低磷酸原储备。萨金特（Sargeant）等探究了不同强度的6分钟骑行后20秒全力运动的峰值功率，结果发现，当运动强度超过60%VO$_2$max后，运动强度与后续20秒全力运动的峰值功率成反比。因此，对于短时类运动项目，以60%VO$_2$max的强度进行10～20分钟的准备活动，可以最大限度地增加体温，同时减小磷酸原消耗，并显著提升后续运动的表现（图18-3）。

对于中时类和长时类项目，VO$_2$需要迅速调动（更快的VO$_2$动力学）以减少运动开始时的无氧糖酵解供能，且比赛开始前的血乳酸水平不会过高（不超过5 mmol/L），以增加运动过程中的无氧糖酵解供能。在中时类项目比赛开始前，较高的VO$_2$有助于比赛中更快地动员有氧供能系统，但过高的准备活动强度可能导致无氧供能系统参与过多，在比赛开始前有较高的血乳酸（图18-3）。毕晓普等的研究表明，准备活动强度过高时（约75%VO$_2$max）会出现代偿性乳酸堆积[血乳酸浓度（5.1±1.4）mmol/L]，并导致后续2分钟皮划艇全力运动的平均功率低于65%和55%VO$_2$max强度的准备活动（持续时间均为15分钟）。斯图尔特（Stewart）等探究了持续时间相同（均15分钟），但强度不同的三种准备活动对后续跑力竭时间（约75秒）的影响，发现70%VO$_2$max的准备活动强度对应的后续跑力竭时间最长，而80%VO$_2$max的准备活动强度对应的后续跑力竭时间最短。低到中等强度（60%～80%VO$_2$max）的运动中，VO$_2$将在5～10分钟内达到稳定状态，更长的准备活动时间并不能提升VO$_2$动员。尽管有研究表明25分钟的准备活动可以改善耐力表现，但超过10 min的运动可能降低肌糖原储备和热耐受能力，并对后续耐力表现产生潜在的负面影响。长时类项目和中时类项目的准备活动类似。

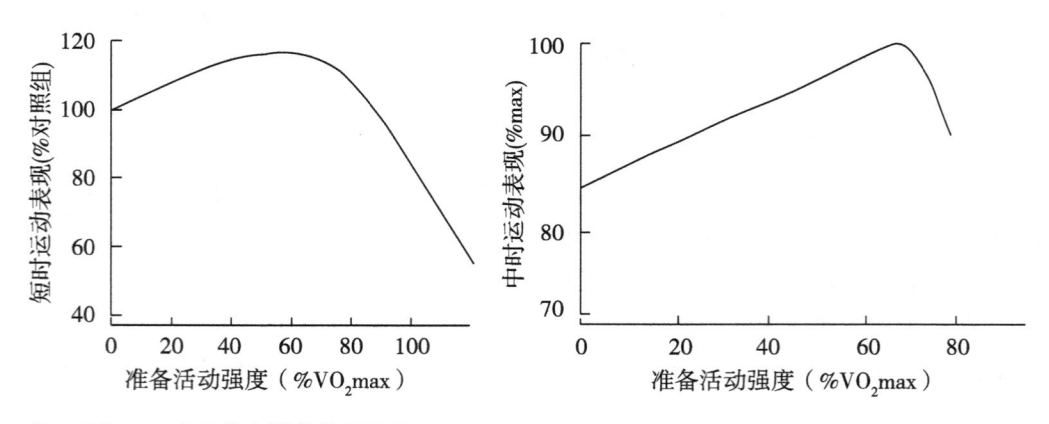

注：%VO$_2$max表示最大摄氧量百分比。

图18-3 短时（左）与中时（右）持续性准备活动的强度与运动表现的关系

（二）过渡期

准备活动之后的过渡时长和过渡期间的措施也可能影响随后的运动表现。过渡时间过长可能导致体温下降，准备活动带来的运动表现益处难以维持，过渡时间过短可能导致供能底物不能充分恢复，且不能从准备活动带来的疲劳中恢复。图18-4为运动后温度、神经和代谢类指标的变化特征，其中温度在20分钟内恢复至运动前水平，PAP效应在3~10分钟中最佳，VO_2在3~15分钟内恢复至安静水平（运动强度越高，恢复时间越长）。相比之下，血乳酸受运动强度影响较大，高强度运动后，血乳酸恢复至安静水平的时间超过15分钟。除此之外，磷酸原储备可以在运动结束后5分钟内恢复绝大部分，但全部恢复需要约20分钟。

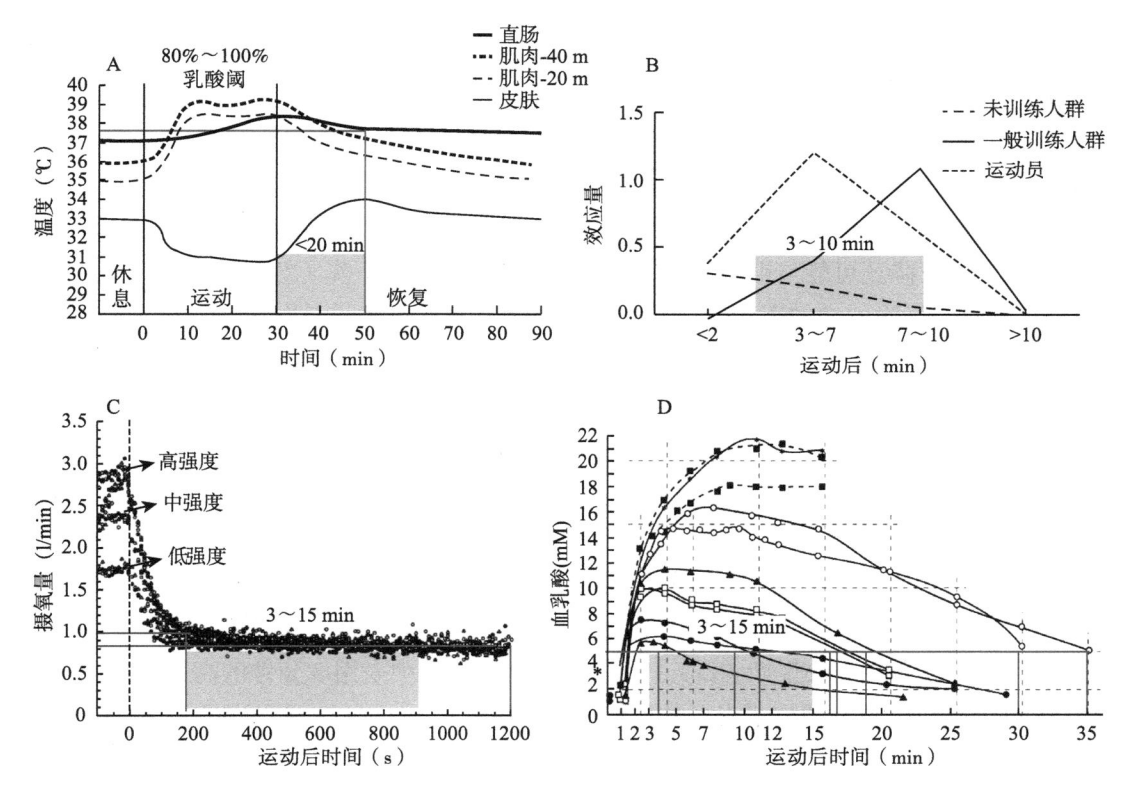

注：A为核心、肌肉和皮肤温度在中强度（80%~100%乳酸阈）运动中和运动后的变化；B为不同训练水平的人群PAP效果在运动后的变化；C为不同强度运动后VO_2水平的变化；D为不同强度运动后血乳酸水平的变化。B中一般训练人群对应为至少1年的抗阻训练经历，运动员对应为3年以上的抗阻训练经历，或美国大学生体育联合会（NCAA）的运动员，或职业水平的运动员，或竞技型举重或健力运动员；PAP表示激活后增强。

图18-4 过渡期间体温（A）、神经（PAP，B）、代谢效果中VO_2变化（C）和代谢（D）的血乳酸的变化

然而，比赛前的过渡时长并不是根据准备活动后体温、神经和代谢系统的最佳状态来设定的。相反，准备活动需要根据真实比赛情境的过渡时长来设定。除了主动型身体类措施外，被动型身体类措施可以在不改变准备活动内容的前提下最大限度地适应过渡时长。研究表明，在气温低于20℃的环境中，过渡期穿着加热服可以提升短时类和集体球类项目的运动表现。同样有研究表明，加热服可以帮助冬季项目的钢架雪车运动员、越野滑雪运动员保持体温，提升运动表现。未来仍需要进一步研究来确定加热服的加热温度、穿着时长、穿着时机和位置等对运动表现的影响。

三、二次准备活动

集体球类项目（如足球）、格斗类项目（如拳击）、部分耐力类项目（如越野滑雪的个人短距离）的比赛由多场或多轮组成，运动员在场间或轮间需要保持前序场次或轮次的竞技状态，甚至需要再次提升竞技状态，这对准备活动提出了新的要求。鉴于现有文献对场间或轮间准备活动主要集中于以足球为代表的集体球类项目，下文重点对此进行论述。

在集体球类项目中场休息期间进行的准备活动称为二次准备活动（re-warm-up）。研究发现，足球运动员下半场开始阶段的总跑动距离与高强度跑动较上半场前15分钟有所下降，且下半场前20分钟的损伤风险显著增加。除上半场比赛导致的疲劳外，中场休息后运动表现的下降还可能与被动休息引起的肌肉和核心温度下降（约1℃）有关，下半场前20分钟损伤风险的增加还可能与下半场开始前身体准备不足有关。为了防止运动表现受损和受伤风险增加，需要适当进行二次准备活动。埃德霍尔姆（Edholm）等的研究表明，中场休息时进行7分钟的低强度跑动有助于运动员在下半场开始阶段有更好的表现。鲁塞尔（Russell）等发现，橄榄球比赛中场休息时进行的约7分钟的低强度运动（3分钟低强度跑+4分钟跑动传球）有助于保持体温，并且对下半场冲刺表现的积极效果比单纯的被动保温更好。

需要注意的是，中场准备活动的安排需要避免运动员过多的能量消耗。并且，运动员在中场休息时需要进行伤病治疗、接受教练员的战术布置等，可用于二次准备活动的时间通常只有3分钟。佐伊斯（Zois）等发现，准备活动中采用3分钟的高强度足球小场地练习可以提高足球运动员下半场的比赛表现。柳冈（Yanaoka）等的研究也表明，中场休息时3分钟高强度间歇冲刺与7分钟的中强度骑行同样可以提高足球运动员下半场的比赛表现。鲁塞尔等基于足球比赛中场策略的现有文献提出了中场休息时的理论模型：①为了减少在中场休息期间的体温下降和能量消耗，建议采用被动加热服保持体温；②在中场休息的最后4分钟时进行3分钟高强度运动，提高随后的体能和技术表现；③PAP可用于二次准备活动；④咖啡因和碳水饮料有着潜在的益处；⑤尝试不同升糖指数的饮料、饮用时间和搭配食物的策略组合，使血糖变化对运动员的影响降到最低。该理论策略模型不仅适用于集体球类项目的中场休息，同样适用于球类项目换人前的热身，以及部分个人项目运动员兼项比赛的二次准备活动（图18-5）。

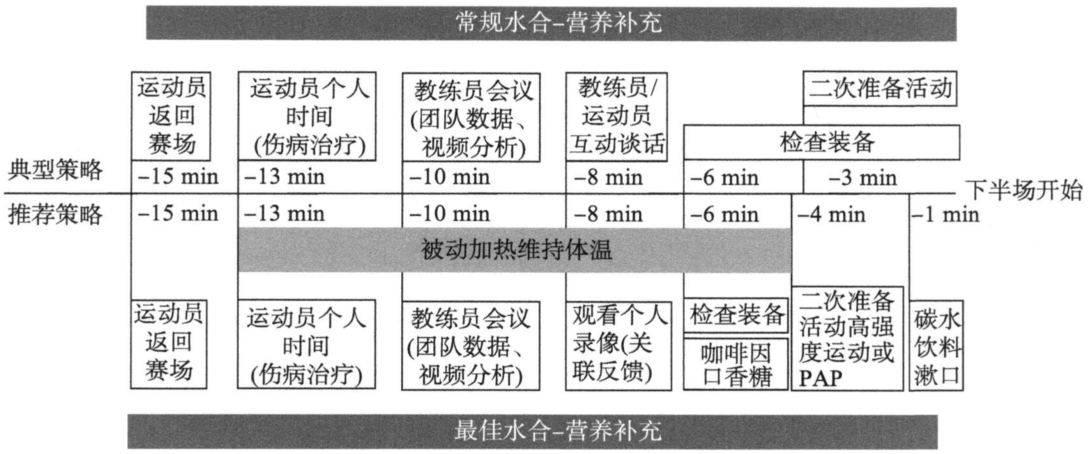

图 18-5 足球运动员中场休息时间安排策略

第三节 准备活动的 RAMP 模式

前文主要探讨了准备活动中不同因素对运动表现的影响，但是准备活动通常是一个综合性的过程。传统的准备活动通常是首先进行低强度身体活动使体温升高，其次通过拉伸增加关节的活动范围，最后进行一些专项的热身练习。时间应用效率低、专项性不足和对神经系统的刺激不足等是传统准备活动存在的主要问题，还可能存在使用错误的热身方法（如静态拉伸或弹振式拉伸）。对此，杰弗里斯（Jeffreys）在维尔斯特根（Verstegen）研究的基础上提出了准备活动的 RAMP 模式，其将准备活动分为提高（raise）、激活和灵活（activate & mobilize）、增强（potentiation）三个阶段。

一、提高

第一个阶段的"提高"主要是通过 5~20 分钟低强度的身体活动使体温升高。升温带来的益处已经在本章第一节有了详细阐述，通过递增强度的运动来升高体温，让运动员更好地为接下来的高强度活动做准备。此外，在该阶段的执行过程中可以不拘泥于慢跑或自行车等方式，教练员和运动员可以尝试结合专项运动形式进行低强度活动。

二、激活和灵活

在 RAMP 模式中，"激活和灵活"通常可以分为两个小阶段，即激活关键肌肉群和增加重点运动关节的活动范围，这两个小阶段的持续时间通常在 5~15 分钟。激活阶段是通过模拟动作模式来刺激神经肌肉和本体感觉对动作的反应。通过设计好的动作对关键肌群或神经进行刺激以达到预防损伤和演练动作模式的目的。灵活是通过拉伸增加关节活动范围和预防运动损伤。传统准备活动常采用静态拉伸，但目前的研究表明静态拉伸可能对运动表现有负面影响，而动态拉伸不会，并且动态拉伸应用于准备活动还存在额外益处。首先，动态拉伸有助于保持提高阶段的效果，而过长时间的静态拉伸可能降低体温；其次，动态拉伸的动作设计可以更具专项性；最后，动态拉伸的时间效率更高。如果必须进行静态拉伸，则需要注意单次拉伸时间不宜超过30秒，并且在拉伸后要使拉伸肌肉进行动态动作，以消除静态拉伸的负面影响。

三、增强

增强阶段通常也是传统准备活动中最容易被忽略的部分，RAMP模式中的"增强"指提高准备活动效果的运动，它可以使运动员在心理准备、神经调动和技术唤醒方面做好准备，这是前面两个阶段所不具备的。在增强阶段，运动形式将逐渐转向实际比赛，运动强度也会逐渐增加至接近甚至超过比赛强度，此阶段的持续时间通常在5~15分钟。对越野滑雪短距离运动员准备活动的调查表明，运动员自发进行的准备活动更倾向于采取低强度、长时间的准备活动，但更高强度的活动可能有助于在短距离项目中有更高的运动表现。此外，PAP效应也是增强阶段的目的之一。力量和爆发力的产生依赖于肌肉，以及神经系统激活肌肉的能力，PAP的应用对速度或力量等短时项目的表现有益。但是，对于长时类耐力项目来说，保证良好的能量储备更为重要，因此，增强阶段不建议时间过长。

第四节　特殊手段在准备活动中的应用

除常规手段外，近年来一些特殊的科技或手段为准备活动提供了更多选择。下文主要对加热和预冷、全身振动、肌肉电刺激和PAP在准备活动中的应用进行论述。

一、加热和预冷措施

在准备活动结束后和正式比赛前的过渡期间，或在多回合比赛的间歇期间，如果不采取适当的保温措施，体温就会快速降低，并可能影响随后的运动表现。通常情况下，运动员会在准备活动后穿更多的服装来保持体温。近年来，可加热的运动服装将电池供电的加热纤维缝进衣服内（图18-6），加热服装在低温下有更好的保温效果，其被广泛应用于被动准备活动中。福克纳（Faulkner）等的研究表明，在积极准备活动后的30分钟过渡时间，穿着有加热功能的裤子，股外侧肌能保持更高的肌肉温度，并且后续30秒冲刺的峰值功率提高约9%。库克等对钢架雪车赛前准备活动的研究发现，在主动准备活动后穿着被动加热服可以提高运动员的推橇速度。还有研究对多场比赛过渡期间穿着加热服装的效果进行了研究。鲁塞尔等发现，英式橄榄球运动员中场休息时穿加热服被动保温能更好地保持核心温度，并且在后续短距离冲刺和重复冲刺中表现更好。但是，福克纳等的研究发现，主动准备活动中穿不穿加热服对后续30米的冲刺表现无明显差异，这似乎表明在主动准备活动中穿加热服并不会带来额外的益处。

体温升高是准备活动的主要目的之一，但是在高温和高湿环境中，过高的核心温度可能是导致疲劳的主要原因。高温会影响中时间歇性冲刺和长时类项目的

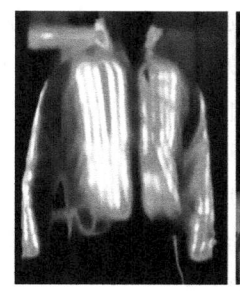

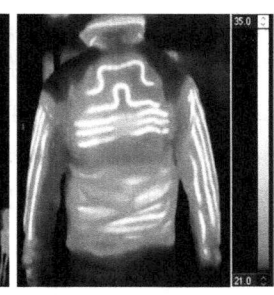

图 18-6　加热服装的热成像图

运动表现。高温环境下运动疲劳的致因可能是核心温度过高，造成心血管压力增加，从神经系统到肌肉组织的中枢神经冲动下降，并最终降低体能表现。预冷措施可以通过在运动前降低核心温度增加热耐受能力，延长达到临界极限温度的时间。

目前常用的预冷措施包括在运动前（及多轮次比赛的间歇）分别或联合使用（即外部冷却）和体内预冷（即冷饮摄入）两种方式，对应的预冷物质包括空气、水和冰等。内部或内源性冷却（如饮用冷液体或冰浆）能够降低核心温度，提高高温下的耐力表现。此外，高温环境下的中时间歇性冲刺和长时类项目可以通过在准备活动后的过渡期穿降温背心或者披冰水浸泡过的毛巾进行体表降温，以及饮用冰浆降低核心温度，以确保高温环境下的运动表现。另外，值得注意的是，需要根据比赛环境条件（如温度、风速等）选择适宜的体温控制措施（保温或加热 vs. 预冷或降温），以达到准备活动的最佳效果。

二、全身振动

全身振动（whole-body vibration）是一种利用振动平台按照设定的振动频率和幅度产生机械振动波以引起肌肉被动振动，使神经肌肉系统产生适应，从而提高其功能的训练方法。现有研究表明，全身振动对股四头肌温度提升的效果优于低强度自行车骑行。全身振动与静态拉伸相结合也能有效提升运动员的灵活性，增加关节活动范围。此外，全身振动还能增加反向纵跳高度。但是，目前的研究似乎表明，全身振动不能提高运动员短跑的冲刺速度，不能提高神经的兴奋性，且不能诱发 PAP 效应。尽管全身振动的急性应用存在若干益处，但是其产生效果的生理机制尚不明晰。可能的机制包括振动装置的快速运动导致肌肉重复的离心 – 向心收缩，以及振动引发了组织间的摩擦，并进一步升高肌肉温度。目前对全身振动的应用建议并不多，有限的研究建议振动频率在 10～50 Hz，振幅不宜超过 6 毫米，间歇性进行，且总持续时间通常不宜超过 6 分钟。

三、肌肉电刺激

肌肉电刺激（electromyostimulation）是在低强度运动中给肌肉施加特定强度和频率的电刺激以提升训练效果的方法。近年来，有不少研究尝试通过肌肉电刺激作为干预手段

来提升精英运动员的力量表现。肌肉电刺激在运动中的急性反应对提高单次运动表现同样有着重要的意义，但是目前相关研究非常有限。凯姆勒（Kemmler）等的研究发现，受试者进行16分钟低强度抗阻运动，结合75 Hz电刺激可以使能量消耗增加约20%。卡科格鲁（Kaçoglu）等的研究同样发现，对运动员下肢深蹲时进行30 Hz、100 Hz或无电刺激后，有电刺激组的纵跳高度和下肢等速肌力均显著高于无电刺激组。这似乎表明肌肉电刺激可以作为一种热身手段，结合低强度的运动提高运动表现。但是，在应用肌肉电刺激时应注意，操作人员应具有相应资质，并且避免在运动员疲劳状态下应用，谨防出现包括横纹肌溶解在内的潜在伤病。

四、PAP

PAP被认为是准备活动的一个重要生理学机制，也常用于准备活动中以提升运动表现。目前的研究表明，PAP效应多适用于速度或力量等短时类项目，如短跑、跳高和投掷等。研究表明，大于80%1RM的深蹲可以提高后续短距离冲刺跑的速度。但是，在真实运动场景中往往没有负重器械供运动员使用。相比之下，跳跃和短距离冲刺跑为PAP的应用提供了更为便捷的选择。伯恩（Byrne）等的研究表明，在动态热身中加入3次深蹲跳可以显著提高准备活动后1分钟内的20米冲刺速度。但是，基尔达夫（Kilduff）等的研究表明，在游泳热身中PAP方案（3次87%1RM深蹲）并不会提高15米游泳的速度。这似乎表明对不同运动项目可能需要具有专项特异性的PAP方案。实践应用中应注意PAP的刺激时长不宜超过30秒，运动方案可以为3~5次大于80%1RM的深蹲，在无法获取负重器械的情况下可以进行5次全力深蹲跳或小于60米的冲刺跑。此外，PAP的诱发与后续正式运动的间隔通常不少于10分钟，过长的间隔时间会导致PAP效应的丧失，且激活的主要肌群也应该和后续运动保持一致。

第五节　现有研究的不足与未来展望

准备活动提升后续运动表现已成共识，但目前的研究仍然存在诸多不足。

首先，赛前准备活动是一个多方法应用和多因素构成的过程，现有研究大都关注的是单一或几个方法的效果对比和某个或几个因素对效果的影响。然而，不同方法的组合使用，以及不同因素的构成很可能产生不同的效果。未来研究应进一步扩展研究方法，采用随机对照的研究设计，评估准备活动中提升、激活和灵活、增强的不同方法和因素组合对运动表现的影响。除了探究准备活动对后续运动表现的效果，未来研究还需要进一步阐明运动表现产生效果的机制。

其次，现有的针对准备活动的研究大多集中于常温下的速度、力量和球类项目，对低温情况和其他运动项目的关注不足。冬季类项目通常在低温下进行，运动员的运动损伤风险更高。寒冷的环境会加速皮肤血管收缩，导致肌肉温度下降，降低全身碳水化合物的氧化速率，从而影响运动表现。这对冬季项目的准备活动和保温措施提出了更高的要求。此外，有关格斗类和耐力性项目的准备活动研究相对较少，准备活动措施尚无明确建议。

最后，目前对准备活动的研究多是基于理想条件下的，整体上缺少对真实比赛情境，以及对不同项目特征和个体特征的研究。因此，需要对目前高水平运动员开展准备活动调查，了解现有准备活动的实施情况。未来可以尝试通过合理的监测手段，量化运动员准备活动的执行度，并加强教练员和运动员准备活动的相关教育，帮助教练员和运动员制订和实施针对运动员特征的个性化准备活动方案。

小　结

准备活动的主要生理学机制包括升温、运动神经激活、能量代谢系统动员和心理准备等。不同体育项目比赛对准备活动要求不同，速度和力量等短时类项目需要在体温、心理准备、神经调动和技术唤醒方面给予更多考虑。耐力类项目需要在能源储备、VO_2动员和疲劳避免方面给予更多考虑。本章从比赛情境出发，梳理现有科学证据，试图解释准备活动的原理机制，为寻求最佳化准备活动方案提供科学支撑。然而，司空见惯的准备活动背后却存在众多有待挖掘的科学潜能。尽管对准备活动的科学探索已长达半个多世纪，但以提升比赛中的竞技表现为目的的专项化、个体化和最佳化的准备活动方案仍需要未来更多科学数据的支撑。

作者：黎涌明

第十八章
参考文献

第十九章 高强度间歇训练

训练方法是运动员竞技表现提升过程中的最小单元。训练方法可按照强度简单分为低强度、中强度和高强度训练，按照持续性可简单分为持续训练、间歇训练和重复训练。不同运动项目会根据项目特征的不同，在不同训练时期以不同比例运用多种训练方法进行训练，其中低强度持续训练和高强度间歇训练（HIIT）是最常采用的两种方法。在过去的一个世纪里，竞技体育领域对训练方法的青睐犹如一个钟摆在低强度持续训练和HIIT之间来回摆动。进入21世纪，这个钟摆再次摆向了HIIT。从速度或爆发力类项目到格斗类项目，再到集体球类项目，甚至到耐力类项目，HIIT成为风靡全球的训练方法。然而，运动训练科学化的发展趋势要求竞技体育对HIIT的认识不再像20世纪前叶那样止步于对成功运动员的追随和效仿，而是需要更多科学层面的剖析和应用。

第一节 定 义

为了更全面地了解HIIT这种训练方法，下面将HIIT置于所有常见的训练方法当中来进行介绍。首先，所有常见的训练方法可以根据训练过程中有无间歇分为无间歇类和有间歇类两大类，无间歇类训练方法包括持续训练（continuous training）、法特莱克训练（fartlet training）和变速训练（pace training）；有间歇类训练方法包括间歇训练（interval training）和重复训练（repetition training）。相比于无间歇类训练方法，有间歇类的两种训练方法都有间歇，都属于间歇式（intermittent）训练方法。无间歇类训练方法可根据训练节奏或强度的改变与否分为两个亚类，第一个亚类是持续训练，其训练节奏或强度不改变；第二个亚类包括法特莱克训练和变速训练，其训练节奏或强度改变，其中法特莱克训练的训练节奏或强度是无计划的改变，而变速训练的训练节奏或强度是有计划的改变。有间歇类训练方法又可根据间歇休息的充分与否分为两个亚类，第一个亚类是间歇训练，其间歇休息不充分；第二个亚类是重复训练，其间歇休息充分。这两个亚类又可根据练习的强度进一步细分为次最大强度（即强度从无氧阈强度到全力强度）和全力强度。根据组织形式的不同，间歇训练可以发展有氧能力或无氧能力，而重复训练可以发展无氧能力（图 19-1）。不同竞技体育项目的训练计划中几乎包括了以上所有训练方法，只是不同训练方法的比重和实施形式根据项目特征的不同而有所区别。

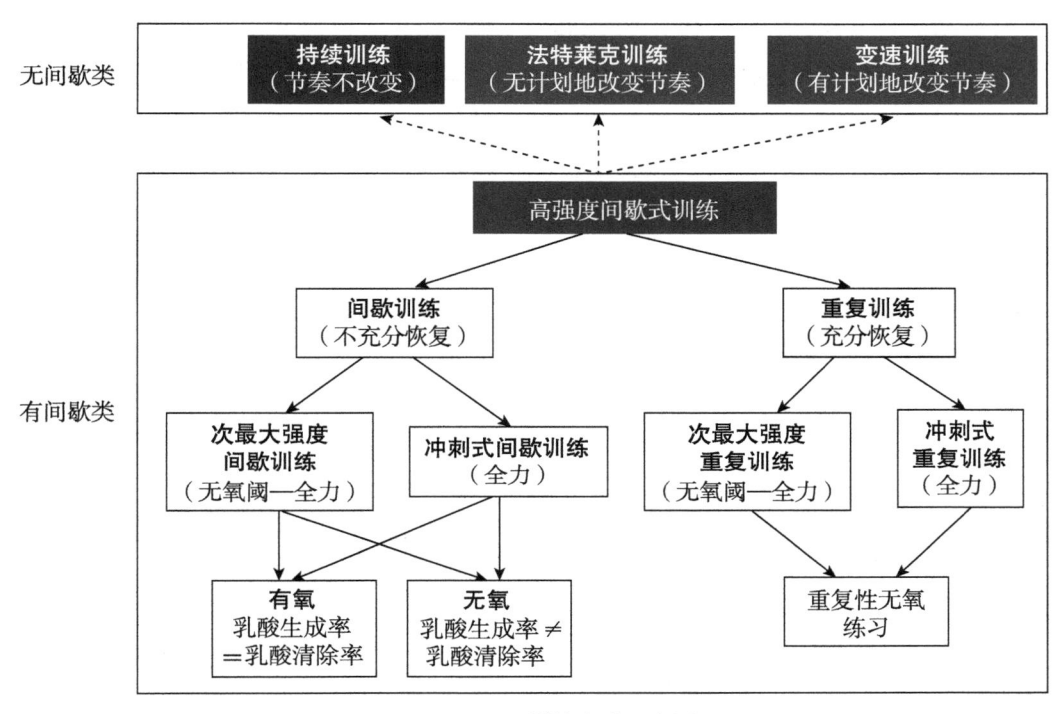

图 19-1　不同训练方法示意图

尽管对以上不同训练方法的划分争议较少，但文献中与 HIIT 有关的名称和定义却多种多样。本章对 HIIT 的定义为，以大于或等于无氧阈或最大乳酸稳态的负荷强度进行多次持续时间为几秒到几分钟的练习，并且每两次练习之间安排使练习者不足以完全恢复的静息或低强度练习的训练方法。由于大于或等于无氧阈或最大乳酸稳态的负荷强度属于高强度，因此间歇训练属于高强度训练，即高强度间歇训练 HIIT。

第二节　HIIT 的形式

HIIT 涉及 12 个变量（图 19-2），包括运动强度、运动时长、恢复强度、恢复时长、间歇次数或组时长、组数、组间恢复时长、组间恢复强度、总运动量、运动方式地面情况、环境（如热、低氧等）、营养状况。其中，运动强度、运动时长、恢复强度和恢复时长是决定 HIIT 形式的四个主要变量。HIIT 有五种形式（图 19-3），分别为长间歇、短间歇、重复短冲刺（重复冲刺）、重复长冲刺（冲刺间歇）和基于比赛的训练（小场地比赛）。

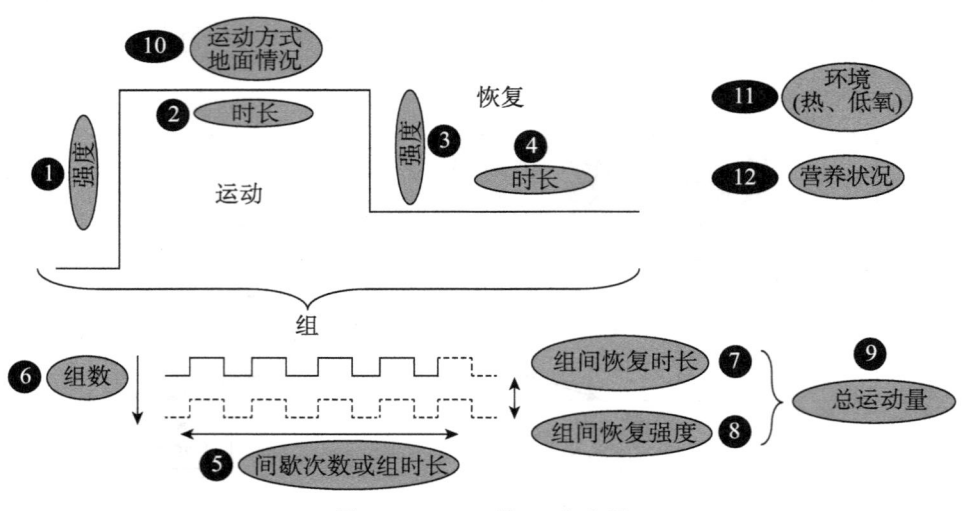

图 19-2　HIIT 的 12 个变量

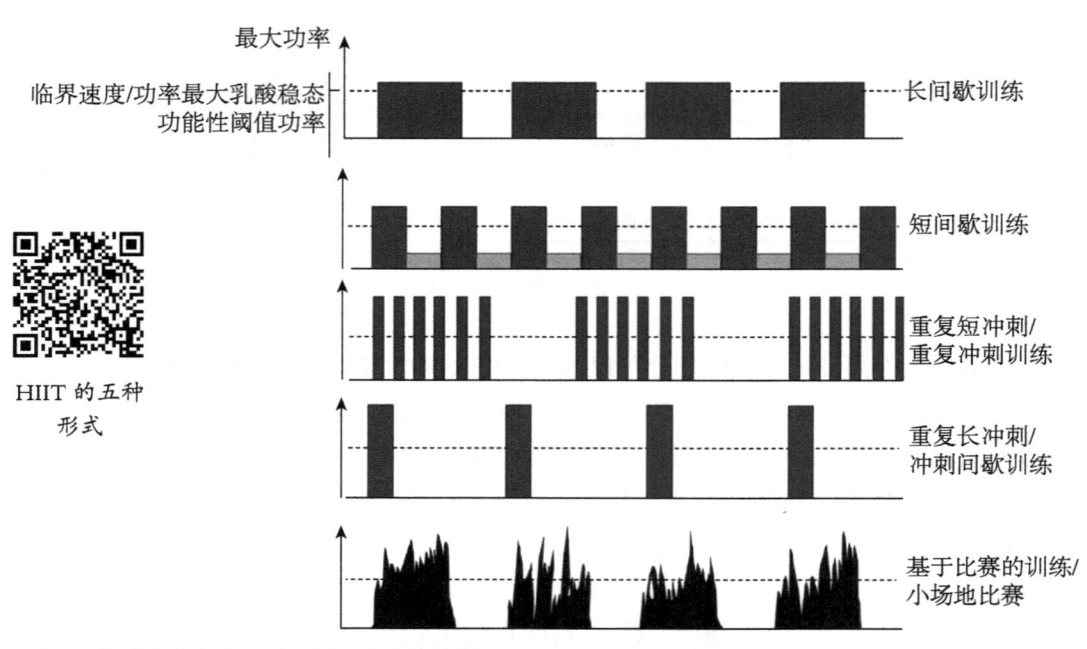

HIIT 的五种形式

注：二维码中蓝色为运动，绿色为积极性恢复。

图 19-3　HIIT 的五种形式

一、长间歇训练

长间歇训练通常采用的强度为 95%～105% 最大摄氧量速度/功率（V/PVO$_2$max）或 80%～90% 的 15～30 秒间歇体能测试的结束速度（V$_{IFT}$）。这种训练的单次运动持续时间需要大于 1 分钟，以诱导急性的代谢和神经肌肉反应，每两次运动间安排短时（1～3 分

第十九章 高强度间歇训练

钟）的休息或长时（2~4分钟）的积极性恢复（强度为不超过45% V_{IFT} 或不超过60%递增负荷测试结束速度（V/P$_{IncTest}$）。这种训练可用于达到表19-1中提到的第3种和第4种生理学刺激目标。

表 19-1　HIIT 的六种生理学刺激目标

类型	刺激目标			图示
	有氧	无氧糖酵解	神经肌肉	
1	大	小	小	
2	大	小	大	
3	大	大	小	
4	大	大	大	
5	小	大	大	
6*	小	小	大	

HIIT 的六种生理学刺激目标

注：* 不属于 HIIT；二维码中绿色表示有氧，红色表示无氧糖酵解，黑色表示神经肌肉。

二、短间歇训练

根据训练追求的乳酸水平，短间歇训练的单次运动强度为90%~105% V_{IFT}（或100%~120% V/P$_{IncTest}$），持续时间小于60秒，每两次运动间安排的间歇时间与运动时间类似，间歇强度为不超过45% V_{IFT} 或不超过60% V/P$_{IncTest}$。更长时间的间歇对应的乳酸水平更低。这种训练可以用于达到表19-1中提到的第1~4种生理学刺激目标。

231

三、重复短冲刺训练（重复冲刺训练）

重复冲刺训练能用于发展更高端的能力，其对应的神经肌肉压力较大。这种形式的 HIIT 涉及多次持续时间为 3～10 秒的全力运动，每两次运动间的恢复强度为休息至 45% V_{IFT} 或 60% $V/P_{IncTest}$，恢复时长为 15～60 秒。这种训练可用于达到表 19-1 中提到的第 4 类和第 5 类生理学刺激目标。

四、重复长冲刺训练（冲刺间歇训练）

与重复短冲刺训练类似，冲刺间歇训练涉及多次全力冲刺，但其对应的单次运动持续时间为 20～45 秒。这种运动格外费力，每两次运动间的间歇形式为休息，间歇持续时间长（通常为 1～4 分钟）。冲刺间歇训练只能用于达到表 19-1 中提到的第 5 种生理学刺激目标。

五、基于比赛的训练（小场地比赛）

这种形式的训练本质上属于以比赛形式进行的长间歇训练，对应各种专项强度进行 2～4 分钟的跑动。每两次运动间的间歇形式为休息，间歇时长通常为 90 秒至 4 分钟。这种形式的训练效果多样，可用于达到表 19-1 中提到的第 2～4 种生理学刺激目标。

第三节 HIIT 的目标类型

有氧、无氧糖酵解和神经肌肉是制订 HIIT 计划时必须考虑的三个生理学系统。一旦明确了想要刺激的生理学目标，就可以确定所需采用的 HIIT 类型。这些不同类型的 HIIT 对有氧、无氧糖酵解和神经肌肉有着不同的刺激程度，它们也是 HIIT 训练课的重要构成成分。表 19-1 为六种生理学刺激目标的汇总，其中第 1～4 种生理学刺激目标对有氧代谢有较大的刺激。

第四节 HIIT 应用的整体框架

HIIT 的应用分为三步。第一步，考虑运动项目的应用情境，包括项目需求、运动员特征、预期的长期适应、同期化训练、周期安排等，这些因素综合在一起共同决定了生理学刺激目标；第二步，明确生理学刺激目标，并据此选取相应的 HIIT 类型；第三步，选取相应的 HIIT 类型并通过相关变量来进行微调，以达到想要刺激的生理学目标（图 19-4）。

深入理解如图 19-4 所示的决策模型能够帮助解决几乎所有生理学相关的训练问题。需要注意的是，如果安排合理，相同的形式可用于 HIIT 的不同类型（即刺激不同的生理学目标），且每一种形式都能刺激多个生理学目标。例如，表 19-1 中提到的第 1～4 类 HIIT 都涉及有氧代谢，短间歇的 HIIT 形式可以用于刺激这四类 HIIT 目标。在实践应用过程中，教练员和科研人员需要综合多方面因素对 HIIT 进行适时调整。以神经肌肉系统为例，假如在多课次或比赛中承受了很大的负荷，那么对大部分运动员来说，这种大负荷的神经肌肉刺激极有可能导致训练问题。这样的课次之间通常需要安排相对长时间的休息（如几天），以确保神经肌肉系统能够很好的适应。需要考虑运动员在比赛或大负荷课次中产生的肌肉酸痛需要多长时间消退，来对每日的神经肌肉负荷进行调整。

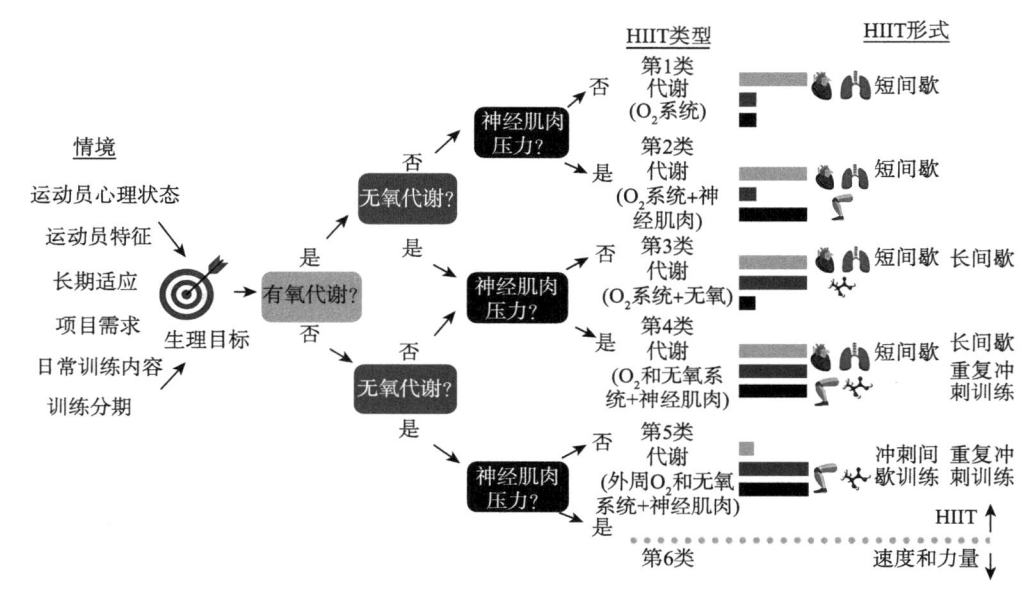

图 19-4　HIIT 应用路线图

第五节　HIIT 的应用情境

　　精英运动员的训练远比想象中复杂。在提供 HIIT 建议前必须明确应用情境是一切。在训练实践当中，科研人员和教练员经常一起探讨训练计划，但教练员是训练计划的最终决定者。这个事实常使训练计划的制订变得复杂。与此同时，运动员经常有自己的习惯和信念。这些习惯和信念需要被尊重，因为训练计划的执行需要运动员的信任和配合。当然，有时候运动员的这种习惯与信念可能与 HIIT 安排存在冲突。此外，大部分训练计划会因为运动员的反应（如两天一练仍感觉酸痛）、计划外的事情（如睡眠不足）、非训练因素（如家庭和媒体）等进行临时调整。因此，期望之前制订好的 HIIT 计划最终都得以实施是不太现实的。

　　为了应对这种复杂性，并制订出合理的 HIIT 计划，必须理解这个应用情境并注重实用。尽管没有最佳的训练计划，但特定条件下常常存在更好的训练计划。最佳的训练方案无疑是根据应用情境调整后的训练方案。需要考虑的主要应用情境有所处的赛季阶段、微周期内不同训练课次的兼容性（如力量课次与耐力课次的同期化）、运动员的个体特征

（如耐力型或爆发力型）、运动员的心理或情感状态等。

第六节　HIIT 的同期化

在考虑了 HIIT 的特殊应用情境后，下一个需要考虑的问题就是训练的同期化安排（图 19-5），这是许多高强度运动项目目前面临的一个重要问题。因此，在为运动员制订 HIIT 计划之前，需要先了解不同训练方法综合实施的兼容性。

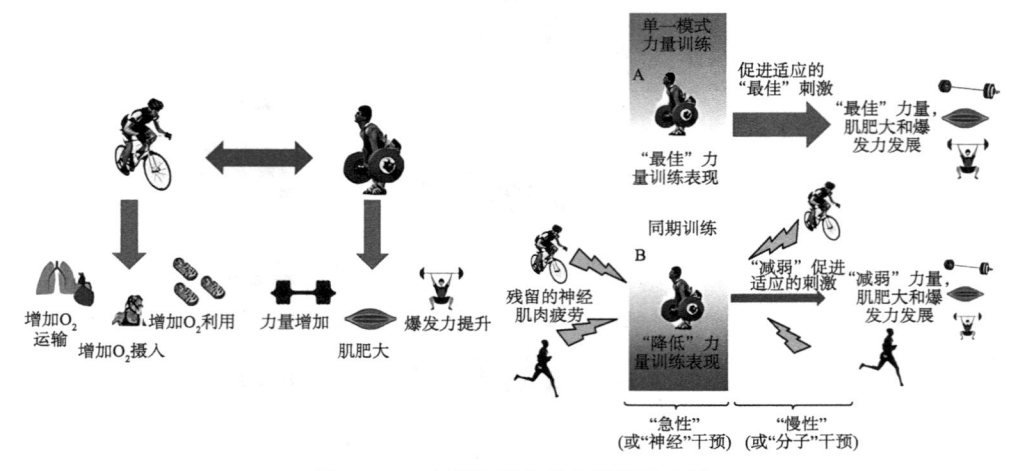

图 19-5　力量和耐力训练的不兼容性

同期化训练涉及一个周期化的训练阶段内力量，以及爆发力和耐力训练课间的兼容性，兼容性问题是训练计划制订较复杂的主要原因之一。许多高强度运动项目既需要力量和爆发力，也需要耐力，最大力量和爆发力的提升更多来自力量和爆发力训练，耐力主要与心肺和代谢能力有关。这两种训练课位于运动压力范围的两极。当这两种训练课课次安排在一起时就会出现干扰效应。

为了进一步阐述这个观点，可以做如下设想：如果运动员在力量训练前几小时或几天进行了耐力训练，并造成了下肢的疲劳，那么大力量训练对运动员来说将很有挑战；如果类似的情况在一段时间内经常出现，那么训练带来的力量、爆发力和肌肉质量增加将会衰退。这正是整体逻辑所强调的，即对应用情境的考量优先于训练内容的安排，这也是为什么在制订发展有氧功率的训练方案前必须有一幅训练的全景图。

第七节　不同人群运用 HIIT 的建议

HIIT 对不同人群的训练效果并不相同。不同训练人群由于身体机能水平（或健康水平）和训练目的不同（如提高运动能力、保持体力活动量、降脂、康复等），在选取训练方法时需要考虑的因素也不相同。

一、高水平运动员运用 HIIT 的建议

对于高水平运动员而言，通往领奖台的训练道路不止一条。在训练实际当中，综合应用所有的训练方法更可能是一个最佳选择，高水平运动员的实际训练也确实如此。进入 21 世纪，运动训练的钟摆再次摆向 HIIT。这种趋势对耐力性项目而言，意味着在注重有氧训练（约占总训练负荷的 80%）的前提下适当增加 HIIT 的比重，丰富 HIIT 的方法和强度内容，并着重提高 HIIT 的训练质量。在这种背景下，耐力训练的训练负荷分布朝着"两极化模式（polarized model）"的方向发展。高水平运动员在已有负荷量（每周约 20 小时的训练量）的刺激下，过多地增加高强度负荷会造成运动员的恢复不足，并进一步导致过度训练。其他体育项目（如球类项目和对抗类项目）运动员在有氧能力方面只相当于耐力项目的中等水平，因此，这些运动员可以通过 HIIT 同时提高有氧和无氧能力，并且这种训练可以结合专项技术练习进行。尽管高水平运动员的干预性实验很难组织，HIIT 对高水平运动员的训练效果仍需要更多对高水平运动员的研究来证实。

二、非高水平运动员运用 HIIT 的建议

非高水平运动员，尤其是处于青年阶段的非高水平运动员，他们的训练量少于高水平运动员，其各项生理指标大都还未达到个人的生理极限。适当增加 HIIT 负荷量或者将部分现有训练内容替换成 HIIT，可以带来 VO_2max 和其他与运动能力相关指标的提高。由于总训练量不高，运动员有充足的时间对 HIIT 产生的疲劳进行恢复，HIIT 不太可能会导致过度训练。并且，由于 HIIT 更加省时，对于在学习和工作之余从事运动训练的这部分运动员来说，HIIT 是个不错的选择。但需要注意的是，非高水平运动员的运动技术往往需要通过持续训练（continuous training，CT）长时间反复练习，过多的 HIIT 可能不利于技术的形成和提高。

三、普通人群运用 HIIT 的建议

普通人群运动锻炼的目的在于保持一定的体力活动量或降脂，其每天锻炼的次数往往不超过 1 次，而且他们也不需要花大量的时间进行 CT 来优化运动技术。并且，他们参加运动锻炼往往受制于时间。对这样的人群来说，省时有效的锻炼方法可能更具吸引力。在安全和循序渐进的前提下，HIIT 是普通人群运动锻炼的较好选择，并且 HIIT 时运动节奏的不断变化也可避免运动锻炼的枯燥。

四、慢性疾病患者运用 HIIT 的建议

对于慢性疾病患者来说，运动锻炼的首要原则是安全性。尽管 HIIT 的训练效果被证明类似或优于 CT，但是对于那些健康状态欠佳（如过度肥胖或术后短时间内）的人群，

应该先征得医生的许可，然后循序渐进地进行运动锻炼。至于运动锻炼的方式，建议先考虑 CT，以逐步适应运动刺激，待适应后再逐步增加 HIIT，且在 HIIT 的负荷强度、负荷时间、间歇时间、组数等方面同样需要循序渐进。

小　结

HIIT 是以大于或等于无氧阈或最大乳酸稳态的负荷强度进行多次持续时间为几秒到几分钟的练习，并且每两次练习之间安排使练习者不足以完全恢复的静息或低强度练习的训练方法。进入 21 世纪以来，HIIT 受到了训练科学与实践领域的密切关注，越来越多的教练员在训练实践中开始采用 HIIT 来提升运动员的竞技表现。然而，HIIT 不只是"高强度"和"间歇"这么简单，其效果和价值的发挥需要考虑诸多因素。本章分别从形式和目标类型、应用的整体框架、应用情境、同期化训练、不同人群的应用建议等方面对 HIIT 进行了论述，旨在为教练员和运动员在训练实践当中应用 HIIT 并发挥其价值提供参考。

作者：黎涌明，保罗·劳尔森（Paul Laursen），马丁·布赫海特（Martin Buchheit）

第十九章
参考文献

第二十章 课次主观疲劳度

负荷是训练的核心，教练员通过制订和实施训练计划对运动员施加刺激，运动员在训练过程中会对刺激产生生理学和心理学反应，并在一段时间的训练后对这两个层面产生适应性。对训练负荷的量化是了解训练状态、提高训练质量、预防运动损伤和评估训练效益的前提。不同的负荷量化方法在成本、简便性、适用性、准确性、实时性等方面优缺点不一。早期的负荷量化方法（如次数、时间、重量等）在成本、简便性和准确性方面具有优势，但其量化的负荷类型相对有限。尽管现代科技的发展大幅改善了负荷量化的适用性和实时性，但大多数负荷量化方法只能针对其中一个维度进行量化，而无法兼顾负荷强度与负荷量两个维度。

为了克服以上不足，巴尼斯特（Banister）等于1975年首次提出了训练冲量（training impulse，TRIMP）的概念，其尝试运用心率和持续时间来综合量化负荷。后续研究中，爱德华（Edward）、斯塔尼奥（Stagno）、路西亚（Lucia）分别对巴尼斯特提出的训练冲量计算方法（Banister's TRIMP）进行了拓展，相继衍生出多个不同类型的训练冲量计算方法，如（Edward's TRIMP、Stagno's TRIMP 和 Lucia's TRIMP）。然而，这些 TRIMP 法都要依托佩戴设备对心率进行测量，并且心率在力量训练、速度训练、高强度间歇训练中的敏感性下降。这些不足限制了基于心率的 TRIMP 法的应用场景。

1995年，卡尔·福斯特等在 Banister's TRIMP 基础上将心率替换为主观疲劳度（rating of perceived exertion，RPE），提出了课次主观疲劳度（session RPE 或 sRPE）的负荷量化方法。自提出以来，sRPE 以其低成本、简便、适用范围大等优势在研究和应用领域得以广泛应用，涉及周期性耐力、集体球类、持拍类、格斗类等项目，以及耐力、力量、速度、技战术等训练类型。然而，准确性一直是 sRPE 面临的一个质疑和挑战，现有大量研究对 sRPE 的信效度及其方法学影响因素展开了论证，这些研究为 sRPE 的推广和应用奠定了扎实的基础。

第一节　方法的提出与发展

sRPE 是一种基于 RPE 和持续时间的负荷量化方法，其关键指标是 RPE。RPE 最早是由瑞典心理学家甘纳尔·博格（Gunnar A.V. Borg）于 20 世纪 50 年代提出的，其发现个体在完成不同难度任务时的努力程度存在差异。除翻译为主观疲劳度这一含义外，RPE 还可以翻译为主观努力程度。1962 年，博格设计出了第一款 RPE 量表来评价运动强度（图 20-1 A），该表中对不同疲劳程度进行了描述和赋值，表中的刻度 6-20 对应心率 60～200 bpm。自此，RPE 完成了从概念到量化的过程。1975 年，巴尼斯特等将运动强度和量相结合，首次提出 TRIMP 的概念，其对应公式为 TRIMP =t・HRR・e，并以此来量化训练负荷。1981 年，博格在 6-20 量表基础上进行修改，提出了 CR10 量表（图 20-1 B），该版本表中的刻度变成了 0-10。

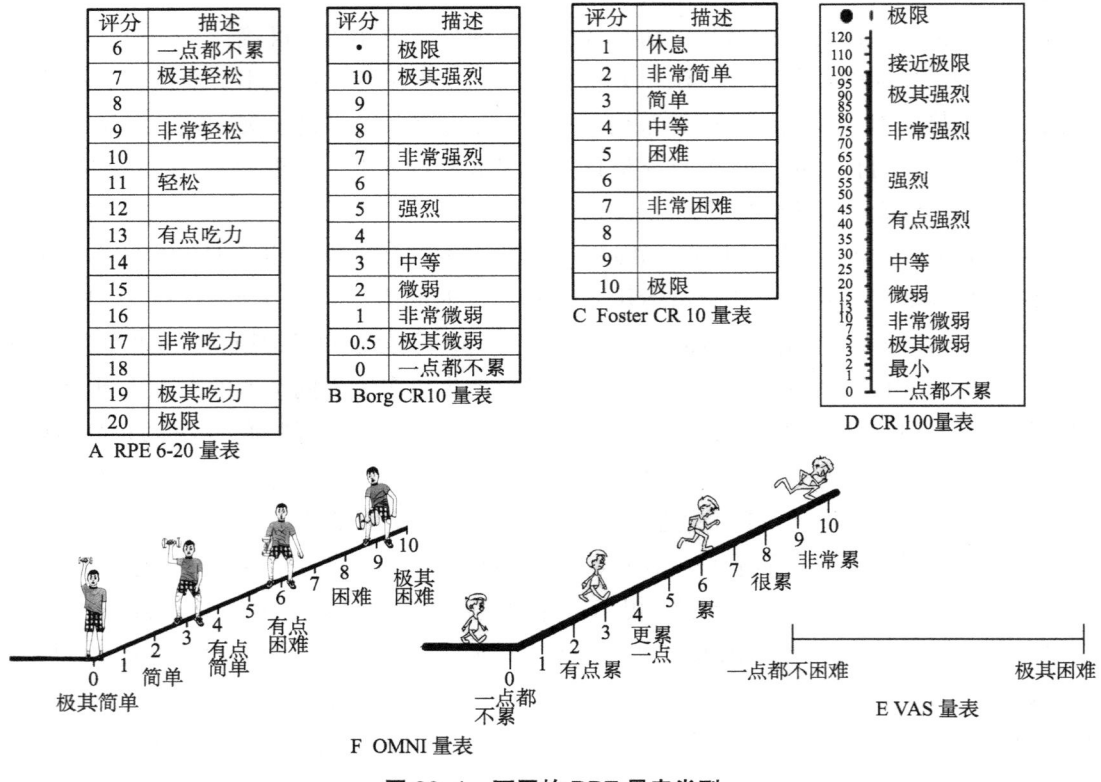

图 20-1　不同的 RPE 量表类型

1995 年，福斯特等在 Banister's TRIMP 的基础上将心率替换为 RPE，提出了 sRPE，其对应的计算公式为 sRPE= RPE × 训练时间（分钟）。sRPE 在研究和应用领域的大范围应用始于 2001 年，当时福斯特等在《体能训练研究》（*Journal of Strength and*

Conditioning Research）期刊上发文，系统介绍了 sRPE。目前，sRPE 应用最广泛的项目是集体球类项目，其主要用于负荷量化后的训练状态调整和损伤预防。其中，美国福斯特团队和澳大利亚蒂姆·加贝特（Tim Gabbett）团队的研究成果为该方法的应用和推广奠定了深厚的理论基础。

第二节　方法的使用

经典的 sRPE 法（图 20-2）采用了改良版的 CR10 量表（图 20-1 C）。在运动结束后 30 分钟，运动员被询问整个训练过程（包括准备活动、主课训练和整理活动）的疲劳程度（根据量表选择一个评分）。询问语为"你在整个训练过程中的平均疲劳程度是多少？"，英文文献常用的询问语为"How was your workout?"。将询问得到的 RPE 值与训练课的持续时间相乘即得到负荷值，即 sRPE = RPE × 持续时间（分钟），结果为任意单位（A.U.）。在实践应用过程中，运动员的可询问时间受训练后队伍的安排影响，因此运动后 5~30 分钟都是常用的询问时间。

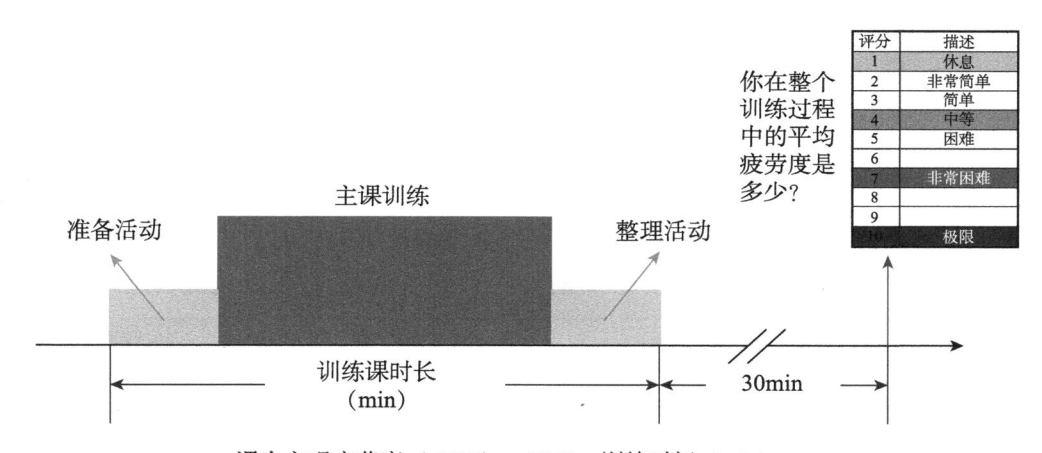

课次主观疲劳度（sRPE）= RPE × 训练时间（min）

图 20-2　课次主观疲劳度的经典使用方法

sRPE 可量化单独某节训练课的训练负荷及较长周期内的整体训练负荷，从而避免由负荷过高或不足导致的损伤。与负荷相关的损伤不仅取决于负荷的大小，同样取决于负荷变化的快慢。基于此，sRPE 还存在训练单调性、训练应激和急性－慢性负荷比这三个衍生指标。为方便理解，下面将举例对该三个指标进行介绍。

一、训练单调性（monotony）

训练单调性常用于时长为一周的微循环中，反映该周训练的变异性。其公式为：

训练单调性 = 周平均负荷 / 周负荷标准差

例如，某运动员在一周内训练了 6 天，这 6 天的负荷分别为 800、900、900、1100、1100、1200 A.U.，则：

$$周平均负荷 = (800+900+900+1100+1100+1200) / 6 = 1000 \text{ A.U.}$$

$$周负荷标准差 = \sqrt{(++\cdots+)6} \approx 141$$

$$训练单调性 = 1000 / 141 \approx 7.09$$

二、训练应激（strain）

训练应激同样是时长为一周的微循环中的常用指标，该指标能一定程度预测过度训练。在高平均训练负荷水平下，当一周内的训练负荷变化越小，单调性越高，过度训练的可能性越大。在实际训练过程中，尤其是高强度训练后，需要安排低强度训练进行调整。其公式为：

$$训练应激 = 周总负荷 \times 训练单调性$$

同样以上例为例：

$$周总负荷 = 800+900+900+1100+1100+1200 = 6000 \text{ A.U.}$$

$$训练应激 = 6000 \times 7.09 = 42540 \text{ A.U.}$$

三、急性-慢性负荷比（acute : chronic workload ratio）

该方法将 sRPE 计算得到的最近一周的负荷与最近四周的平均负荷进行对比，描述最近一周的训练负荷趋势。尽管近年来也受到过质疑，但该指标是目前训练实践领域预测损伤风险的主要指标。在不同研究中，导致训练或比赛缺失的损伤与急性-慢性负荷比具体的范围存在差异，但整体呈现 U 型（图 20-3），即运动强度过低或过高都会增加后续训练或比赛中的损伤风险。其公式为：

急性-慢性负荷比 = 4× 近一周负荷 / 近四周负荷

例：某运动员刚完成一周的训练（6000 A.U.），过去四周的负荷分别为 4000、5500、5000 和 6000 A.U.。

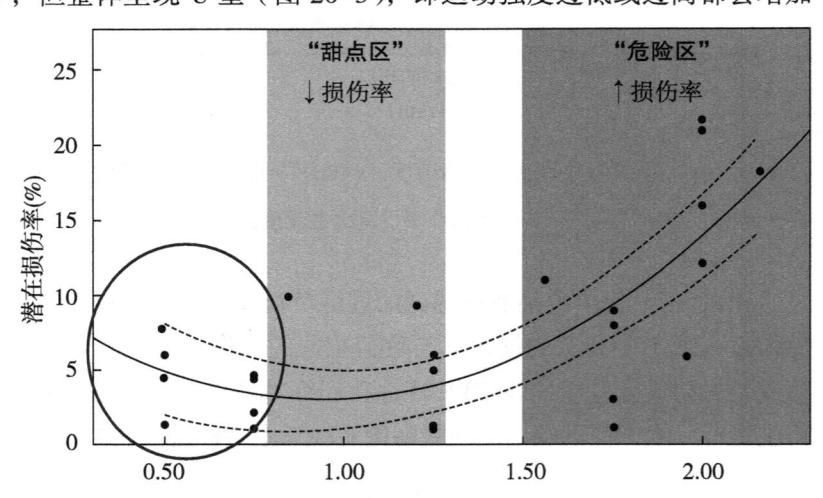

图 20-3　急性-慢性负荷比和潜在损伤率关系

近四周负荷 = 4000+5500+5000+6000 = 20500 A.U.

急性-慢性负荷比 = 4 × 6000/20500 ≈ 1.17

第三节 sRPE 的信效度

作为一种评价运动负荷的方法，能否准确、有效地量化运动中的负荷是影响 sRPE 有效性的关键。信度是指测验的可靠程度，它表现为测试结果的一致性、再现性和稳定性。效度是指一项测验在测量某指标时所具有的准确程度，即测试结果能代表所测对象真正特征的程度。

一、sRPE 的信度

重测信度和评分者一致信度是 sRPE 研究中常见的两种信度类型。重测信度是指受试者在不同时间对同一测试作出反应的稳定性。评分者一致信度指多个评分者给相同受试者评分的一致程度。sRPE 在不同类型运动中的信度存在差异，同一类型运动中不同的信度类型同样存在差异，整体呈现重测信度优于评分者一致信度，运动员主观 sRPE 和教练员客观 sRPE 对应的评分者一致信度优于运动员主观 sRPE 和教练员预估 sRPE。其中，周期性耐力项目、抗阻训练和格斗类项目中的重测信度为高；周期性耐力项目中运动员主观 sRPE 和教练员客观 sRPE 间评分者一致信度为高；周期性耐力、集体球类和格斗类项目的运动员主观 sRPE 和教练员预估 sRPE 间评分者一致信度为低—中等（图 20-4）。

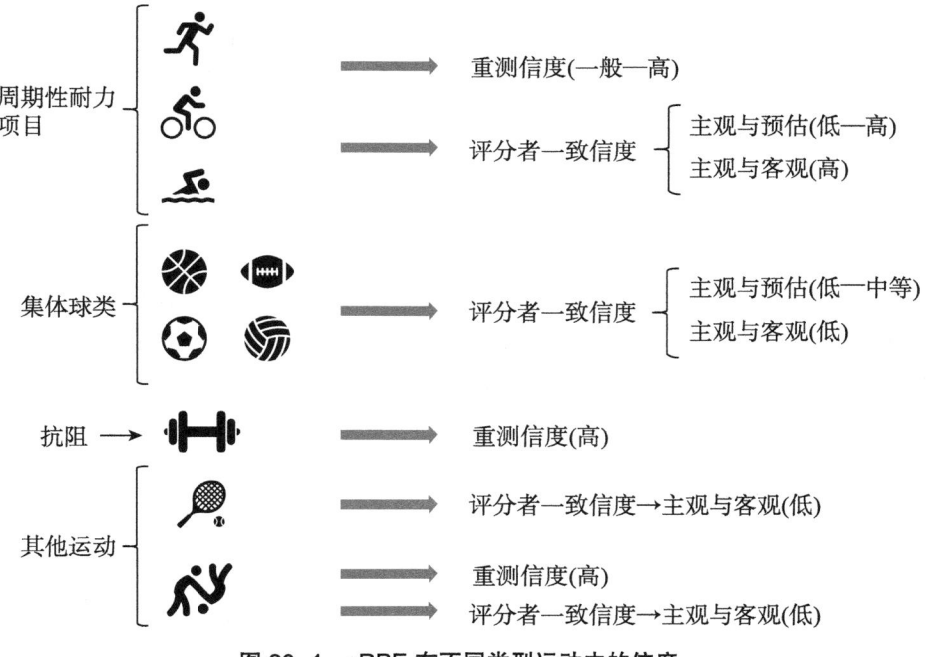

图 20-4 sRPE 在不同类型运动中的信度

二、sRPE 的效度

sRPE 常与外部负荷（如距离、速度等）和内部负荷（如心率、血乳酸、摄氧量、训练冲量等）进行比较，以相关性的高低来衡量 sRPE 的效度。相较于信度的参差不齐，sRPE 在不同运动中效度较为统一。大部分研究中，sRPE 与对比指标之间有着高—非常高的相关性。sRPE 效度研究的对比指标可分为两类：一类是强度指标，如心率、摄氧量、血乳酸、速度和距离；另一类是综合了强度与量的负荷指标，如基于心率和摄氧量得到的 TRIMP 和基于速度得到的运动负荷（Player-load）。其中，TRIMP 是 sRPE 最常见的对比指标，而众多 TRIMP 中又以基于心率的 Banister's TRIMP 和 Edward's TRIMP 使用频率最高。有多项研究中同时将强度指标和负荷进行对比发现 sRPE 和负荷指标的相关性高于强度指标。sRPE 是由 RPE（强度）× 量（时间）计算得到的，而其他负荷指标同样需要包括强度和量两个维度，这可以解释为什么 sRPE 与负荷指标的相关性高于强度指标。

此外，sRPE 与速度、距离等运动学指标的相关性有着低于心率、血乳酸等生理学指标的趋势，这可能是因为生理学指标更容易被人体所感知，并最终影响 RPE。相比之下，速度、距离等指标对 RPE 的影响是间接的，尽管其也会导致生理学指标的增加，但其与生理指标间的关系并不完全呈线性。除此之外，不同运动类型、不同人群、不同年龄、不同性别之间都有着类似的效度水平。

但是，信度是效度的必要不充分条件，sRPE 的高效度是建立在该方法有高的信度基础上，因此 sRPE 的效度会受其信度不稳定的影响而降低。由图 20-4 可知，尽管 sRPE 的评分者一致信度欠佳，但大部分研究证明 sRPE 有着高的重测信度。因此，在研究和实践过程中直接询问受试者或运动员，可以确保一个较为理想的信效度。

第四节 影响因素

sRPE 作为一种通过身体的主观感受评价运动负荷的方法，其形成过程与具体哪几种感受有关尚不明确。因此任何能够影响人体感官的因素，都有可能影响该方法的最终结果。此外，方法学因素、运动方式特点和营养补剂也都是影响 sRPE 的重要因素（图 20-5）。

一、方法学类因素

sRPE 在方法学中使用的变量包括量表类型和 sRPE 类型（问什么？）、采集方式（怎么问？）、询问时间（什么时候问？）和课次范围（怎么算？）四个部分。

（一）量表类型和 sRPE 类型

sRPE 的量表类型众多（图 20-1），其中应用最多的是 CR10 量表。评价其他量表是否有效可直接与负荷指标进行相关分析，或将该量表与 CR10 量表进行信度分析。

明甘蒂（Minganti）等对比了 VAS 和 CR10 两种量表，发现二者有非常高的相关性。另外两项研究对 CR100 和 RPE 6-20 的量表进行探究，发现该两种量表同样具有非常高信度。尽管马罗约（Marroyo）等对 12 名儿童的研究发现，OMNI 量表和 CR10 的相关性 $r=0.79$，并且存在显著性差异。但作者认为，其差异可能是由年龄引起的，而非量表类型。因此，不同的量表类型不会影响 sRPE 的最终结果。不同类型 RPE 量表是主观感受的不同呈现形式，这些量表在 sRPE 研究领域使用前的信效度都得到了检验，因此能较准确反应运动强度。而 sRPE 是在 RPE 基础上结合时间所得，因此在时间相同的条件下，不同量表都能较准确地反应运动强度，所以不会影响结果。

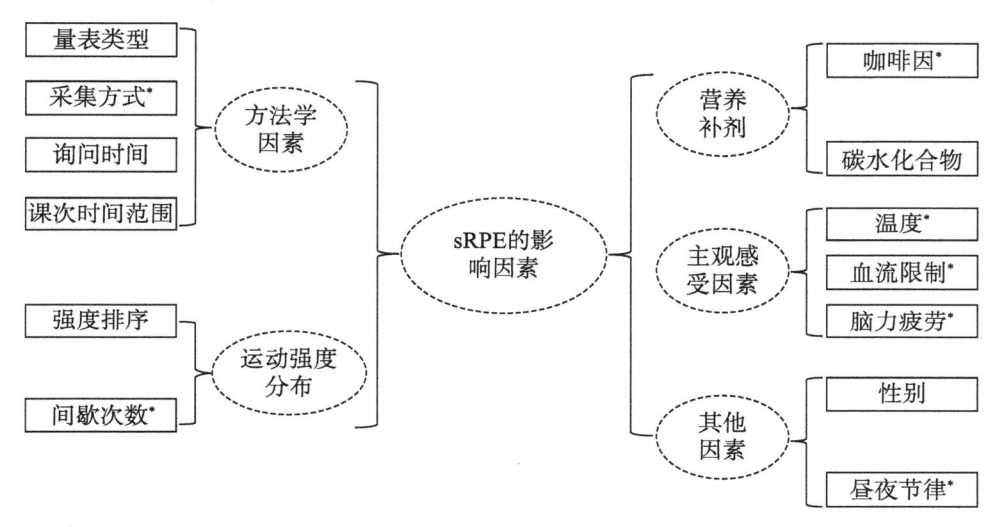

注：*表示对 sRPE 有影响的因素。

图 20-5　sRPE 的影响因素

（二）采集方式

sRPE 量化训练负荷需要采集运动时长和对运动的 RPE 评分。其中，RPE 的采集方式可分为线下纸质、移动设备填写和线上问卷三种。线下纸质填写时，运动员往往会看到其他运动员的 RPE 评分结果；线上问卷和线下移动设备填写时，运动员则不会看到其他运动员的 RPE 评分。鲁斯（Roos）等比较了三种采集方式，发现线下纸质填写得到的 sRPE 与 Edward's TRIMP 的相关性显著低于线上问卷和线下移动设备。因此，无论采用何种 RPE 采集方式，建议单独询问运动员的 RPE，避免受其他运动员评分结果的影响。

（三）询问时间

为了避免运动后即刻的 RPE 对整个训练的平均 RPE 产生影响，福斯特等在提出 sRPE 这一方法时，将询问 RPE 时间设置为运动后 30 分钟。然而，在训练和比赛实践当中，运动员会因其他安排而无法在运动结束后 30 分钟准时提交 RPE 评分值，而是会根据实际情况进行提交。现有研究将运动后 30 分钟的 sRPE 与运动后 5 分钟、15 分钟、20 分钟、1 小时、24 小时的 sRPE 进行对比，发现运动后 30 分钟询问得到的 sRPE 与其他时间的结果无显著性差异，但显著低于运动后 48 小时询问的 sRPE。这表明在运动后 5 分钟至 24 小时内，不同询问时间不会影响最终结果。尽管如此，在横向和纵向采集过程中仍建议使用一个固定的询问时间。

（四）课次范围

经典的 sRPE 时间范围包括准备活动、主课训练和整理活动三个部分，但现有研究尚未见准备活动和（或）整理活动是否纳入对 sRPE 影响的研究。由于主课训练可分为持续类和间歇类，而间歇类训练中的休息时间是否需要纳入总训练课时间？为了探究这一问题，明甘蒂等招募 8 名耐力项目运动员进行了 1000 米 ×5 组（组间休息 5 分钟）的跑步。结果表明，有无纳入组间休息的两组 sRPE 和 Edward's TRIMP 的相关性均非常高。这表明，尽管不纳入训练中休息时间的结果更好，但纳入休息时间也不会影响最终结果，并且纳入训练中的休息时间在操作上更为简单和便捷。

二、运动强度的分布

sRPE 是对整节课的整体 RPE 进行评估，但如果整节课的强度分布不均（如强度集中在训练课开始或结束部分），则有可能影响运动员运动后的主观评分。为此，范奇尼（Fanchini）等招募 19 名青年足球运动员进行了四次整体强度相同的足球训练，每次训练均包括 20 分钟低、中和高三种强度的练习。结果发现，高强度在训练课开始部分和结束部分时的 sRPE 间无显著差异。查罗（Charro）等对比了组间强度不变和组间强度递增两种负荷模式，发现二者的 sRPE 也无显著性差异，这表明相同总负荷和组数条件下的不同负荷分布不会影响最终结果。那么总负荷不变的条件下，不同数量的分组是否同样不会影响最终结果？为了验证这一假设，巴罗素（Barroso）等的研究以 13 名中等训练游泳运动员为对象，比较了 20×100 米、10×200 米和 5×400 米三种条件下的 sRPE。结果发现，随着分组的增加，sRPE 呈下降趋势，并且 5×400 米组显著高于 20×100 米组，这表明增加分组可以降低 sRPE。另外两项对肥胖者和手球运动员的研究中也得到了相同的结论。组数的增加意味着每组持续时间下降和休息次数的增加，这可能减少相关生理学指标的累积，导致整体生理学强度保持在较低水平。综上所述，相同的总负荷下，不同的负荷排序不会影响课次主观疲劳度结果，但分组数量会影响最终的结果，分组越多，sRPE 越低。

三、营养补剂类因素

由于 sRPE 是由运动持续时间和 RPE 两个指标共同决定的，而所有影响训练课 RPE

的因素都有可能影响训练课的 sRPE。

基论（Killen）等以 15 名健康普通人为研究对象，对比了在自行车持续运动中有无咖啡因对 sRPE 的影响。结果发现，两组受试者的心率在运动中 15~30 分钟期间无显著性差异，但咖啡因组的 sRPE 显著低于安慰剂组，其原因在于咖啡因组有着更高的 RPE。相比之下，朗福德（Langford）等限定了 RPE（4 和 7），探究两组受试的平均功率与心率。结果表明，咖啡因组的平均功率和心率高于安慰剂组，但同一 RPE 下的咖啡因组结束即刻心率同样显著高于安慰剂组。上述两项研究对应的强度均为有氧强度，安德烈（Andre）等的研究进一步探究了无氧强度下运动（六组 15 秒 Wingate 自行车冲刺）。但结果显示，两组的平均功率和 sRPE 均无显著性差异。综上，咖啡因会通过降低有氧运动中的 RPE 来降低有氧运动的 sRPE，但咖啡因的这种影响似乎不存在于无氧运动中。

碳水化合物似乎对 sRPE 无明显影响。在戈麦斯（Gomes）等的研究中，12 名高水平网球运动员在不同天内进行了两场 3 小时的比赛，结果发现，比赛前 1 小时以 0.5 g/（kg·h）的剂量补充碳水化合物尽管会导致更低的 sRPE，但相比于安慰剂组，这个差异并不显著。比亚莱基（Bialecki）等和奥尼尔（O'Neal）的研究也有类似的发现。

四、主观感受类因素

如前所述，人体感知相关的因素都有可能通过影响 RPE 而影响 sRPE。现有研究探究了温度觉、触觉和心理疲劳对 sRPE 的影响。温度是环境要素的重要组成部分，格林（Green）等的研究中，10 名健康男性分别在约 21℃ 和约 32.5℃ 环境温度条件下进行持续运动（45% VO_2peak × 16 分钟）和间歇运动（90% VO_2peak × 1 分钟 × 8 组）。结果发现，热环境组在两种运动模式下的 sRPE 均显著高于冷环境组。但温度对 sRPE 的影响可能是间接的。本研究中，两种运动模式热环境组的心率同样显著高于冷环境组，这表明热环境下相同外部负荷可引起更高的内部负荷，而 sRPE 的升高是由内负荷的增加所致。然而，在运动后恢复期间，不同的温度暴露不会影响 sRPE。希金斯（Higgins）等让 24 名男性橄榄球运动员在 25 分钟专项热身后，随机进行 10 分钟的冷水浴（10~12℃）、混合浴（10~40℃）和消极性恢复，但未发现三者的 sRPE 存在显著差异。

脑力疲劳是由长时间较高强度的认知活动导致的一种心理生物学状态，具体表现为主观感觉疲惫、动机下降，以及大脑活动和心率变异性改变等，其被认为对 RPE 存在影响。史密斯等的研究发现，诱导脑力疲劳后的健康男性在有无诱导脑力疲劳后进行的间歇跑中的心率类似，但前者的 sRPE 显著高于无脑力疲劳组。此外，约瑟夫（Joseph）等的研究发现，开放类项目的脑力疲劳和 sRPE 的相关性远高于封闭式项目（$r = 0.27$ vs. -0.07）。这表明，脑力疲劳对 sRPE 的影响还与运动项目类型有关，需要更多认知参与的运动项目的 sRPE 可能更易受脑力疲劳的影响。

最后，还有研究探究了触觉对 sRPE 的影响。维埃里亚（Vieira）等的研究对比了

50% 1 RM 结合血流限制和 80% 1 RM 两种条件下相同运动量的 sRPE，发现前者对应的 sRPE 显著高于后者，表明血流限制装置挤压肢体带来的不适感或代谢产物堆积会增加 sRPE。

五、其他因素

sRPE 按部位可细分为整体 sRPE、上肢 sRPE、下肢 sRPE、呼吸 sRPE 和技能 sRPE。研究发现，对身体特定部位需求较高的运动中，该部位对应的 sRPE 与整体 sRPE 高度相关，整体 sRPE 可以代替局部 sRPE。有研究还探究了性别和昼夜节律对 sRPE 的影响，结果表明，相同训练内容下，男女间的 sRPE 无显著差异；16:00 的 sRPE 显著低于 8:00 和 20:00。因为昼夜节律的存在，8:00 机体刚从睡眠中苏醒，20:00 即将进入睡眠状态，两者的唤醒水平均低于 16:00，因此对运动的反应更大，间接地提高了 sRPE。

第五节　应用建议

负荷量化是训练科学化的重要前提，sRPE 的出现为量化不同训练内容的负荷提供了一种低成本、简单、便捷、相对准确和可靠的方法。尽管其准确性和可靠性还受众多因素的影响，但这并不妨碍该方法在科学家研究和训练实践当中的应用。了解 sRPE 在不同运动项目和训练类型中的信效度，以及 sRPE 的影响因素，为科学应用 sPRE 提供了支撑。基于前文对 sRPE 的信效度和方法学因素的综述，本章建议在使用 sRPE 量化训练负荷时注意以下几点：

（1）横向上对同一批对象采用同一种方法。由同一名教练员或研究人员向所有运动员或受试者讲解 sRPE，在运动后同一时间点使用同一种 RPE 量表单独询问每一名运动员或受试者。如果应用情境为实验室，建议尽可能确保不同受试者对应的环境温度、湿度和气压相同。

（2）纵向上在多次量化中采用同一种方法。

（3）尽可能控制可能影响 sRPE 的因素。运动前禁止摄入咖啡因，控制玩电子游戏和其他可能导致急性脑力疲劳的活动。此外，如果测试对象为儿童，建议使用 OMNI 量表。在训练实践当中，尤其是纵向使用过程中，很难对有关影响因素进行严格控制，但仍然建议在采集 RPE 时对相关情况进行标注，如训练内容是什么、训练课时间、心理疲劳状态如何、训练前是否摄入咖啡因等。

（4）将 sRPE 量化的负荷数据与健康、损伤和表现类数据进行关联。综合运用训练单调性、训练应激、急性－慢性负荷比等 sRPE 的衍生指标，并结合运动队医务人员和康复人员记录的健康和损伤类数据，以及体能教练和专项教练记录的表现类数据进行负荷分析，并为教练员制订下一阶段的训练计划提供参考。

小 结

　　sRPE 是一种通过评价运动过程中的感知努力程度或感知疲劳程度来量化运动负荷的方法。该方法的重测信度优于评分者一致信度，运动员主观 sRPE 和教练员客观 sRPE 对应的评分者一致信度优于运动员主观 sRPE 和教练员预估 sRPE 对应的评分者一致信度。sRPE 在不同运动项目、性别、年龄中都有较高的效度。然而，采集方式、训练分组的数量、咖啡因、环境温度、触觉、脑力疲劳和昼夜节律都对 sRPE 存在影响。建议在横向和纵向使用过程中确保方法学的一致，尽可能控制对 sRPE 可能存在影响的因素，对不能控制但存在影响的因素进行详细记录，并在后期分析过程中进行参考，注重将经由 sRPE 量化得到的负荷信息与运动员的健康、损伤和运动表现进行关联分析，以最大限度地发挥 sRPE 量化负荷的价值。未来应用过程中，将进一步实现 sRPE 采集的智能化和便捷化，进一步加强 sRPE 与其他负荷指标采集的同步化和多元化，进一步发挥 sRPE 在量化训练负荷和提升运动表现中的价值。

作者：顾正秋，黎涌明

第二十章
参考文献

第二十一章 说话测试

体力活动不足（physical inactivity）是导致健康风险的一个重要因素，给社会和国家带来了巨大的经济负担。为了应对这一风险，众多权威组织和机构纷纷给出了促进健康的运动处方。我国是全球肥胖人口数量最多的国家，有上亿的慢性疾病患者，推广运动处方可作为我国应对这一问题的重要举措。频次、运动强度、持续时间、运动方式、运动量和循序渐进，是运动处方的六大构成因素，其中运动强度监控是影响运动处方有效性的关键因素之一。监控运动强度的众多指标在成本、简便性和准确性方面各有优点。相比于摄氧量、心率、代谢当量、主观疲劳度、速度等指标的测试方法，说话测试（talk test，TT）以其低成本、简便和准确的综合优势受到了肯定，在制定和实施运动处方过程中显示出很好的应用前景。然而，国内研究和应用领域对说话测试的关注非常有限，在一定程度上限制了说话测试在健康促进中的应用。为此，本章从起源发展、操作方法、信效度、在运动干预中的应用和生理机制五个方面对说话测试进行综述，以期为说话测试在我国运动处方的制定和实施过程中的应用提供参考。

第一节 起源发展

RPE作为一种主观评价运动强度的方法，于20世纪50年代末由甘纳尔·博格（Gunnar Borg）提出，目前被广泛应用于竞技体育、大众健身和康复医疗等领域，并成为心理学强度监控最常用的指标。同样作为心理学强度的监控方法，说话测试的起源早于主观疲劳度，其可追溯到1937年。牛津大学教授约翰·格雷森不建议登山运动员用快于流畅说话对应的速度爬山，这实际上确立了将运动中说话的反应作为运动强度评价指标的想法。尽管说话测试的概念很早就已提出，但直到1995年，有关说话测试的科学文献才正式被发表。布劳纳（Brawner）等和恰普利茨基（Czaplicki）等的研究发现，久坐人群以可以舒适说话的最快速度进行跑步运动，跑步过程中的心率和摄氧量指标符合美国运动医学学会（American College of Sports Medicine，ACSM）推荐的运动强度，为说话测试作为一种新的运动强度评价指标提供了可能。随后，贝弗利（Beverley）等的研究将跑步中的说话状态进行细分，从原来的能舒适说话扩展到能舒适说话、不能完全舒适说话和不能舒适说话三种状态。同时该研究还发现，健康成年人说话测试中临界状态和通气阈对应的心率、摄氧量、通气当量、RPE 无显著性差异，并且高度相关（r=0.63～0.91），表明说话测试是一种有着较高效度的方法。在此之后，多项研究探索了针对不同人群的说话测试的应用效果，发现说话测试可准确预测通气阈（ventilatory threshold, VT）1 和通气阈 2 或通气补偿阈（respiratory compensation threshold, RCT），并且在以说话测试确定的最高积极状态和消极状态对应的强度下进行锻炼都可有效提高有氧耐力。鉴于其低成本、简便和有效的综合优势，ACSM 将说话测试列为运动处方中监控运动强度的方法之一。目前，说话测试在国外运动康复和大众健身领域已得到广泛应用。

第二节　说话测试的操作方法

说话测试分为一般说话测试和计数说话测试（counting talk test，CTT）两种主要类型，前者根据递增负荷运动中背诵或阅读特定文字时的说话舒适程度来判定运动强度，后者根据受试者单次呼吸内完成说话内容的长短（计数）来判定运动强度，英文文献中称第一种类型说话测试为"Talk Test"，本章为了区别于计数说话测试，将第一种类型的说话测试称为一般说话测试。在应用实践中，也可以用随意说话时的舒适程度来判断运动强度。

一、一般说话测试

目前一般说话测试的研究数量较多，从应用的广泛性和可推广性而言，优于计数说话测试。一般说话测试常于跑台和功率自行车两种运动设备下进行，以功率自行车为例，实验包括两部分：①受试者在热身后，以 0～60 W 为第一级运动强度，每级递增 15～40 W，每级持续时间为 2～3 分钟，级间无间隔，每级结束前 30～60 秒背诵一段受试者熟知的句子，30～100 个单词，如美国学者研究中的背诵内容为美国人耳熟能详的《效忠誓词》(*The Pledge of Allegiance*)。随后询问受试者是否可以舒适地说话，受试者在"可以""可以，但……"和"不可以"三个选项中单选作答。当最后一次回答为"可以"时，对应最高积极状态（last positive stage，LPS），最高积极状态下一级，即首次回答为"可以，但……"对应临界状态（equivocal stage，ES），首次回答"不可以"对应消极状态（negative stage，NS），当受试者出现消极状态时，该级结束，停止运动。每级结束前 5 秒记录心率和主观疲劳度（图 21-1）。②该部分递增负荷方案与第一部分一致，但须全程佩戴气体代谢仪，不需要说话，同样每级结束前 5 秒记录心率和主观疲劳度，用该部分气体代谢水平来表示第一部分实验对应级别的气体代谢水平。研究人员通过三种状态所对应的生理指标来界定运动强度。研究显示，最高积极状态和临界状态对应 ACSM 推荐运动处方中的中等强度范围，消极状态对应 ACSM 推荐运动处方中的大强度范围，而最高积极状态、临界状态能够较为准确地预测通气阈，消极状态则能够预测通气补偿阈。

值得注意的是，在进行一般说话测试时，受试者可能不能清晰地判断出自己是否可以舒适说话。此时，可以让受试者进行一个递增负荷的预实验，体会可以舒适说话、不能完全舒适说话（临界状态）、不能舒适说话（消极状态）和各种状态对应的感觉，以提高实验的信效度。

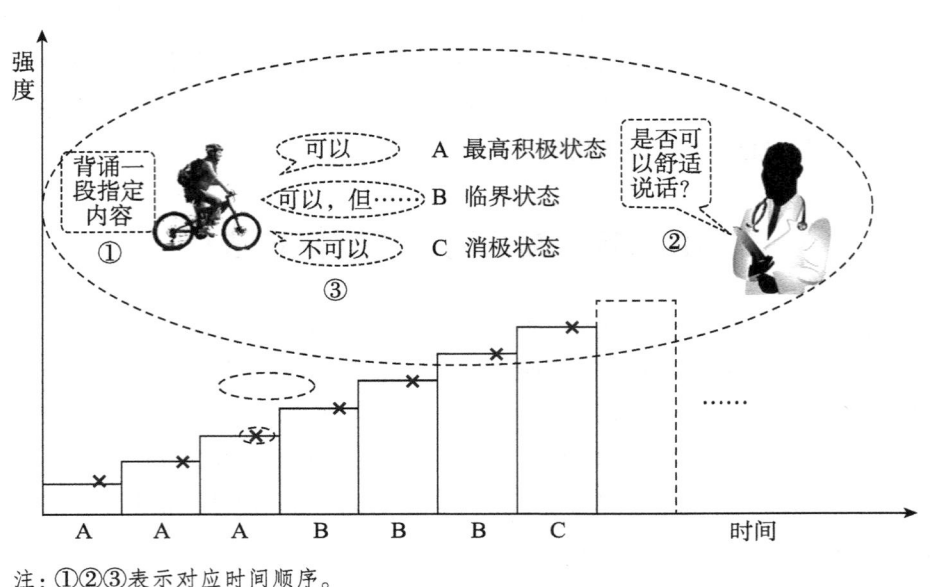

注：①②③表示对应时间顺序。

图 21-1　一般说话测试过程示意图

二、计数说话测试

计数说话测试的研究相对较少。以跑台运动为例，实验可分为三部分：①要求受试者静坐 5~7 分钟后测试安静心率和血压，然后尽力吸气以自选节奏尽可能多地大声数数，并记录完成的最大完整数值。②若受试者为普通健康人群，可进行最大摄氧量测试确定最大心率和最大摄氧量；若受试者为心血管疾病患者等特殊人群，最大心率可通过（220-年龄）或（208-0.7×年龄）计算得出，并算出受试者 40%、50%、60%、70%、80% 和 85% 的最大心率对应的心率值，如 40% 最大心率储备对应的心率值=（最大心率-安静心率）×40%+安静心率。③受试者通常以 3.2~5.6 km/h 的速度，0% 的坡度进行热身。热身后，受试者增加速度和坡度（无固定方案），直至达到 40% 最大心率百分比，在该速度下跑步 3~5 分钟，记录该状态对应速度、坡度和生理指标。继续增加强度，以相同的方法测得 50%、60%、70%、80% 和 85% 最大心率百分比对应的速度、坡度和生理指标。在每种强度结束前 1 分钟执行计数说话测试，并记录对应的生理指标和计数说话结果。通过对比每一级所完成的完整数值与安静状态值的比值，并与生理学指标比对以确定相应运动强度，结果以百分比表示［（运动计数数值/安静计数数值）×100%］。例如，受试者在安静状态下的计数值为 20，在 120

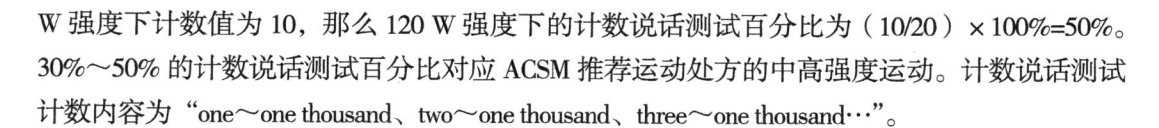

W 强度下计数值为 10，那么 120 W 强度下的计数说话测试百分比为（10/20）×100%=50%。30%～50% 的计数说话测试百分比对应 ACSM 推荐运动处方的中高强度运动。计数说话测试计数内容为"one～one thousand、two～one thousand、three～one thousand…"。

三、非研究情境下的说话测试

以上两种说话测试的方法主要在研究情境下使用，所以对测试过程中的运动方案和说话内容进行了明确限定，以确保研究结果的可重复性。然而在实际运动等非研究情境下，练习者使用说话测试不是为了确定说话测试对应的运动学或生理学的强度区间，而是为了确认现有运动强度是否符合预期设定的运动强度，或运动处方给定的运动强度。因此，非研究情境下，说话测试更多的是通过说话（即和同伴聊天或背诵文字及数字）来确认当前的运动强度。如果高于预期的强度，则锻炼者需要降低运动强度，反之，则提高运动强度。

第三节 说话测试的信效度

一、说话测试的信度

信度指测量方法的质量，即对同一现象进行重复观察是否可以得到相同的结果。信度越高表明测试结果的一致性、稳定性和可信性越高。从检索到的文献来看，有六项研究针对普通人群和心血管疾病患者进行了一般说话测试的信度研究（表 21-1），结果显示，一般说话测试有着较高的信度。

表 21-1 研究文献中一般说话测试的信度汇总表

研究文献	测试设备	研究对象	强度指标	ICC	r
金斯 等	跑台	健康成年人	速度、HR、VO_2	—	0.71～0.84
扎内蒂尼 等	功率自行车	心脏搭桥病人	PO、HR	—	0.67～0.85
鲍尔卫格 等	功率自行车	普通人	PO	—	0.72～0.97
彼得森 等	功率自行车	心血管疾病患者	PO	0.85	—
尼尔森 等	功率自行车	缺血性心脏病患者	PO	0.90～0.91	—
卡罗塞克 等	功率自行车	中风患者	PO	0.97	—

注：PO= 输出功率，ICC= 组内相关系数，HR= 心率，VO_2= 摄氧量，0.7～0.9 表示可信度高，0.9～1.0 表示可信度非常高。

金斯（Jeanes）等对 14 名健康成年人进行的一般说话测试的重测信度研究中，两次测试的最高积极状态和临界状态对应的速度、心率和摄氧量均无显著性差异，且高度相关（r=0.71～0.84），表明说话测试有较高重测信度。鲍尔卫格（Ballweg）等对 24 名普通人进行了研究，发现两次说话测试间无显著差异，两次测试在临界状态和消极状态下的组内相关系数（intraclass correlation coefficient，ICC）为0.72～0.97，这一结果也在心血管病症患者群体中得到了证实。彼得森（Petersen）等对64名心血管疾病患者的研究发现，说话测试具有高信度（两次说话测试的ICC＝0.85）。此外，作为评价运动强度的一种主观方法，受试者自我评估和测试人员对受试者的评估可能存在差异。为此，尼尔森（Nielsen）等对64名缺血性心脏病患者和两名物理治疗师的评价结果进行信度验证，结果表明两名物理治疗师的评价结果和受试者自评结果之间有高信度（ICC为0.90～0.91）。

相比之下，目前只有一项关于计数说话测试的信度研究。在诺曼（Nroman）等的研究中，对34名健康大学生分别进行了两次不同强度（50%、60%、75%和85%最大心率）的无间歇跑步测试，第一次测试按照由小到大的强度依次进行，第二次测试的强度则随机排列，测试时每级强度持续时间为3～5分钟。结果显示，两次测试相同速度和坡度下的心率储备百分比、RPE和代谢当量的相关系数$r=0.83$～0.90（$P<0.001$），两次测试相同速度和坡度下的说话测试值一致（$P=1.00$），提示计数说话测试也具有高信度。

二、说话测试的效度

效度是指测试方法精准地反映需要测量概念的程度。评价一种测试方法的效度可将该方法与金标准对比，与金标准的相关性越高该方法效度越高。目前，速度、心率、摄氧量、血乳酸和RPE是最为常用的强度监控指标，所以考察说话测试结果与经典指标的相关性能够反映说话测试的效度。

本研究纳入的文献中，共13项研究使用了一般或计数的说话测试方法，探究了递增负荷测试中说话测试时的舒适程度与其他生理学指标的相关性，研究结果表明，说话测试是一种较高效度的强度评价方法。其中，以下研究运用一般说话测试进行了效度研究（表21-2）。

表21-2 一般说话测试效度

研究文献	测试设备	研究对象	研究指标	r
贝弗利 等（2000）	跑台	健康成年人	HR、VO_2	0.63～0.91
沃尔克 等（2002）	跑台	心脏病患者	HR、VO_2	0.71～0.83
帕辛格 等（2004）	跑台、功率自行车	成年人	HR、VO_2	0.88～0.97
布劳纳 等（2006）	跑台	冠状动脉疾病患者	HR、RPE	0.71
金斯 等（2011）	跑台	健康成年人	速度、HR、RPE	0.71～0.84
马罗约 等（2013）	功率自行车	精英自行车运动员	HR、RPE	0.88～0.94
格里斯佩 等（2015）	功率自行车	自行车运动员	HR、RPE	0.89～0.93

注：r＝相关系数，HR＝心率，RPE＝主观疲劳度，VO_2＝摄氧量。

通气阈（通气阈1）和通气补偿阈（通气阈2）是评价个体次最大和最大运动能力的重要指标，也是说话测试确认运动强度时常用的参考指标。通气阈是指递增负荷运动中，通气率（ventilatory rate）、二氧化碳排出量和气体交换率呈非线性增加时的摄氧量水平。通气补偿阈是指通气当量急剧上升的同时伴随摄氧量和二氧化碳输出量快速增加时对应的强度。贝弗利（Beverley）等对28名健康成年人进行了一般说话测试效度研究，结果表明，临界状态和通气阈对应的心率、摄氧量、RPE的相关性较高（$r=0.63\sim0.91$），临界状态与通气阈对应的心率、最大心率百分比、摄氧量、最大摄氧量百分比均无显著差异。雷卡尔德（Recalde）等对16名具有一定训练水平的健康成年人进行的效度研究同样发现一般说话测试具有较高效度，且通气阈与最高积极状态和临界状态下的摄氧量均无显著差异，但与临界状态更加接近，通气补偿阈与消极状态下的摄氧量无显著差异。马罗约（Marroyo）等的研究同样证明一般说话测试具有较高的效度。此外，帕辛格（Persinger）等的研究比较了不同运动方式一般说话测试的效度，跑台组和功率自行车组在峰值摄氧量上的绝对值存在差异（3.59 ± 0.94和3.20 ± 0.84），但不同运动方式下，通气阈均出现在最高积极状态和临界状态附近，且通气阈和最高积极状态、临界状态对应的摄氧量均无显著性差异。尽管不同研究中说话测试说话内容长短、每级持续时间等存在差异，但这些研究中通气阈多出现于最高积极状态和临界状态之间，通气补偿阈出现在消极状态（图21-2）。

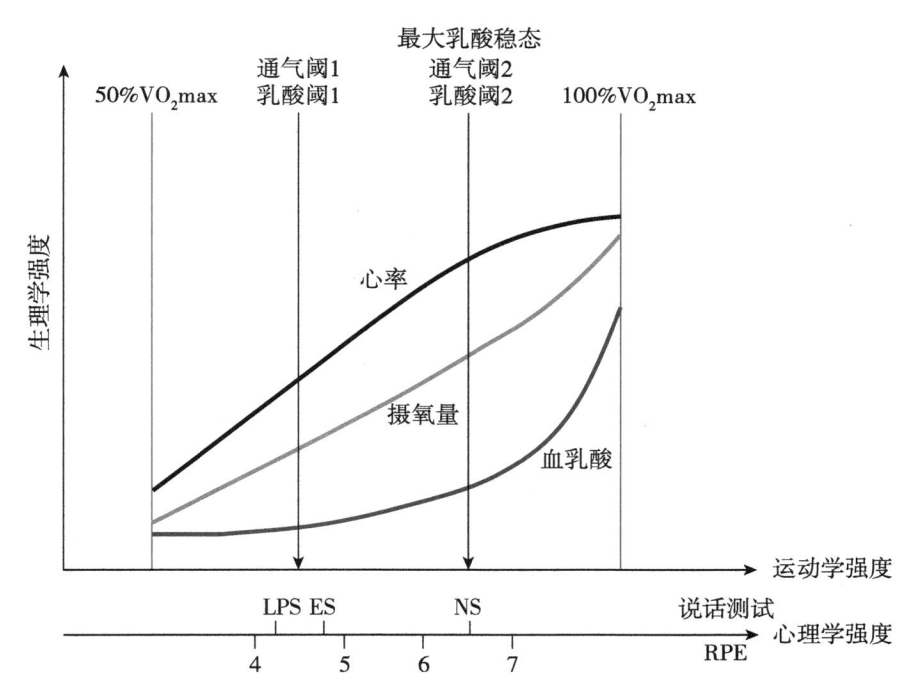

注：VO_2max=最大摄氧量，LPS=最高积极状态，ES=临界状态，NS=消极状态，RPE=主观疲劳度。

图21-2 说话测试与生理指标的关系

一般说话测试不仅在健康普通人群中有较高效度，在心血管疾病患者和部分运动员中也有较高效度。沃尔克（Voelker）等对 10 名心脏病患者进行了一般说话测试效度研究，发现通气阈与最高积极状态、临界状态和消极状态下的摄氧量相关性为 0.71～0.83，通气阈与积极和模糊状态对应的心率、摄氧量均无显著差异。格里斯佩（Gillespie）等对 12 名自行车运动员进行一般说话测试效度研究，结果同样表明一般说话测试具有较高效度，但通气阈更接近于消极状态，通气阈与消极状态的心率和 RPE 的相关性为 0.93 和 0.89，这可能是由于自行车运动员有更高的训练水平，通气阈远高于普通人和心血管疾病患者。一般说话测试通常在实验室里进行每级 2～3 分钟的递增强度运动，而室外场地跑步的强度相对固定，且在同一强度的持续时间远大于 3 分钟，所以跑台测试结果（不同强度每级负荷持续 2～3 分钟）可能无法反映真实的运动强度。为此，布劳纳（Brawner）等以 24 名冠状动脉疾病患者为研究对象，对比了在递增负荷跑台测试与室内跑道中一般说话测试的积极状态的心率差异，发现两次测试的相关性较高（$r=0.71$），表明实验室中，递增强度测试能够较准确地反映出受试者的实际运动情况。

多项研究验证了计数说话测试的效度。其中三项研究以健康成年人为研究对象，发现 30%～55% 安静计数值对应 ACSM 推荐的中到高强度。穆哈默德（Mahmod）等同样以健康成年人为研究对象，发现 41%～63% 安静计数值对应 ACSM 推荐的中到高强度，并且 50% 和 60% 最大心率储备（HRR）、70% 和 80% HRR、80% 和 85% HRR 之间的计数值无显著差异，这可能与该实验受试者较少（$n=16$）有关。该研究还发现，在运动中计数的语速快于安静时的语速，而之前有关说话测试的研究中并未对语速进行特别限定。综上，尽管计数说话测试的研究有较高效度，但对语速缺乏标准化界定可能在一定程度上影响实验结果。

由于 ACSM 推荐的中到高强度为跨度较大的强度范围，如果可以使用计数说话测试来预测如通气阈、通气补偿阈等生理阈值，可进一步提升该方法的效度。因此，博纳菲利亚（Bonafiglia）等对 21 名普通人进行计数说话测试与最大乳酸稳态的相关性研究，受试者以 65% 峰值摄氧量的速度进行 30 分钟跑步。结果表明，所有受试者第 10 分钟和第 30 分钟的相对计数时长［分别为 (24.5 ± 7.5)% 和 (21.0 ± 4.9)%，$P=0.06$］有显著差异，但绝对计数时长［分别为 (6.9 ± 1.5) 秒和 (6.4 ± 1.6) 秒，$P < 0.05$］之间无显著差异；当运动强度高于最大乳酸稳态时，尽管计数时长显著下降（$P < 0.01$），但下降的总时长小于 1 秒。并且当运动强度不超过最大乳酸稳态时，受试者 10 分钟和 30 分钟的相对计数时长、绝对计数时长、相对计数值和绝对计数值均无显著差异，因此计数说话测试不能准确预测运动强度是否大于最大乳酸稳态。

三、说话测试的可能影响因素

说话测试在简便性、测试成本和信效度方面显示了综合优势，但影响说话测试的关键因素并未见系统的研究。尽管不同研究试图统一说话内容和每级时长，但仍有研究发现通气阈和通气补偿阈对应说话测试的状态存在差异。

帕辛格等比较了跑台和功率自行车两种运动方式下的说话测试结果，虽然通气阈与最高积极状态、临界状态和消极状态（三种强度水平）下的摄氧量均高度相关（$r=0.88\sim0.97$），但跑步比蹬车对应的摄氧量更高，说明运动方式会影响说话测试的结果。但目前尚未见证据表明相同的相对摄氧量水平下，运动方式的不同是否会导致三种状态的偏移，因为这有可能直接影响说话测试应用的运动形式（如跑步、蹬车、游泳、爬楼梯、登山等）。熊雪莉等研究了递增负荷中的每级持续时间对说话测试的影响，其要求24名成年人分别进行每级1分钟、2分钟和3分钟的测试，结果发现通气阈和通气补偿阈对应的功率随着每级持续时间的增加而降低，每级2分钟与3分钟间无显著差异，每级1分钟可能导致通气阈和通气补偿阈对应的功率过高。格里斯佩（Gillespie）等的研究也支持这一结论，提示每级持续时间2~3分钟的说话测试结果更准确，相关研究应尽量考虑采用每级负荷2~3分钟的持续时间进行测试。

现有研究一般说话测试中说话内容多为30~31个单词组成的句子，少数研究使用100词左右的句子。为探究说话内容长度对说话测试的影响，施罗德（Schroeder）等招募18名健康普通人进行三次不同内容长度的说话测试：将31个词组成的句子背诵一遍、两遍和三遍，即31词、62词和93词。结果表明，随着说话内容的增加，最高积极状态、临界状态和消极状态对应的功率下降；93词的内容长度能更准确地反映通气阈和通气补偿阈，通气阈出现在临界状态，通气补偿阈出现在消极状态。

综上所述，虽然目前尚不明确影响测试结果的关键因素，但受试者特征，每级负荷的起始强度、递增幅度、持续时间，以及测试语速和说话内容长度等对结果都有影响。故建议后续研究者对上述因素开展有针对性的实验，或在将来的研究中对相关因素或测试方案进行明晰和标准化的描述，以利于研究人员验证研究结果的准确性和研究的可靠性。

第四节　说话测试在运动干预中的应用

说话测试具有低成本、简便和高信效度的特点，使其在不同人群、大样本量测试和长期运动干预等方面具有应用优势。多项研究证实，说话测试能够达到传统生理学指标方法的证据强度。目前，说话测试已作为健康人群和心血管疾病患者运动干预中设置运动强度的参考，且《ACSM运动测试与运动处方指南（第8版）》已将说话测试列为运动处方中监控运动强度的方法之一（表21-3）。

表 21-3　ACSM 推荐运动强度

强度	主观强度		生理学强度		绝对强度
	说话测试	RPE	%HRR、%VO₂R	%HRmax	METs、VO₂max
低	可以说话和唱歌	< 3	< 40	< 64	< 3
中	可以说话但不能唱歌	3~4	40~60	64~76	3~6
高	不能说话	≥ 5	> 60	> 76	> 6

注：ACSM= 美国运动医学学会，RPE= 主观疲劳度，%HRR= 心率储备百分比，%VO₂R= 摄氧量储备百分比，%HRmax= 最大心率百分比，METs= 梅脱，VO₂max= 最大摄氧量。

金斯等于 2011 年对 14 名健康成年人进行了研究，受试者分别以最高积极状态前一级（LPS-1）、最高积极状态和临界状态三种强度跑步 40 分钟，结果表明最高积极状态前一级和最高积极状态的 RPE 与 ACSM 的推荐值相符，临界状态对应的 RPE 在运动 20 分钟后高于 ACSM 的推荐值。此外，沃尔特曼（Woltmann）等要求 16 名普通人分别以最高积极状态、临界状态和消极状态对应的强度跑步 30 分钟，结果发现三种状态分别有 16、13 和 2 人完成了 30 分钟的运动，表明普通人可选择最高积极状态对应强度进行运动锻炼。科万（Cowan）等以瘫痪病人为研究对象，让受试者选择可以持续 15 分钟的强度进行手摇功率自行车运动，受试者选择强度为消极状态对应强度，所有受试者完成该强度下的练习，并且该强度符合美国卫生与公众服务部（USHHS）推荐该人群运动强度，这一实验扩展了说话测试的应用人群。

尼尔森（Nielson）等于 2016 年对 93 名心脏病患者进行 10 周运动干预（50%~93% 最大心率，1.5 小时/次，2 次/周），结果发现运动干预后受试者计数说话测试的最高积极状态对应的功率显著增加（$P < 0.001$），除一名受试者自我感觉运动干预后和干预前身体健康状态没有变化外，其余受试者均自我感觉健康状态好于干预前。虽然该研究并未将一般说话测试作为强度标准，但研究结果仍提供了很有价值的信息：最大心率百分比的锻炼强度提高心脏病患者的功率的同时，说话测试对应的功率也提高，说明最大心率百分比与说话测试对应的强度可能存在对应关系，提示说话测试有可能作为心脏病患者运动康复的指导强度。波卡里（Porcari）等比较了 10 周说话测试和心率储备强度的运动干预对 44 名健康成年人心肺耐力的影响，发现与基础值相比，两种方式都能显著提高最大摄氧量（分别提高 10.6% 和 11.5%）、峰值功率（分别提高 19% 和 14%）、通气阈对应的摄氧量值（分别提高 32.7% 和 56.9%）和通气阈对应的输出功率（分别提高 43.1% 和 38.6%），而且两种方式对上述指标的增益效果并无显著差异（$P > 0.05$）。普罗布拉岑斯克（Preobrazensk）等的最新研究也发现相似结果：他们对 43 名健康成年人进行 4 周共 15 次（每次 30 分钟）的运动干预，比较说话测试、65% 峰值功率作为强度指标的运动效果，结果发现说话测试组的峰值摄氧量、峰值功率和血乳酸拐点对应功率显著高于对照组，也高于 65% 峰值功率组，但并无显著差异（两组上述三个指标均值比较的 P 值分别为 0.14、0.10 和 0.52），证实将说话测试作为运动强度的判别指标用于指导运动锻炼时，具备与生理学指标同等的效力，且说话测试的运动强度与 65% 峰值功率的运动强度接近。

上述三项最新研究尝试用说话测试作为制定运动处方的强度标准并应用于心血管病人和健康人群，发现说话测试能够作为运动干预的有效强度指标，而且运动干预效果与传统生理学强度指标的干预效果并无显著差异（$P > 0.05$），提示说话测试能够用于运动处方制定。

第五节　说话测试能有效反映运动强度的生理机制

呼吸是说话的前提条件，也是机体进行气体代谢的主要途径。说话测试过程中，呼吸频率需求的增加和实际上的降低，引起说话舒适程度下降，被认为是说话测试的可能生理机制。而引起呼吸频率需求增加的原因包括：①二氧化碳分压过高对机体的物理刺激。②激素、H^+、二氧化碳的增加对机体的化学刺激。

人体在运动过程中，运动强度增加导致骨骼肌内乳酸浓度逐渐升高，骨骼肌内的乳酸通过组织液进入血液形成血乳酸。为维持内环境稳态，血液中的碳酸氢盐与血乳酸反应产生二氧化碳。当运动强度超过无氧阈时，机体甲状腺素、去甲肾上腺素和 H^+ 浓度增加，这些代谢产物刺激机体的化学感受器，使得呼吸驱动力和呼吸频率增加。运动强度增加导致机体二氧化碳分压增高，二氧化碳只能通过呼吸这一途径排出体外，因而进一步刺激每分通气量增加。每分通气量的增加通过呼吸频率加快和呼吸加深来实现。在进行说话测试时，人体为保持语句流畅需要控制语速，但控制语速会导致呼吸频率下降和每分通气量受限。当运动强度达到一定程度时，一方面，每分通气量的限制会造成人体的主观不适；另一方面，二氧化碳增加导致的二氧化碳分压增大也会造成人体说话的不适。

克里默斯（Creemers）等以大学生为研究对象，设计了一个系统的研究证实了上述机制。①对大学生进行递增负荷至主观力竭的说话测试（第一级负荷 25 W，逐级递增 25 W，每级负荷持续 3 分钟），以确定最高积极状态和最高积极状态前两级负荷的强度，即测试 1。②以说话测试最高积极状态前两级的功率为初始强度，逐级递增负荷（每级负荷持续时间 3 分钟、递增 25 W）至主观力竭，在每级负荷结束前 45 秒进行说话测试，即测试 2。③对照组与测试 2 的方案一致，但不进行说话测试。结果表明，在最高积极状态前两级、最高积极状态前一级、最高积极状态、临界状态和消极状态进行说话测试时，说话测试实验组和对照组的摄氧量、二氧化碳呼出量、肺通气量、呼吸频率和呼气末二氧化碳分压无显著性差异；而在测试说话期间，说话测试实验组的摄氧量、二氧化碳呼出量、肺通气量显著下降，说话结束后这三个指标显著上升；说话期间频率的下降与呼气末二氧化碳分压的增大相对应，可能是由于说话测试期间为了维持稳定的说话节奏导致呼吸频率降低，而呼吸频率降低导致二氧化碳排出量减少，使得体内二氧化碳分压增大，因此说话期间说话频率的下降和二氧化碳分压的增大相对应，这也验证了前面的假设。

小　结

　　作为一种基于生理心理学的运动强度监控方式，说话测试可较为准确地反映运动员、普通人和慢性疾病患者的运动强度。说话测试的说话内容主要为受试者所熟知的30～100词的句子，说话时长为10～20秒。运动者在没有任何工具的协助下，自主判断是否可以舒适说话，以此来确定自己处于最高积极、临界还是消极状态，并选择在能够舒适说话的最大强度或说话稍微吃力的强度进行运动，来达到预防慢性疾病和提高身体机能的目的。简单、低成本和有效的综合优势为说话测试在运动健康促进中的应用带来了广阔的前景，运动人群在选取和控制运动强度时不再受限于强度监控设备，科学运动处方的推广能够在更大范围实现。

作者：顾正秋，黎涌明

第二十一章
参考文献

第二十二章 拉夫堡足球传球测试

足球运动员的赛场表现受体能、生理、心理、技术和战术等因素影响。大量研究已证明射门、传球、控球、带球等技术指标是足球比赛取胜的关键因素。综合评价运动员的技能是足球选材和技术训练的重要前提，然而足球技能的复杂性对其测试与评价提出了巨大挑战。现有足球技能的测试方法众多，在经济性和信效度方面的优缺点不一。传球、带球、射门等单一技术测试尽管简便，但其生态学效度有限。融合虚拟现实的高科技综合测试，虽然可还原真实比赛情境，具有良好的信效度，但价格高昂。

相比之下，由英国拉夫堡大学的史蒂夫·麦格雷戈（Steve McGregor）团队创立并由艾吉莫尔·阿里（Ajmol Ali）于1999—2002年改良的拉夫堡足球传球测试（Loughborough Soccer Passing Test，LSPT）具有一定的综合优势。虽然名为"传球测试"，但LSPT能够综合评价参测者的传球、带球、控球和决策能力，属于一种足球综合技能测试。研究已证明LSPT具有良好的重测信度和区分效度，目前被澳大利亚、荷兰、法国等足球强国的选材研究所采用。

技能测试同样是我国足球选材中的重要内容。在我国现行的U系列男足技术测试和《学生足球运动技能等级评定标准（试行）》中，传球部分是典型的单一技术测试。这种旨在相对静态环境下向已知距离和方向的球门或队友进行传准的测试方法，被认为只是展示了动作模式而无法考察技能，其难度偏低，对不同水平球员不具有区分能力，最终可能导致青少年足球运动员陷入孤立的动作系统，强调开放性的技能和球商未能得到良好的引导与启发。

本章将介绍LSPT的研发历史、应用领域和具体测试方案，并对相关问题进行解读，最后指出该方法未来的研究和应用方向，旨在为我国足球项目技能测试方法的完善提供借鉴。

第一节 LSPT方法介绍

LSPT的研发和改良为量化足球综合技能提供了可能，也为探究足球技能的影响因素和有效干预手段创造了便利条件。国内实践和研究领域对此方法尚不熟知，对 LSPT 的研发历史、应用领域和测试方案的介绍有助于相关学者对其建立初步的认识。

一、研发历史

早期有关疲劳对足球运动员比赛技术水平影响的研究相对较少，且多置于真实比赛环境中进行，受众多不可控因素干扰，或因所用的单一技能测试可靠性有限，衡量技术表现的测试方法成为难点。史蒂夫·麦格雷戈及其团队为此于 20 世纪末创造并以其所在大学的名称命名了一种测试方法——LSPT。同时，运用混合职业和大学级别球员，验证了该测试在衡量足球技术层面的信效度，并最初应用于疲劳下补水对足球技术影响的博士论文研究当中。团队另一成员艾吉莫尔·阿里基于其博士论文（《长时间间歇运动期间和运动后摄入糖类和电解质混合补剂对足球技术表现影响》）的研究需要，于 1999—2002 年对 LSPT 的尺寸、目标、规则进行了改良，并运用英国大学协会的精英与非精英男子足球运动员进行了进一步的信效度验证。五年后，改良版的 LSPT 首次见刊于《体育科学杂志》（Journal of Sports Sciences），得以成型。

二、应用领域

LSPT 相关研究主要分布于英国、比利时、法国、荷兰、巴西、意大利、澳大利亚、新西兰、突尼斯、中国香港等国家和地区，参测的男女足球员的年龄在 10～27 岁，水平从业余级跨越至职业级和精英级。作为一种足球综合技能测试，LSPT 在众多研究中被用于评价干预前后球员足球综合技能水平的变化。例如，探究足球模拟比赛内不同时期的单一或混合补剂（如糖类、咖啡因、电解质、水等）对疲劳恢复与技能表现的影响；探究有氧、无氧、力量、灵敏、平衡、不同强度小场地训练、工作记忆训练对足球技术表现的干预效果；探究局部肌肉疲劳、比赛疲劳和心理疲劳等对足球技术表现的影响。近年来，较多研究关注了心理因素对足球综合技能的影响，如自控力、焦虑、正念、动机、执行功能、心理预期等。此外，LSPT 还被突尼斯 U17 女子足球国家队、澳大利亚体育学院、西澳大利亚国家训练中心、法国 U15 国家集训队、荷兰 10～18 岁职业俱乐部等用于国家级青少年足球运动员的选材。其他相关研究涉及小场地热身效果和中场休息的再热身策略、教学策略、熟悉效应、药物干预、空腹的影响等。

三、测试方案

测试所需：空旷场地 1 块、木质长板 4 条、目标色块 4 片、金属片 4 块、黄色胶带 1 卷、锥形标志物（三色）9 个、足球 1 个、秒表 1 块，测试者 2 名。

场地布置（图 22-1）：在 12.0 米 × 9.5 米的长方形场地四边居中放置 2.5 米 × 0.3 米的长板作为反弹面，板面垂直于地面。反弹面正中贴上 0.6 米 × 0.3 米的目标色块，场地的长边贴为红、白，短边相对为蓝、绿。将 0.15 米 × 0.1 米的金属片竖置于目标色块的中心，只固定顶端，以便正中目标的传球能发出有辨识度的金属声。以黄色胶带在场地正中间贴出2个嵌套的长方形（尺寸分别为4.0米×2.5米和2.5米×1.0米），两者围成的宽0.75米的方框构成了传球区域，各顶点放置锥形标志物，场地的中心点处放置另一颜色的锥形标志物作为测试起点。

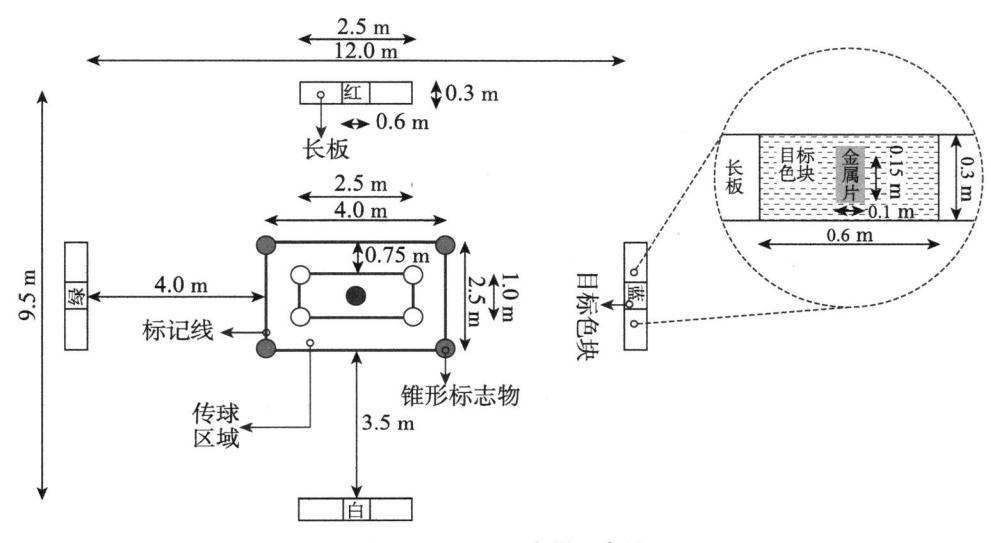

图22-1　LSPT布置示意图

测试指南：单次测试只有1名参测者，其站立在场地中心锥形标志物边，旁边摆放一个比赛用球。1号测试者手持秒表，当2号测试者喊出第一个目标颜色，参测者开始带球进入传球区时，启动计时。在参测者对指定目标传球的瞬间，2号测试者给出下一目标指令。参测者接反弹球后需先将足球带回至中心的长方形内，再带球进入相应的传球区域进行传球。整个测试需要对四个方向随机连续传球16次（平均每个方向4次）。参测者最后一次传出的球接触到木板的瞬间停表。1号测试者同时负责及时将被移动的锥形标志物归位，2号测试者同时负责评判违规和记录加罚时间，具体规则如表22-1所示。测试者保持在利于观察的位置。

表22-1　加罚时间的具体规则

罚时结果/s	表现情况
+5	传错目标；未击中整块木板
+3	未击中目标色块；手球
+2	在指定的传球区域以外传球；球触碰任意锥形标志物
+1	完成时超过43秒的每一秒

续表

罚时结果 /s	表现情况
−1	击中目标色块中心金属片

测试成绩：总成绩（total time）= 完成时间（movement time）+ 加罚时间（penalty time）。

第二节　LSPT 内容解读

回溯 LSPT 研发和应用的二十余年，研究人员不断证明着 LSPT 的价值。而测试细节是有效发挥 LSPT 价值的关键，理解这些测试细节是科学应用 LSPT 的前提。通过分析研究现状把握前人研究走势，结合具体实验案例解读测试细节及其机制，以期更好地理解和实施 LSPT。

一、研究现状

信效度检验以及将 LSPT 用于评价训练和心理因素对足球运动员综合技能的干预效果是目前 LSPT 研究领域的重点。在符合检索标准的 40 篇研究中，10 篇为 LSPT 信效度验证的文章，7 篇表明 LSPT 具有中等到极好（$r=0.43 \sim 0.99$，$ICC=0.42 \sim 0.95$）的复测信度。9 篇关于效度的研究中，6 篇证明了 LSPT 对不同水平、年龄的球员都具有显著的区分能力；2 篇探究了测试的聚合效度，发现 LSPT 与其他测试结果有着中到强的相关性，包括冲刺速度（$r=0.49 \sim 0.60$）、15 m 灵敏跑测试（$r=0.75$）、15 m 带球测试（$r=0.71$）、伊利诺斯（Illinois）灵敏测试（$r=0.72$）、双足姿势动态平衡测试（与罚时部分）（$r=-0.44$）、左足站立平衡测试（右脚球员）（$r=0.48$）、双足站立最大倾斜角度测试（$r=0.40$）等；3 篇证明 LSPT 具有较高的同时效度；只有 1 篇指出其测试效度不高（$r=0.3 \sim 0.47$）。

作为有着中到极高的复测信度和显著区分效度优势的综合测试方法，LSPT 在近五年（2015—2019 年）的研究热度上升，本章纳入的 40 篇文献有 50% 来自近 5 年。有 7 篇将 LSPT 应用于检验训练干预效果，对应的训练干预方式有小场地训练、灵敏训练、平衡训练、高强度间歇训练、有氧训练、基于正念减压法的生物反馈训练、工作记忆训练，其中采取最多的是小场地训练，通过控制球员密度改变训练强度，依据 LSPT 表现的变化已得出一些积极的结论。目前对不同训练方式干预效果的研究也显示出从传统的身体素质向心理因素拓展的趋势。有 7 篇（包括以上 7 篇中的后 2 篇）将 LSPT 用于验证心理学干预的效果，包括 2 篇心理疲劳干预、1 篇动机干预、1 篇焦虑与自控力干预、1 篇咖啡因心理预期干预。未来 LSPT 仍可继续与该研究热点结合。

二、测试细节与机制

（一）测试成绩

根据 LSPT 规则，总成绩由完成时间和加罚时间两个部分构成，其中，加罚时间又分为由超时部分导致和由动作不够精准导致。测试对球员的传球速度和准度两个维度提出了要求。速度准度权衡（speed-accuracy trade-off）理论表明，技能质量取决于速度和准度的交互作用，技能欠熟练者会在两者间做出选择性牺牲。LSPT 是多任务测试，参测者在完成基本动作的同时需要记忆目标的相对方位、处理口令信息、快速决策、抑制可能出现的失误、进行灵活的认知转换，具有更高水平的足球运动员有着更好的空间注意力、分散注意力、抑制能力和更大的工作记忆容量，这保证了其在测试中做出更快、更合理的响应。由此构成了 LSPT 规则设置的目的与考察的本质——足球专项技能的速度和准度。

规则中的 43 秒罚时阈值是基于早期精英级别球员的测试成绩所制定的。尽管后续的信效度和干预研究均采用这一时间阈值，但其是否适用于不同人群仍有待验证。鉴于此，惠吉恩（Huijgen）等选取了 270 名荷兰 U 系列（10～18 岁）国家队足球运动员（性别不详）三个赛季（每个赛季两次）的 LSPT 数据，得到了完成时间（Y）与年龄（X）之间的二次多项式关系：$Y=86.4-5.05X+0.14X$。根据该公式及其所处年龄区间，LSPT 的完成时间为 40.9～49.9 秒，且其随年龄增长呈递减的趋势。

本章提取检索到的 40 篇文献中所记录的 61 组精英级别球员的测试数据，进一步分析测试成绩（Y）与年龄（X）之间的关系。其中，精英级的入选标准为：①文章明确为精英级（Elite）；②国家级；③地区顶级联赛；④职业球员。共有 23 组数据符合此标准，其中女子数据只有 3 组，因样本量过少而予以剔除，最终总计 20 组男子数据纳入分析。对成绩的散点分布选取如惠吉恩等采用的二次多项式曲线进行拟合分析（Prism8.2.0，Graphpad），精英级男子足球运动员成绩分布总体趋势如图 22-2 所示，其中，同色虚线之间的宽幅表示数据的标准差（95% 置信区间）。可观察到完成时间比加罚时间和总成绩部分的数据离散程度更低，且随年龄的增加，完成时间更加稳定。换言之，比起动作速度，精准度更难得到保证。而完成时间曲线与罚时阈值 $Y=43$ 的黑色直线基本吻合，这表明 43 秒的罚时阈值对 14～25 岁（入选数据所处年龄区间）的男性精英足球运动员群体较为合理。然而，43 秒的罚时阈值是否适合其他群体仍有待进一步验证。据曲线公式，该群体 LSPT 的完成时间为 41.4～43.6 秒，加罚时间为 7.6～9.4 秒，总成绩为 48.2～51.7 秒。

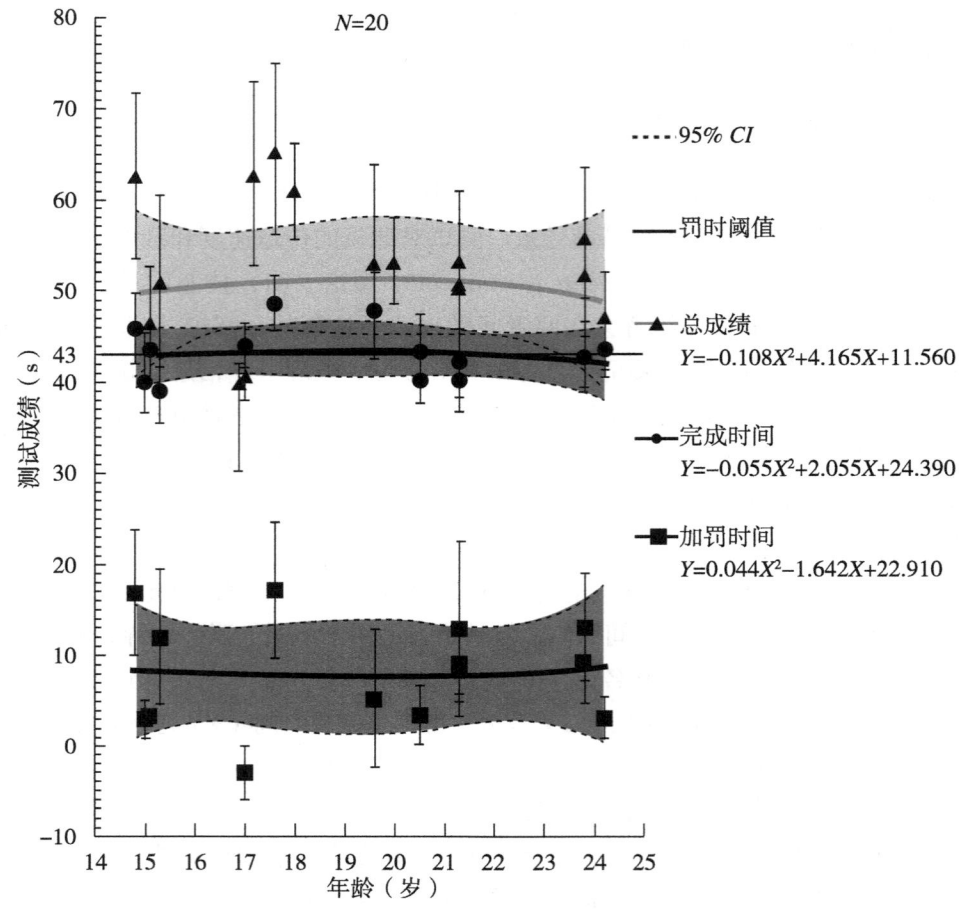

图 22-2 入选的精英级男子足球运动员 LSPT 成绩分布图

（二）追加反馈与动机

LSPT 规则强调，在测试过程中测试者对参测者的表现和结果不能有任何反馈，参测者在时间压力下综合运用足球技术，并在无预知情况下不断做出决策以应对环境改变。进行测试的足球运动员在与本体感受的、动作过程相关的内部注意焦点，及与视觉感受的、动作结果相关的外部注意焦点之间切换，而此时若测试者提供反馈信息，则会与参测者自身分配的注意焦点产生交互作用，对运动技能表现产生影响。所以，LSPT 数据采集期间任何关于表现和结果的追加反馈信息都不被允许。

（三）熟悉过程与学习效应

LSPT 规则明确，测试前参测者需足够熟悉规则，以减少对学习效应的干扰。勒莫尔（Le Moal）等对 LSPT 用于选材的研究专门分析了熟悉程度对区分效度的影响，尽管数据表明，只需最简单的熟悉（即讲解规则并进行 4~5 次传球）后，LSPT 测得的基础值就可区分精英与非精英球员（$P < 0.05$）；基于参考数据中球员个体成绩的变化趋势，勒莫尔仍建议进行 10 次 LSPT 熟悉以得到稳定的测试数据，但过程长、经济性不足。而福斯克特（Foskett）等的实验中参测者先进行 5 次 LSPT，之后再根据自身感受和需求增加若干次熟悉，过程略有缩短。梅德·阿里（Med Ali）等对 90 名九年级校园男生进行了足球基本技能教学效果的研究，结论表明声音指导和视觉演示的双重教学对 LSPT 所反映的学习效果有最明显的促进作用（$P < 0.001$）。如制作视频展示 LSPT 流程，并辅以测试者针对若干次熟悉测试（多为 2 次）进行的口头指导，可明显缩短参测者的熟悉过程，降低学习效应和顺序效应的影响。

（四）细则要求

根据 LSPT 规则，传球顺序随机，可能有同一目标指令连续出现，这要求参测者每次接回弹球后必须重返中心小长方形内才可进行下一目标的传递。但是，有研究为了避免随机次序过多而导致运动员出现认知功能紊乱和心理疲劳，将传球顺序由随机改为按顺时针（左脚）或逆时针（右脚）的固定方向进行。研究表明，左脚和右脚的测试表现并没有显著性差异，因此该测试对于左右脚的运用无固定要求。

LSPT 规则并未明确使用何种尺寸足球。但足球尺寸这一因素对球员传球和盘带表现至关重要。研究发现使用较小的 4 号球抢圈热身后进行 5 号球测试的表现明显优于热身和测试均使用 5 号球，尤其是 LSPT 罚时部分的成绩（$P < 0.001$）。这意味着赛前使用小号球的热身可能会提升比赛时传球精准度和技术表现。该结论也提醒了在应用与分析 LSPT 成绩时，应注意球员年龄等差异可能导致的测试用球大小不一致带来的干扰，而此前的研究大多未对此信息予以记录。参考麦克德莫特（McDermott）等使用 U13 和 U19 球员来验证 LSPT 信效度时的方法，可根据年龄段对测试用球进行划分，13 岁及以上的球员测试时使用 5 号球，13 岁以下使用 4 号球。

第三节　LSPT 应用展望

足球在国内外受关注程度的进一步上涨将对足球技能量化评价和训练干预提出更高的要求，LSPT 亟待在保持其便捷性优势的同时进一步改良，更大限度地发挥其在足球运动员选材和训练中的应用价值。

一、信效度提高

信效度一直是 LSPT 研究和应用的关键点，完善测试设置的合理性也应该朝着进一步提高其信效度的方向努力。

（一）传球次数

传球次数最初被设定为16次（平均每个方向4次），并一直沿用。作为少有的尝试，巴特（Barte）等在研究动机对疲劳下运动表现的影响时，选择进行间隔30秒的连续5次LSPT；而莱昂斯（Lyons）等在下肢肌肉疲劳处理后选择进行半组（8次传球）LSPT。以上均提供了思路：可进行减量或重复多次测试，分析用时的变化，探究16次传球设置的合理性，以及是否精简后仍可保持区分效度。

（二）罚时阈值

源于LSPT设计之初的成绩分布，本章根据入选的数据分析已证明，43秒的设置对于14~25岁精英级男子足球运动员群体较为合理，而其他群体因为样本量过少仍有待后续进一步扩充与验证。根据LSPT已被验证的良好区分效度，有理由推断女子足球运动员群体、低级别的或更低龄的群体在进行不同目的的测试时，需要制定更有针对性的罚时阈值标准。

（三）目标指令

目标指令作为影响测试者信度的一个重要因素，暂无对此的研究，可探索将测试者作出反应后下达的口令更替为更客观及时的触发式音频信号或光电信号，以提升测试者信度。

（四）比赛环境

LSPT是受控环境下的一款综合技能测试，应尽可能多地融合比赛环境的代表性特征，从身体和心理两个方面出发，如富勒顿（Fullerton）在焦虑与自控力的系列研究中播放真实比赛环境的噪声那样，在LSPT中增加更多环境压力或自身心理压力的干预以提升真实感，使测试的生态效度越高越好。

（五）效度研究

入选文献中只有一篇研究显示LSPT的预测效度不高，但其只将单场比赛中技术动作统计与LSPT成绩进行对比，发现两者相关性低，未考虑球员不同位置干扰、测试群体水平过于接近，以及其他诸多赛场因素的干扰，说服力不足。选材目的下显然应更加深入对预测效度的研究，延长对球员的考察时长，累积赛场表现和测试成绩对比，建立LSPT的年龄纵向追踪。此外，对聚合效度的研究仅有2篇，结论已显示LSPT成绩与冲刺速度、灵敏素质和平衡能力之间有中等到较高的相关性，启发后续可探寻LSPT与其他身体素质和生理生化指标的关联。

二、应用

展望未来，LSPT 仍可进行广阔的应用尝试。

（一）本土选材

早期的人才导向对足球运动发展具有重要意义，基于运动能力和专项技能的测试诊断也是人才发展计划中有价值的工具。正如哈曼尼（Hammani）等，对突尼斯 U17 国家队女子足球运动员进行了包括 LSPT 在内的多项测试，与各足球强国同年龄段女足精英球员的测试成绩对比，尝试为突尼斯女足乃至非洲女足的成绩提升寻找突破点；又如凯勒（Keller）等，为 17 岁澳大利亚国家级和州级精英男子足球运动员研制出 45.5 秒总成绩最低标准（cut-off value），用以甄选青少年男足人才。同样地，可尝试在我国不同区域、水平、年龄的男、女足球队中进行 LSPT，并制定更适合本土的成绩标准，助力球员选材和培养。

（二）心理学训练研究

LSPT 近五年的研究和应用热点提示，后续可对更多更特定样本进行符合足球专项的工作记忆训练或其他心理学干预研究，以 LSPT 作为评估技能表现的测试，与研究热点更好地结合。

（三）诱导心理疲劳

LSPT 特点是足球专项技能测试结合了时间压力下较密集的认知决策，被认为会引起心理疲劳。反观两篇关于诱导心理疲劳对运动表现影响的研究，局限性都在于所采用的诱导方案不具有足球专项性，这也是心理疲劳在足球领域研究的瓶颈问题。结合 LSPT 高认知需求的特点，连续若干次 LSPT 的运动任务作为一种符合足球专项要求的心理疲劳诱导方案存在可能。

（四）综合技能训练方法

足球的常见训练内容中，合理安排高速跑动可保护腘绳肌，而合理安排力学性负荷（如变速、变向）对其他肌群（如股四头肌、臀大肌、股内收肌）的重要性同样需要重视。而 LSPT 的综合性，包含人球结合快速变向的特点，使其可作为一种同时训练运动技能和知觉认知能力的方法，以期提升赛场的综合能力，尤其是以快速决策为核心的球商。

小　结

LSPT 是一项综合评价足球运动员传球、带球、控球和决策能力的测试方法，具有可接受的信效度。参测者在 12 米 ×9.5 米的长方形场地中根据测试人员的随机指令最快、最准地连续向四周的长板进行 16 次传接球，并根据完成时间和加罚时间对参测者的综合技能进行评价。自英国拉夫堡大学的史蒂夫·麦格雷戈和梅德·阿里等的研发和改良后，LSPT 已被英国、比利时、法国、荷兰、巴西、意大利、澳大利亚、新西兰、突尼斯、中国香港等国家和地区的研究者所采用，被用于探究补剂、训练、心理、疲劳等因素对技能的干预研究，参测球员为 10~27 岁，水平从业余级跨越至精英级。因其对不同水平和年龄的球员具有显著的区分作用，已被荷兰、法国、澳大利亚、突尼斯等用作国家级青少年足球运动员的选材测试。

作者：卞超，黎涌明

第二十二章
参考文献

04

第四篇
运动项目案例

运动项目纷繁多样,但也有其内在规律。多样性与复杂性展现的是运动项目的魅力,而科学的使命是揭示运动项目魅力背后的规律。本篇包括五章,分别为动作和能量代谢视角下的静水皮划艇项目特征、世界赛艇科学的德国流、游泳运动中能量消耗的性别差异、足球运动员的变向能力、跑步经济性,旨在通过具体的运动项目展现科学在描述项目特征与规律、解释运动训练现象中的作用。

第二十三章
动作和能量代谢视角下的静水皮划艇项目特征

  人体运动是将生物能转化成机械能的过程，动作和能量代谢是人体运动的两个基本特征，而运动训练则是追求从生理学角度产生更多的能量和从生物力学角度更好地利用能量的过程。静水皮划艇于1936年成为夏季奥运会比赛项目。在过去的70多年（1936—2012年）中，男子单人皮艇1000米和女子单人皮艇500米的比赛成绩分别提高了32.5%和42.1%。成绩的提高主要来自更高、更强壮的运动员的招募，对专项供能特点认识的深入，器材的发展，以及生理学和生物力学监控诊断的进步。在过去半个多世纪，静水皮划艇比赛成绩提高的原因可以归为动作和能量代谢方面的改善，如更高、更强壮运动员的招募意味着运动员能够产生更多的能量，器材的发展意味着提高了运动员的动作效率。

  最大摄氧量（VO_2max）、无氧阈和效率是周期性耐力项目运动员运动能力提高的三个主要指标。其中，最大摄氧量和无氧阈与能量供应（能量代谢）相关，而效率与能量利用（动作）相关。随着运动水平的提高，运动员运动能力的进一步提高更多地通过动作效率的提高来实现。自2009年200米成为静水皮划艇的新设奥运会比赛项目以来，静水皮划艇由一个耐力型运动项目分化为速度型（200米）和耐力型（500米和1000米）两类。项目的分化带来的是静水皮划艇世界格局的改变，处于第二阵营的国家（如乌克兰、俄罗斯和英国）在200米项目中取得更多的奥运会奖牌。

  鉴于动作和能量代谢能够提供认识运动项目的新的视角，且这两个新的视角能够解释静水皮划艇项目的历史发展和运动员运动能力的提高，本章将从动作和能量代谢的角度，对静水皮划艇这一奥运项目的特征进行介绍，短距离（200米）和长距离（500米和1000米）的项目特征也会在本章中加以区分。同时从动作和能量代谢这两个视角认识静水皮划艇的项目特征能够避免对其认识的片面化，为教练员科学指导静水皮划艇运动员的训练提供一个相对全面的思路。

第二十三章 动作和能量代谢视角下的静水皮划艇项目特征

第一节 静水皮划艇的动作特征

静水皮划艇包括静水皮艇和静水划艇两个项目。其中，静水皮艇是运动员坐于船中，双足交替蹬住船体（脚蹬板），并通过左右旋转身体，带动左右上肢的后拉，以使手中的桨经由桨叶作用于水，使"人船桨"系统获得一个向前的推力；静水划艇是运动员单跪于船中，前侧足底、后侧膝和后侧足三点触船，并通过髋部的前移和躯干的旋转，带动下方侧上肢的后拉，以使手中的桨经由桨叶作用于水，使"人船桨"系统获得一个向前的推力。无论是静水皮艇还是静水划艇，其发力过程都属于非对称性发力，都需要下肢、躯干和上肢各环节整体发力，都需要躯干的旋转发力和上肢的后拉发力。二者的区别在于静水皮艇是两侧交替发力，而静水划艇是单侧重复发力。鉴于此特点，经过多年训练的静水划艇运动员身体两侧的臀肌和背阔肌在肌肉增生方面会呈现不对称性，其拉桨侧的背阔肌和前侧下肢的臀肌体积更大。此外，二者发力的姿态不同，静水皮艇的下肢发力以膝关节的推（伸膝）为主，而静水划艇的下肢发力包括前方膝的推（伸膝）、前方髋的后拉（伸髋）和后方髋的前拉（屈髋），并且由于跪姿的重心高于坐姿，静水划艇对运动员的身体稳定性要求更高。

表 23-1 是从灵活性、稳定性和功能性三个方面对静水皮艇和静水划艇的动作特征分析，从中可以发现，在灵活性方面，二者都需要骨盆前倾的灵活性（主要决定因素为股后肌群的柔韧性）、脊柱旋转的灵活性（主要决定因素为胸椎旋转的灵活性），以及肩关节的灵活性（主要决定因素为盂肱关节的灵活性）；在稳定性方面，二者都需要脊柱的稳定性（主要决定因素为腰椎的稳定性）和肩关节的稳定性（主要决定因素为肩胛骨的稳定性）；在功能性方面，二者都呈现"大"的身体环节带动"小"的身体环节的发力特征，在完成拉的动作时，都需要在躯干的支撑和旋转下，背阔肌发力带动上肢发力，并且上肢的主要动作关节为肩关节，而非肘关节。

表 23-1 静水皮划艇动作特征分析

动作特征	皮艇	划艇
灵活性	骨盆前倾灵活性（股后肌群柔韧性），脊柱旋转灵活性，肩关节灵活性	骨盆前倾灵活性（前侧股后肌群柔韧性），后侧髋屈肌灵活性，脊柱旋转灵活性，肩关节灵活性
稳定性	坐姿稳定性，脊柱稳定性，肩关节稳定性	跪姿稳定性，脊柱稳定性，肩关节稳定性
功能性	上肢拉（躯干—背阔肌—上肢，大带小），非对称性发力	下方手拉（躯干—背阔肌—上肢，大带小），前方腿伸膝推，两侧髋伸髋拉，后方腿屈髋拉

在过去半个多世纪内，静水皮艇和静水划艇的技术动作由于器材的改进发生了变化。其中 20 世纪 80 年代静水皮艇翼型桨的出现对皮艇动作技术的影响最大。与以往平型桨

相比，翼型桨被证明可以增加水流涡旋的面积，可以更好地利用桨叶在水中产生的升力，并由此将桨叶的效率从72%提高到88%。对于动作的发力来说，翼型桨能够更好地利用躯干旋转的发力和提高动作频率。但是，由于对翼型桨的优势认识不够全面，很多运动员的躯干旋转发力和背阔肌发力不够，导致出现用胳膊划船的技术动作。图23-1是两种不同躯干旋转程度的桨叶轨迹的示意图。同样的动作幅度（即图中实线和虚线箭头的长度一样），躯干旋转发力幅度大时桨叶向躯干侧面的幅度就大，躯干旋转发力幅度小时桨叶向躯干侧面的幅度就小，因此，躯干旋转发力幅度大时桨叶能够在躯干侧向位置或躯干前方出水，而躯干旋转发力幅度小时桨叶到躯干后方才能出水，这增加了动作发力周期中的无效部分，在比赛中限制了最高桨频的提高。对于比赛桨频更高的200米项目来说，这种前划水（front stroke，即桨叶在躯干侧向位置的前方出水）技术的优势更为明显。这一现象已经得到生物力学测试的证实。

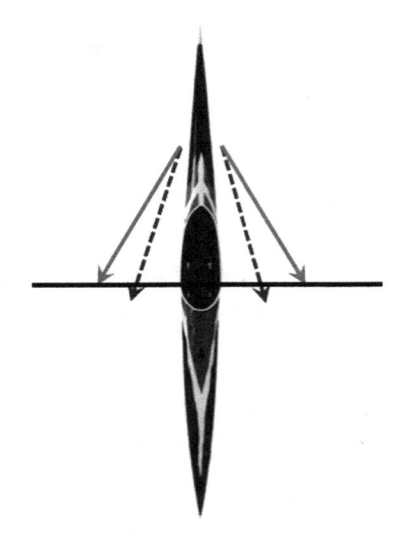

注：水平实线代表运动员坐立于船时躯干的水平位置，实线箭头对应为躯干旋转幅度大，虚线箭头对应为躯干旋转幅度小。

图 23-1　两种不同躯干旋转程度的桨叶轨迹示意图

佩特隆（Petrone）等运用动作分析系统对5名高水平女子皮艇运动员的测功仪运动进行了研究（图23-2），发现奥运冠军选手（图23-2实线）的划桨动作侧向幅度（图23-2，Z轴的位移）和躯干旋转角度（表23-2，肩—骨盆相对角度）更大。肯德尔（Kendall）等运用录像分析研究了新西兰国家队运动员的技术特点，也有类似的发现，即高水平皮艇运动员桨叶入水更靠前，更靠近船体，拉桨过程中的侧向幅度更大，向后拉幅度更小。

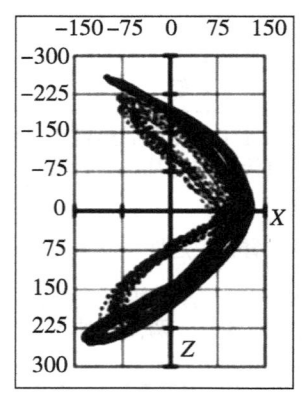

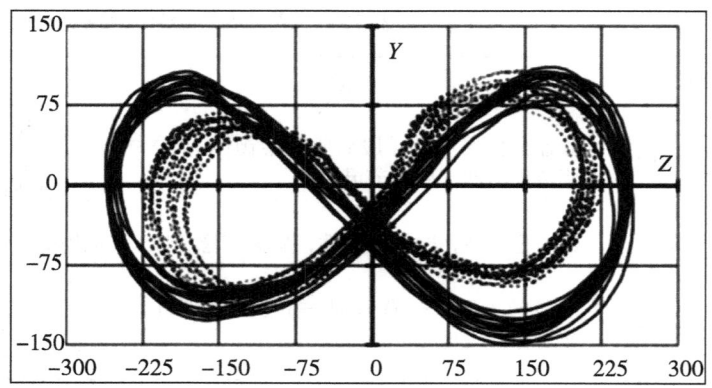

注：左图视角为运动员正上方，右图视角为运动员正前方；实线为奥运冠军，虚线为全国冠军。

图 23-2　不同运动水平测功仪运动桨叶轨迹图

表 23-2　皮艇运动员测功仪恒定桨频运动时各生物力学指标情况

运动员	A	B	C	D	E
年龄	30	23	28	24	23
运动水平排名	1	2	3	4	5
桨叶轨迹情况排名	2	4	3	1	5
肩—骨盆相对角度排名	1	4	3	2	5
左右骨股大转子运动对称性排名	1	2	5	4	3
左右膝角对称性排名	4	5	2	3	2
左右脚蹬板发力对称性排名	1	5	3	2	4

注：A 为奥运会单人皮艇 500 m 冠军，B 为全国锦标赛单人皮艇 500 m 冠军，C 为全国锦标赛单人皮艇 1000 m 冠军，D 和 E 为全国锦标赛双人皮艇 5000 m 冠军；桨频为每分钟 70 和 90 桨；运动员为意大利备战雅典奥运会的女子皮艇运动员。

作为一个左右交替进行的非对称性发力的周期性项目，静水皮艇动作的左右对称性和动作技术的稳定性也是动作技术优劣的重要指标。佩特隆等运用动作分析系统对高水平皮艇运动员的研究发现，奥运冠军多次动作技术的稳定性更高（图 23-2，轨迹更为密集，重叠性高），下肢运动和发力对称性更好。肯德尔等通过录像分析也有同样的发现，其所测的新西兰国家队运动员都存在左右侧的不对称性，但是运动水平更高的运动员在三个维度上的桨叶轨迹一致性更高。

此外，静水皮划艇动作特征的变化同样会带来能量代谢方面的变化。格雷（Gray）等和佩雷斯·兰达卢斯（Perez-Landaluce）等研究了静水皮艇训练中的骑浪划对能量代谢方面的影响，发现当划行速度为 13.58km/h 时，骑浪划（包括骑尾浪和和骑侧浪）时的生理学负荷（摄氧量、血乳酸和心率）和心理学负荷（主观疲劳度）都要低于非骑浪划，并且骑尾浪划的生理学和心理学指标要更低。骑浪划可以节省 18%～32% 的能量。这表明，骑浪划时由于水流的运动，划行过程中水的阻力有不同程度的减小，运动员可以施加更小的力来达到特定的船速。

综上所述，尽管对静水皮划艇动作特征的研究很少，但是少数的几则研究，以及对动作技术的主观经验，表明静水皮划艇的动作需要具备良好的灵活性、稳定性和发力的功能性。高水平的静水皮划艇可能在动作的灵活性、稳定性和功能性方面更有优势，并由此带来更高的动作技术效率（成年静水皮划艇的效率为 12.2%，青少年静水皮划艇的效率为 9.9%，$P < 0.05$），实现能量利用的节省化。

第二节　静水皮划艇的能量代谢特征

人体运动是生物能转化为机械能的过程，生物能的产生可以简单分为无氧（包括无氧磷酸原和无氧糖酵解）和有氧两个代谢过程。人体运动的任何时刻，无氧代谢和有氧代谢都是同时存在的，只是二者对能量供应的贡献比例不同。静水皮划艇包括三个不同的比赛距离（200米、500米和1000米），其在各个距离比赛过程中的能量代谢特征并不相同。本节将从无氧供能和有氧供能两个方面分别介绍静水皮划艇三个不同比赛距离的能量代谢特征。

一、无氧供能

在人体的三大供能系统中，无氧供能的总量决定于身体的肌肉质量，每公斤湿肌经由无氧磷酸原供能可产生的ATP量为20~25 mmol，经由无氧糖酵解供能可产生的ATP量为50 mmol。尽管供能总量有限，但是无氧供能系统能够在运动开始阶段（如起航）和结束阶段（如冲刺）为人体运动快速提供能量。无论对于哪一个比赛距离的静水皮划艇项目，运动员都需要由静止状态起航，并在5秒左右将功率提高到全程最高值，在10秒左右将速度和桨频提高到全程最高值，这一过程的桨力高达480~500 N，起航这5~10秒的功率输出要求只有无氧供能系统能够满足（无氧磷酸原和无氧糖酵解功率分别为每公斤湿肌每秒3~6 mmol ATP和1.5~3 mmol ATP）。因此静水皮划艇起航的5~10秒的能力主要取决于无氧供能系统的总供能量和供能速率，而无氧供能系统总供能量和供能速率又都取决于肌肉的质量。

伴随静水皮划艇世界水平不断提高的是运动员体重的增加。图23-3为多届奥运会中静水皮划艇运动员体重的变化，在2000年之前，男子和女子运动员体重都呈增加的趋势。到2000年悉尼奥运会时，男子和女子平均体重分别为85.2 kg和67.7 kg。在2012年伦敦奥运会上，男子运动员的体重进一步提高至88.0 kg（其中，1000米运动员提高至87.0 kg，200米运动员提高至89.3 kg），而女子运动员的体重则下降至66.0 kg。这主要是由200 m项目的出现造成的，目前各国男子200米运动员已从1000米运动员中分离出来，增加了力量训练的比例，而女子200米大部分由500米运动员兼项。运动员体重的增加以肌肉质量的增加为主，而肌肉质量的增加会直接带来无氧供能总量的增加。静水皮划艇成年运动员在1000米全力划过程中，尽管无氧供能量的绝对值显著高于青少年运动员（100.4 kJ vs. 86.2 kJ），但二者的相对值却没有显著区别（1.19 kJ/kg vs. 1.16 kJ/kg）。类似的情况也存于在不同性别之间，静水皮划艇男子运动员在200米全力划过程中，尽管无氧供能量的绝对

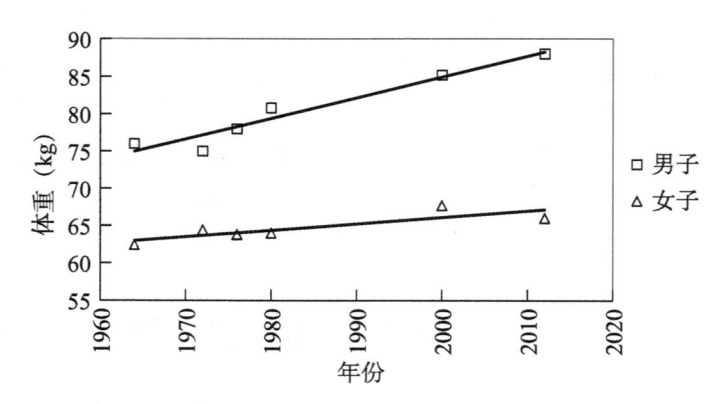

图23-3 多届奥运会中静水皮划艇运动员体重的变化

值显著高于女子运动员（73.5 kJ vs. 51.0 kJ），但二者相对值的差距却明显缩小（0.98 kJ/kg VS 0.80 kJ/kg）。但是，静水皮划艇毕竟是一个船载人的运动项目，体重的增加同样也带来阻力的增加（主要为水阻），因此，体重并不一定越大越好，只有在保证相同的技术效率下，并且体重的增加带来的动力大于阻力，体重的增加才能带来水上能力的提升。

影响无氧磷酸原供能的另一个因素是供能速率，肌肉的质量（快慢肌纤维构成）是决定供能速率的主要因素。人体肌纤维可分为快肌纤维和慢肌纤维两种，其中，快肌纤维收缩速度快（约 30 ms），无氧代谢酶浓度和活性高，主要参与肌肉高强度快速收缩；慢肌纤维收缩速度慢（约 80 ms），线粒体浓度高，毛细血管丰富，主要参与肌肉中低强度中慢速度收缩。人体肌纤维可以根据训练刺激选择性适应，力量训练（受试对象为普通人群，80%～85%RM，10 次 ×3 组，每周 2 次，20 周）可以使慢肌纤维面积增加 15%、快肌纤维面积增加 45%～57%，并由此带来快肌纤维比例的增加。快肌纤维比例高的运动员对应做功的最大功率也高。

鉴于 200 米自 1993 年才成为世锦赛比赛项目，2009 年才成为奥运会比赛项目，因此还未见有关静水皮划艇短距离（200 米）和长距离（500 米和 1000 米）运动员肌纤维比例的比较研究，但是已有研究发现上臂围度、肱骨宽和最大卧拉成绩与 200 米和 500 米的成绩显著相关，国际水平的 200 米运动员的上臂围、胸围和肱骨宽也显著大于国家水平的 200 米运动员。因此，可以肯定的是，以发展横断面和最大力量为目的的力量训练可以增加肌肉质量，并由此带来无氧供能能力的增加，提高运动员起航能力，对 200 米运动员来说更是如此。人体无氧供能系统在静水皮划艇项目中的供能总量有限，其可提高空间也小，而无氧供能比例与比赛距离有关，比赛距离越短，无氧供能的比例越高。200 米、500 米和 1000 米的无氧供能比例分别约为 70%、40% 和 25%。

二、有氧供能

由于有氧供能是指体内的能源物质（主要为糖和脂肪）在氧气的参与下代谢产生能量的过程，人体的有氧供能量可以由人体摄入的 VO_2 来间接推算。VO_2 也是反映机体有氧代谢过程的一个重要指标。图 23-4 是不同人群静水皮艇模拟比赛过程中 VO_2 的动态变化，包括青年女子（40 秒和 120 秒，模拟奥运项目女子 200 米和 500 米）、青年男子（40 秒和 240 秒，模拟奥运项目男子 200 米和 1000 米）、成年男子（240 秒）。从中可以看出，不论何种比赛距离、何种性别，以及青年还是成年，皮艇运动员的 VO_2 在开始运动后的 30～40 秒超过比赛中最高 VO_2 的 90%，并由此进入缓慢提高期。由于所测试的运动员为长距离运动员，未进行过专门的短距离训练，因此他们在 200 米比赛中的 VO_2 未呈现明显的更快的动员（即更快的 VO_2 动力学）。此外，在相同的比赛距离中，青年男子在皮艇 200 米比赛中的 VO_2 要整体高于青年女子；而成年男子在皮艇 1000 米比赛中的 VO_2 在进入缓慢提高期后（即运动开始 30～40 秒后）要整体高于青年男子。尽管如此，图 23-4

中所测试的运动员并不是国际级的高水平运动员，国际级的高水平运动员在比赛过程中的 VO_2 动员更快，在比赛中的最高 VO_2 也更高［如西班牙国家男子皮艇运动员的平均最大摄氧量（VO_2max），达 5.59 L/min］。运动中更高的 VO_2 意味着机体能摄入更多的氧气参与有氧代谢，并由此产生更多的有氧供能量。更快的 VO_2 动员，能够减少运动开始时产生的氧亏，减小无氧供能的比例，从而延缓疲劳的出现。运用运动中累积 VO_2、累积血乳酸和运动后氧债快速部分的计算方法，或者最大累积氧亏法，可以算得静水皮划艇模拟比赛过程中的有氧供能比例。200 米、500 米和 1000 米的静水皮划艇的有氧供能比例分别约为 30%、60% 和 75%。

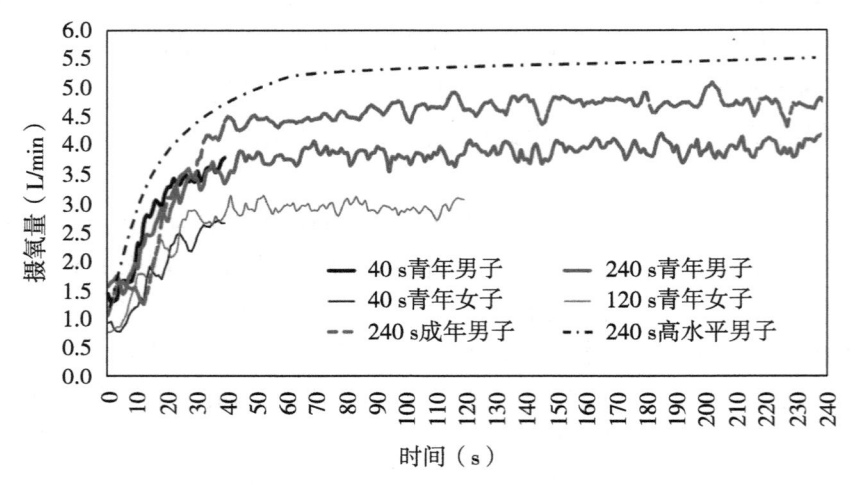

注：图中青年和成年的曲线为多人曲线测试结果的平均值，高水平的曲线为推测的曲线。

图 23-4　不同人群静水皮艇模拟比赛过程中 VO_2 的动态变化

氧气从体外进入骨骼肌中的线粒体参与有氧代谢要经过氧摄入、氧运输和氧利用三个环节，这其中的任何一个环节都会不同程度地影响最终的有氧代谢。评价这一过程的最佳单一指标是 VO_2max，来自周期性耐力项目的研究表明，VO_2max 与运动能力或运动成绩成正相关。尽管还未见来自静水皮划艇项目的 VO_2max 与运动能力关系的报道，但是高水平的静水皮划艇运动员已被证明拥有较高的 VO_2max（西班牙国家队，男子平均 5.59 L/min 或 68 mL/（min·kg），且成年运动员的 VO_2max 要高于青少年运动员（21 vs.16 岁，4.6 vs.4.0 L/min）。当然，导致高水平或成年静水皮划艇运动员更高的 VO_2max 的原因可能是多方面的。通过综合不同研究中报道的数据发现，静水皮划艇运动员的 VO_2max 与其体重成正相关，更大的体重（其中主要为肌肉质量）能够带来更多的能源物质和线粒体量，并由此带来更好的有氧代谢能力。泰希等通过肌肉活检比较了不同项目运动员股外侧肌和三角肌中的肌纤维比例，发现静水皮划艇运动员三角肌的慢肌纤维比例要高于其他几个运动项目，而其股外侧肌的慢肌纤维比例却要低于其他几个运动项目，上肢更高比例的慢肌纤维能够帮助运动员在高强度运动中维持更快的摄氧水平，并由此带来更大比例的有氧供能。需要注意的是，由于 VO_2max 与测试所采取的运动方式或参与运动的肌肉量有关，运用皮划艇的运动方式测得的 VO_2max 要低于运用跑步测得的 VO_2max，前者为后者的 87%。

但是，VO_2max 并不是反映有氧供能能力的唯一指标，在高水平的耐力运动员群体中，VO_2max 甚至不能够区分不同运动水平的运动员。这是因为限制 VO_2max 的主要因素为中枢（心肺系统）运输氧的能力，而非肌肉解离氧和利用氧的能力，而与肌肉利用氧的能力相关的指标是无氧阈（即通氧阈或乳酸阈）。加西亚·帕拉雷斯（Garcia-Pallare）等对西班牙男子国家队的研究发现，高水平静皮划艇的通气阈（VT2）所对应的 VO_2 达 VO_2max 的 80%~90% 之多。恩格莱特（Englert）在其博士论文中提到，德国国家静水皮划艇多级有氧测试中，男子皮艇长距离运动员的 3 mmol/L 乳酸阈（即 3 mmol/L 乳酸阈所对应的划速）要高于短距离运动员（4.04 m/s vs. 3.85 m/s）。

有氧供能对于静水皮划艇长距离比赛的意义毋庸置疑，但是有氧供能对于静水皮划艇短距离比赛的意义也不能被忽视。一方面，约 40 秒的比赛时间内，有氧供能仍占了约 30% 之多，有氧供能对于最终比赛成绩同样具有重要意义。另一方面，有氧供能是短距离静水皮划艇日常高强度间歇训练的重要保证。相比于长距离项目，短距离项目的训练内容中高强度间歇训练的比例更高。在高强度间歇练习中，"高强度"的表现依赖磷酸原的快速分解—合成—再分解。研究发现，VO_2max 高、乳酸阈高、肌糖原含量高的运动员在间歇性练习中能够更好地保持运动强度，并且乳酸阈与间歇性练习中磷酸肌酸的合成率成正比。这说明有氧供能对于 200 米日常的高强度间歇训练有着重要意义。

综上所述，不同距离的静水皮划艇在能量代谢方面的特征不一样，长距离（500 米和 1000 米）为有氧供能主导的项目，短距离（200 米）为无氧供能主导的项目。尽管如此，有氧供能对于短距离仍然具有重要意义。高水平运动员能够在比赛中经由无氧和有氧供能系统产生更多的能量。

第三节　动作和能量代谢视角下的静水皮划艇训练

静水皮划艇的训练目的可分为以动作为载体提高能量利用的能力，以及以能量代谢为载体提高能量供应的能力。前者注重动作的灵活性、稳定性和功能性，后者注重三大供能系统的合理发展。本节简单对静水皮划艇的动作训练和能量代谢系统的训练进行介绍。

一、动作训练

静水皮划艇的动作训练主要围绕灵活性、稳定性和功能性来开展。在静水皮划艇项目中，灵活性主要是指骨盆前倾的灵活性和胸椎旋转的灵活性；稳定性主要是指腰椎的稳定性和肩胛骨的稳定性；功能性主要是指髋主导划艇或膝主导皮艇发力、躯干旋转发力，以及肩主导发力。图 23-5 为发展静水皮划艇灵活性、稳定性和功能性的练习动作示例。这些动作练习是进行陆上力量训练和水上训练的基础。进行陆上力量训练时，先确保练习的动作具备灵活性、稳定性和功能性，然后考虑以何种负重形式（固定轨迹式 vs. 自由轨迹式）、何种重量、何种动作速度进行，以及重复次数多少；进行水上训练时，同样先确保技术动作具备灵活性、稳定性和功能性，然后考虑以何种力度和何种频率，进行多长时间或多长距离的训练。换言之，即以动作为载体，注重动作的灵活性、稳定性和功能性，以发展静水皮划艇的力量、耐力和速度。需要强调的是，体现人体对外做功的唯一指标是功率，而功率是动作的力和动作的速度的乘积，因此，提高动作速度能力也是提高人体对外做功的方式之一。陆上力量训练时需要增加功率力量（即轻负重、少次数的快速动作）的练习，水上训练时不能一味追求大力划，而需要加强功率划（即桨力适当减小，划桨速度增加）。此外，静水皮划艇的动作训练在长距离和短距离项目中几乎没有区别，只是短距离项目需要更快的动作速度和更多的发展肌肉横断面的力量训练。

注：左上角为灵活性练习，左下角为稳定性练习，右侧为功能性发力练习。

图 23-5　静水皮划艇练习动作示例

二、能量代谢系统的训练

由于静水皮划艇包括短距离和长距离项目，且短距离项目是无氧供能主导，而长距离项目是有氧供能主导，静水皮划艇的能量代谢系统的训练在长距离和短距离项目中有所不同。短距离项目的训练内容中包括更多的高强度间歇训练，而长距离项目的训练内容中包括更多的低强度持续训练。尽管如此，世界高水平运动员的成功经验表明，短距离项目需要每天至少进行一堂低强度持续训练，其目的可能在于促进强度训练后的恢复、发展有氧、完善技术等。鉴于有氧供能的重要性，长距离静水皮划艇项目水上年度训练负荷的比例高达85%～88%。为了能够监测有氧能力变化，德国国家静水皮划艇队每年会进行六次多级测试（1000米×4），并根据测试结果制定出下一阶段的有氧训练强度。自北京奥运周期开始，这一有氧测试方法也被我国静水皮划艇所采用。此外，由于静水皮划艇的最大乳酸稳态约为5 mmol/L，5 mmol/L乳酸阈比4 mmol/L乳酸阈更适合作为评价静水皮划艇有氧能力的指标，5 mmol/L和3 mmol/L比4 mmol/L和2 mmol/L更适合作为静水皮划艇强度划分的生理学参照。

小　结

静水皮划艇比赛是一个将生物能转化为"人船桨"机械能的过程，这一项目训练的目的在于提高运动员供应能量和利用能量的能力。动作和能量代谢视角下的静水皮划艇训练强调以动作技术为载体，注重动作的灵活性、稳定性和功能性以发展这一项目所需要的能量供应能力。静水皮划艇所需要的力量、耐力和速度都是动作和能量代谢特征的一种综合体现。

作者：黎涌明

第二十三章
参考文献

第二十四章 世界赛艇科学的德国流

赛艇自 1896 年起成为夏季奥运会的比赛项目之一。作为赛艇项目历届奥运会金牌和奖牌总数排名第一的国家，德国是世界赛艇界名副其实的强国。比赛成绩的显著由社会参与、组织运作等多方面因素共同促成，但是科学的支撑更是德国赛艇成功的重要保障。近半个多世纪以来，一批批德国专家和学者从不同的领域对赛艇项目进行了深入研究，在有力支撑德国赛艇的同时也带动了世界赛艇竞技水平的提升，他们的一些经典研究成果至今仍影响着世界赛艇的训练。然而，近十年来，在世界竞技体育迅猛发展的过程中，德国赛艇的领先地位逐渐受到来自英国等国家的挑战（图 24-1）。我国赛艇在过去赶超西方的近三十年历程中，也深受德国流的影响。本章拟从生理学、生物力学和训练学三个方面回顾世界赛艇科学的德国流，总结德国赛艇科学对世界赛艇发展的贡献，以及其发展过程中存在的问题，以期为我国赛艇项目的进一步发展提供借鉴。

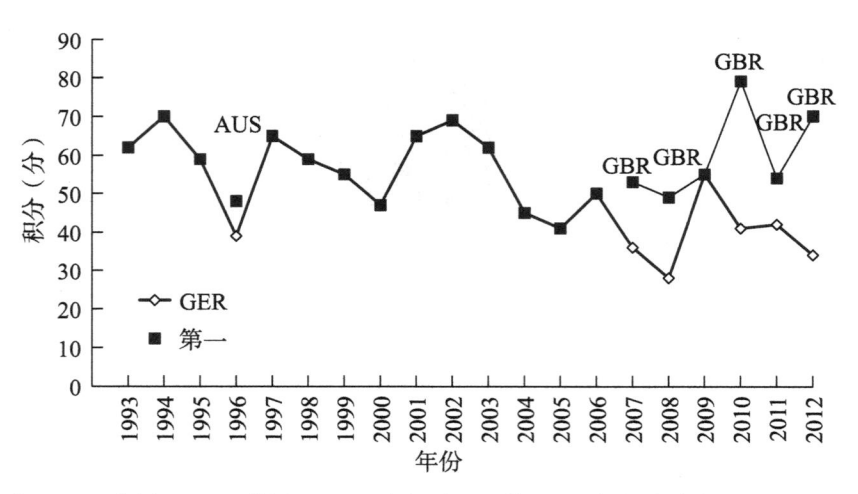

注：GER= 德国，GBR= 英国，AUS= 澳大利亚，第 1~7 名分别对应 8、6、5、4、3、2、1 分。

图 24-1　德国赛艇奥运项目 1993—2012 年世锦赛和奥运会积分（重叠部分为德国第一）

第一节　生理学

任何训练的硬件设备和方法手段都不如组建一支国家队的意义重大。当在国家层面进行运作时，一支运动队才有可能进行更大范围的选材和拥有更好的训练条件。更为重要的是，国家队能够提供更多严谨的测试和研究，并且这些测试和研究的成果能够有力支撑运动员的训练。联邦德国早在1958年就开始在全国范围内进行赛艇项目的选材，并于1966年在哈茨堡（Ratzburg）成立了赛艇学院（Ruderakademie Ratzeburg），促使联邦德国于20世纪60年代在世界赛艇界迅速崛起。民主德国也在同时期开始赛艇项目的集中训练，并在60年代末迅速崛起。

进入20世纪70年代，民主德国和联邦德国对赛艇项目特征的研究逐渐深入，其中赛艇生理学领域的代表人物是阿洛伊斯·马德尔（Alois Mader）。马德尔为民主德国的体育科研人员，1974年开始在联邦德国科隆体育学院继续从事体育科研。马德尔的经典研究为1973年在民主德国对赛艇模拟比赛过程中的能量供应特征的研究（图24-2）。通过让运动员按比赛节奏在赛艇荡桨池进行不同持续时间的运动（1～7分钟，共7次），可以测得7分钟模拟比赛过程中（以分钟为单位）的摄氧量、血乳酸、乳酸生成速率和功率（功率由桨栓上的测力传感器获得），并且可以由此计算出7分钟模拟比赛过程中三大供能系统的供能比例。此研究第一次揭示了赛艇项目的如下专项特征：

（1）赛艇是一个有氧供能为主的耐力型项目，全程有氧供能比例高达82.1%，无氧非乳酸和无氧乳酸供能比例分别为5.9%和11.7%；

（2）无氧供能主要发生在起航阶段，磷酸原在起航15秒内几乎耗尽，血乳酸起航2分钟后已达到最高值的77.0%，乳酸生成速率在第一分钟时最高，之后速率迅速下降，第3～6分钟几乎没有乳酸进一步堆积；

（3）赛艇起航后的运动能力取决于有氧供能能力（VO_2），2分钟后赛艇的功率几乎全部来自有氧功率；

（4）最大摄氧量的利用能力是决定赛艇运动能力的一个重要指标，该研究的运动员7分钟划的平均VO_2（4800～5200 mL/min）为VO_2max（5800～6000 mL/min）的83%～87%，而耐力能力较差的运动员对应的百分比只有60%～70%（3500～4200 mL/min）。即使具有同样水平的VO_2max，二者在7 min的运动中的VO_2就相差800～1500 mL/min，再乘以途中划的4 min（第3～6分钟），这带来的有氧供能量的差别（1700～3200 mkp）要大于全程无氧乳酸供能的总量（2470 mkp）。

此研究的结论突显了有氧能力对于赛艇项目的重要性，这既是民主德国赛艇进行大量低强度有氧长划并取得成功的理论来源，也推动了世界赛艇从重视高强度间歇训练向重视低强度持续训练的转变。这些重要发现至今仍指导着世界各国的赛艇训练。

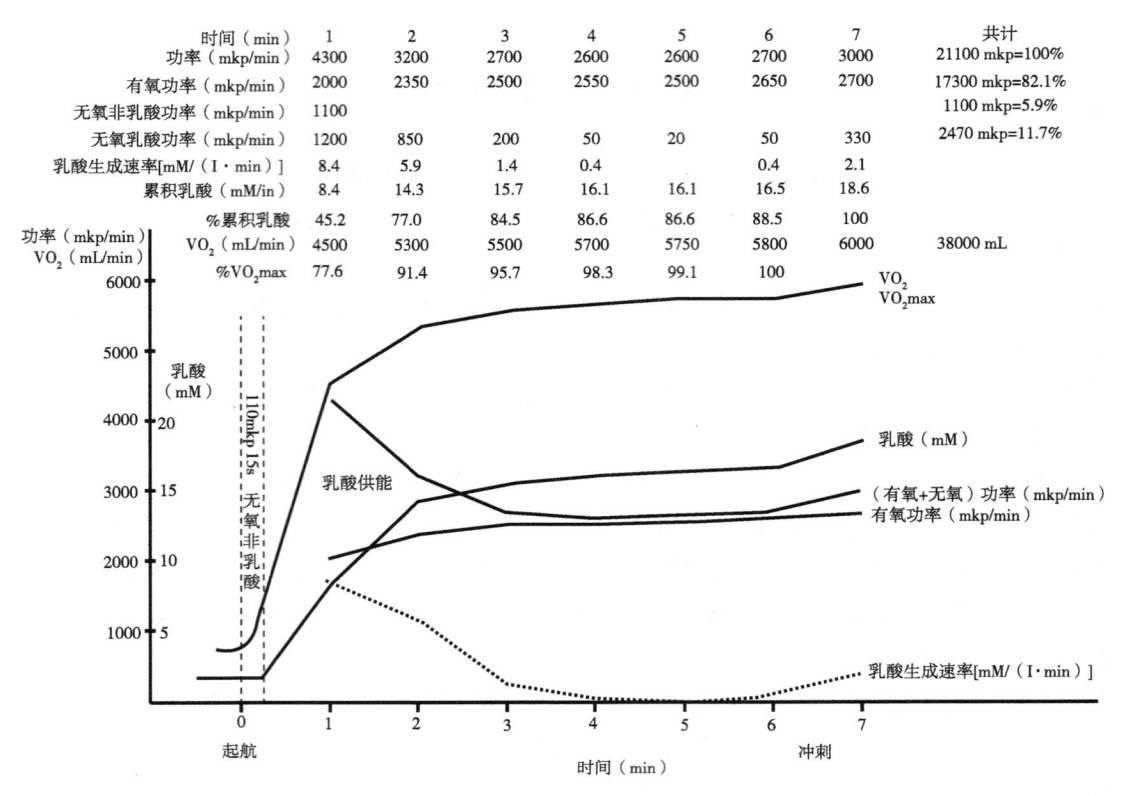

时间（min）	1	2	3	4	5	6	7	共计
功率（mkp/min）	4300	3200	2700	2600	2600	2700	3000	21100 mkp=100%
有氧功率（mkp/min）	2000	2350	2500	2550	2500	2650	2700	17300 mkp=82.1%
无氧非乳酸功率（mkp/min）	1100							1100 mkp=5.9%
无氧乳酸功率（mkp/min）	1200	850	200	50	20	50	330	2470 mkp=11.7%
乳酸生成速率[mM/(I·min)]	8.4	5.9	1.4	0.4		0.4	2.1	
累积乳酸（mM/in）	8.4	14.3	15.7	16.1	16.1	16.5	18.6	
%累积乳酸	45.2	77.0	84.5	86.6	86.6	88.5	100	
VO_2（mL/min）	4500	5300	5500	5700	5750	5800	6000	38000 mL
%VO_2max	77.6	91.4	95.7	98.3	99.1	100		

（1 mkp/min=0.163 watt）

图 24-2　赛艇模拟比赛过程能量供应特征

1976 年，马德尔将完全有氧供能到部分无氧乳酸供能的这个过渡区域定义为有氧 - 无氧阈（aerob-anaerobe Schwelle），并指出这个阈值对应的血乳酸值为 4 mmol/L，4 mmol/L- 阈值可用于评价有氧能力。1979—1988 年，马德尔及其博士生乌里希·哈特曼（Ulrich Hartmann）负责联邦德国国家赛艇队的科研。在此期间，4 mmol/L- 阈值被广泛用于评价赛艇项目的有氧能力，4 mmol/L- 阈值功率（P4）也被证实与 2000 米全力划的平均功率（P_{max}）具有高度相关性（图 24-3），此相关性再次证明有氧能力对于赛艇 2000 米专项能力的重要性。

马德尔和哈特曼不仅证实了有氧能力对于赛艇专项能力的重要性，提出用于评价有氧能力的指标（P4），还对评价有氧能力的测试方法进行了深入的研究。在 20 世纪六七十年代，VO_2max 是唯一用来评价赛艇运动员有氧能力的指标，在民主德国，VO_2max 甚至被用为国家队队员的选拔标准（男子 > 6000 mL，女子 > 4000 mL）。鉴于有氧 - 无氧阈的发现，以及 4 mmol/L- 阈值的提出，马德尔等致力于寻求一个赛艇项目的多级测试方法。由于赛艇测功仪直到 20 世纪 80 年代初才被采用，此前的赛艇多级测试只能在跑台或功率自行车上进行，多级测试采用的是 2 分钟或 3 分钟的递增测试。20 世纪 80 年代初，马德尔等开始使用 Gjessing 测功仪进行二级测试，即在此前的 6 分钟最大测

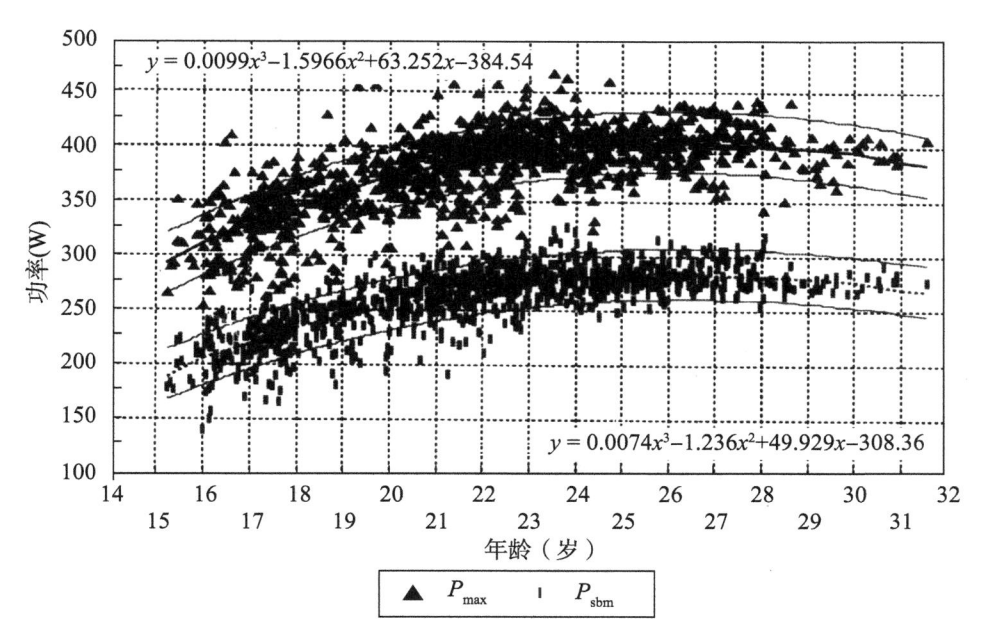

$$y = 0.0099x^3 - 1.5966x^2 + 63.252x - 384.54$$

$$y = 0.0074x^3 - 1.236x^2 + 49.929x - 308.36$$

注：P_{sbm}=P4，即多级测试中 4 mmol/L 对应的功率。

图 24-3　赛艇 2000 m 最大功率（P_{max}）和有氧功率（P_{sbm}）

试前增加一个 8 分钟的次最大强度（对应为有氧 – 无氧阈强度）的持续强度测试，然后利用内插法算出 P4。与此同时，联邦德国和民主德国在赛艇训练过程中还采用赛艇测功仪的多级测试（2 分钟和 3 分钟）。然而，哈特曼和施泰纳克（Steinacker）二人都发现，由 2~3 分钟多级测试得到的 P4 要比二级测试的 P4 高 20~30 Watt，原因在于在次最大强度持续运动过程中血乳酸需要 5~10 分钟才能达到稳定状态，每级持续时间过短（<5 分钟）会导致血乳酸功率曲线的右移，并导致 P4 值偏高，进而导致由多级测试制定的训练强度偏高。因此，在 20 世纪 90 年代赛艇多级测试的每级持续时间被延长为 4~5 分钟，而马德尔和哈特曼也将二级测试进一步完善为三级测试（每级 8 分钟，强度分别为 2000 米最大划功率的 55%、65% 和 75%）。赛艇有氧能力测试方法在过去四十年的演变如图 24-4 所示，以马德尔为代表的德国学者通过大量的研究奠定了目前世界上赛艇多级测试的理论基础。

赛艇训练过程中一个十分重要的问题是负荷量，有限的文献资料已证明 20 世纪最后三十年赛艇训练的年负荷量呈增加的趋势（约由 800 小时增加到 950 小时），但其中增加的负荷量主要是低强度的有氧训练，而高强度的无氧训练反而负荷量下降。马德尔和哈特曼在 20 世纪七八十年代从能量供应的角度对赛艇训练的负荷量进行了理论分析（图 24-5）。人体一天最大的供能量约为 5800 kcal，减去人体基础代谢的 1500~2000 kcal，人体一天运动可消耗的最大能量为 3500~4000 kcal。假定人体一天可用于运动消耗的能量储备为 3000~4000 kcal，那么人体可运动的时间长短取决于人体运动的强度，运动强度越低，则可运动的时间越长。以一名体重为 90 kg、VO_2max 为 6000 mL 的男子优秀赛艇运动员

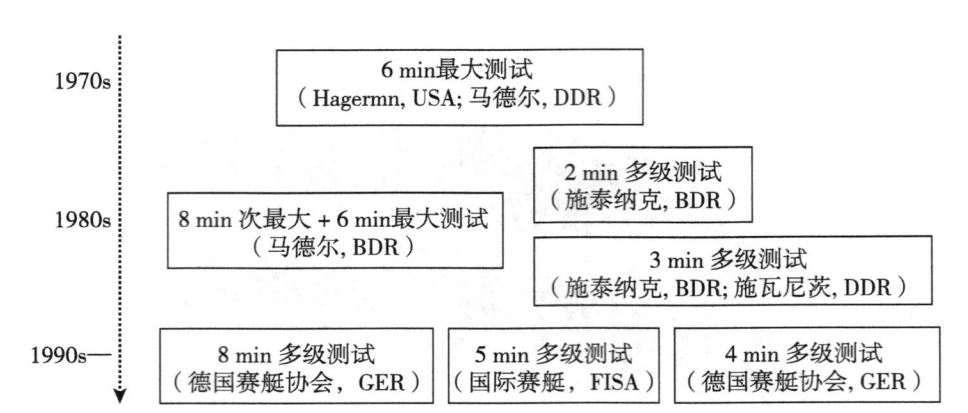

图 24-4　赛艇有氧能力测试方法演变

1970s：6 min 最大测试（Hagermn, USA；马德尔, DDR）

1980s：8 min 次最大 + 6 min 最大测试（马德尔, BDR）；2 min 多级测试（施泰纳克, BDR）；3 min 多级测试（施泰纳克, BDR；施瓦尼茨, DDR）

1990s：8 min 多级测试（德国赛艇协会, GER）；5 min 多级测试（国际赛艇, FISA）；4 min 多级测试（德国赛艇协会, GER）

注：USA= 美国，DDR= 民主德国，BDR= 联邦德国，GER= 德国，FISA= 国际赛艇联合会。

为例，且其阈值强度为 75%～85%VO₂max（4500～5100 mL），那么他在这个强度下每小时的能量消耗量对应为 1350～1530 kcal，每天的最大训练量为 2.5～3 小时。由于人体糖的再填充需要 2～3 天，因此每天以这种阈值强度进行大于 2 小时的训练是难以实现的。只有降低训练的强度，才能增加脂肪参与供能的比例，以保证足够的运动时间。

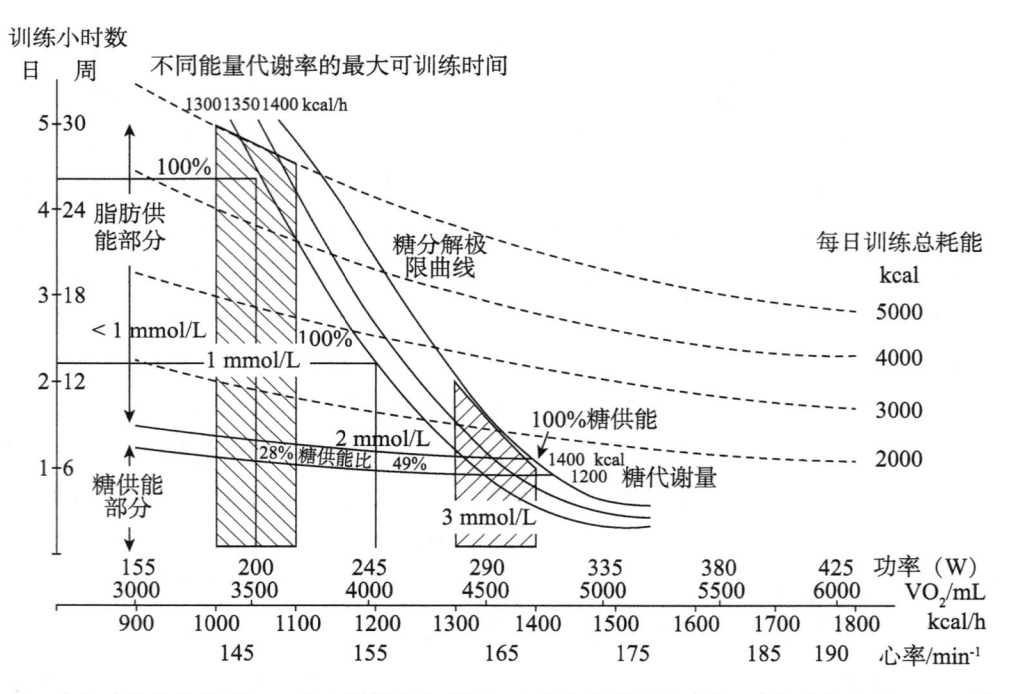

图 24-5　赛艇训练量与能源物质的关系

注：曲线对应为体重 90 kg，最大摄氧量为 6000 mL 的优秀赛艇运动员；功率对应为 Gjessing 测功仪的功率［换算公式为：$P_{\text{Concept2C}}(w) = 1.33 \times P_{\text{Gjessing}} - 83\,(w)$］。

如果超越了人体供能的这个极限，那么持续训练一周之后人体蛋白质代谢将呈负平衡，带来运动能力的下降，这是因为人体运动能力的物质基础大部分是蛋白质。以每周训练5个整天、每天训练2~3小时（每周10~15小时）、每小时12千米（即3.3米/秒，对应240 Watt）计算，35周准备期（9月初至来年5月初）的训练量为4200~6300千米，即每周实际训练量可能为120~180千米，平均每周约143千米；11周比赛期的训练量为1000千米，即每周至少80~100千米，以保持有氧能力。因此，每年的最大训练量为7500千米。

马德尔和哈特曼无疑是过去四十几年德国赛艇生理学的代表人物，其他学者如尤尔根·施泰纳克（Juergen Steinacker）和瓦尔特·罗斯（Walter Roth）同样在这一领域进行了大量研究。这些德国赛艇生理学家通过研究证明了有氧能力对于赛艇专项能力的重要性，给出了相应的评价指标（P4）和评价方法（多级测试），并且从能量供应的角度分析了赛艇负荷量与强度的关系。他们的这些研究成果对于世界赛艇的发展起了巨大的推动作用。

第二节　生物力学

生理学为赛艇运动提供能量，而生物力学则决定赛艇运动中能量的利用，二者对于赛艇专项能力来说同等重要。第二次世界大战后，随着各国赛艇国家队的组建，针对赛艇生物力学的研究也逐步展开，德国和苏联成为此时期赛艇生物力学研究的先驱者。民主德国早在1965年便成立体育器材研究所（Institut für Forschung und Entwicklung von Sportgeräten, FES），开展竞技体育的生物力学研究，而赛艇是其重点研究的项目之一。联邦德国的赛艇生物力学研究主要集中在1966年由卡尔·亚当创立的哈茨堡赛艇学院，以及后期的科隆体育学院。两德合并后，德国赛艇生物力学的研究继续进行，主要从事单位为FES和汉堡大学（表24-1）。

表24-1　德国不同时期赛艇生物力学研究情况

	时期		研究机构	测试平台	测试指标	代表人物
两德合并前	民主德国	1960s—1980s	体育器材研究所	荡桨池，水上	桨栓力，角度，脚蹬板力，滑座轨迹，加速度等	彼得·施瓦尼茨
	联邦德国	1970s	哈茨堡赛艇学院	水上		卡尔·亚当
		1980s	科隆体育学院	水上，测功仪		沃克·诺特
两德合并后		1990s	体育器材研究所，汉堡大学	测功仪，水上		沃克·利彭斯
		2000s—				克劳斯·马特斯

作为德国赛艇生物力学的代表性人物，沃克·诺特、彼得·施瓦尼茨和克劳斯·马

特斯分别在不同的时期开展研究。诺特为联邦德国赛艇队教练,并且于1984年在科隆体育学院取得博士学位,其博士研究方向为赛艇生物力学;1993年移居加拿大,在大学从事训练和教学工作。2005年,诺特邀请世界范围内赛艇各个领域的专家共同编辑《划得更快》(Rowing Faster)一书(2011年编辑第二版),该书被誉为至今最为全面的赛艇专项训练书籍。彼得·施瓦尼茨为民主德国赛艇科研人员,于1975年在柏林洪堡大学取得博士学位,其博士研究方向为赛艇生物力学,其研究特点在于将生物力学和生理学作为一个整体进行研究,如其在研究中发现赛艇双单领桨选手由于发力幅值早和高于跟桨选手,造成训练和比赛过程中血乳酸偏高,并且有氧能力(P4)也比跟桨选手弱。这个发现为赛艇多人艇的个体化训练提供了重要信息。马特斯自20世纪90年代便开始赛艇生物力学的研究,其在2000年申请教授职位论文专题为赛艇生物力学,最近十几年一直从事德国赛艇国家队的生物力学科研工作,有力地支撑了德国赛艇国家队的训练。

德系技术风格是世界赛艇技术的重要流派,目前世界赛艇四种技术风格中有两种属于德系技术(Adam式和DDR式)(图24-6)。这两种技术为加拿大学者克拉沃拉(Klavora)根据1976年奥运会上联邦德国和民主德国的技术风格总结并命名的。亚当为联邦德国20世纪六七十年代国家赛艇队教练,也是哈茨堡赛艇学院的创始人,他提倡回桨时充分收腿,躯干前倾幅度相对较小,拉桨时注重长蹬腿,滑座滑动距离80厘米,倒体幅度却不大;DDR式为民主德国的技术风格,回桨时下肢幅度相对较小,躯干充分前倾,拉桨时注重倒体,滑座滑动距离为72厘米。这两种技术的共同特点是强调下肢和躯干的同步发力,这样会使发力曲线相对饱满,提高推桨效率。各国赛艇技术都是介于四种赛艇技术风格之间,两种德系技术风格也成为技术发展的两个重要参照。

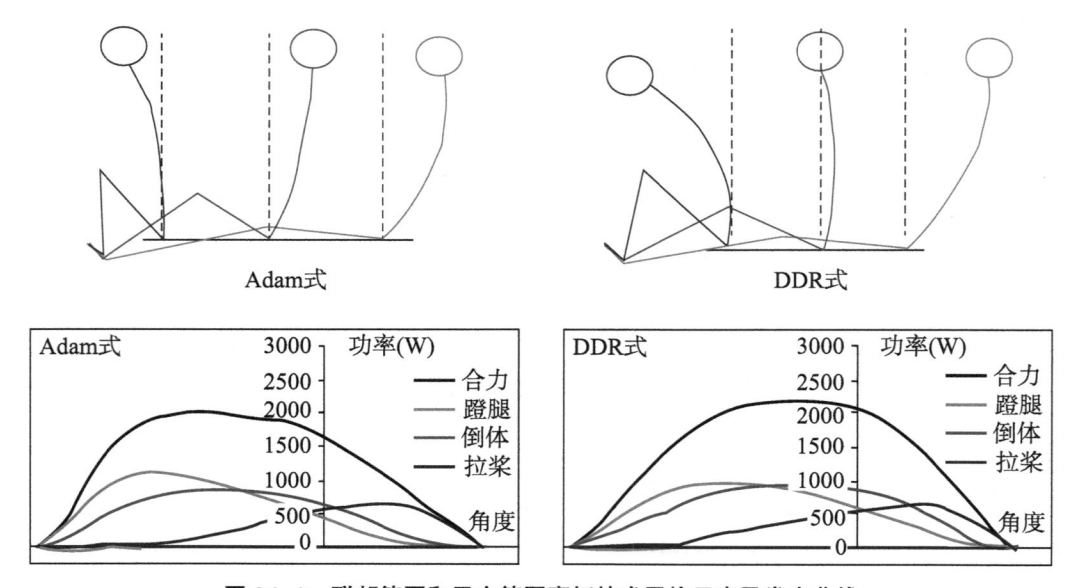

图24-6 联邦德国和民主德国赛艇技术风格示意及发力曲线

赛艇生物力学中不可忽视的一部分是器材的研发。现代最早的赛艇测功仪（Gjessing）诞生在挪威，而施泰纳克等第一次研发出可以测量并显示 Gjessing 测功仪功率的仪器，推动了早期德国赛艇监控测试的量化评价。赛艇船厂 Empacher 于 1972 年率先进行赛艇材料的改进，由木质船改进为纤维加强塑料船，并由此开启了世界赛艇的 Empacher 时代，此品牌目前为国际比赛最受欢迎的品牌。"德国学者""德国技术"和"德国船"无疑是世界赛艇生物力学的一股重要力量。

第三节　训练学

训练是一个不断刺激与适应的过程，一方面需要通过生理学和生物力学的测试了解运动员的反应，另一方面需要对训练负荷进行记录，以明确什么样的训练负荷导致了什么样的生理学和生物力学反应。训练过程又是一场科学实验，教练员通过不断实施的训练内容来探究运动员的反应。三十几年来，德国赛艇一直坚持训练这场科学实验的严谨性，训练记录方面采用标准的记录格式（图 24-7），真实详细记录每名运动员实际训练内容，测试评价方面采用固定的科研人员（三十几年来固定两名科研人员，20 世纪 80 年代为哈特曼，此后一直为葛雷保）和测试方法。尽管这三十几年来部分仪器（如测功仪，1983 年至 1997 年为 Gjessing，此后为 Concept）和测试方法（如多级测试）有所更新，但是为了保证测试数据的延续性和可比性，哈特曼和葛雷保等人通过研究求得不同设备或方法之间的换算公式，如 $P_{\text{Concept2}}c(\text{w}) = 1.33 \times P_{\text{Gjessing}} - 83(\text{w})$。

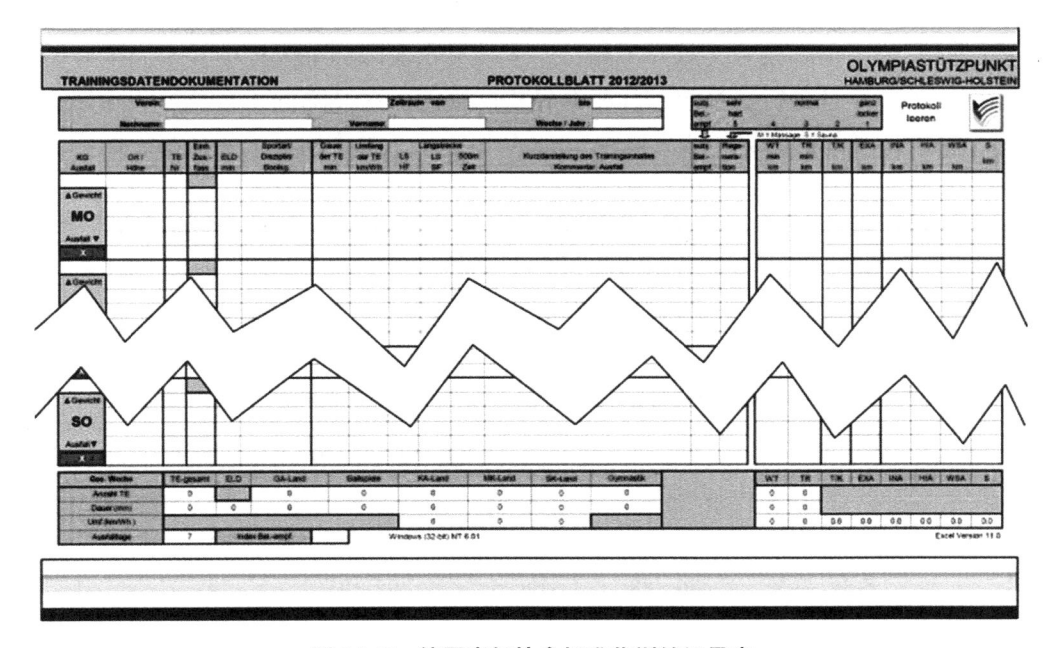

图 24-7　德国赛艇协会标准化训练记录表

运动训练的科学与艺术

计划性和系统性同样是德国赛艇对待训练这场科学实验的态度。在奥运备战过程中，根据周期计划、年度计划和阶段计划安排测试计划。图 24-8 是德国赛艇全年最大测试和多级测试的示意图，每 4~6 周安排一次多级测试，监控有氧能力的变化；每年安排 4~6 次最大测试，监控专项能力的变化。一些训练学的重大发现正是在这样的长期和系统的训练记录和监控测试过程中发现的。

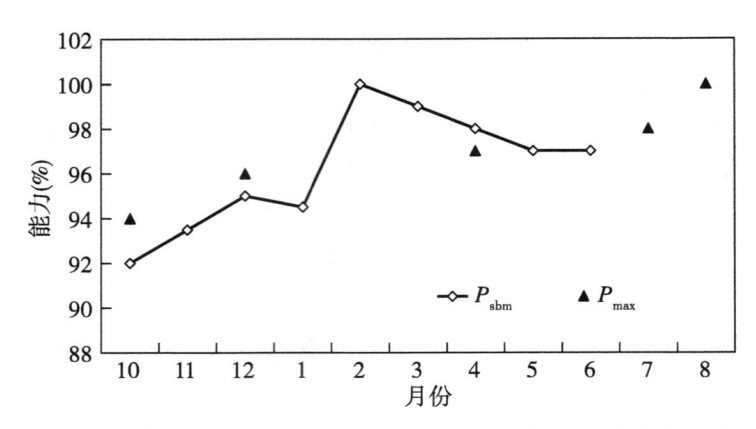

图 24-8　德国赛艇全年 2000 m 最大划功率（P_{max}）和有氧功率（P_{sbm}）变化示意图

在 1988 年的第五届欧洲运动医学大会上，哈特曼做的有关高水平赛艇训练的报告获得了大会最佳报告，世界对德国赛艇训练从此有了一个较为全面的了解。此报告来源于哈特曼 20 世纪 80 年代在联邦德国赛艇国家队负责的科研工作，相关成果先后以博士毕业论文和期刊论文的形式被世界所了解。成果当中对世界赛艇科学具有重要意义的要属对德国赛艇年度训练负荷的统计（表 24-2）及不同训练方法和手段的强度特征（表 24-3）。根据对运动员实际训练负荷的详细统计，哈特曼发现水上专项训练的主体负荷为低强度的有氧长划（血乳酸 <2 mmol/L），即使在比赛期，这部分强度的训练比例也大于 70%。这个发现与当时联邦德国很多权威文献并不相符，运动员在实际训练过程中并未完全遵循教练员的强度要求，而是自行选择了一种相对轻松的强度，这样降低了运动员实际训练的整体负荷，带来了联邦德国男子八人艇在 1988 年奥运会上的夺冠。大量低强度的有氧长划带来的是有氧能力的提高，二级测试结果显示运动员的 P4 值逐年提高。不仅如此，哈特曼还根据实际测试情况列出了赛艇不同训练方法和手段对应的血乳酸和心率反应，使赛艇训练更具针对性。给出优秀赛艇运动员在不同时期、不同强度的训练量的比例，并提供相应的训练方法和手段，是哈特曼对世界赛艇科学的一个重要贡献。

表 24-2　联邦德国赛艇国家队（1985—1988 年）水上训练负荷分布（%）

训练阶段		强度区间 /（mmol/L）				
		<2	2~4	<4	4~8	>8
准备期	秋季/冬季	90~94	8~5	98~99	1	1~0
	冬季/春季	86~88	9~5	95~93	4	1~3
	比赛期	70~77	22~15	92~93	6	2

表 24-3 不同赛艇训练方法和手段的强度特征

训练方法/手段	训练课次 n	血乳酸/(mmol/L) M	SD	心率/(bpm) M	SD
低强度耐力长划	236	1.47	0.65	146.5	15.1
中强度耐力长划	39	2.47	0.88	163.6	9.2
长划（穿插15桨练习）	12	3.04	0.76	163.1	9.4
力量耐力划（80~120桨功率划）	36	3.64	0.96	171.5	10.0
中强度耐力长划（15~20 min）	16	3.66	1.28	168.8	7.8
中强度耐力长划（10 min）	46	4.48	1.73	172.7	8.8
金字塔式划（如30/40/50/60/50/40/30桨）	28	5.59	1.33	175.5	12.6
5 km 计时划（计心率）	9	5.88	1.75	165.0	11.1
5 km 计时划（不计心率）	20	6.87	2.03		
10 km 计时划	25	6.23	1.67		
3×7 min	32	6.84	1.49	184.1	10.6
3×4 min	26	8.52	2.00	183.8	12.9
3×7 min 和 3×4 min	48	7.59	1.92	184.0	11.6
（2~3）×2 min	10	10.74	1.17		
2000 m 节奏划（低于比赛桨频6桨）	17	7.27	2.02	177.8	13.0
1500 m 节奏划（低于比赛桨频3桨）	16	10.57	2.48	178.8	7.6
500 m 节奏划	158	9.80	2.17		
1000 m 节奏划	83	12.48	2.61		
1500 m 节奏划	14	12.90	2.08		
测试赛	45	13.75	2.59		
国际比赛	38	15.24	3.30		

第四节 德国流遭遇英国流

德国赛艇在以往参加的22届奥运会中共获得66枚金牌，共计119枚奖牌（截至2013年），这一骄人战绩是其他国家不可比肩的。广泛的群众基础、合理的组织结构和扎实的体育科研是其成功背后的主要原因。然而，雅典奥运会后德国赛艇逐渐受到英国等国家的冲击（图24-1）。从外部来看：①英国举办2012年奥运会，加大了对赛艇项目的经费投入，并由此吸引了世界优秀教练员和科研人员，提高了对赛艇项目的科研力度；②世界赛艇科学的交流与融合提高了各国赛艇的竞技水平，蚕食了德国的优势地位。从内部来看：①德国赛艇人才流失，一批优秀的青年赛艇运动员被吸引到美国读书（2005年统计在美就读的女子赛艇运动员约20人）；②德国赛艇内部存在不同流派，训练理念存在分歧。20世纪后30年，德国赛艇依靠对有氧能力的认识和大量低强度的有氧训练占据了世界赛艇强国地位，如今重视有氧能力和低强度有氧训练已成为世界各国赛艇训练的共识，英系国家在最近十几年加强了对赛艇无氧训练和动作训练的研究，世界赛艇在历经近半个世纪后再次回归群雄逐鹿的局面。

在世界赛艇强国中，德国是少数几个没有聘请过外籍教练员和科研人员的国家之一。一方面，德国几十年来的领先地位造就了一批本土优秀教练员和科研人员，为德国赛艇的兴盛提供了源源不断的人力资源；另一方面，这种优势心理滋生了其保守主义思想。相比之下，英国赛艇在备战伦敦奥运会过程中则体现出了"海纳百川"的一面。英国赛艇男子组主教练尤尔根·格罗布勒为原民主德国国家队教练，亲自执教运动员参加11届奥运会取得10枚金牌，其中6枚来自1991年以后执教的英国队。格罗布勒在英国的成功也可以视为民主德国赛艇科学在英国的传承与创新。英国赛艇女子组和轻量级组主教练保罗·汤普森为原澳大利亚国家队教练，2000年执教澳大利亚女子赛艇取得历史首枚金牌，2001年任英国国家赛艇队教练，伦敦奥运会英国赛艇新增的3枚金牌全部来自女子项目。维拉利·克利什涅夫（Valery Kleshnev）为苏联赛艇生物力学专家，1998—2004年在澳大利亚国家体育科研所工作，2005年在英国国家体育科研所工作并定居英国，目前为世界最具影响力的赛艇生物力学专家，为多个国家提供赛艇生物力学的测试和评价服务。除此之外，以英国国家体育科研所为代表的科研机构和以史蒂夫·英格姆和艾利森·麦克格雷格（Alison H. McGregor）为代表的学者分别在生理学和生物力学方面为世界赛艇科学英国流的崛起作出了重要贡献。

第五节 赛艇科学德国流对我国赛艇的启示

1987年我国聘请首位德国籍教练员约阿希姆·埃里格（Joachim Ehrig），这可以说是我国赛艇科学训练的一座里程碑。有关低强度有氧训练对于赛艇专项能力的重要性、有氧能力的评价方法，以及血乳酸测试在赛艇项目中的应用等重要信息都是通过埃里格介绍进入我国的。这些赛艇科学的信息大大推动了我国赛艇的科学化进程，一些省份在重视有氧训练和技术训练的过程中慢慢尝到了成功的甜头。然而，德国赛艇的三大支柱（群众基础、训练体系、科研力量）恰恰是我国赛艇科学化进程中所欠缺的，德国赛艇目前存在的问题（人才流失和理念分歧）又恰恰是我国借由举国体制可以解决的。因此，从近期发展来看（如备战奥运会），可以通过聘请著名外籍教练，整合世界赛艇科学知名专家的力量，并配以高水平的科研力量，短期内提高我国赛艇的科学化训练水平；从长期发展来看，则需要制订长期和系统的发展规划，构建教练员培训体系，加强教练员的理论培训，依托国外专家的力量培养本土科研力量，并逐步扩大赛艇项目在我国的群众基础。

小　结

德国是世界赛艇的强国，德国赛艇科学在推动世界赛艇科学发展的过程中发挥了重要作用。生理学领域以马德尔和哈特曼为代表的学者证明了有氧能力和有氧训练对于赛艇专项能力的重要性，生物力学领域以诺特和施瓦尼茨为代表的学者不断完善和发展着德系技术风格，训练学领域以哈特曼和葛雷保为代表的学者几十年以来坚持训练记录和测试评价的严谨性和标准化。然而近十年来，由于内部赛艇人才的流失和训练理念的分歧，以及英系国家的崛起，德国赛艇在世界上的领先地位受到冲击。我国赛艇项目的发展需要在充分发挥举国体制优势的基础上，建立长远发展规划，着力提高教练员和科研人员水平。

作者：黎涌明

第二十四章
参考文献

第二十五章 游泳运动中能量消耗的性别差异

伦敦奥运会上中国女子400米个人混合泳运动员叶诗文以快于男子400米个人混合泳冠军运动员罗切特0.17秒的50米冲刺速度夺得金牌，引起了全世界对男女游泳运动员运动能力差异的关注。本章从分析伦敦奥运会400米个人混合泳的决赛成绩入手，介绍游泳运动中男女运动员在能量消耗方面的差异。

第一节　400米个人混合泳决赛结果

伦敦奥运会400米个人混合泳男女项目的金牌分别由美国的罗切特和中国的叶诗文获得，二人的成绩分别为4:05.20和4:28.43（相差23秒23）。但是二人获胜的过程却不一样（表25-1），叶诗文出发排名并不靠前，前50米和前100米排名分别为第4和第5，经过一路追赶在最后50米才反超对手；罗切特则一出发就取得领先，并以领先第二名3秒7的较大优势轻松抵达终点。因此，叶诗文最后50米的分段成绩28秒93排名女子第一，而罗切特最后50米的分段成绩29秒10只排名男子第5，男子前四名的分段成绩都快于叶诗文的28秒93。

表25-1　叶诗文和罗切特决赛分段成绩

分段/m	叶诗文 时间/mm:ss.0	排名	分段成绩/s	罗切特 时间/mm:ss.0	排名	分段成绩/s
50	00:28.9	4	28.85	00:25.6	2	25.62
100	01:02.2	5	33.34	00:55.0	1	29.40
150	01:37.5	3	35.34	01:26.2	1	31.17
200	02:11.7	3	34.20	01:56.9	1	30.67
250	02:50.5	3	38.80	02:31.0	1	34.18
300	03:29.7	2	39.22	03:06.5	1	35.49
350	03:59.5	1	29.75	03:36.1	1	29.55
400	04:28.4	1	28.93	04:05.2	1	29.10

图 25-1 显示的是男女 400 米混合泳前三名的分段成绩（图中曲线），以及男女前三名平均分段成绩的差异（图中柱形）。由图可以清楚地看出，男女前三名的平均分段成绩在最后 50 米缩至最小的 0.8 秒，即使排除第一名叶诗文的成绩，女子第二和第三名的平均分段成绩也缩小至 1.3 秒，并且女子第二名最后 50 米的成绩 30 秒 81 接近男子第二名的成绩 29 秒 34，二者相差 1.47 秒。

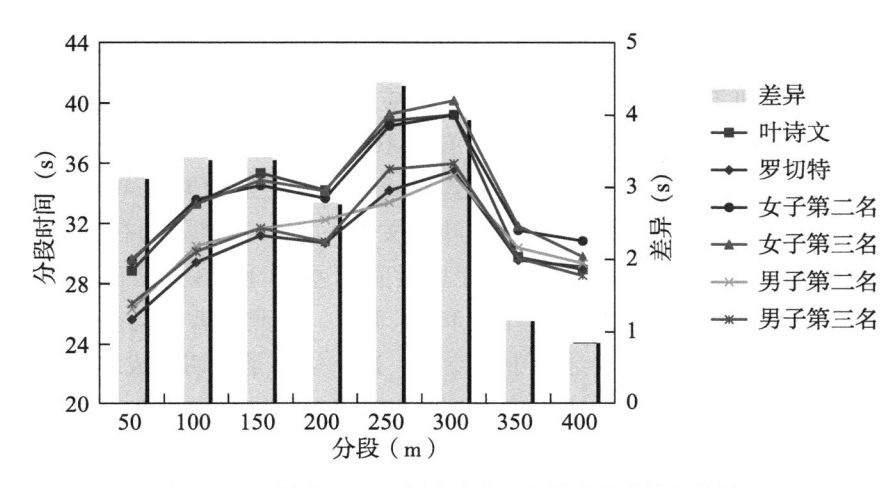

图 25-1　男女 400 m 混合泳前三名的分段成绩及差异

第二节　男女项目游泳世界纪录的差异

图 25-2 是对国际泳联男女长道世界纪录差异的分析结果，由图可以看出，不管何种泳姿，男女世界纪录间的差异随着比赛距离的延长而缩小，如男女自由泳的差异由 50 米时的 20% 缩小至 1500 米时的 7.89%。由此似乎说明，比赛距离的延长可以缩小甚至消除性别带来的运动能力的差异，如伦敦奥运会游泳马拉松（10 千米）男女间的成绩差异进一步缩小至 7.02%。

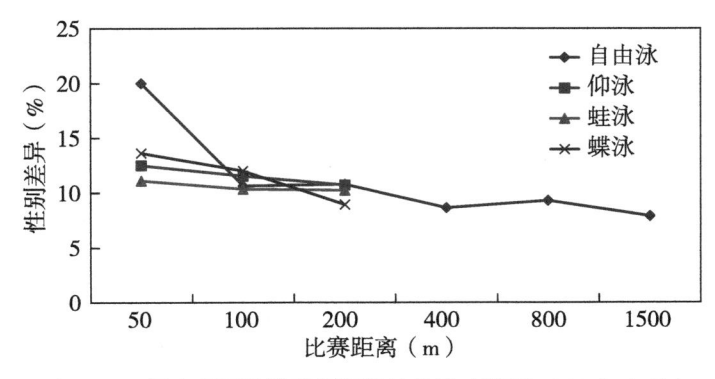

图 25-2　男女项目游泳世界纪录的差异（截至 2012 年 8 月）

第三节 能量消耗在游泳运动中的性别差异

从能量代谢的角度考虑，决定游泳运动能力的两个因素是能量供应和能量利用，前者由三大供能系统（磷酸原、糖酵解和有氧系统）的机能状况决定，后者由运动员在水中前行产生的阻力决定，而评价能量供应和能量利用的一个综合指标是能量消耗，即运动员在水中前进单位距离所消耗的能量，其单位是 kJ/m。运动员在比赛中完成不同距离所需要的时间不一，因此需要的能量供应量也不相同，最大运动的持续时间越长，所需要的能量越多，能量供应中来自有氧系统的比例也逐渐增大（表 25-2）。对于同一距离项目，有氧供能比例并无性别差异，如伦敦奥运会男子 400 米个人混泳冠军罗切特的成绩为 4:05.20，女子项目冠军叶诗文为 4:28.43，二人的有氧供能比例可以推算为 76.7% 和 78.7%（2% 的差异是由完成时间相差 23 秒 23 造成的）。但是，由于二人的体重相差 24 千克（分别为 88 千克和 64 千克，参照伦敦奥运会官网数据），罗切特产生的绝对能量供应量要远远大于叶诗文，这个优势是罗切特成绩快叶诗文 23 秒 23 的主要原因。

表 25-2 游泳项目（自由泳）有氧供能比例

距离	50 m	100 m	200 m	400 m	800 m	1500 m
时间 /mm:ss.0[*]	00:20.0	00:46.9	01:42.0	03:40.1	07:32.1	14:34.1
有氧供能比例 /%[#]	20.6	39.7	57.1	74.3	90.4	≈ 100

注：[*] 参照 2012 年 8 月国际泳联长道世界纪录；[#] 计算公式参见第九章。

在能量利用方面，青春期后的女性运动员要优于青春期后的男性运动员，相同速度下女性需要的能量供应要比男性少 30%。决定运动员在水中的能量利用的因素是运动员在水中前行产生的阻力，而这个阻力主要取决于运动员在水中的倾角，即由于人体的重心偏向下肢侧，而在水中的浮力中心偏向头侧，造成静止状态下人体在水中头侧高下肢侧低，从侧面看呈现一个倾角。为此，人体在游泳时需要消耗相当一部分能量用于减小这个倾角，以保持人体在水中呈水平状，减小前进过程中的阻力。青春期前，由于肌肉和骨骼系统未开始发育，人体的重心和在水中的浮力中心相对接近，并且几乎不存在男女性别差异；进入青春期后，随着肌肉和骨骼系统的发育，尤其是下肢肌肉量的增加，人体重心和在水中的浮力中心的距离逐渐加大，这造成人体在水中静止时的倾角加大，增加了人体在水中前行时克服这个倾角力矩的能量支出，而这种能量支出的增加被由肌肉量增加带来的能量供应量的增加所弥补，所以进入青春期的男女性运动员都能够游得更快。但是，肌肉和骨骼系统在青春期间的发育却呈现了性别差异，男性经过青春期后下肢比重增加更多，进一步拉大了人体重心和在水中浮力中心的距离，导致男性倾角力矩大于女性（图25-3）。另外，青春期后的男性体脂率也要低于女性。因此，倾角和体脂的差异一并造成男性单位体表面积的能量消耗大于女性（图25-4），即男性成年游泳运动员在水中前行的能量消耗大于女性成年运动员。女性运动员在倾角方面的优势随着比赛距离的延长（平均速度下降）更加明显，这也可以解释图25-2中男女运动员世界纪录的差异随比赛距离的增加而缩小的现象。

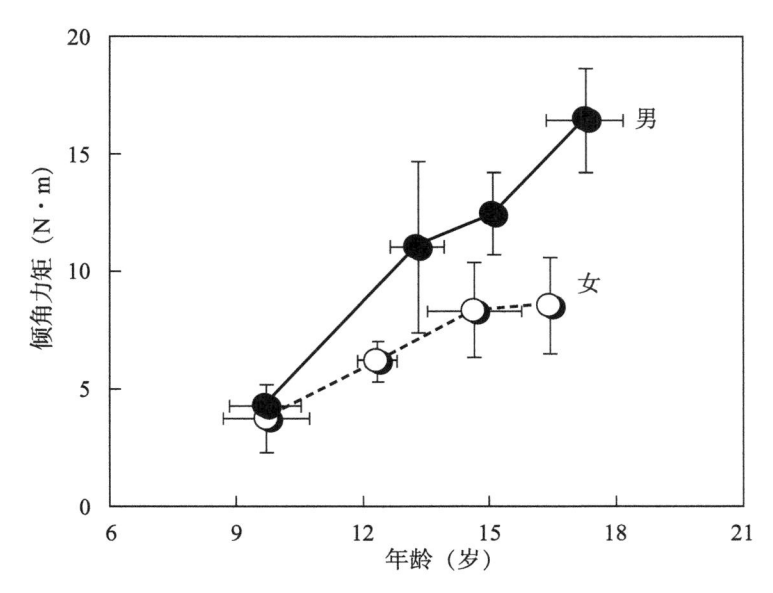

注：倾角力矩为为保持静态下人体在水中水平所需要的力矩，即克服人体重心和水中浮力中心引起的人体倾斜的力矩。

图25-3　男女在青春期前后倾角力矩的变化

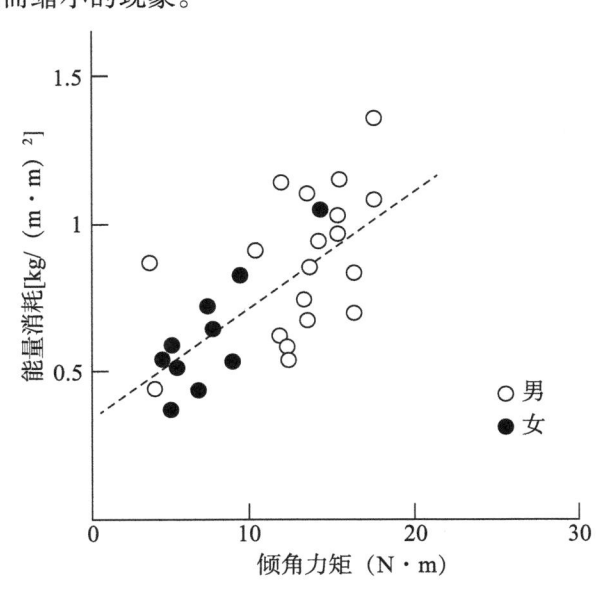

图25-4　游泳运动中倾角力矩和单位体表面积能量消耗的关系

综合考虑决定游泳运动员运动能力的两个因素，男性成年运动员拥有更多的肌肉量，这可以保证其更多的能量供应量，但是更多的肌肉量，尤其是下肢的肌肉量，会造成男性成年运动员在水中的倾角加大，用于克服这个倾角的能量支出也增加。因此，肌肉量的增加对游泳运动能力的影响是能量供应和能量利用综合作用的结果。当运动员在一定距离内由更多肌肉量带来的能量供应量的优势未能超过其倾角增加带来的能量消耗的劣势时，这种过多的肌肉量就不是一种优势。

第四节　叶诗文为什么能在最后50米快于罗切特

叶诗文之所以能够在最后50米冲刺时快于罗切特，从能量代谢的角度分析，一方面是由于罗切特前面建立了领先优势，最后50米没有全力游，因此其在最后50米的能量供应量要低于个人最佳水平；而叶诗文最后50米才反超对手，这种情境下叶诗文可以发挥出最佳潜能，甚至是超水平地激发出个人能力，因此其在最后50米的能量供应量是个人的最佳水平。尽管如此，叶诗文的这个最佳水平的能量供应量仍低于罗切特没有尽全力的能量供应量，只是这两种情境下，叶诗文缩小了跟罗切特在能量供应量方面的差距。另一方面，26岁的罗切特的安静状态下在水中的倾角肯定大于16岁的叶诗文，因此在水中游行时罗切特需要消耗更多的能量用于克服倾角力矩。根据图25-3可估测，罗切特的倾角力矩大叶诗文8~12N·m，罗切特单位体表面积的能量消耗约为叶诗文的1.67倍。因此，叶诗文凭借最后50米在能量供应量方面与罗切特差距的缩小，以及在能量利用方面更高的利用率，使得最后50米游得比罗切特还快成为现实。

当然，肌肉量和倾角只是影响能量供应和能量利用的原因之一，其他方面，如更高的肌肉质量（如线粒体数量、毛细血管的丰密程度）可以带来更强的有氧能力，使叶诗文冲刺阶段可以产生更大的能量供应量，进一步缩小其在能量供应量方面与罗切特的差距。另外，如果叶诗文的自由泳（即400米混合泳的最后100米的泳姿）技术优于罗切特，就可能使其能量利用的优势更加明显。

小　结

本章以伦敦奥运会上我国女子游泳运动员叶诗文和美国男子游泳运动员罗切特为例，分析了二人400米混合泳的比赛过程，并从能量消耗的角度对二人最后50米比赛成绩的差异进行了分析。人体运动是一个产生能量和利用能量的过程，性别和年龄因素通过影响人体的重心和在水中的浮力中心影响着人体在水中前行的能量消耗。身体在水中的倾角力距和能量消耗（身体质心前进单位距离所消耗的能量）可作为游泳运动员选材和后续训练的重要参考。

作者：黎涌明

第二十五章
参考文献

第二十六章 足球运动员的变向能力

运动员根据外部环境做出决策改变运动方向的能力被称为灵敏。在构成灵敏的两大主要因素中，由于感知和决策较难量化，现有对灵敏的研究大都关注灵敏的另一个因素——变向速度（change of direction speed）或变向能力（change of direction ability）。现有众多灵敏测试方法事实上并未考虑感知和决策这一因素，其本质上属于变向能力测试。

足球是全世界最受欢迎的运动项目之一，选材、生理、心理、技战术、训练等众多因素共同决定着足球比赛的表现。一场足球比赛中，运动员需要进行高达727次的变向，平均每8秒一次。近年来，变向能力被认为是决定足球比赛胜负的关键因素之一。鉴于比赛中良好的变向能力可以帮助运动员迅速摆脱对手，增加射门和进球机会，众多国家开始重视足球运动员变向能力的发展，并把变向能力作为足球运动员选拔的重要参考标准。

对一种运动能力的科学认识有助于这种运动能力更有效地在比赛中发挥作用。近十年来，变向能力成为足球训练领域的研究热点之一，众多学者试图运用不同测试方法对足球变向能力进行量化，描述不同年龄和水平足球运动员的变向能力，并在此基础上探究变向能力的影响因素，为提升这种运动能力寻求最佳的训练策略。本章围绕足球运动员变向能力测试方法、影响因素和训练策略三方面进行综述，以期为全面认识足球运动的变向能力、开展足球变向能力的监控评价、探寻足球变向能力的有效训练方法提供参考。

第一节 测试方法

现有理论和实践领域对变向能力的定义已有明确认识，它是指人体按已知路线快速改变方向的能力。尽管在真实运动情景下，运动员的变向是根据外部环境做出感知和决策后才发生（即灵敏）的，但控制感知和决策这一因素来单独探究变向能力为进一步研究灵敏提供了重要基础。事实上，足球灵敏或变向能力的测试方法繁多，但大都为变向能力测试，即测试方法中未涉及感知和决策成分。本章整理了足球变向能力的常用测试方法，并对这些方法的特征和信效度进行了梳理。

一、常用方法及特征

常用的足球变向测试方法涉及伊利诺斯、T、505、Zigzag 系列、5+5 变向系列、Pro-agility、箭型测试、CODD、MIAR、5×10 m/10×5 m 往返跑、V-cut、9-3-6-3-9 系列、MT、S4×5、S90 测试、Meylan 测试、20-yd 往返跑、Slalom 测试、三角形测试、L 跑、4×9.1 m 往返跑、MAT、Balsom 测试、20+20 往返跑、K 测试、ML 跑、10+10 变向系列、方形测试、3×6.67 m 测试、15-5-10 测试、CODAT、60-yd 往返跑、UDA、AS 和 GewT 等 30 余种（表 26-1）。除此之外，即使是同一种测试方法仍会有多种形式，如伊利诺斯等测试在距离的设置上有 9.2-7.2-3.1 米（长－宽－中间标志物间隔）、9.3-7.2-3.1 米和 10-5-3.3 米等多种规格；9-3-6-3-9 系列变向测试过程中受试者身体的朝向包括朝前和改变两种模式；5+5 变向系列测试受试者变向过程腿的选择有主导腿和非主导腿之分，出发方式有静态出发和高速出发两种，并且出发的速度会由于加速距离的不同（0～5 米）而有所区别；许多测试方法还会在原有测试的基础上设置带球或射门环节来提升测试方案的针对性和专项性。由此可见，足球项目变向能力测试方法种类繁多，并不统一。对这些测试方法的使用频率进行统计可以发现，伊利诺斯、T、505 和 Zigzag 系列等是足球运动员变向能力最常使用的测试方法（图 26-1）。其次为 5+5 变向系列、Pro-agility、箭型测试、CODD、MIAR、5×10 米/10×5 米往返跑、V-cut、9-3-6-3-9 系列及 MT 测试。相比上述测试方法，其他测试方法的使用频率对较低。对足球项目变向能力测试方法的各项特征进行统计可以发现，这些测试方法的变向次数从 1 到 11 次不等，其中变向次数最少的为 505、5+5 变向系列等测试，变向次数为 1 次，最多的为伊利诺斯测试，变向次数多达 11 次；变向角度的区间处于 45°～180°，主要设有 45°、70°、80°、90°、106°、120°、135° 和 180° 八种，其中以 45°、90° 和 180° 三种角度最为常见；从距离上看，变向能力测试的距离介于 10～60 米，对应的测试完成时间通常为 2～20 秒。这说明足球项目测试方法不仅种类繁多，在变向次数、角度设置以及完成时间等各项特征上也存在较大差异。

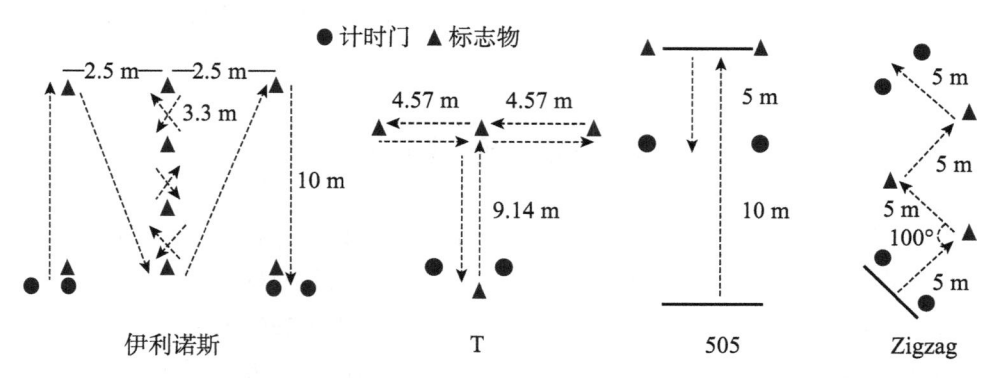

注：伊利诺斯、T 和 Zigzag 系列测试有多种规格，上图所列为最常见规格。

图 26-1　足球领域四种最常用变向能力测试方法图示

测试方法种类繁多及各项特征差异较大，势必会带来诸多问题。首先，大量的测试方法不仅影响了实践中教练员对测试方法的选择（到底哪种测试方法最能够反映运动员的变向能力），还影响了不同研究中运动员测试结果的比较和整合。其次，使用不同特征的测试方法还关系到足球运动员未来变向能力的训练方向。从变向次数来看，单次变向与多次变向的测试方法相比，后者显然需要更好的离心－向心（eccentric-concentric）收缩式肌肉耐力；从变向角度来看，不同变向角度测试方法的肌肉发力特征模式已被证实存在差异；从耗时或距离来看，不同时长测试方法对应了不同的能量供应特征，全力运动中磷酸原、糖酵解和有氧三大供能系统各自主导供能的时间分界点分别为5秒（磷酸原—糖酵解）和74.4秒（无氧或糖酵解—有氧），因此测试时间相对较长的变向测试方法（如伊利诺斯、5×10米往返跑、Pro-agility等）相对于测试时间相对较短的变向测试方法（如505、5+5变向系列、三角形测试等）需要更多的糖酵解供能。

上述特征的差异也反映在不同测试方法的相关性方面。多项研究探究了足球运动员使用不同测试方法得到结果的关联程度，结果显示绝大多数测试方法之间的相关系数（r）介于0.2～0.6（相关系数：< 0.4，小；0.4～0.6，中等；> 0.6，高），伊利诺斯与T、伊利诺斯与505、伊利诺斯与Pro-agility、T与505、箭型测试与Pro-agility等几种最常用测试方法之间的相关系数分别为0.29、0.51、0.60～0.772、0.38和0.272～0.335。

综上所述，不同特征测试方法的选择可能会影响运动员变向能力决定因素的确定，从而影响足球运动员未来变向能力的训练方向。针对当下变向测试方法中存在的诸多问题，未来足球项目变向能力的研究或训练中需要尽快在测试方案的选择上达成共识，尽可能地统一测试方案。

二、信效度

（一）信度

信度是指测试的稳定性。足球领域常使用两次或多次测试结果之间的组内相关系数（ICC）和变异系数（CV）等指标对变向能力测试方法的信度予以评判，测试方法稳定可靠的评判标准为 $ICC \geqslant 0.7$ 或 $CV < 5\%$。数据汇总的结果显示（表26-1），足球领域使用的变向测试方法 ICC 和 CV 分别介于0.19～0.99和0.72%～33.3%，其中绝大多数测试方法的 ICC 和 CV 介于0.71%～0.99和0.72%～4%，表现出了较高的信度，但也有较少几项测试如5+5变向系列（ICC：0.31～0.96）、10+10变向系列（ICC：0.23～0.82）、15-5-10测试（CV：5.67%）、CODD（ICC：0.19～0.93；CV：11.6%～33.3%）的信度波动较大，并不稳定。因此，基于信度的视角，训练评价或科学研究中选择这些测试方法时需谨慎对待。

导致不同足球变向能力测试方法信度不一的可能因素众多，对这些因素的探究有助于对这些足球变向能力测试方法的优化。多项研究探究了足球领域变向测试方法信度的影响因素，其主要涉及测试场地、运动员年龄以及变向主导腿的选择三个方面。盖恩斯等比较了 24 名美国大学体育联盟二队（NCAA Division Ⅱ）足球运动员使用人工草皮和自然草皮 Pro-agility 测试时的信度，结果显示运动员使用人工草皮进行测试时的 *ICC* 为 0.82~0.92，使用自然草皮进行测试时的 *ICC* 为 0.94~0.98，相比人工草皮，在自然草皮进行测试似乎可以增加 Pro-agility 测试的信度。那拉和达格代尔等探究了运动员年龄对变向能力测试方法信度的影响。在那拉等的研究中，探究了 U8、U10、U12 和 U14 等 4 个年龄组共 194 名国家级男子足球运动员参加伊利诺斯测试时的信度，结果显示 U8、U10、U12 和 U14 参加伊利诺斯测试时的 *ICC* 和 *CV* 分别为 0.95、096、0.96、0.92 和 1.35%、0.72%、1.26%、1.26%，综合两项指标可以看出伊利诺斯在 U10 足球运动员测试中的信度更好。而在达格代尔等的研究中，发现对 U11~U17 等 7 个年龄组足球运动员进行 505 测试时，在 U17 年龄组运动员测试中的信度最好；进行 T 测试时，在 U16 年龄组运动员测试中的信度最好。上述研究表明，针对不同年龄组运动员选取不同测试方法可能有助于提升测试的信度。

除了测试场地、运动员年龄，科研人员还探究了变向主导腿的选择对足球变向能力测试方法信度的影响。毕晓普等的三项研究显示，505 测试中足球运动员使用左、右腿作为主导腿进行变向时信度比较的结果不统一，既有研究显示左腿主导变向时的信度好于右腿，也有研究显示右腿主导变向时的信度好于左腿，还有研究显示两者主导变向时的信度相似。上述研究结果不统一现象的出现，可能与作者测试中未对运动员的优势腿与非优势腿进行区分有关。对此，在另外一项区分了优势腿与非优势腿的研究中，鲁伊西等发现 5+5 变向系列测试中，当测试的变向角度设置为 90°和 180°时，运动员优势腿主导变向时的信度更高；当变向角度设置为 45°和 135°时，非优势腿主导变向时的信度更高。然而这种规律是否可以类推到其他变向能力测试中还有待进一步研究。

（二）效度

效度是指测试的准确性。不同于信度，足球领域对变向能力测试方法效度的研究较少，只有几项研究呈现了相应测试的效度。有关足球变向能力测试方法的效度检验主要通过以下两种方式实现：①与金标准对比（标准效度）；②检验该测试区分特征差别较大项目或同一项目不同水平运动员的能力（结构效度）。在使用第一种方式检验效度时，科研人员通常把足球领域常用的变向测试方法作为金标准去验证其他测试方法的效度。如在 2013 年的一项研究中，哈莎娜等以 T 测试为金标准探究了伊利诺斯测试的效度，结果显示伊利诺斯与 T 两项测试的结果相关系数 $r=0.31$。随后，又有两项研究分别以 T、伊利诺斯、CODAT 和 Pro-agility、60-yd 往返跑为金标准检验了 AS 和箭型测试的效度，结果显示 T、伊利诺斯、CODAT 与 AS 的相关系数为 0.56、0.49~0.52、0.37~0.39，Pro-agility、60-yd 往返跑与箭型测试的相关系数为 0.272~0.335、0.65~0.68。上述结果表明，伊利诺斯、AS 和箭型测试的效度较低，并且使用不同测试作为金标准衡量另一项测试效度时呈现的结果差距较大，这与上述作为金标准的这些测试特征各异、相关性较低有关（表26-1）。由此，通过与金标准对比检验足球项目变向测试方法效度的方式似乎并不合理。为此，另一些研究开始通过探究足球领域所用变向能力测试方法是否可以区分足球与其他项目、足球项目不同水平运动员的方式去验证该测试的效度。劳特尔等探究了UDA测试区分青少年足球运动员和体育教育专业学生的能力，结果显示使用该测试青少年足球运动员的成绩明显好于体育教育专业学生，成绩相差13.1%。在不同水平足球运动员的研究中，科研人员发现505、CODD、MT等测试对不同水平运动员的区分能力较好，伊利诺斯、S90、Slalom等测试的区分能力较差，而关于T、MIAR等测试区分能力的研究结果不一。综合上述研究可以发现，尽管关于足球变向能力测试方法效度的研究相对较少，但现有的研究似乎显示目前足球领域所涉及的变向能力测试方法的效度并不理想。

要想提升足球领域变向能力测试方法的效度，就必须明确目前所用测试方法效度方面存在的问题。根据现有的研究，足球变向能力测试方法效度不够理想的原因可能有以下两点：①变向能力测试方法的直线比重过大。以505测试为例，相关研究数据表明，整个测试过程中足球运动员的绝大部分时间（70%~80%）用于直线冲刺，而真正用于完成变向的时间只占20%~30%。测试方法的这一类缺陷可能带来的后果为，变向能力欠佳的运动员只要拥有突出的直线冲刺能力，也有可能获得优异的变向能力测试成绩，即直线冲刺能力会一定程度地混淆变向能力测试方法真正需要评价的能力。②测试方法与实际比赛有偏差。现有变向能力测试方法存在角度设置单一、受外界干扰较少等特征，而在实际比赛中，运动员变向的角度处于0~360°，并且变向过程受对手、队友等外界因素干扰，两者的差异也可能会影响测试方法的效度。为了提升变向能力测试方法的效度，科研人员进行了一系列的改进尝试。针对直线比重问题，有科研人员尝试了使用CODD，即净变向，测试方法总时间–相应直线冲刺时间（表26-1），增加身体重心出入变向时的速度指标等方式，试图减弱直线冲刺对变向能力测试方法的影响，但由于使用CODD和重心速度指标还分别存在着信度低和时间经济成本高等问题，限制了这些方式的推广。相比之下，有研究人员指出，在距离不变的情况下，通过增加变向的次数降低直线冲刺对测试方法影响的方式可能更具应用前景。针对测试方法与实际比赛存在偏差的问题，有些研究目前已采用了带球变向测试、测试场地选择自然草地等改进措施，以使测试更加接近实际比赛，未来还需通过丰富变向角度的设置、测试中设置人为干预因素等措施，进一步提升变向能力测试方法的效度。

综上所述，足球运动员变向能力的测试方法种类繁多、信度不一、效度有限，其中伊利诺斯、T、505和Zigzag系列四种测试是已有研究中应用最多的测试方法。对此，未来可从统一测试方法、在测试距离不变情况下增加变向次数，以及在测试中设置人为干扰因素等方面入手，推动足球变向能力测试方法的改良和优化。

表 26-1 足球运动员变向能力常用测试方法及特征

测试方法名称	特征				信度		使用频率
	变向次数	变向角度	测试距离/m	耗时/s	ICC	CV/%	
伊利诺斯测试	9~11	约90°,约180°	36~60	10.24~20.27	0.91~0.98	0.72~4	30
T测试	4	90°,180°	30/36.56/40	8.73~15.9	0.75~0.98	1.3~4	26
505	1	180°	10	2.17~4.8	0.72~0.99	1.01~2.8	22
Zigzag 系列	2/3/4/6	80/106/120°	15/20/30	4.9~10.78	>0.81	<5	16
5+5 变向系列	1	45/70/90/135/180°	10	2.16~3.04	0.31~0.96	1.7	10
Pro-agility	2	180°	18.28/23	4.46~5.36	0.82~0.98	1.81~1.9	8
箭型测试	3	100°~180°	37.1	7.99~9.20	0.87~0.96	0.89~3.9	8
CODD					0.19~0.93	11.6~33.3	7
MIAR	9	约90°,约180°		11.49~13.32	0.88~0.99	0.81~2.27	6
5×10 m/10×5 m 往返跑	4/9	180°	50	11.4~20.3	0.81~0.97		6
V-cut	4/5	135°	25/30	6.5~9.88	0.76~0.91	2.1	5
9-3-6-3-9 系列	4	180°	30	7.94~8.54	0.82~0.96		5
MT	4	90°,180°	18.28/20	5.46~7.39	0.92	2.6	5
S4×5	3	90°,180°	20	5.59~6.25	0.80~0.90		4
S90 测试	6	90°	15	6.58~10	0.86~0.92	1.7~2.0	4
Meylan 测试	4	120°	10	4.24~5.5			2
20-yd 往返跑	2	180°	18.28	4.80~4.84	0.715	1.8	2
Slalom 测试	1	180°	11	5.62~10.13	0.88~0.92	2.1~2.3	2
三角形测试	2	120°	15	3.10~3.14	0.92~0.93		2
L跑	3	90°,180°	18.28/20	5.87~7.5	0.962~0.981	1.2~2.3	2

第二十六章 足球运动员的变向能力

续表

测试方法名称	特征					信度		使用频率
	变向次数	变向角度	测试距离/m	耗时/s		ICC	CV/%	
4×9.1m 往返跑	3	180°	36.4	9.67		0.93		2
MAT	4	90°, 180°	20	4.89~4.91			2.3	2
Balsom 测试	7	45~180°	约53	11.91~12.42		0.883		2
20+20 往返跑	1	180°	40	7.56~7.91		0.867		2
K 测试	6	约90°, 约135°, 约180°	约38	10.78~12.1		0.89	0.93	2
ML 跑	1	90°	20	3.88~4.23		0.91		1
10+10 变向系列	1	45/90°	20	3.3~3.7		0.23~0.82	2~4.3	1
方形测试	2	90°	12.5	2.9~3.5		0.88~0.93		1
3×6.67 m 测试	2	90°	20	4.9~9.2				1
15-5-10 测试	2	180°	30	8.03		0.94	5.67	1
CODAT	4	45°, 90°	24	6.36~6.39		0.98	4	1
60-yd 往返跑	5	180°	54.86	13.53				1
UDA	6	180°	30	13~15				1
AS	6	90°, 180°	37.65	12~13		0.95~0.98	4~5	1
GewT	6	90°	20	7.5		0.93		1

注:符号（,）(/) 表示存在于同一项和不同项测试;测试距离为计时门计时时的距离;使用频率表示使用该测试的文献数量。

第二节　影响因素

研究人员在不断优化足球运动员变向能力测试方法的同时，也探究了这一能力的影响因素，为寻求提升这一运动能力的训练策略提供依据。近十年来，研究人员先后探究了下肢肌肉力量、直线冲刺能力、平衡、柔韧和有氧等运动员内在因素，以及技术、赛季、比赛位置等外在因素对足球运动员变向能力的影响。下文参照谢帕德和扬（Young）提出的灵敏素质影响因素模型，对足球运动员变向能力影响因素的相关文献进行了分类梳理。

一、下肢肌肉力量

体能对足球运动员变向能力的影响是科研人员研究的重点领域，而该领域中又以下肢肌肉力量与变向能力关系的研究最为普遍。对下肢肌肉力量与变向能力关系的研究主要包括动态肌肉力量与静态肌肉力量两个方面。

在下肢动态肌肉力量与变向能力关系的研究中，研究人员探究了下肢肌肉爆发力、最大力量，以及等动或等速与变向能力的相关性。多篇文献研究了下肢肌肉爆发力与变向能力的关系，这些研究中下肢肌肉爆发力的测试方式包括单腿或双腿、垂直或水平、有或无摆臂的反向纵跳（CMJ）、蹲跳（SJ）、落地跳（DJ，落地高度20厘米）、立定跳远（LJ）以及4次连续跳（4BT）等，并通过跳跃的垂直高度或水平距离或由其推算得到的输出功率评价受试者下肢肌肉的爆发力。这些研究得到的结果总体显示，跳跃的垂直高度或水平距离或输出功率与变向成绩（时间）存在较强的负相关，两者的相关系数 r 为 $-0.45 \sim -0.80$（$p < 0.05$）。这表明下肢爆发力可能是足球运动员变向能力的重要决定因素。该结论在埃蒙斯等的研究中得到了证实，其针对10名女子足球职业超级联赛队员变向能力决定因素的线性回归分析表明，在纳入分析的总体脂、总瘦体重、肌肉力量等9项指标中，DJ和CMJ高度是决定变向能力的最重要指标。除了以上结果，这些研究还发现，在与变向能力的相关性上，DJ比其他跳跃类型更高，双腿跳比单腿跳更高，女性受试者爆发力比男性更高，低水平运动员爆发力比高水平相关性更高，下肢相对爆发力比绝对爆发力相关性更高。这些发现表明，下肢爆发力与变向能力的关系受爆发力形式、性别及运动水平影响：从爆发力形式上看，在控制体重的前提下进行双腿DJ跳训练将更有利于足球运动员变向能力的提升；从受试者性别和水平看，提升女子或低水平足球运动员的变向能力，更需注重下肢爆发力训练。

在下肢动态肌肉力量与变向能力关系的研究中，研究人员还探究了下肢最大力量与变向能力的关系。佩奈利洛（Penailillo）等研究了63名青少年职业队足球运动员双腿膝关节伸肌最大力量（1RM）与变向测试成绩的关系，结果显示两者的相关系数为 -0.29。这与安德森等的研究结果差异较大，安德森等研究显示足球运动员背蹲1RM数值与变向测试成绩的相关系数为 $-0.5 \sim -0.75$（$p < 0.05$），并且当1RM数值用相对值表示时所呈

现的相关性更高。两项研究结果的区别可能很大程度上源于下肢肌肉 1RM 测试采用的不同动作模式，即下肢单关节与下肢多关节或下肢开链动作与下肢闭链动作。由此也可以看出下肢单关节或下肢开链动作对应的最大力量对变向能力的影响较小，而下肢多关节或下肢闭链动作对应的最大力量可能是足球运动员变向能力的重要决定因素。

与下肢肌肉爆发力和最大力量类似，下肢动态肌肉力量可能也是足球运动员变向能力的重要决定因素。琼斯等针对 18 名英国成人高水平女子足球运动员的研究证实，在等速肌力仪 60°/s 的角速度下，运动员膝关节伸肌和屈肌离心力量的相对值与变向测试成绩的相关系数分别为 −0.674 和 −0.603（$p < 0.05$），两者能够解释变向测试成绩的 45% 和 36%。

除了下肢动态肌肉力量，有研究显示下肢静态肌肉力量也值得关注。鲁伊西等的研究指出，下肢某些肌肉的最大静态（自主收缩）力量（MVC），可能也是变向能力的决定因素，并且这些肌肉对变向能力的贡献大小与变向角度有关。在这之外，其还观察到下肢的横向肌群（如髋关节内收或外展、外旋肌）在变向过程中具有积极意义。

综合上述研究可以看出，下肢肌肉力量可能是足球运动员变向能力的最重要决定因素。因此，下肢肌肉力量可作为发展足球运动员变向能力的重要手段，具体包括爆发力、最大力量和等动肌力等动态肌肉力量和最大等长收缩力量。

二、直线冲刺能力

体能对足球运动员变向能力影响研究中的另一重点为直线冲刺能力与变向能力关系的研究。多篇文献报道了直线冲刺速度与运动员变向测试成绩的关系，涉及 5 米、10 米、15 米、20 米和 30 米等直线冲刺距离。在 5 米直线冲刺速度与变向能力相关性的研究中，洛基等探究了 20 名女子大学一级水平足球运动员 5 米直线冲刺时间与箭型测试成绩之间的关系，结果显示 5 米直线冲刺速度与箭型测试成绩并无相关性（$r=0.05$）。这与另外一项研究的结果并不一致，孔代洛（Condello）等发现，大学二级水平足球运动员 5 米直线冲刺时间与 15 米 zigzag 测试结果具有较高的正相关（$r=0.75$，$p < 0.05$）。上述两项研究结果的巨大差异可能与受试者的性别、运动水平以及采用的变向测试方法不同有关。阿克罗斯（Arcos）等的研究结果显示足球运动员参加 MT、505 和 20-yd 往返跑三项测试方法得到的结果与 5 米直线冲刺时间的相关系数分别为 0.50、0.28 和 0.26，该研究显示 5 米直线冲刺与变向能力的相关性较低，并且证实测试方法确实会在一定程度上影响两者的相关性。在另外一项研究中，研究人员比较了 5 m 直线冲刺速度快、慢运动员变向能力之间的差异，由于该项研究的测试方式与孔代洛等相似（均属 Zigzag 系列），所以得到了与孔代洛等一致的结果，即 5 米直线冲刺速度快的运动员变向测试成绩好于慢者，这也再一次说明足球领域需要统一变向能力测试方法。综合上述研究，5 米直线冲刺与变向能力的关系仍有待进一步确定。

相比 5 米直线冲刺速度，10 米、15 米、20 米和 30 米直线冲刺速度与变向能力的相关关系较为统一，研究显示这些距离与变向能力的相关系数分别为0.2～0.6、0.4～0.85、0.4～0.75和0.15～0.6，呈低中、中高程度正相关，并且从距离上来看，15米、20米直线冲刺速度与变向能力的相关性似乎更高。需要关注的是，由于现有测试方法存在着直线比重过大的问题，因此，需要进一步确认上述研究中直线冲刺速度与变向能力较高相关性的出现是否与此有关。

总体而言，直线冲刺速度与变向能力存在一定程度的正相关性，对足球运动员进行直线冲刺能力训练可能有助于提高足球运动员的变向能力，并且在距离上应尤其关注15米和20米直线冲刺能力训练。值得注意的是，除了测试方法、距离等因素，许多研究还显示，年龄、运动水平、变向角度、优势腿与非优势腿变向、带球与不带球变向等都会对直线冲刺速度与足球运动员变向能力的关系产生一定影响，这些因素对两者关系的影响规律也需进一步明确。

三、平衡、柔韧与有氧

在体能对足球运动员变向能力影响的研究中，研究人员还探究了平衡、柔韧及有氧与变向能力的关系。多项研究探究了平衡与变向能力的关系，涉及静态和动态两种类型的平衡能力。对静态平衡与足球运动员变向能力关系的研究发现，静态平衡对足球运动员变向能力基本无影响（$r=0.01～0.02$）。而动态平衡与足球运动员变向能力之间却有着密切的联系。鲁伊西和阿金希（Akinci）等科研人员的研究均证实，良好的动态平衡能力对更好的变向表现有益，其研究还显示动态平衡测试的结果可以解释变向测试结果的20%～75%。因此，发展足球运动员的变向能力，应关注动态平衡能力。

有两项研究探究了柔韧与变向能力的关系，然而这两项研究呈现的结果并不一致。在2015年的一项研究中，加西亚·皮尼洛斯（Garcia-Pinillos）等将43名14～18岁的职业男子足球运动员按照柔韧性的好坏分为高低两组并对这些运动员的变向能力进行测试。测试的结果显示，柔韧性好的足球运动员的变向测试成绩明显好于柔韧性差者，说明柔韧性可能是足球运动员变向能力的影响因素之一。然而，在另外一项受试者情况类似的研究中，相关性研究的结果却表明柔韧与变向能力的相关系数仅为 $-0.1～-0.25$，似乎并无明显相关性。上述两项研究显示，足球运动员的柔韧性是否对变向能力具有积极意义还有待进一步确定。

不同于柔韧，有氧能力对足球运动员变向能力影响的研究结果较为统一。阿金希等对47名U17业余足球选手的研究显示，足球运动员的 VO_2max 与505和T测试的相关系数分别为 -0.367 和 -0.564（$p<0.01$）。另外一项针对20名男子巴西足球运动员的研究同样显示，VO_2max 与变向测试成绩之间有着较高的负相关性（$r=-0.677～-0.834$，$p<0.05$），并且该项研究还显示，相比防守型选手，进攻型选手 VO_2max 与变向能力测试之间的相关性更高。遗憾的是，由于以上两项研究受试者的运动水平有限，一定程度上减弱了其参考价值，因此未来亟须增加对高水平运动员的研究，对结论进行再次验证。

综上所述，动态平衡和有氧能力对足球运动员变向能力的发展具有积极影响，这两项能力的发展可能是未来促进足球运动员变向能力提升需要关注的方向，同时柔韧和有氧能力对足球高水平运动员变向能力的影响仍需后续研究予以确定。

四、不对称

下肢不对称与足球运动员变向能力的关系是最近几年较受关注的问题。对于足球运动员，衡量下肢不对称常用的方法有不同形式的单腿跳如 CMJ、SJ 和 DJ，或单腿相应肌肉的等速肌力测试，使用的指标包括跳跃高度、触地时间、反应力量指数（腾空时间/触地时间，RSI）、峰值力量、峰值功率、落地力量、峰值扭矩等，并采用以下方式计算足球运动员下肢肢体间的不对称程度：不对称 =（强下肢 − 弱下肢）/ 强下肢 × 100，数值越大说明两侧肢体的不对称程度越大。多项研究探究了下肢不对称与变向能力的关系，部分研究显示，足球运动员下肢不对称与变向测试成绩存在较强的正相关（$r=0.40 \sim 0.85$，$p < 0.05$），即下肢肢体间的不对称程度越大，变向测试成绩越差；也有部分研究显示，下肢不对称与变向测试成绩无显著关系。上述研究结果的差异可能与受试者、测试方法以及使用指标的不同有关，但总体而言，降低足球运动员下肢肢体间的不对称程度，可能有助于提升变向能力。另外，以上不对称与变向能力关系的研究仅限于力量不对称对变向能力的影响，并且只研究了下肢爆发力、等动肌力，因此其他形式能力或素质、肌肉力量（如 1RM、MVC）等不对称对足球运动变向能力的影响还有待进一步研究。

五、形态学

形态学与足球运动员变向能力的关系同样在最近几年被科研人员所关注，厘清两者的关系可从变向能力提升的视角为足球运动员的选材、训练等提供一定依据。多项研究探究了足球运动员形态学与变向能力的相关性，这些研究涵盖了年龄范围为 10～20.5 岁，竞技水平从业余至高水平的不同性别受试者，涉及身高、体重、瘦体重、BMI 和体脂率等形态学指标。绝大多数研究的结果显示，身高、体重、瘦体重和 BMI 与变向能力的相关性较低，相关系数 r 均在 0.3 以下，这说明形态学特征对足球运动员变向能力的影响较小。然而，也有少量研究显示身高、体重和 BMI、体脂率等形态学指标与变向能力具有较高的正相关性，相应的相关系数 r 分别为 0.48～0.49，0.75～0.76，0.74～0.77 和 0.40（除体脂率外，$p < 0.05$），这说明过高的形态学特征可能会对足球运动员的变向能力产生负面影响。这种负面影响可能与运动员重心高及惯性大有关，上述研究中运动员的平均身高和体重一度达到了 185.2 厘米和 107.8 千克，身高越高意味着重心也越高，即变向过程中需要更多的时间去降低和恢复重心；体重、BMI、体脂率等越大意味着运动员的惯性越大，即变向过程中需要更多的时间去减速和再加速。因此，从变向能力提升的角度来看，在选材时在一定程度上控制身高、在训练中有意识通过降低体脂率去控制体重等可能有助于提升足球运动员的变向能力。

六、年龄

了解足球运动员变向能力的纵向发展规律并从中找出变向能力发展的关键时期对足球运动员变向能力的发展具有积极意义。对此，大量研究通过比较不同年龄足球运动员的变向能力，长时间纵向跟踪以及找寻年龄与变向能力相关关系的方法对变向能力的纵向发展规律做了探究，试图发现变向能力发展的关键时期。这些研究中对运动员年龄阶段的划分主要依据比赛设置、实际年龄和生物学年龄身高增长峰值（peak height velocity，PHV）三种方式。

在以比赛设置划分年龄阶段的研究中，科研人员比较了U8至成人组近15个年龄组运动员的变向测试的成绩，发现U8~U16是足球运动员变向能力提升最为迅速的阶段，从U16开始足球运动员变向能力的提升速度变缓。以实际年龄划分年龄阶段相关研究呈现的结论与比赛设置类似。如维斯科维（Vescovi）等比较了高中（15.1岁，平均年龄，下同）和大学（19.9岁）女子足球运动员参加伊利诺斯和Pro-agility测试时的成绩，发现两组运动员两项测试的成绩相似。马西森（Mathisen）等发现10~12岁、13~14岁、15~16岁三个年龄组男子足球运动员变向测试成绩从8秒83、8秒18再到7秒49不断变好。除了不同年龄组间进行比较，瓦伦特·多斯·桑托斯（Valente-dos-Santos）等还对葡萄牙83名10~14岁国家级男子青少年足球运动员变向能力的变化进行了长达5年的纵向跟踪，结果显示运动员处于11~12、13~14、15~16和17岁四个年龄阶段的10×5米往返跑的变向测试结果分别为20秒45、18秒91、18秒10和18秒18，其中，11~16岁运动员变向能力快速提升，之后运动员变向能力基本保持不变。然而，也有个别研究显示，运动员变向能力的纵向变化到17岁以后才会出现停滞，这种差异的出现可能与受试对象的选择有关，不同于上述研究的受试者来自欧美国家，该项研究的受试者为来自日本的足球运动员，因此变向能力的纵向发展特征可能还存在人种之间的差异。此外，还有文献通过探究年龄与变向能力的相关关系研究变向能力的纵向发展规律。结果显示，对于年龄较小（12.5岁）的足球运动员，年龄与变向能力的相关性中等（$r=-0.44$，$p<0.001$），而对于成年运动员（20.5岁），年龄与变向能力的相关性较低（$r=-0.24$~-0.26），这进一步支持了维斯科维和瓦伦特·多斯·桑托斯等的结论。

为了更加精准地对年龄进行界定，有些研究还采用了运动员的生物学年龄作为年龄组划分的依据。泰勒和埃蒙斯等按照机体的发育成熟程度（PHV）将年龄范围为9.1~16.2岁的足球运动员大致分为前PHV期、PHV期和后PHV期等群体，这些群体运动员变向能力测试的结果显示，处于PHV期的运动员的变向成绩比处于PHV期前1~3年的运动员好0~10.5%，比处于PHV期后1~3年的运动员差5.5%~15.1%，然而运动员PHV期及前后半年期间的变向能力基本保持不变，由此从生物学年龄来看，PHV前后1~3年是足球运动员变向能力发展的关键时期。

尽管目前已对足球运动员变向能力的纵向发展特征做了大量研究，但仍有许多问题亟待补充与解决。一方面，上述结论仅反映了足球运动员变向能力纵向变化的整体情况，由于单独针对男或女足球运动员变向能力纵向变化特征的研究较少，且缺乏不同性别足球运动员变向能力纵向变化特征的比较研究，因此性别对变向能力纵向变化的影响还有待继续了解。另一方面，上述研究的受试对象为U8至成人组（8.47～23.2岁）的运动员，涉及年龄范围较窄，从中只能观察到运动员变向能力提升的关键时期，变向能力发展的另一个关键时期——衰退期还需进一步研究予以确认。综上所述，U8～U16（或PHV前后1～3年）是足球运动员变向能力提升的关键时期，此阶段应重视足球运动员变向能力的训练，并且对运动员变向能力的评价还需分年龄组进行。

七、其他

除了运动员自身因素，探究外在因素（如技术、赛季、比赛位置等）对变向能力的影响于足球运动员变向能力的发展也具有积极意义。鲁伊西等比较了73名青少年男子足球运动员分别使用sidestepping和bypass（图26-2）两种技术完成变向测试（5+5变向系列测试，变向角度分别为45°、90°、135°和180°）的成绩，发现运动员使用bypass技术完成变向测试在各变向角度下均优于sidestepping技术，并且bypass技术中，完成角度45°和90°的变向测试，使用优势腿变向的成绩与非优势腿类似，完成135°的变向测试，使用优势腿变向的成绩更佳；相比之下，sidestepping技术各角度的变向测试，使用优势腿变向的成绩均优于非优势腿。根据鲁伊西等的研究可以看出，运动员在变向过程中使用bypass技术及优势腿变向似乎更为有利。团体项目中，与变向有关的技术还有很多，如何遴选更加优异的技术来提升足球运动员的变向能力是未来值得探讨的问题，对此，谢帕德和哈德尔等指出，好的变向技术尤其应满足身体前倾、低重心等标准，这样可以提高运动员变向过程中加速、减速及保持稳定的能力，最终在变向过程中维持较高的速度。

关于其他外界因素，科研人员还探究了赛季、比赛位置及测试场地对足球运动员变向能力的影响。帕多斯·梅纳（Pardos-Mainer）和埃蒙斯等的研究显示，赛季对运动员变向能力似乎并无影响，即足球运动员赛季前、中、后三个阶段变向能力的测试成绩相似。同样，不同比赛位置足球运动员变向能力比较的绝大部分研究也显示，前锋、中场和后卫三个位置球员的变向能力相似，然而也有极个别研究显示，前锋和后卫球员的变向能力（测试方法：505、伊利诺斯）好于中场球员，这与足球比赛的运动学特征一致。布鲁姆菲尔德等统计发现，一场英超联赛级别的足球比赛，前锋和后卫球员平均变向748和822次，远高于中场球员的608次。因此从比赛需求看，应当更加重视前锋和后卫球员的变向能力训练。此外，盖恩斯（Gains）等研究人员还发现，在人工草皮进行变向测试的成绩要好于天然草皮，提示在评价运动员变向能力时应考虑这一因素。

综上所述（图26-3），下肢肌肉力量、直线冲刺能力、平衡和有氧、不对称、年龄、技术和测试场地等对足球运动员变向能力的影响相对较大，形态学、赛季和比赛位置等因素对足球运动员变向能力的影响相对较小，柔韧对足球运动员变向能力的影响还有待进一步确定。

注：图为足球运动员分别使用两种技术向右进行45°变向的过程：sidestepping技术中，运动员外侧腿远离变向点（标志桶），身体明显倾斜，并处于运动轨迹的曲线内；bypass技术中，变向过程由多个非标准/明显的步伐组成。

图 26-2　sidestepping（A）和bypass（B）两种变向技术示意图

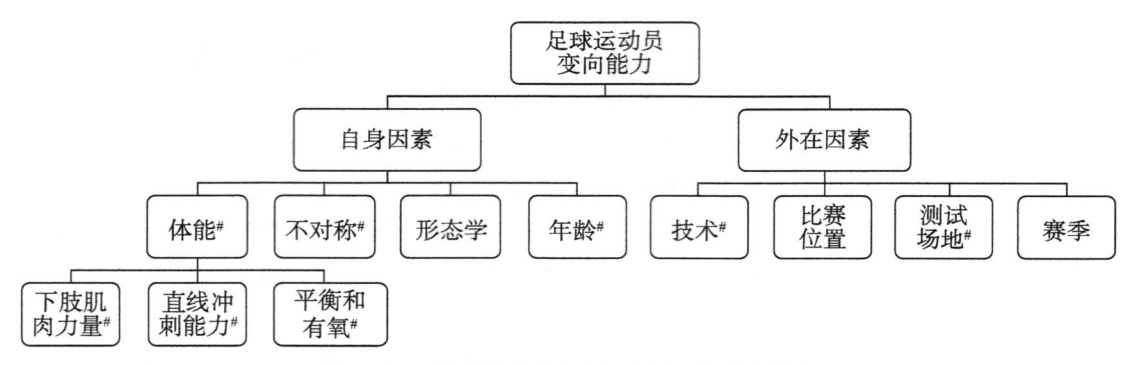

图 26-3　足球运动员变向能力的可能影响因素

第三节　训练策略

研发具有较高信效度的足球变向能力测试方法，并在此基础上探寻由这些方法测得的足球变向能力与其他体能和技战术指标的相关性，目的是制定发展足球变向能力的训练策略，并用此训练策略对足球运动员进行短期或长期的训练干预，实现足球运动员变向能力的提升，最终提高足球比赛获胜的概率。本节将从急性干预和慢性干预两方面对足球变向能力训练干预类研究进行梳理。

一、急性干预

训练干预可根据干预时间长短简单分为急性和慢性两类，对足球运动员变向能力的急性干预对应为一次训练干预对变向能力的影响。现有研究主要探究了拉伸、负重热身等策略对足球运动员变向能力的影响。拉伸方面，研究人员探究了赛前热身阶段静态、动态和本体感受神经肌肉促进法（Proprioceptive Neuromuscular Facilitation，PNF）三种形式拉伸对足球运动员变向能力的影响。研究结果显示，赛前热身阶段三种形式拉伸对变向能力的作用较小，其中静态和PNF拉伸甚至出现了负作用，三种拉伸形式中只有动态拉伸可能对足球运动员变向能力具有促进作用。赛前热身阶段，通过负重获得激活后增强效应（Post-Activation Potentiation，PAP）提升运动能力也是运动员经常使用的急性干预策略。对此，佩蒂斯科（Petisco）等比较了常规热身、常规热身+10个60%1RM负重（负重半蹲起）、常规热身+5个80%1RM负重、常规热身+1个100%1RM负重四种模式下的变向测试成绩，发现与常规热身相比，60%和100%1RM负重之后变向成绩下降，效应量（ES）分别为0.48和0.50，而80%1RM负重后成绩却出现了上升（ES=0.38）。佩蒂斯科等的研究说明热身阶段三种重量负重半蹲起对变向能力的影响程度较小（ES标准：<0.6，小；0.6~1.2，中等；>1.2，大），但80%1RM的负重可能有利于变向能力的提升。除了动态模式下的负重，波基斯凯克（Pojskic）等研究人员发现热身阶段静态模式下的负重也对足球运动员的变向能力具有积极影响，他的研究显示热身阶段30%BW（体重）负重间歇静态半蹲能够将变向成绩提高5.7%，提升效果与动态拉伸类似。

基于现有的研究可以看出，热身阶段进行动态拉伸和特定负重半蹲起或间歇半蹲对足球运动员变向能力的提升具有一定作用。尽管如此，有关足球运动员变向能力急性干预策略仍有许多问题尚待厘清，如各种急性干预策略产生的效果可以持续多久？什么时间点以及多大剂量的干预效果最好？这些干预方式综合应用的效果是否会产生叠加作用？这些问题的解决将会进一步提升急性干预策略的作用效果。

二、慢性干预

对足球运动员变向能力的慢性干预对应为多于一次训练干预对变向能力的影响，这也是验证变向能力影响因素的最主要方式。在此方面，研究人员探究了超等长训练、抗阻训练、直线冲刺训练、平衡训练、耐力训练、变向专项训练和综合训练（即上述训练的组合）等多种类型训练（表26-2）对变向能力的影响。研究显示，超等长训练干预时间为5~16周，频率为1~3次/周，实验组和对照组（进行 vs. 不进行相应类型训练，下同）变向测试成绩提升幅度为0~10%和-3.6%~2.31%（负号表示成绩下降），ES为-0.12~2.95和-0.84~1.69；抗阻训练干预时间为5~15周，频率为1~3次/周，实验组和对照组变向测试成绩提升幅度为-4.4%~7%和-4.3%~0.12%，ES为-0.33%~2.3和-0.71~0.03；直线冲刺训练干预时间为2~8周，频率为1~3次/周，实验组和对照组变向测试成绩提升幅度为 0～3.87% 和 0.7%，ES 为 0～1.59 和 0.23；平衡训练干预时间为 6～12 周，频率为 2～3 次/周，实验组和对照组变向测试成绩提升幅度为 1.5%～6.6% 和 0.1%～6.5%；耐力训练干预时间 10 周，频率为 3 次/周，实验组变向测试成绩提升幅度为 0～3.1%；变向专项训练干预时间为 2～12 周，频率为 1～3 次/周，实验组和对照组变向测试成绩提升幅度为 -3.7%～6.83% 和 -0.4%～3.62%，ES 为 0～1.6 和 -0.14～0.87；综合训练干预时间为 6～12 周，频率为 1～3 次/周，实验组和对照组变向测试成绩提升幅度为 -0.4%～11.9% 和 0～6.01%，ES 为 -0.08～1.6 和 0～0.12。综合上述训练形式实验组和对照组变向测试成绩的提升幅度和 ES 可以看出，超等长、抗阻、直线冲刺、平衡、变向专项和综合等训练形式可以有效提升足球运动员的变向能力，耐力训练由于研究较少且缺乏对照组的相应数据，因此，其对变向能力的实际作用效果还有待进一步验证。

除了训练干预外，研究人员还探究了营养、环境等其他因素对足球运动员变向能力的干预效果。营养方面，研究人员发现，急性的咖啡因和慢性的丙氨酸等物质的补充对足球运动员变向能力的提升具有一定作用。环境方面，研究人员发现，把足球运动员置于不稳定表面和低氧等不同外在环境下训练，可以进一步优化变向能力的训练效果。上述这些方式在足球运动员变向能力的提升方面具有较好的应用前景。

表 26-2　足球运动员变向能力提升常用训练方法

类型	主要针对因素	具体训练形式
超等长训练	下肢爆发力	单纯 DJ、CMJ、SJ 及 DJ+CMJ、DJ+HJ、CMJ+HJ 等组合
抗阻训练	下肢 1RM、等动力量等	传统力量、对比力量、复合训练、PAP 等
直线冲刺训练	直线速度	一般直线冲刺、重复冲刺
平衡训练	平衡	传统平衡、走扁带（slackline training）
耐力训练	有氧	基础耐力、高强度间歇
变向专项训练	变向特征	变向技术、小场地、FIFA11+、重复变向等
综合训练	多个相关因素	超等长+变向专项/直线冲刺、抗阻+变向专项+直线冲刺、超等长+抗阻+变向专项+直线冲刺等组合

注：DJ=落地跳，CMJ=反向纵跳，SJ=蹲跳，HJ=跨栏跳，1RM=最大肌肉力量，PAP=激活后增强效应，FIFA11+=一种热身方案。

第四节　现有研究的不足与未来展望

尽管现有研究已围绕足球运动员变向能力的测试方法、影响因素和训练策略开展了较为全面和深入的探究，但同时也暴露出了目前研究中存在的主要问题和短板。首先，现有研究中变向能力的测试方法种类繁多、特征各异、信度不一、效度有限等问题的存在，既影响了不同研究的整合和类比、运动员的评价，还一定程度上影响了变向能力影响因素的确定和训练策略的制定，是足球运动员变向能力研究领域最先需要解决的问题。其次，众多关于影响因素的研究中包含了一定比例以较低水平运动员作为受试对象的研究，这些研究数据的参考价值和意义有待商榷。最后，有相当一部分训练策略的研究至今还停留于"能与不能"或"有无效果"层面，对剂量效应和内在机制等问题的探讨较少。

足球运动员变向能力的研究在未来仍亟待深入和拓展。测试方法方面，未来可在采用伊利诺斯、T、505和Zigzag系列四种最为常见测试方法的基础上，根据足球比赛真实情境中的动作方式、变向距离、变向角度、变向速度、外部比赛环境等设计更优的测试方法，尽快实现测试方法的优化和统一。影响因素方面，未来需要在采用信效度高的测试方法量化变向能力的基础上，更多地探究变向能力与其他众多生理学和生物力学指标的相关性，并选取更多的高水平足球运动员为受试对象。训练策略方面，未来可在探究训练策略"能与不能"或"有无效果"的基础上，进一步实施剂量（如训练量、频率等）效应和内在机制（细胞层面）等方面的研究，并更多地借助智能可穿戴设备实时、准确地采集和分析训练和比赛过程中的变向相关信息。最后，也是最为关键的，变向能力只是灵敏的一部分，感知和决策下的变向才是真实的足球比赛，感知和决策下的变向能力才是真正影响足球比赛胜负的一个关键因素。变向能力只是研究足球运动员灵敏的一个重要起点，足球运动员灵敏的研究任重道远。

小　结

变向能力是足球比赛胜负的一个重要决定因素，对其测试方法、影响因素和训练策略的梳理有助于足球运动员比赛表现的发挥。足球运动员变向能力的测试方法种类繁多、信度不一、效度有限，其中伊利诺斯、T、505和Zigzag系列四种测试是文献中应用最多的测试方法。下肢肌肉力量、直线冲刺能力、平衡和有氧、不对称、年龄、技术和测试场地等对足球运动员变向能力的影响相对较大，形态学、赛季和比赛位置等因素对足球运动员变向能力的影响相对较小，柔韧对足球运动员变向能力的影响还有待进一步确定。热身阶段进行动态拉伸、特定负重半蹲起或间歇半蹲是提升足球运动员变向能力的急性干预策略，超等长、抗阻、直线冲刺、平衡、变向专项和综合等多种训练形式是提升足球运动员变向能力的慢性干预策略，耐力训练作为慢性干预策略之一对足球运动员变向能力的作用效果还有待进一步确定。尽管近年来众多学者从测试方法、影响因素和训练策略三个方面探究了足球运动员的变向能力，研究成果帮助教练员和运动员认识了无感知和决策参与下的足球的灵敏，但感知和决策的参与恰恰是足球的一个重要特征，足球运动员变向能力研究的未来是足球运动员的灵敏。

第二十六章
参考文献

作者：杨威，黎涌明

第二十七章 跑步经济性

跑步经济性（running economy, RE）、最大摄氧量（VO$_2$max）和无氧阈（Anaerobic Threshold, AT）被认为是长距离跑步能力的三大生理学制约因素。相比于 VO$_2$max 和无氧阈，有关 RE 的研究相对不足，学术界对 RE 的关注随着近三十年来东非长跑运动员的崛起而迅速增加。对 RE 的研究既解释了不同高水平长跑运动员运动能力之间的差异，又解释了大龄高水平运动员长年竞技能力保持的现象，东非长跑运动员的崛起也被认为与其 RE 的优势有关。近十年来，RE 逐渐受到国内学者的关注，相关研究探究了 RE 与其他生理学、生物力学和训练学等因素的相关性。然而，随着跑步健身人群的急剧增加和竞技跑步领域奥运备战的更高要求，对 RE 的研究需要在探究 RE 影响因素的基础上，寻求有效提高 RE 的训练方法。为此，本章将主要从定义、测试方法、影响因素训练方法等方面对 RE 进行综述，以期为健身和竞技领域的跑步人群跑步能力的提升提供理论依据和科学参考。

第一节 定 义

对 RE 的研究最早可追溯到摄氧量（VO$_2$）和跑速之间的关系。20 世纪 20 年代，古川（Furusawa）等提出，人体移动速度高于 2 m/s 时，跑比走会更节省能量。1930 年，迪尔（Dill）等首次发现，同等跑速下，运动员的 VO$_2$ 存在显著的个体差异，并认为氧气利用的经济性能够解释相同 VO$_2$max 的运动员运动表现方面的差异。1977 年，古斯平克（Goldspink）认为 RE 是肌肉工作的效率。1980 年康利（Conley）等将 RE 定义为人体次最大强度状态运动下的 VO$_2$。1985 年，威廉姆斯（Williams）认为次最大强度下的 VO$_2$ 是生理层面上的效率。1986 年，阿斯特兰德等将 RE 表示为机械效率，认为 RE 是做功输出和氧气消耗之间的比率。2004 年，桑迪斯（Saunders）等认为 RE 是人体在次最大状态（特定的跑速）下跑步的能量需求，这一观点也得到其他学者的支持。此外，迪·普兰佩罗（Di Prampero）等认为 RE 是指跑步的能量消耗，"the energy cost of running（Cr）"描述常见于其文献。综上所述，RE 是反映跑步能量利用效率的一个指标，其可用特定跑速下的 VO$_2$ [mL/（kg·min）] 或能量消耗 [kcal/（kg·min）] 来表示。

第二节 测试方法

RE 的测量多在标准实验室条件下的跑台上进行，通过使用便携式气体代谢仪采集运动员相关通气指标。在实验室条件下，空气阻力和风阻力等干扰因素可以最大限度地消除。但是，将跑台跑步数据直接转化为室外跑步数据仍需谨慎。科斯蒂尔（Costill）等研究发现在无风条件下和模拟逆风条件下跑步，VO_2 存在 15% 的差异，这说明在跑台上进行测试与室外测试会有不同，而空气阻力是主要影响因素。皮尤（Pugh）认为在 5000 米长跑项目中，所有能量消耗的 8% 将用于克服空气阻力。随着跑速的增加，空气阻力对 RE 的影响增大，室外和跑台跑步在 RE 方面的差异会更加明显。因此，实验室跑台所得数据可能会高估运动员实际的 RE 水平。为了使实验室测试环境更贴近于室外实际跑步情况，琼斯等通过设定不同坡度的跑台和室外路面跑进行对比，发现在 2.92~5.0 m/s 的速度区间，1% 坡度的跑台跑最接近室外路面跑的能量消耗。

表 27-1 是文献中测试运动员 RE 的方法汇总，从中可以发现不同研究者所采用的方法存在共性和差异。相同之处在于，测试环境都是实验室专业跑台，运动方式都为直线跑。不同之处主要在于各变量的选取。各研究选取的受试者包含未经训练者、优秀运动员和精英级运动员；部分研究测试前进行热身，其余并无安排或未提及；所有研究选取的跑动级数在 2~7 级，每级持续时间为 3~7 分钟不等；间歇安排也各不相同，有间歇安排的研究其间歇时间多在 30 秒~5 分钟区间，其中部分研究进行了采血；RE 的评价单位多为 mL/（kg·min），只有弗莱彻（Fletcherde）等认为能耗评价单位 [kcal/（kg·km）或 kcal·kg·km] 更为准确。

综合以上文献报道的测试方法，建议未来统一 RE 的测试方法，测试总时长控制为 15~30 分钟，标准热身之后，进行 3~4 级的递增速度测试（速度区间为 10~20 km/h），级间间歇采血监控负荷状态，取每级最后 1 分钟稳定状态的平均 VO_2 计算 RE。尽管目前文献中多以 mL/（kg·min）作为 RE 的评价单位，初衷是方便不同文献中的 RE 进行横向对比，但考虑到不同底物参与供能所产生的混杂影响，建议未来以单位时间或距离下的能量消耗 kcal/（kg·min）或 kcal/（kg·km）作为 RE 的评价单位。

此外，有研究表明，相同跑速下变向跑对应的 VO_2 和能量消耗显著高于直线跑，这表明存在大量变向的运动项目的运动员采用直线跑得到的 RE 可能不能准确反映其在专项跑动中的 RE，建议未来这类项目的运动员采用变向跑的运动方式来进行 RE 的测试，以更加准确地得到运动员在专项运动中的 RE。

运动训练的科学与艺术

表 27-1 文献中 RE 测试方法一览表

文献来源	受试者	测试方法				
		热身时间及强度	持续时间及其配速	每级间歇时间	计算时间	评价单位
摩根 等	未经训练者 (n=10); 有训练经验者 (n=79, 精英级=22, 高水平=41, 中等水平=16)	有	未经训练者: 4个7 min 跑, 速度 2.58~3.77 m/s; 有训练经验者: 3~5组 6~10 min 跑, 2.68~5.50 m/s	无	每级最后 2 min 的 VO_2	mL·kg·km
摩根 等	22 名男子精英级长跑运动员	无	每级 6 min, 4.47 m/s, 4.83 m/s, 5.17 m/s, 5.50 m/s	5 min	每级最后 2 min 的 VO_2	mL/(kg·min)
斯文登·海格 等	26 名瑞典国家中长跑运动员 (长跑运动员=12, 中长跑运动员=14)	10 min	每级 4 min, 16 km/h, 18 km/h, 19 km/h, 20 km/h	无	每级最后 60~90 s 的 VO_2, 最后 30s 采血	mL·kg·km
约翰迹 等	12 名女子长跑运动员	10~15 min	每级 6 min, 214 m/min, 230 m/min	5 min	每级最后 2 min 的 VO_2	mL/(kg·min)
韦斯顿 等	16 名高水平长跑运动员 (非洲籍=8, 高加索籍=8)	5 min, 14 km/h	每级 6 min, 16.1 km/h, 10 km 跑配速	5min (包含结束后 1min 采血)	每级最后 60 s 平均 VO_2	mL/(kg·min)
桑德斯 等	11 名精英级长跑运动员	无	每级 4 min, 14 km/h, 16 km/h, 18 km/h	1 min 并采血	每级最后 60 s 平均 VO_2	mL/(kg·min)
桑德斯 等	未提及	未提及	4~5级, 持续 4 min, 15~21 km/h (男子), 13~19 km/h (女子), 0% 坡度, 每级增速 1 km/h, 一般在第 5 级达到运动员 10000 m 跑配速	1 min 并采血	每级最后 60 s 平均 VO_2	mL/(kg·min)
比拉特 等	8 名男子长跑运动员	7 min, 12 km/h	热身后休息 3 min, 14 km/h 跑 8 min	无	第 6~7min 的平均 VO_2	mL/(kg·min)

第二十七章 跑步经济性

续表

文献来源	受试者	测试方法				
		热身时间及强度	持续时间及强度	每级间歇时间	计算时间	评价单位
路西亚 等	7名厄立特里亚长跑运动员；9名西班牙长跑运动员（对照组）	有	1%坡度，每级6 min，17 km/h、19 km/h、21 km/h（10～12 km跑配速）	5 min	每级最后3 min的平均VO₂	mL/(kg·min)
弗莱彻 等	16名男子高水平中长跑运动员	10 min，9.6 km/h	0坡度，每级5 min，65%、75%、85%、95%sLT	5 min	每级最后2 min的平均VO₂	Oc:mL/(kg·min) Ec:kcal/(kg·min)
布劳恩 等	9名男子高水平长跑运动员（长跑运动员=6；铁人三项运动员=3）	5 min自主热身	每级5 min，65%、75%、85%VO₂peak	5 min并采血	每级最后45 s的平均VO₂	mL/(kg·min)
波切尔 等	11名中距离跑运动员（男=8；女=3）	10～15 min	1%坡度，每级4 min，男：12 km/h、14 km/h、16 km/h；女：11 km/h、13 km/h、15 km/h	无	未提及	mL/(kg·min)
杜姆克 等	12名男子高水平长跑运动员	无	1%坡度，每级3 min，187.6 m/min（初始速度），每级增速26.8 m/min，到321.6 m/min或VE不再增加	20 s并采血	每级低于阈值的最后60 s平均VO₂	mL/(kg·min)
莫尔 等	10名低水平女子跑者	有	每级6 min，2.08 m/s、2.31 m/s、2.53 m/s	4.5 min	每级最后2 min的平均VO₂	mL/(kg·min)
塔塔罗加 等	16名男子长跑运动员	无	每级6 min，4.4 m/s（89%vVT，5 m/s）	无	每级最后2 min的平均VO₂	mL/(kg·min)
皮亚琴蒂尼 等	21名长跑运动员（男=16；女=5）	标准热身	每级5 min，9.75±1.3 km/h、10.75±1.3 km/h（等于马拉松配速），11.75±1.3 km/h（快于马拉松速度）	无	每级最后2 min的平均VO₂	mL/(kg·min)
巴恩斯 等	22名男子精英级长跑运动员	标准热身	每级4 min，12～18 km/h，每级递增速1 km/h，4～6次递增直到不能维持稳定状态VO₂	90 s并采血	每级最后60 s平均VO₂	mL/(kg·min)

| 317

续表

文献来源	受试者	测试方法					
		热身时间及强度	持续时间及其配速	每级间歇时间	计算时间	评价单位
巴恩斯 等	42名大学越野跑选手（男=23；女=19）	5 min 自主热身	1%坡度，每级4 min，男：12～18 km/h；女：11～17km/h，每级增速1 km/h，直到不能维持稳定状态 VO$_2$	90 s	每级最后60 s 平均 VO$_2$	mL/（kg·min）
萧 等	12名男子长跑运动员	10 min，10～11.5 km/h	1%坡度，每级3 min，共4级；每级增速1 km/h	30 s 并采血	每级最后60 s 的 VO$_2$ 和 VCO$_2$	Oc：mL·kg·km Ec：kcal·kg·km
萧 等	172名高水平长跑运动员（男=101；女=71）	10 min，10～12 km/h	1%坡度，每级3 min，6～9级，每级递增1 km/h，当血乳酸较上一级增长超过2 mmol/L时，递增停止。	30 s 并采血	每级最后60 s 的 VO$_2$ 和 VCO$_2$	Oc：mL·kg·km Ec：kcal·kg·km

注：标准热身指慢跑加拉伸；VO$_2$ 指摄氧量；VO$_{2peak}$ 指峰值摄氧量；VO$_2$ 或 mL·kg·km 评价单位：mL/（kg·min）或 mL·kg·km；能量消耗（Ec）评价单位：kcal/（kg·km）或 kcal·kg·km；VCO$_2$ 指二氧化碳呼出量；VE 指通气量；VT 指通气阈速度；SLT 指乳酸阈速度；氧气消耗（Oc）评价单位：mL·kg·km。

第三节　与运动表现的关系

RE 和运动表现之间存在着紧密联系。迪·普兰佩罗等对 16 名中长跑运动员（10 名男性，6 名女性）进行研究发现，RE 增长 5%，800～5000 米中长跑成绩增长 3.8%。对很多顶尖跑步运动员的纵向研究证实了提升 RE 对运动表现的促进作用。康利等对美国英里跑纪录保持者史蒂夫·斯科特（Steve Scott）进行了 6 个月的跟踪调查，发现其 VO$_2$max 从休赛季的 74.4 mL/（kg·min）提升到 77.2 mL/（kg·min），其 16 km/h 下的 RE 从 48.5 mL/（kg·min）下降到 45.3 mL（kg·min），其 16 km/h 下的相对强度从 65.1%VO$_2$max 下降到 58.6%VO$_2$max。琼斯对女子马拉松世界纪录保持者波拉·拉德克里夫（Paula Radcliffe）进行了为期十余年的跟踪调查，发现其 VO$_2$max 几乎保持不变而 RE 提升了 15%，这在很大程度上解释了波拉·拉德克里夫对女子马拉松项目长年统治的原因。

这些研究都表明了提高 RE 能够促进运动表现的提升，使运动员在特定速度下跑步减少 VO$_2$ 可以提升运动表现。目前，研究中还未明确界定 RE 的优劣等级，图 27-1 中列举了一些有代表性的不同水平级男女运动员的 RE 平均值数据，以 14 km/h 跑为例，可以看出水平越高的运动员 RE 值越低，且同等水平下男性略优于女性。这些数据可以作为未来 RE 研究的一个参照。尽管这些研究已发现 RE 对于长距离跑步运动员运动表现提升的益处，但如何有效发挥这种益处还有赖于对 RE 的影响因素和提升 RE 的训练方法有一个较为全面的认识。总而言之，在长距离跑步项目中，大幅度提升 RE 可以有效提高比赛成绩，而要真正实现通过 RE 实现比赛成绩的提升，需要探究 RE 的影响因素，以及不同训练方法提升 RE 的效果。

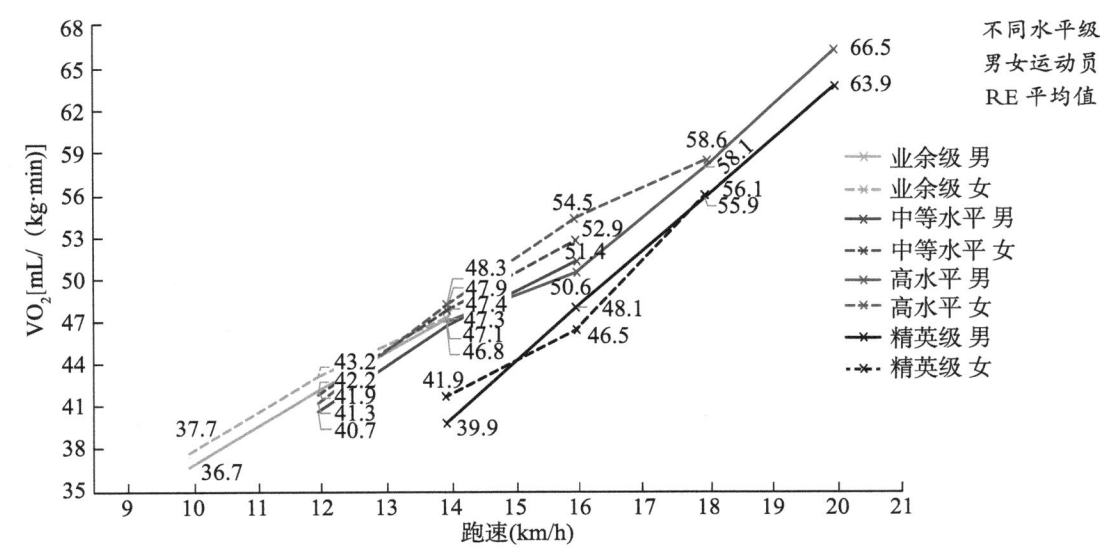

图 27-1　不同水平级男女运动员 RE 平均值

第四节 影响因素

RE 受多种因素影响，这些因素涉及形态学、生理学、生物力学等方面（图 27-2）。有关 RE 影响因素的研究主要通过探究 RE 与其他指标的相关性来展开。本节分别从形态学、生理学、生物力学和其他等四个方面介绍 RE 的影响因素。

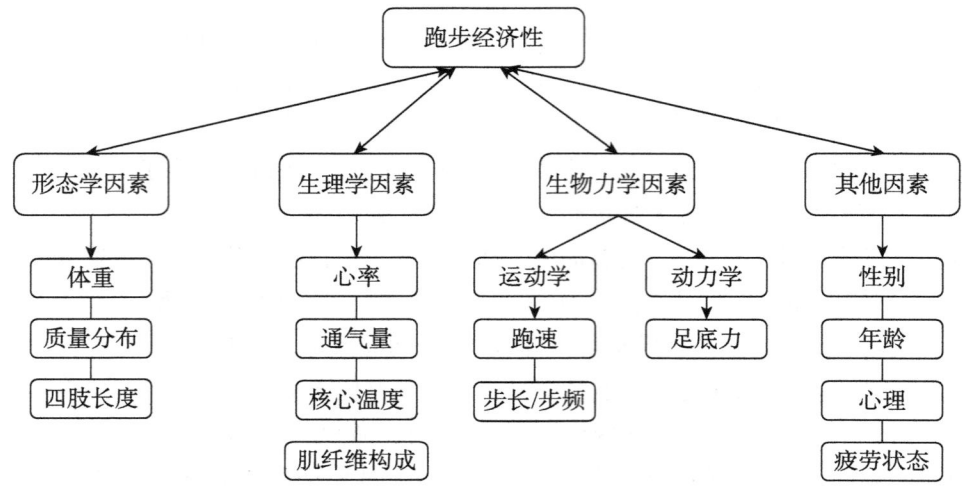

图 27-2 RE 的影响因素

一、形态学因素

体重、质量分布和四肢长度是影响 RE 的主要形态学因素。戴维斯（Davis）等对 13 名精英级男子超长马拉松运动员和 9 名精英级女子马拉松运动员进行了测试，发现体重较轻的运动员并不比体重较重的对手具备更好的 RE。而索尔斯腾森（Thorstensson）对 10 岁男孩和 29~37 岁成年男性在次最大负荷跑动中施加躯干外部负荷（负重背心），在 8、10 和 11 km/h 速度下单位体重的 VO_2 持续下降。在更早的研究中，卡瓦纳（Cavanagh）等认为体重对 RE 的影响还与个体身体内质量分布有关，尤其是在肢体部分。进一步研究显示，身体质量指数（BMI）较低、大腿质量占全身体重比重高被认为是非洲运动员具备出色 RE 的主要原因。

在对四肢长度和 RE 关系的研究中，有实验对男女短跑运动员、中距离跑运动员和长跑运动员的体型进行筛查，发现短跑运动员腿较短而中长跑运动员腿较长。此外，相关研究也发现中长跑运动员比短跑运动员表现出更好的 RE。迈尔斯（Myers）等提出，在身体质量、速度和步态模式一致的情况下，身材矮小或是大腿肌肉较发达的运动员，在加速和减速时四肢会做更少的功。威廉姆斯（Williams）等发现 31 名男子跑者万米跑过程中的 RE 存在很大差异，但并未发现 RE 与其四肢长度存在相关性。

其他有关形态学因素的研究还发现足长、身体前倾角度可能影响 RE。威廉姆斯等发现精英级男子跑者的 RE 与足长之间呈负相关。在跑步时身体前倾角度对 RE 的影响研究中，威廉姆斯等发现 RE 最佳组前倾角度为 5.9°，中等组为 3.3°，最差组为 2.4°。

二、生理学因素

影响 RE 的生理学因素主要包括心率、通气量、核心温度以及肌纤维构成等。在跑步过程中，运动员 RE 会随着生理学特征变化而改变。

1989 年，佩特（Pate）等对 167 名跑者进行了研究，发现心率和通气量在机体将氧气载运到工作肌肉过程中扮演了非常重要的角色，并且证明与 RE 有显著相关性，即伴随着心率和通气量上升，耗氧量增加（RE 下降）。在此之前，米利奇·埃米利（Milic Emili）等已证明通气量占运动总耗氧量的 7%～8%。因此，在特定速度下监控所需的通气量可改变运动员整体的 RE。托马斯（Thomas）等对经过良好训练的男子跑步运动员进行 5 km 跑研究，发现 VO_2 的改变和 RE 的改变存在相关性（$r=0.79$，$p<0.05$）。弗兰奇（Franch）等调查了业余马拉松跑者跑步训练之后的呼吸状况，发现通气量减少占耗氧量减少的 25%～70%，证明了 RE 提高和通气量减少之间的相关性（$r=0.77$，$p<0.0001$），认为训练过程中降低运动员在特定跑速下的通气率可提高 RE。

核心温度对于 RE 的影响还存在一定争议。不同的研究发现，核心温度升高时，VO_2 会增加、无变化或是下降。格里姆比（Grimby）的研究发现核心温度升高导致 VO_2 增加（核心温度升高 1.3 ℃，VO_2 增加 5.5%），其认为核心温度的升高会造成机体外循环的能量需求的增加和肌肉代谢效率的下降。与格里姆比的研究发现相反，罗威尔（Rowell）发现核心温度的升高并不会带来 VO_2 的增加，甚至还会造成 VO_2 降低，并认为肌肉代谢的效率可能会随着核心温度的升高而提高（即供给定量的 ATP 所需的氧气量减少）。

肌肉纤维的结构和组成同样对 RE 有影响。凯罗莱恩（Kyrolainen）等发现，同等水平中长跑运动员在不同跑速下的 RE 存在差异性，而不同肌纤维分布的差异性可能是导致这种差异性的原因之一。在该实验中，在最慢的跑步速度下，RE 与肌肉纤维分布之间没有任何显著相关性。但是，当跑速达到 7 m/s 时，氧耗和能耗与快肌纤维呈负相关（$r=-0.67$；$r=-0.67$，$p<0.05$）。与之相反的是，博斯克（Bosco）等对 17 名跑步运动员进行次最大负荷跑动实验发现，快肌纤维分布比例与每单位跑动距离的净吸氧量呈明显相关（$r=0.60$；$p<0.01$），但博斯克控制的速度很低，只有 3.3 m/s。而其他研究已证明高比例的慢肌纤维具备更好的 RE，在代谢活动和肌肉收缩速度方面影响着 RE。

三、生物力学因素

安德森（Anderson）总结了高 RE 水平的运动员生物力学方面的特点（表 27-2），从运动生物力学角度探索 RE 与跑步动作之间的关系，对于构建最优化的跑步动作技术、进一步提高跑步运动员体能的节省化程度，以及运动员更经济合理地动用自己有限的能量具有现实意义。目前国内对 RE 的研究集中于生物力学方向，如任占兵围绕影响 RE 的运动学、动力学因素和下肢肌肉做功展开研究，认为提高运动员下肢拉长缩短周期（SSC）的做功能力有助于改变 RE，且 RE 的差异可能是人体下肢肌肉做功的差异造成的。

表 27-2 高 RE 水平跑者的生物力学特点

因素	描述
身高	平均或略小于男性平均身高，略高于女性平均身高
重量指数	高重量指数或肌肉型体格
体脂	含量低
腿部形态	质量分布更接近于髋关节
骨盆	狭窄
足	小于平均尺寸
鞋	轻巧而柔软的跑鞋
步长	长时间训练中自由选择的步长
运动学	身体质心的垂直振荡低 摆动时更尖锐的膝盖角度 脚趾离地时较小的运动范围，但足底屈肌角度速度较快 协调地摆臂运动 在人体横截面上更快地转动肩膀 臀部和肩部围绕横截面上的极轴角度偏移较大
动力学	低峰值的地面反作用力
弹性能量	有效利用储存的弹性能量
训练	综合全面的训练背景
跑步地面	中等规格

需注意的是，优秀运动员的技术动作不一定符合最佳生物力学原理，但同样可以取得成功，不同运动员之间存在个体差异，每位长跑运动员都有自身独特的身体结构特征，有其优势、劣势和不对称性，这些因素会对运动员的基本动作和技术风格产生影响。作为教练员应对每位运动员技术动作的生物力学进行正确评估，利用录像设备对运动员的错误动作进行纠正，进一步强化正确的动作模式，有针对性地安排训练内容。

四、其他因素

除了上述因素，文献中还从性别、年龄、心理和疲劳状态等几个方面对 RE 进行影响研究。赫尔格鲁德（Helgerud）等对 12 名同一年龄段的男女马拉松运动员进行马拉松模拟比赛测试，通过分析其各项生理学指标，发现他们的 VO_2max 水平接近［约 60 mL/（kg·min）］，AT 发生于 83%VO_2max 和 88%～90% 最大心率时，而女性运动员的 RE 相对较差。莱升（Larish）等认为随着年龄增长 RE 会下降，其原因是衰老导致肌肉弹性降低和拮抗肌松弛，这两种衰老反应可能会降低骨骼肌在运动过程中储存和利用弹性势能的能力，由此导致跑步时所需的外部能量增加。威廉姆斯等运用心境量表（POMS）对受试者的 RE 进行相关性分析，认为积极的情绪（6 POMS）会有更好的 RE（r=0.88）。而对于疲劳的研究，摩根等猜测疲劳会改变跑步技术，导致 RE 下降，但通过对男性长跑运动员进行一次跑台力竭测试后发现影响并不大。这些影响因素与 RE 的具体关系在未来还有待进一步研究。

第五节　训练方法

一、耐力训练

耐力训练是提升跑步运动表现最常用的方法。事实证明，长期进行耐力训练的运动员相比那些无训练者具有更好的 RE。耐力训练会促使运动员机体产生一系列生理反应，如骨骼肌线粒体形态和功能的改变。具体来说，肌肉氧化能力的增加促使运动员在次最大速度跑动时每一次动用线粒体呼吸将会消耗更少的氧。此外，长期的耐力训练还能提升骨骼肌的缓冲能力和改善血液（红细胞数增多）。这些通过训练形成的适应进一步激发氧的载运和利用，从而提升运动员的 RE。

二、高强度间歇训练

很多研究探讨了增加高强度间歇训练对长跑运动员 RE 的训练效果，但相关结果并不统一。运动员在 93%～120%VO_2max 跑速下进行的高强度间歇训练和持续在乳酸拐点速度下跑动的训练都被证明能提升 1%～7% 的 RE，而其他相关研究表明在同样训练强度下并无明显提高。对于未提高 RE 的训练，摩根等认为，单单变化跑步的训练类型对改善 RE 没有积极作用。在高强度间歇训练对 RE 是否有提升效果的研究中，弗兰奇等对比了 94%、106% 和 132%VO_2max 三种不同强度跑速下的间歇训练，发现 RE 在 94% 和 106% 两个实验组得到明显提升，这说明在极高强度下训练对实际提升不一定有效，可能是由于在非常快的跑速下能量的额外损失，或是不充足的训练量难以激发出训练效果。从生物力学角度看，莱克等针对中等训练水平的跑步运动员进行了为期六周的高强度间歇训练，考察其个体生物力学特征的变化，结果发现生物力学特征与运动表现、VO_2max 及 RE 之间并没有相关性。因此，我们可以推测高强度间歇训练对于提升运动员的 RE 主要通过干预运动员的生理学因素实现，而非生物力学因素。

三、高原训练

高原训练是指利用高原缺氧和运动缺氧的双重刺激，加深人体的应激反应，从而达到提高身体各项机能和运动能力的特殊训练方法。通过改变训练环境，保持原有的耐力训练形式，以激发 RE 进一步提升。

萨尔廷（Saltin）等在对肯尼亚和斯堪的纳维亚跑步运动员进行对照实验时，发现由于肯尼亚运动员常在高原进行训练，相较在平原训练的斯堪的纳维亚运动员，在 10~16 km/h 跑速下，VO_2 低于对手 5%~15%，且接近极限强度血乳酸才开始积聚。此外，有研究探寻在不同海拔训练时生理特点和表现因素的变化，对平原训练运动员和高原训练运动员在 2210 m 海拔处进行为期 46 周的测试，发现平原训练运动员比高原训练运动员需要更长的时间才能达到相同的训练提升效果，在同等训练高度，平原训练运动员在 RE（大于平均 6.6%）、VO_2max（小于平均 5.9%）、1.5 英里跑（约 2.4 千米，大于平均 5.4%）这三方面都表现较差。目前可知高原训练提升 RE 的内在机制主要有：提升机体内的血红蛋白体积浓度，降低通气量和心率促进运动员心肺适应，提升代谢效率。通过改善运动员中枢和外周适应，提高机体内氧的载运和利用能力，或许是 RE 提高的原因。

四、力量训练

除了耐力训练外，目前精英级中长跑运动员的训练计划中已引入了多样的力量训练方法。凯罗莱恩等提出力量训练可以通过改善下肢的协调性和肌肉的共同激活，增加腿部刚度和减少足部与地面接触时间，从而通过弹性收缩促使人体制动到前进更快地过渡。但力量训练也存在两面性，运动员在进行力量训练提升肌肉力量的同时免不了增加自身的体重，这可能会对运动表现产生副作用。然而，肌肉力量的增加主要来自神经适应而非肌肉性肥大，大多数研究称经过力量训练之后，体重、体脂和腰围几乎没有改变。塞尔（Sale）指出，最大力量训练会诱导神经系统发生变化，提升运动员工作肌肉的激活度，从而使每一步的跑动产生更大的力量。目前对长跑运动员的一部分研究证实在最大力量训练过后，运动员的 RE 和最大力量都得到了提升，并且神经肌肉有很好的适应。此外，也可能是力量增加促使跑步姿态机械特征的改变（生物力学特征改变），提升了运动员的 RE。还存在的一个假设为最大力量训练后 RE 的改变可能是因为肌纤维类型从氧化效率较低的快肌纤维（II_B 型）转变为氧化能力更强的慢肌纤维（II_A 型和 I 型），比如斯塔伦（Staron）等对未经训练者进行了低速率下肢力量训练实验后发现，VO_2 和 II_B 型肌纤维比例下降的同时，II_A 型肌纤维比例升高。

五、力量耐力同期训练

随着竞技水平不断提高，训练方法越发丰富，单一的耐力训练或力量训练已无法满足竞技要求。目前存在几个研究试图确定如何将耐力训练和力量训练更好地组合起来制订训练计划，从而更有效地提高运动员的跑步成绩。尽管有研究认为会产生干扰现象，但对精英级运动员的研究支撑了同期训练不改变耐力训练的积极作用这一观点。皮亚瑟蒂尼等的力量耐力同期训练对中年马拉松运动员 RE 影响研究发现，将最大力量训练加入普通跑步训练内容中，运动员 RE 的提升效果明显高于只进行跑步训练组。塞达诺（Sedano）等在 18 名优秀男子长跑运动员 12 周的耐力训练计划中增设了最大力量训练和力量耐力训练，对比发现，进行最大力量训练的运动员比进行力量耐力训练的运动员 RE 提高更多（5% vs. 1.6%）。但是，值得我们注意的是，将力量训练增加到耐力训练计划中，可能是整体训练量的提升导致运动员 RE 提升，而非力量训练本身。此外，在安排力量训练在先还是耐力训练在先的问题上，多玛（Doma）等研究建议先进行力量训练而后进行耐力训练会对 RE 有更明显的提升。

六、训练的信效度

为了评估整个训练过程中干预手段对 RE 的改善效果，还应考虑 RE 的典型误差。类似于跑台经验、训练水平、鞋类、每天测试时间、训练史、营养状况、测试设备和实验室环境等因素都可能会影响 RE 测试的信效度。此外，霍普金斯（Hopkins）提出了"最小价值变化"的概念来确定干预措施的实际意义，并确定了在 RE 中引起有意义或显著变化所需的幅度。桑德斯等在对 70 名训练有素的跑者研究中，得出在 14、16 和 18 km/h 跑速下 RE 的最小价值变化的平均值为 2.4%。因此，跑者必须将他们的 RE 提高 2.4% 以上，教练员才可以真正确定训练产生了效果。

综上所述，耐力训练仍是提升 RE 的主要手段，力量训练主要在提升神经系统对肌肉的控制层面上发挥作用，力量耐力同期训练已被证明对提升 RE 具有一定效果，但背后的机制仍有待探讨。目前的力量训练的研究大多只是通过一些变量间接测定神经肌肉活动，应运用更多类似于肌电图分析等直接测量法，以使教练员更好地识别力量训练到提升 RE 之间的转化关系。训练前后教练员应关注 RE 变化的幅度，以确定训练的实际作用。

小　结

随着运动员竞技水平的提高，VO_2max 和 AT 等指标很难有效反映世界级优秀长跑运动员的耐力水平。在此背景下，RE 为评价运动员的耐力水平提供了新的思路。RE 是指人体在次最大负荷状态（特定的跑速）下跑步的能量消耗，可通过测量氧气的稳态消耗和呼吸商来确定。运动员的 RE 受形态学、生理学、生物力学等因素影响。耐力训练、力量训练和力量耐力同期训练被证明可以提高运动员的 RE。

作者：李啸天，黎涌明

主要参考文献

[1] 黎涌明.运动训练科学化：基本要素，阶段划分与推进构想[J].天津体育学院学报，2024，39（1）：12-17，26.

[2] 黎涌明，韩甲，张青山，等.我国运动训练学亟待科学化——青年体育学者共识[J].上海体育学院学报，2020，44（2）：39-52.

[3] 黎涌明，陈小平.英国竞技体育复兴的体系特征及对我国奥运战略的启示[J].体育科学，2017，37（5）：3-10.

[4] 黎涌明，陈小平，冯连世.运动员跨项选材的国际经验和科学探索[J].体育科学，2018，38（8）：3-13.

[5] 黎涌明，张蓓，王雄，等.训练科学与训练实践的深度融合——现实·障碍·建议[J].体育科研，2020，41（6）：1-9.

[6] 易清，黎涌明，张铭鑫，等.运动表现分析：过去、现在与未来[J].上海体育学院学报，2023，47（2）：88-103.

[7] 黎涌明.对体能训练认识的理论回归[J].中国体育教练员，2017，25（2）：18-21.

[8] 黎涌明，纪晓楠，资薇.人体运动的本质[J].体育科学，2014，34（2）：11-17.

[9] 黎涌明.动作与能量代谢视角下的体能[J].体育科研，2022，43（5）：1-6，35.

[10] 黎涌明，毛承.竞技体育项目的专项供能比例——亟待纠正的错误[J].体育科学，2014，34（10）：93-封三.

[11] 黎涌明.不同运动方式的能量代谢——共性与区别[J].体育科学，2013，33（12）：81-86.

[12] 李博，章凌凌，黎涌明.人体运动的最大乳酸稳态：机制与影响[J].西安体育学院学报，2022，39（4）：485-493.

[13] 黎涌明.摄氧量动力学——能量代谢研究的新视角[J].武汉体育学院学报，2015，49（3）：63-69.

[14] 高崇，杨威，廖开放，等.人体运动的灵敏：定义与测试[J].成都体育学院学报，2021，47（6）：122-129.

[15] 李啸天，李博，李叶梓，等.优秀运动员睡眠与运动表现：问题分析、影响因素、改善策略[J].

中国运动医学杂志，2022，41（11）：896-906.

[16] 杨威，廖开放，高崇，等.脑力疲劳对运动员竞技能力的影响[J].西安体育学院学报，2024，41（1）：112-129.

[17] 黎涌明.周期性耐力项目的训练量与强度[J].体育科学，2015，35（2）：67-72.

[18] 黎涌明，邱俊强，徐飞，等.奥运会运动员竞技表现提升的非训练类策略——基于国际创新成果与实践应用[J].北京体育大学学报，2020，43（4）：51-63.

[19] 黎涌明，李博，王雄，等.赛前准备活动：实践导向的科学证据[J].西安体育学院学报，2022，39（5）：606-617，632.

[20] 黎涌明.专项运动生物学[M].上海：科学出版社，2023.

[21] 顾正秋，徐飞，魏佳，等.说话测试：运动处方强度制定指标的便捷选择[J].体育科学，2019，39（12）：54-61.

[22] 卞超，易清，黎涌明.拉夫堡足球传球测试：方法、解读和展望[J].体育科研，2023，44（1）：77-84.

[23] 黎涌明，陈小平，乌里·哈特曼.静水皮划艇75年比赛成绩发展分析[J].中国体育科技，2012，48（3）：69-74.

[24] 黎涌明.动作和能量代谢视角下的静水皮划艇项目特征[J].体育科学，2015，35（11）：38-44.

[25] 黎涌明.世界赛艇科学的德国流[J].体育科学，2013，33（6）：77-84.

[26] 黎涌明.游泳运动中能量消耗的性别差异[J].中国体育教练员，2013（1）：55-56.

[27] 杨威，李博，高崇，等.足球运动员的变向能力：测试方法、影响因素和训练策略[J].首都体育学院学报，2021，33（5）：507-521.

[28] 李啸天，李叶梓，黎涌明.跑步经济性研究进展：测试方法·影响因素·训练方法[J].中国体育教练员，2020，28（2）：9-14，19.